国家示范性高等职业教育汽车类“十三五”规划教材
高等职业教育汽车类专业“双证课程”培养方案教材

汽车底盘机械系统检修

主　编　谢计红　郑　荻
副主编　龚福明　宋艳慧　陈　鹏　袁　牧　肖春秀
参　编　屈亚锋　刘　刚　李小庆　张　靖　邱翠榕

華中科技大學出版社
http://www.hustp.com
中国·武汉

内容简介

本书为任务驱动的项目式教材，内容包括汽车底盘概述、汽车传动系统检修、汽车行驶系统检修、汽车转向系统检修、汽车制动系统检修等。

本书既可作为高职高专院校汽车检测与维修、汽车运用技术、汽车运用与维修、汽车营销与服务等相关专业教材，也可作为汽车维修、汽车运输等工程技术人员参考用书。

图书在版编目(CIP)数据

汽车底盘机械系统检修/谢计红，郑荻主编. —武汉：华中科技大学出版社，2017.1
ISBN 978-7-5680-2376-4

Ⅰ.①汽… Ⅱ.①谢… ②郑… Ⅲ.①汽车-底盘-机械系统-车辆检修-教材 Ⅳ.①U472.41

中国版本图书馆 CIP 数据核字(2016)第 278267 号

汽车底盘机械系统检修 谢计红 郑 荻 主编
Qiche Dipan Jixie Xitong Jianxiu

策划编辑：张 毅
责任编辑：张 琼
封面设计：原色设计
责任监印：朱 玢
出版发行：华中科技大学出版社(中国·武汉) 电话：(027)81321913
武汉市东湖新技术开发区华工科技园 邮编：430223
录 排：武汉市洪山区佳年华文印部
印 刷：武汉鑫昶文化有限公司
开 本：787mm×1092mm 1/16
印 张：16.75
字 数：446 千字
版 次：2017 年 1 月第 1 版第 1 次印刷
定 价：38.00 元

国家示范性高等职业教育汽车类“十三五”规划教材

高等职业教育汽车类专业“双证课程”培养方案教材

编审委员会

前言 QIANYAN

我国汽车工业发展迅速，汽车保有量大幅度增加，汽车领域先进技术不断涌现，对汽车专业技术人才的知识和水平都提出了更高的要求。本书依据我国汽车产业及汽车维修行业人才市场的要求而编写，且能适应高职高专发展新形势、新变化的教学需要。本书力求突出以下特点。

(1) 体例新。本书的编写以具有代表性的工作任务为一个相对完整的学习过程，围绕工作任务聚焦知识和技能，向读者翔实地介绍了汽车底盘每个项目的操作过程，体现了"以工作过程为导向"的教学观，提高学生学习的主动性。打破传统的职业教育学科体系，代之以与企业实践密切联系的、理论学习与技能训练高度统一的、综合性和案例性的教学项目。

(2) 实践性强。本书的内容力求与汽车产业及汽车维修行业相适应，反映我国主流轿车车型的新结构、新技术等，并体现高职高专教育的特点，贯彻职业教育教学改革的精神。在理论和实践、基础知识与专业知识上，做到理论知识适用、够用，专业技能适用、管用，密切联系实际。教材系统性突出、内容丰富、实践作用显著。

(3) 知识内容丰富、新颖。本书体系清晰、合理，结合职业教育教学改革的要求，在内容上推陈出新，淘汰过时的教学内容，有利于开阔学生思路。此外，实训中注重相应的职业资格标准与考核相结合，尽可能多地反映新结构、新技术、新材料和新工艺。

本书由武汉交通职业学院谢计红、信阳职业技术学院郑荻担任主编，武汉交通职业学院龚福明、湖北水利水电职业技术学除宋艳慧、天门职业学院陈鹏、长江职业学院袁牧、湖北三峡职业技术学院肖春秀担任副主编，武汉交通职业学院屈亚锋、刘刚、李小庆、张靖和武汉软件工程职业学院邱翠榕参加了编写。全书由谢计红统稿。

本书在编写过程中参考了大量有关汽车底盘构造与维修的最新研究成果资料，在此谨向文献的作者表示感谢。特别感谢沈沉教授在本书编写过程中给予的指导和帮助。

由于水平有限，时间仓促，书中难免有疏漏和不当之处，敬请同行、专家和广大读者批评指正。

编　者

2016 年 12 月

目录 MULU

项目 1
汽车底盘概述

知识目标

（1）掌握汽车底盘的基本组成，并能正确描述其各部分的作用。

（2）掌握汽车底盘的常见总体布置形式，熟悉汽车行驶的基本原理。

能力目标

（1）知晓不同品牌汽车的驱动形式，了解底盘的各组成部分，并了解其功用。

（2）能说出汽车维修的基本方法。

学习任务1　认识汽车底盘

一、汽车底盘的基本组成

汽车底盘由传动系统、行驶系统、转向系统和制动系统四大系统组成。

传动系统的功用是将发动机产生的动力按需要传给驱动车轮，使车轮对路面产生牵引力，推动汽车行驶。

行驶系统的功用是支承汽车，安装汽车的各零部件总成，传递和承受车上、车下各种载荷，以保证汽车正常行驶。

转向系统的功用是保证汽车能够按照驾驶员选定的方向行驶。

制动系统的功用是使汽车减速，或停车并可靠地驻停。

图1-1所示为常见轿车底盘的结构。

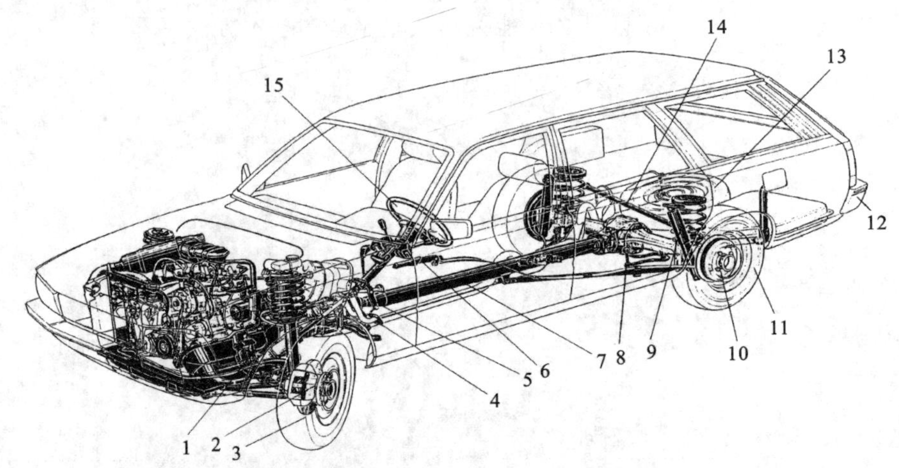

图1-1　轿车底盘的结构

1—前悬架；2—前轮制动器；3—前轮；4—离合器踏板；5—变速器操纵机构；6—驻车制动手柄；7—传动轴；8—后桥；9—后悬架；10—后轮制动器；11—后轮；12—后保险杠；13—备胎；14—横向稳定器；15—转向盘

二、汽车底盘的总体布置

汽车底盘的总体布置与发动机的位置及汽车的驱动方式有关，一般有发动机前置后轮驱动、发动机前置前轮驱动、发动机后置后轮驱动、发动机中置后轮驱动、发动机前置全轮驱动等形式。

1. 发动机前置后轮驱动

发动机前置后轮驱动简称前置后驱动，英文缩写为FR。发动机布置在汽车前部，动力经过离合器、变速器、万向传动装置、后驱动桥，最后传到后驱动车轮，使汽车行驶。

这是一种传统的布置形式，应用广泛，适用于除越野汽车外的各类型汽车，如大多数货车、部分轿车和部分客车都采用这种形式。

2. 发动机前置前轮驱动

发动机前置前轮驱动简称前置前驱动，英文缩写为FF。发动机布置在汽车前部，动力经过离合器、变速器、前驱动桥，最后传到前驱动车轮，这种布置形式在变速器与驱动桥之间省去了万向传动装置，使结构简单、紧凑，整车质量小，高速时操纵稳定性好。大多数轿车采用这种布置形式，但这种布置形式的汽车的爬坡性能差，豪华轿车的传动系统一般不采用这种布置形式，而采用传统的发动机前置后轮驱动形式。

根据发动机布置的方向，发动机前置前轮驱动可以分为发动机前横置前轮驱动和发动机前纵置前轮驱动，分别如图1-2、图1-3所示。

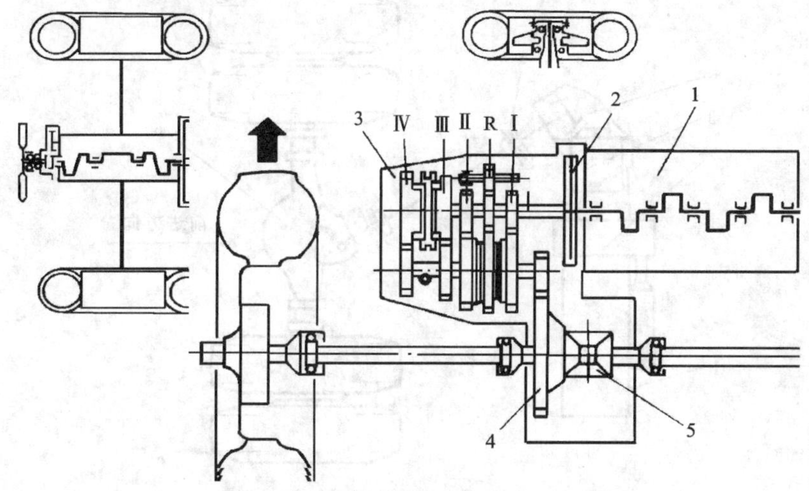

图1-2 发动机前横置前轮驱动示意图

1—发动机；2—离合器；3—变速器；4—主减速器；5—差速器

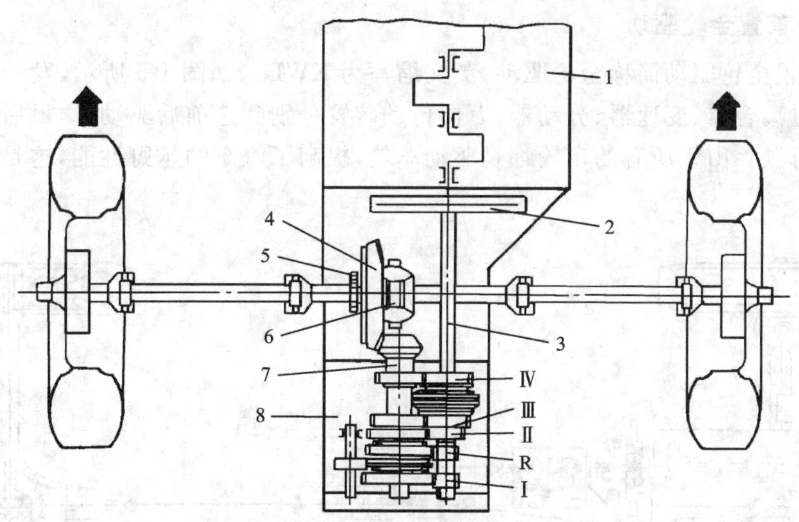

图1-3 发动机前纵置前轮驱动示意图

1—发动机；2—离合器；3—变速器输入轴；4—从动齿轮；
5—车速表齿轮；6—差速器；7—主动齿轮(输出轴)；8—变速器

3. 发动机后置后轮驱动

发动机后置后轮驱动简称后置后驱动，英文缩写为RR。如图1-4所示，发动机布置在汽车后部，动力经过离合器、变速器、角传动装置、万向传动装置、后驱动桥，最后传到后驱动车轮，使汽车行驶。这种布置形式便于车身内部的布置，减小室内发动机的噪声，一般用于大型客车。

4. 发动机中置后轮驱动

发动机中置后轮驱动简称中置后驱，英文缩写为 MR。发动机布置于汽车的中部，后轮驱动，有利于实现前、后轴较为理想的轴荷分配，是赛车和部分大、中型客车传动系统采用的形式。客车传动系统采用这种形式布置时，车厢有效面积的利用率最高。这种布置形式目前应用不多。

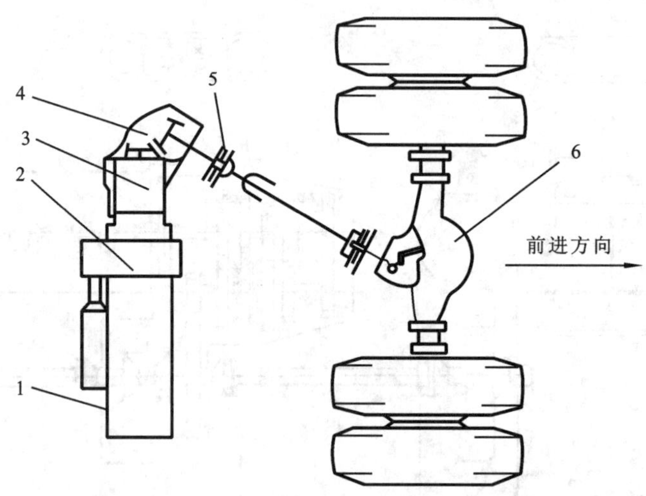

图 1-4　发动机后置后轮驱动示意图

1—发动机；2—离合器；3—变速器；4—角传动装置；5—万向传动装置；6—驱动桥

5. 发动机前置全轮驱动

发动机前置全轮驱动简称全轮驱动，英文缩写为 XWD。如图 1-5 所示，发动机布置在汽车前部，动力经过离合器、变速器、分动器、万向传动装置分别到达前后驱动桥，最后传到前后驱动车轮，使汽车行驶。由于所有的车轮都是驱动车轮，提高了汽车的越野性能，这是越野汽车采取的布置形式。

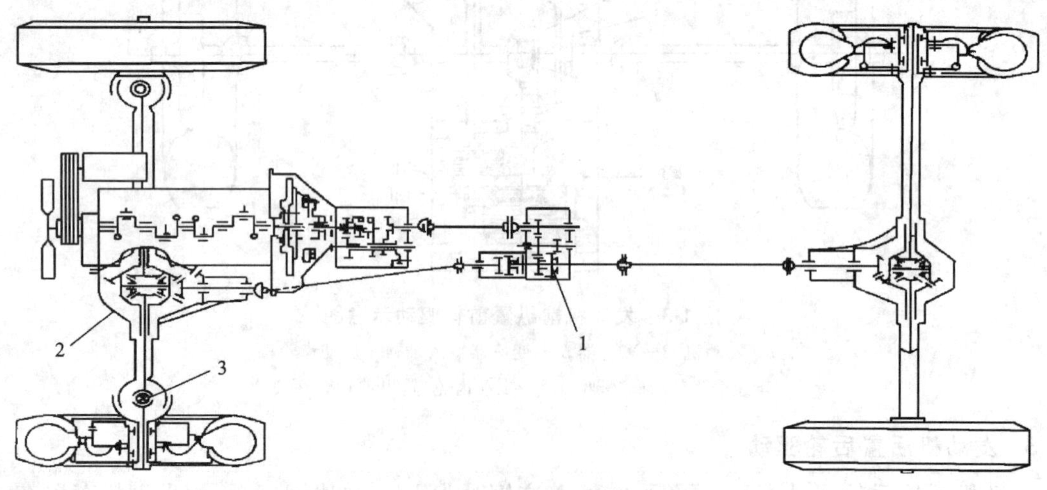

图 1-5　发动机前置全轮驱动示意图

1—分动器；2—前桥；3—万向节

三、汽车行驶的基本原理

欲使汽车行驶，必须对汽车施加驱动力以克服各种阻力，汽车行驶的基本原理示意图如图1-6所示。发动机经由传动系统在驱动车轮上施加驱动力矩 T_t，力图使驱动车轮旋转，在 T_t 的作用下，驱动车轮将对地面施加圆周力 F_0（与汽车行驶方向相反），根据作用与反作用原理，地面也将对驱动车轮施加反作用力 F_t（与 F_0 大小相等、方向相反），F_t 就是使汽车行驶的驱动力，或称牵引力。驱动力作用在驱动车轮上，再通过车桥、悬架、车架等行驶系统传到车身上，使汽车行驶。

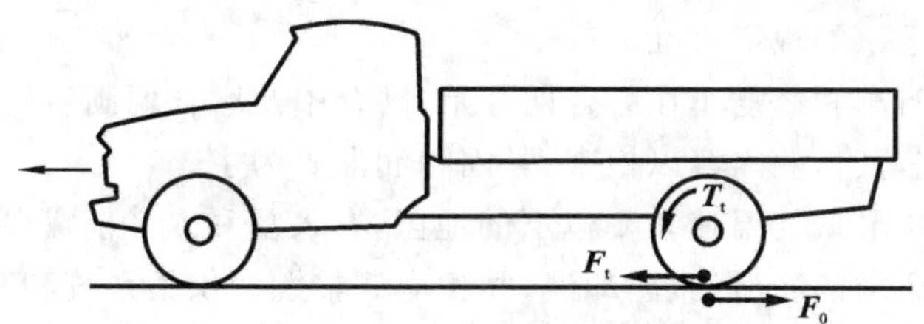

图1-6 汽车行驶的基本原理示意图

学习任务2 汽车维修的基本方法

汽车维修是汽车维护和汽车修理的总称。汽车维护是为维持汽车完好的技术状况和工作能力而进行的作业，汽车修理是为恢复汽车完好的技术状况和工作能力而进行的作业。

汽车维修的原则是“预防为主、定期检测、强制维护、视情修理”。

一、汽车检测

汽车检测是确定汽车技术状况和工作能力的检查。汽车检测的主要内容包括：影响汽车安全性的制动、侧滑、转向、照明等检测；影响汽车可靠性的异响、磨损、变形、裂纹等检测；影响汽车动力性的车速、加速能力、底盘输出功率、发动机功率和转矩及供给系统、点火系统状况等检测；影响汽车经济性的燃料消耗检测；影响环境的汽车噪声和废气排放状况等检测。

二、汽车故障诊断

汽车的各种故障要根据故障现象进行判断，常见的诊断方法有人工经验诊断、仪器诊断和借助电子监测自诊断系统诊断。

1. 人工经验诊断

人工经验诊断也称为直观诊断，不需要什么设备或条件，诊断的准确性在很大程度上取决于诊断人员的技术水平和经验。

2. 仪器诊断

使用仪器或设备测试发动机性能和故障的参数、曲线或波形，甚至能自动分析、判断发动机的技术状况。

3. 借助电子监测自诊断系统诊断

在某些高级轿车上，可采用计算机实现对发动机、变速器等的控制，还可在汽车工作时通过各种传感器对汽车进行动态监测，当出现故障时，能及时在显示器上显示不同的故障码信息，以便及早发现及排除故障。

三、汽车维护

汽车维护一般可分为常规性维护、磨合期维护和季节性维护。

常规性维护又分为日常维护、一级维护和二级维护。各级维护的参考间隔里程或使用时间间隔一般以汽车生产厂家的规定为准。

磨合期维护是指新车和修复车在磨合期开始、磨合中及磨合期满后所进行的规定的有关维护，由维修厂负责实施，其作业内容以检查、紧固和润滑等为主。

季节性维护指全年最低气温在 0 ℃以下的地区，在入夏和入冬前需要进行的维护。其作业内容是更换符合季节要求的润滑油、冷却液，并相应调整燃油供给系统和充电系统，检查取暖或空调系统的工作情况。

汽车维护工作主要有清洁、检查、补给、润滑、紧固和调整等项内容。

四、汽车修理

汽车修理应贯彻视情修理的原则。汽车修理可分为整车大修、总成大修、车辆小修和零件修理。

整车大修是指汽车在行驶一定里程或时间后，经过检测诊断和技术鉴定，需要用修理或更换零部件的方法，恢复车辆整体完好技术状况，使之完全符合或接近汽车使用性能和寿命的恢复性修理。

总成大修是指汽车的主要总成经过一定使用时间或行驶里程后，用修理或更换总成零部件的方法，恢复其完好技术状况。

车辆小修是指用修理或更换个别零件的方法，保证或恢复汽车局部工作能力的运行性修理，主要是消除汽车在运行过程(或维护作业过程)中发生(或发现)的故障或隐患。

零件修理是指对因磨损、变形、损伤等而不能继续使用的零件的修理。汽车修理和维护换下来的零件，具有修理价值的，可修复后使用。

【实训活动】

实训条件：多媒体教学设备和课件、网络教学资源、维修资料、实训车、举升机、千斤顶、汽车维修基本工具。

实训车状态：一辆别克凯越(1.6L)轿车，行驶 50 000 km，需要对底盘进行全面检查。

1. 实训准备

(1) 实训车：别克凯越轿车。

(2) 实训工具及器材：常用手动工具、检测仪器及设备、千斤顶、举升机等。

(3) 掌握本次实训课所用仪器及设备的使用方法。

(4) 牢记实训中的安全注意事项。

2. 实训流程

汽车底盘的总体布置有多种不同的形式，实训教师可根据实训条件对汽车底盘进行讲解，对汽车底盘维修相关工具、仪器及设备的使用方法及注意事项加以介绍。在实训教师的监督下，学生独立完成实训内容。由教师充当客户模拟一个或几个场景，让学生扮演维修工为客户介绍汽车底盘总体结构及维修常用工具。

(1) 学生分析并说明检查步骤和方法。

① 认识并正确使用常用检修工具。

② 操作举升机举升并支撑车辆。

③ 认识底盘各系统及总成部件。

④ 确定底盘检查项目。

(2) 学生思考下列问题并向教师陈述答案及理由。

① 举升机操作过程中应注意哪些问题?

② 底盘检查项目是否正确?

③ 底盘检修工具的使用是否正确?

3. 实训记录

(1) 回答教师的现场提问，接受教师的技能考核。

(2) 完成实训任务后，对实训过程进行自我评价和小组互评，听取教师的点评。

(3) 清洁实训场所，清点、维护工具及设备，完成任务交接。

项目 2

汽车传动系统检修

知识目标

（1）掌握汽车离合器的作用、结构和工作原理。

（2）掌握汽车手动变速器的作用、结构和工作原理。

（3）掌握汽车自动变速器的作用、结构和工作原理。

（4）掌握汽车万向传动装置的作用、结构和工作原理。

能力目标

（1）能正确识别汽车离合器的各组成部分，会拆装和调整汽车离合器。

（2）能正确识别汽车手动变速器的各组成部分，会拆装和调整汽车手动变速器。

（3）能正确识别汽车自动变速器的各组成部分，会拆装和调整汽车自动变速器。

（4）能正确识别汽车万向传动装置的各组成部分，会拆装和调整汽车万向传动装置。

学习任务1　认识汽车传动系统

1. 传动系统的组成

汽车传动系统是指从发动机到驱动车轮之间所有动力传递装置的总称。其功能是将发动机产生的动力传给驱动车轮，产生驱动力，使汽车能以一定速度行驶。

不同的汽车，其传动系统的组成稍有不同。如载货汽车及部分轿车，其底盘一般由离合器、手动变速器、万向传动装置(万向节和传动轴)、驱动桥(主减速器、差速器、半轴、桥壳)等组成，如图 2-1 所示。而现在轿车采用自动变速器的越来越多，汽车底盘包括自动变速器、万向传动装置、驱动桥等，即用自动变速器取代了离合器和手动变速器。越野汽车[包括部分 SUV(运动型多功能车)]底盘还应包括分动器。

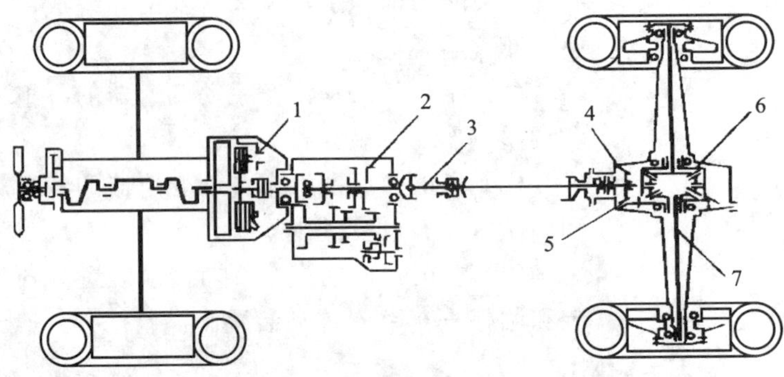

图 2-1　汽车传动系统的组成

1—离合器；2—变速器；3—传动轴；4—驱动桥；5—主减速器；6—差速器；7—半轴

2. 传动系统的功能

传动系统各组成部分的功能如下。

(1) 离合器，保证换挡平顺，必要时中断动力传动。

(2) 变速器，变速、变矩、变向、中断动力传动。

(3) 万向传动装置，实现有夹角和相对位置经常发生变化的两轴之间的动力传动。

(4) 主减速器，将动力传给差速器，并实现降速增矩、改变传动方向。

(5) 差速器，将动力传给半轴，并允许左右半轴以不同的转速旋转。

(6) 半轴，将差速器的动力传给驱动车轮。

学习任务2　离合器的结构与检修

一、离合器的功能与类型

离合器位于发动机与变速器之间，是汽车传动系统中直接与发动机相联系的总成，用于切断和实现发动机对传动系统的动力传递。

1. 离合器的功能

1）使发动机与传动系统逐渐接合，保证汽车平稳起步

汽车起步时，驾驶员缓慢抬起离合器踏板，使离合器的主、从动部分逐渐接合，与此同时，逐渐踩下加速踏板，以增大发动机的输出转矩，这样由小到大的发动机的转矩便可传给传动系统。当牵引力足以克服汽车起步行驶阻力时，汽车便由静止开始缓慢加速，实现平稳起步。

2）暂时切断发动机的动力传动，保证变速器换挡平顺

汽车在行驶过程中，随着行驶条件的变化，需要不断变换挡位。对于普通齿轮变速器，在换挡时，不同的齿轮副要退出啮合或进入啮合，这就要求换挡前踩下离合器踏板，中断发动机的动力传动，便于退出原有齿轮副的啮合、进入新齿轮副的啮合。如果没有离合器或因离合器分离不彻底而使动力不能完全中断，则原有齿轮副之间会因压力大而难以脱开，而待啮合齿轮副之间因圆周速度不同而难以啮合，勉强啮合也会产生很大的冲击和噪声，甚至会打齿。

3）限制所传递的转矩，防止传动系统过载

汽车紧急制动时，如果发动机与传动系统刚性连接，则发动机转速将急剧下降，其所有零件将产生很大的惯性力矩，这一力矩作用于传动系统，会造成传动系统过载而使其机件损坏。有了离合器，当传动系统承受载荷超过离合器所能传递的最大转矩时，离合器会通过主、从动部分之间的打滑来消除这一危险，从而起到过载保护作用。

2. 对离合器的要求

离合器应满足下列要求：①可靠地传递发动机的最大转矩和防止传动系统过载；②接合平顺、柔和，保证汽车平稳起步，减少冲击；③分离迅速、彻底，保证变速器换挡平顺和发动机启动顺利；④旋转部分的平衡性好，且从动部分的转动惯量小；⑤通风散热性能良好，防止离合器温度过高；⑥轻便，以降低驾驶员的疲劳程度。

3. 离合器的类型

汽车上应用的离合器按照工作原理分类，主要分为以下三类。

1）摩擦离合器

摩擦离合器指利用主、从动部分的摩擦作用来传递转矩的离合器，目前在汽车上广泛采用。摩擦离合器的具体分类如下。

(1) 按从动盘的数目，摩擦离合器可以分为单片离合器和双片离合器两类。轿车、客车和部分中小型货车多采用单片离合器，因为发动机的最大转矩一般不是很大，单片从动盘就可以满足动力传动的要求。双片离合器增加了一片从动盘，使得在其他条件不变的情况下，比单片离合器所能传动的转矩增大一倍（由于一片从动盘是两个摩擦面传递动力，而两片从动盘则是四个摩擦面传递动力），多用于重型车辆上。

(2) 按压紧弹簧的形式，摩擦离合器可以分为周布弹簧离合器、中央弹簧离合器和膜片弹簧离合器三类。周布弹簧离合器和中央弹簧离合器采用螺旋弹簧，分别沿压盘的圆周和中央布置；膜片弹簧离合器采用膜片弹簧，目前应用最广泛。

2）液力离合器

液力离合器指利用液体作为传动介质的离合器，原来多用于自动变速器，目前汽车几乎不采用液力离合器。

3）电磁离合器

电磁离合器指利用磁力传动的离合器，如在空调中应用的就是这种离合器。

二、摩擦离合器的结构与工作原理

1. 膜片弹簧离合器

膜片弹簧离合器目前广泛应用于各种类型的汽车，其结构如图 2-2 所示。

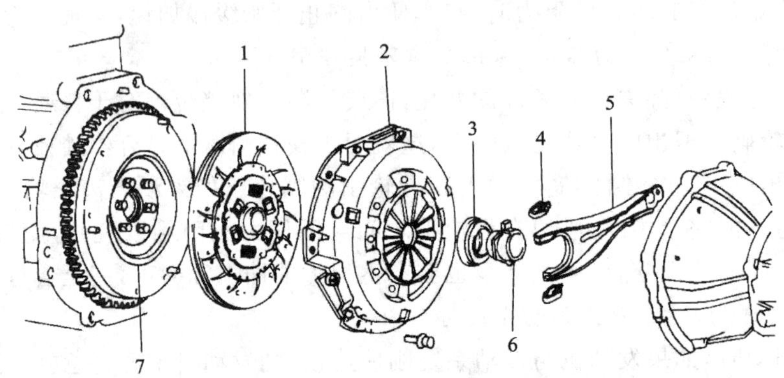

图 2-2　膜片弹簧离合器的结构

1—从动盘；2—离合器盖和压盘；3—分离轴承；4—卡环；5 —分离叉；6—分离套筒；7—飞轮

1）构造和原理

膜片弹簧离合器由主动部分、从动部分、压紧机构和操纵机构组成。

（1）主动部分　主动部分由飞轮、离合器盖和压盘组成。离合器盖通过螺栓固定在飞轮上，为了保持正确的安装位置，离合器盖通过定位销进行定位。压盘与离合器盖之间通过周向均布的三组或四组传动片来传递转矩。传动片用弹簧钢片制成，每组两片，一端用铆钉铆在离合器盖上，另一端用螺钉连接在压盘上。膜片弹簧离合器盖和压盘如图 2-3 所示，其分解图如图 2-4 所示。

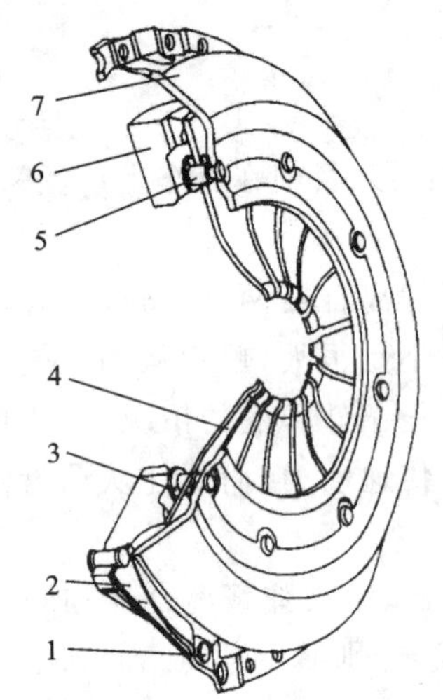

图 2-3　膜片弹簧离合器盖和压盘

1—铆钉；2—传动片；3—支承环；
4—膜片弹簧；5—支承铆钉；
6—压盘；7—离合器盖

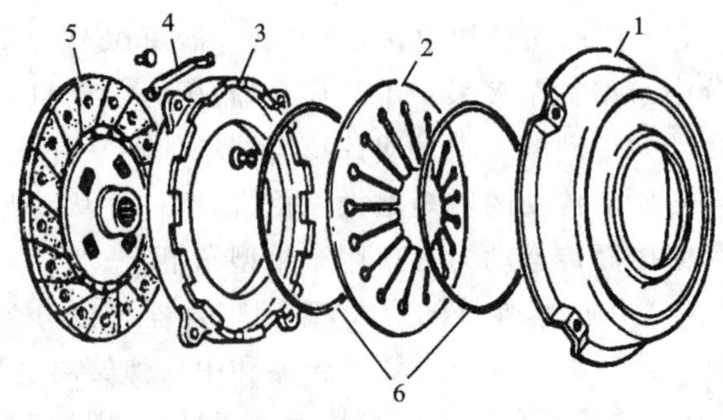

图 2-4　膜片弹簧离合器盖和压盘分解图

1—离合器盖；2—膜片弹簧；3—压盘；
4—传动片；5—从动盘；6—支承环

（2）从动部分　从动部分包括从动盘和从动轴，从动盘一般都带有扭转减振器。发动机传到传动系统的转速和转矩是周期性变化的，会使传动系统产生扭转振动，这将使传动系统的零部件受到冲击性交变载荷，使零部件寿命缩短，或使零部件损坏。采用扭转减振器可以有效防止传动系统的扭转振动。带扭转减振器的从动盘的结构如图 2-5 所示。

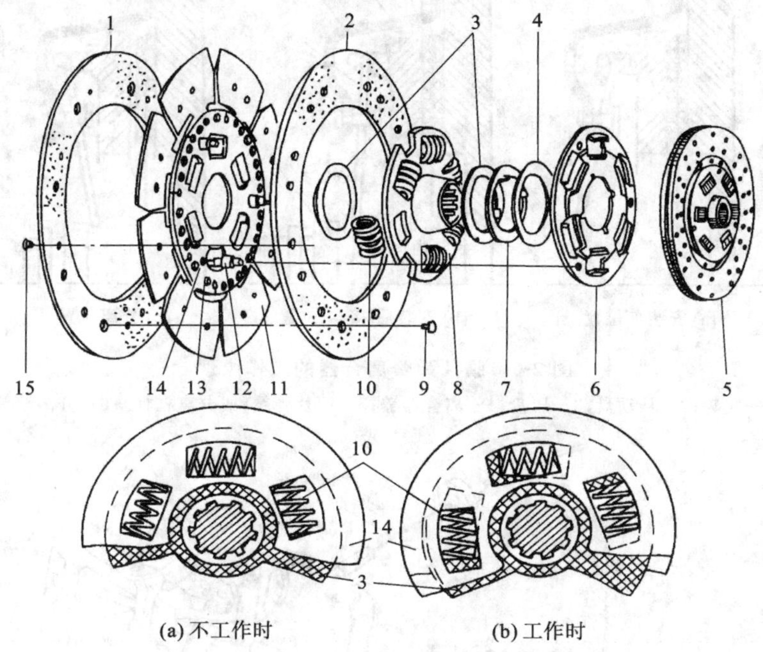

(a) 不工作时　　(b) 工作时

图 2-5　带扭转减振器的从动盘的结构

1、2—摩擦衬片；3—摩擦垫圈；4—碟形垫圈；5—装合后的从动盘总成；6—减振器盘；7—摩擦板；8—从动盘毂；9、13、15—铆钉；10—减振弹簧；11—波浪形弹簧钢片；12—止动销；14—从动盘钢片

从动盘钢片外圆周铆接有波浪形弹簧钢片，摩擦衬片分别铆接在弹簧钢片上，从动盘钢片与减振器盘铆接在一起，这两者之间夹有摩擦垫圈和从动盘毂。从动盘毂、从动盘钢片和减振器盘圆周上都有六个均布的窗孔，减振弹簧装在窗孔中。

当从动盘受到转矩时，转矩从摩擦衬片传到从动盘弹簧钢片，再经减振弹簧传给从动盘毂，此时弹簧将被压缩，吸收发动机传来的扭转振动。

(3) 压紧机构　压紧机构由膜片弹簧构成，其径向开有若干切槽，形成弹性杠杆。切槽末端有圆孔，固定铆钉穿过圆孔，并固定在离合器盖上。膜片弹簧两侧装有钢丝支承环，这两个钢丝支承环是膜片弹簧工作时的支点。膜片弹簧的外缘通过分离钩与压盘联系起来。

膜片弹簧离合器的工作原理如图 2-6 所示。当离合器盖未安装到飞轮上时，膜片弹簧不受力而处于自由状态，此时离合器盖与飞轮之间有一距离 s，如图 2-6(a)所示。当离合器盖通过螺栓固定在飞轮上时，膜片弹簧在支承环处受压并产生弹性变形，此时膜片弹簧的外圆周对压盘产生压紧力使离合器处于接合状态，如图 2-6(b)所示。当踩下离合器踏板时，分离轴承推动膜片弹簧，膜片弹簧以支承环为支点，其外圆周向后翘起，通过分离钩拉动压盘后移使离合器分离，如图 2-6(c)所示。离合器踏板的结构如图 2-7 所示。

2) 离合器的自由间隙和离合器踏板的自由行程

离合器在正常接合状态下，分离杠杆内端与分离轴承之间应留有间隙，一般为几毫米，该间隙称为离合器的自由间隙。如果没有自由间隙，从动盘摩擦片磨损变薄后，压盘将不能向前移动，因而无法压紧从动盘，这将导致离合器打滑，使离合器所能传动转矩减小，车辆行驶无力，而且会加速从动盘的磨损。

为了消除离合器的自由间隙和操纵机构零件的弹性变形，所需要的离合器踏板行程称为离

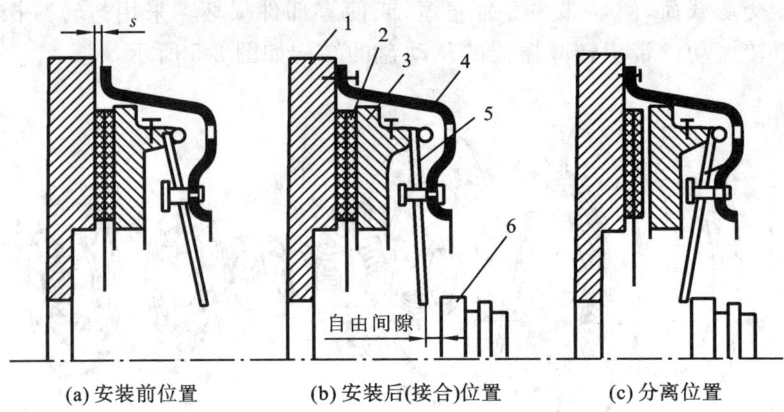

图 2-6 膜片弹簧离合器的工作原理

1—飞轮；2—从动盘；3—压盘；4—离合器盖；5—膜片弹簧(或分离杠杆)；6—分离轴承

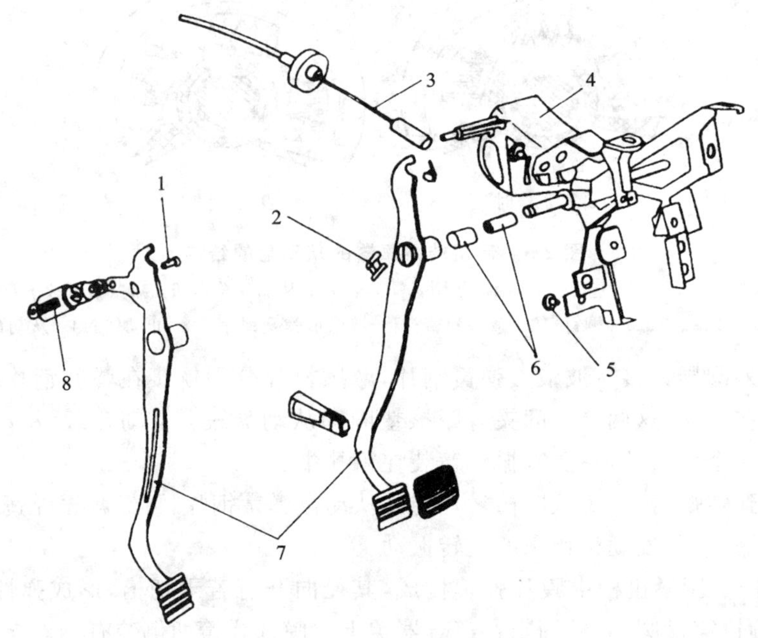

图 2-7 离合器踏板的结构

1—连接销；2—保险装置；3—离合器拉索；4—踏板支架；
5—限位块；6—轴承衬套；7—离合器踏板；8—助力弹簧

合器踏板的自由行程。可以通过拧动调节叉来改变分离拉杆的长度，从而对离合器踏板的自由行程进行调整。

部分常见车型离合器踏板的自由行程如表 2-1 所示。

表 2-1 部分常见车型离合器踏板的自由行程

汽车型号	离合器踏板的自由行程/mm
上海桑塔纳 2000GSi	15～25
日产颐达	2～8
丰田卡罗拉	5～15
别克凯越	6～12

2. 周布弹簧离合器

周布弹簧离合器在现代汽车上的使用量正逐步减少，下面仅以单片周布弹簧离合器为例做简单介绍。单片周布弹簧离合器的结构如图 2-8 所示。

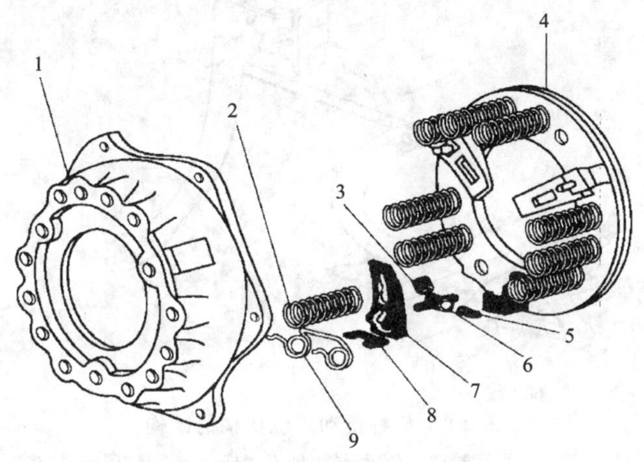

图 2-8 单片周布弹簧离合器的结构

1—离合器盖；2—压紧弹簧；3—滚子；4—压盘；5—销；
6—环头螺栓；7—分离杠杆；8—支撑片；9—分离杠杆弹簧

1）主动部分和从动部分

单片周布弹簧离合器的主动部分、从动部分的结构与膜片弹簧离合器的基本相同。

2）压紧机构

单片周布弹簧离合器的压紧机构由若干根螺旋弹簧组成，螺旋弹簧沿压盘周向对称布置，装在压盘和离合器盖之间。

其工作原理与膜片式离合器的相同，不再进行详述。

三、操纵机构的结构与工作原理

离合器的操纵机构是驾驶员借以使离合器分离又使之接合的一套机构，它起始于离合器踏板，终止于分离杠杆。

按照分离离合器时所需操纵能源分类，离合器操纵机构分为人力式和助力式两种。人力式又可以分为机械式和液压式两种；助力式又可以分为气压助力式和弹簧助力式两种。人力式操纵机构以驾驶员作用在踏板上的力作为唯一的操纵动力。助力式操纵机构除了以驾驶员作用的力为操纵动力外，一般主要以其他形式的能源作为操纵动力。

下面主要介绍在轿车中应用较多的机械式操纵机构、液压式操纵机构，其中液压式操纵机构应用最多。

1. 机械式操纵机构

机械式操纵机构有杠杆传动操纵机构和钢索传动操纵机构两种形式。

1）杠杆传动操纵机构

杠杆传动操纵机构的结构如图 2-9 所示。杠杆传动操纵机构结构简单、工作可靠，广泛应用于各类型汽车上。例如，东风 EQ1090E 型汽车的操纵机构即杠杆传动操纵机构。但杠杆传动中杆件间铰接多、摩擦损失大、车架或车身变形，以及发动机位移均会影响其正常工作。

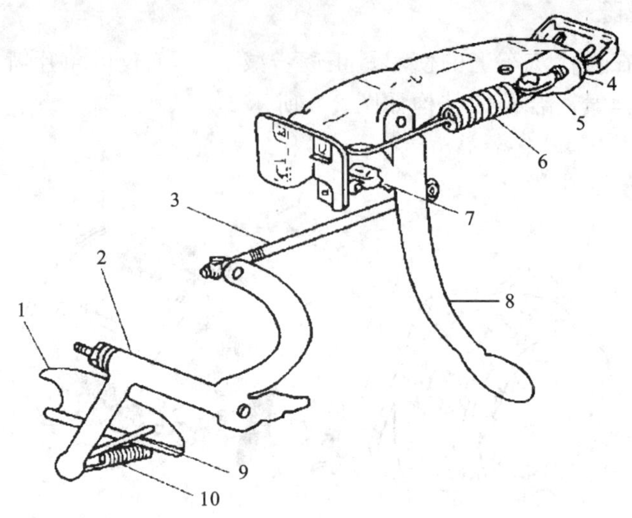

图 2-9　杠杆传动操纵机构的结构

1—分离叉；2—平衡轴；3—踏板、平衡轴连接杆；4—连接杆；5—挂接架；
6—偏心弹簧；7—支架和缓冲器；8—踏板；9—分离杆；10—复位弹簧

2）钢索传动操纵机构

钢索传动操纵机构的结构如图 2-10 所示。钢索传动操纵机构没有杠杆传动操纵机构的一些缺点，并能采用便于驾驶员操纵的吊挂式踏板。但钢索寿命较短，拉伸刚度较低，故钢索传动操纵机构只适用于轻型、微型汽车和轿车。例如，捷达轿车、早期的桑塔纳轿车离合器的操纵机构就采用了钢索传动操纵机构。

2. 液压式操纵机构

液压式操纵机构的结构如图 2-11 所示，主要由主缸、工作缸和管路系统等组成。目前液压式操纵机构在各类型车上应用广泛。

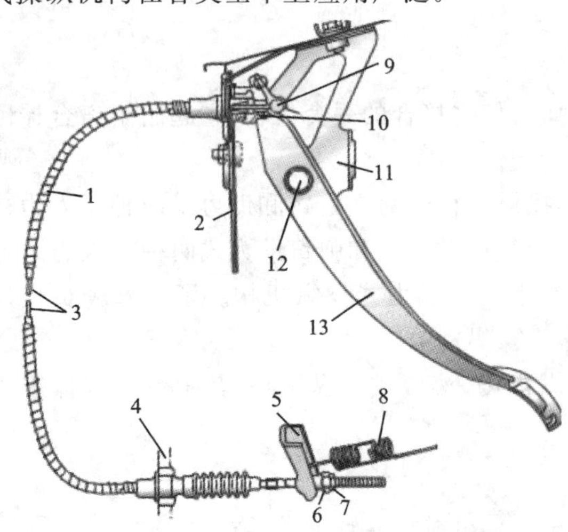

图 2-10　钢索传动操纵机构的结构

1—拉索外套；2—驾驶室前壁；3—内拉索；4—离合器壳；
5—分离叉；6—调整螺母；7—锁紧螺母；8—复位弹簧；
9—拉索球端；10—踏板限位挡块；11—踏板支架；
12—踏板轴；13—踏板

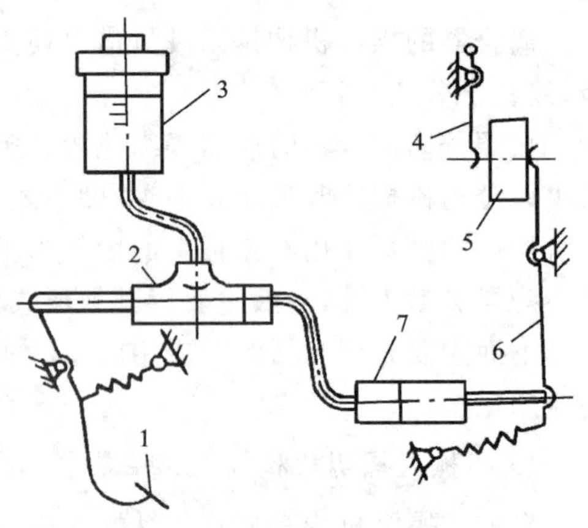

图 2-11　液压式操纵机构的结构

1—离合器踏板；2—主缸；3—储液罐；
4—分离杠杆；5—分离轴承；
6—分离叉；7—工作缸

下面以桑塔纳 2000GSi 型轿车的离合器为例介绍液压式操纵机构的结构。

桑塔纳 2000GSi 型轿车离合器液压操纵系统由离合器踏板、储液罐、进油软管、离合器主缸、离合器工作缸、油管总成、分离叉、分离轴承等组成，如图2-12所示。

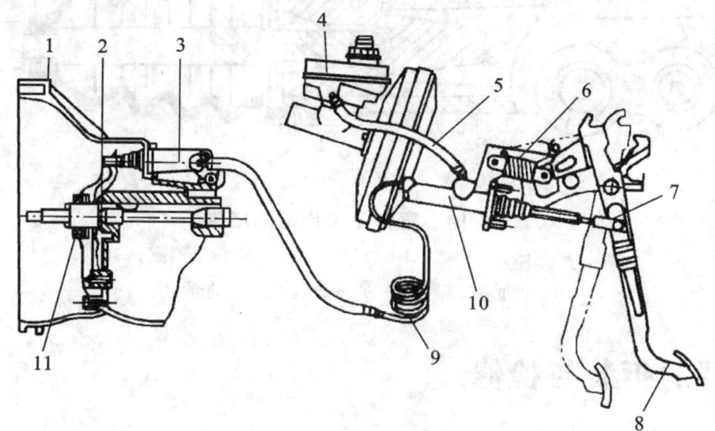

图 2-12 桑塔纳 2000GSi 型轿车离合器液压操纵系统

1—变速器壳体；2—分离叉；3—工作缸；4—储液罐；5—进油软管；
6—助力弹簧；7—推杆接头；8—离合器踏板；9—油管总成；10—主缸；11—分离轴承

储液罐有两个出油孔，分别把制动液供给制动主缸和离合器主缸。

离合器主缸的结构如图 2-13 所示，主缸体借补偿孔 A、进油孔 B 通过进油软管与储液罐相通。主缸内装有活塞，活塞中部较细，且为"十"字形断面，使活塞右方的主缸内腔形成油室。活塞两端装有皮碗。活塞左端中部装有单向阀，经小孔与活塞右方的主缸内腔的油室相通。当离合器踏板处于初始位置时，活塞左端皮碗位于补偿孔 A 与进油孔 B 之间，两孔均开放。

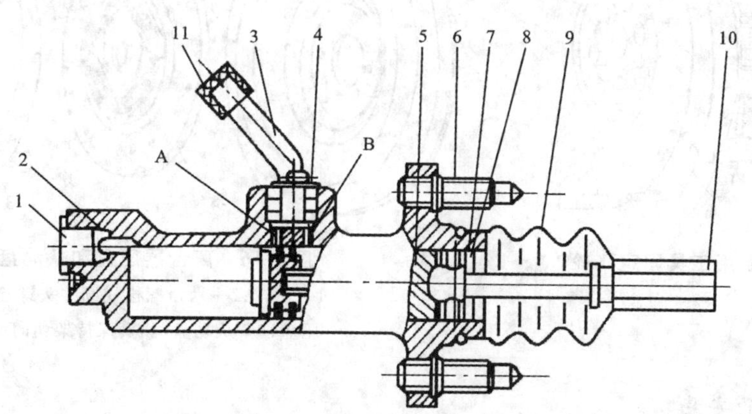

图 2-13 离合器主缸的结构

1—保护塞；2—壳体；3—管接头；4—皮碗；5—阀芯；6—固定螺栓；
7—卡簧；8—挡圈；9—护套；10—推杆；11—保护套 ；A—补偿孔；B—进油孔

离合器工作缸的结构如图 2-14 所示，工作缸内装有活塞、皮碗、推杆等，缸体上还设有放气螺塞。当管路内有空气而影响操纵时，可拧松放气螺塞进行放气。工作缸活塞直径略大于主缸活塞直径，故液压系统稍有增力作用，以补偿液流通道的压力损失。

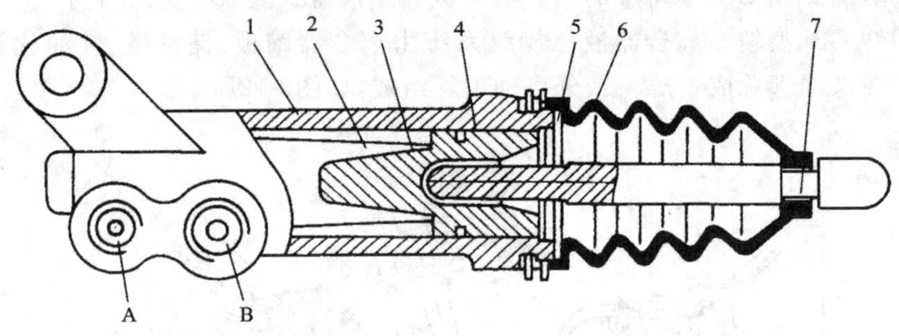

图 2-14　离合器工作缸的结构

1—壳体；2—活塞；3—管接头；4—皮碗；5—挡圈；6—保护套；7—推杆；A—放气孔；B—进油孔

四、离合器的拆装与检修

1. 离合器的拆装

1）离合器的拆卸

(1) 拆下变速器。

(2) 使用专用工具将飞轮固定，如图 2-15 所示。然后逐渐将离合器压盘的固定螺栓按照对角的顺序拧松，取下离合器盖及压盘总成，并取下离合器从动盘。

(3) 按顺序分解离合器各部件。离合器压盘和从动盘如图 2-16 所示。

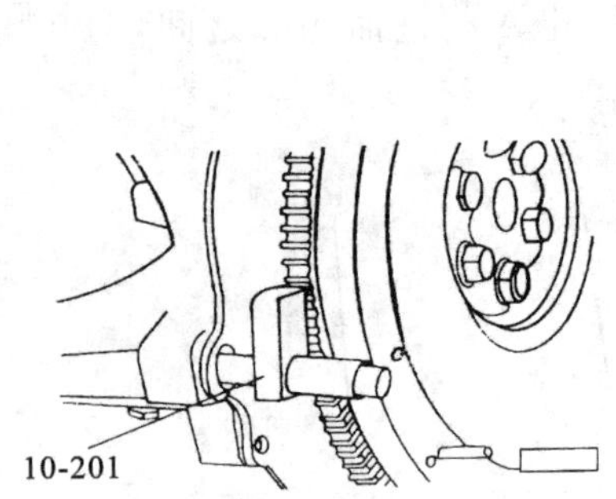

图 2-15　使用专用工具固定飞轮

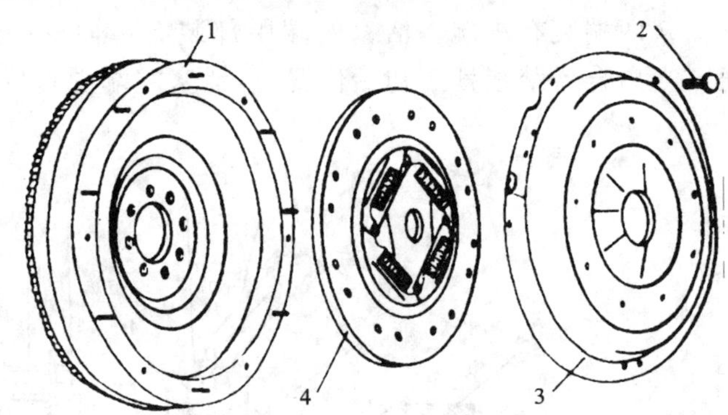

图 2-16　离合器压盘和从动盘

1—飞轮；2—六角螺栓或圆柱头螺栓；3—压盘；4—从动盘(弹簧保持架朝向压盘)

2）离合器的安装

(1) 使用专用工具将飞轮固定。

(2) 如图 2-17 所示，使用专用工具将离合器从动盘定位于飞轮和压盘中心。

(3) 装上紧固螺栓，并按照对角的顺序逐渐旋紧。

2. 离合器的检修

1）检修注意事项

(1) 应更换密封垫圈，更换 O 形环。

(2) 用千分尺多点检测调整垫片，可以精确地测出所需垫片的厚度。检查调整垫片边缘是否有损坏，装入的调整垫片应完好。

（3）调整挡圈及锁圈，必须将其完全放在槽内。

（4）离合器盖、罩壳的螺栓和螺母应交叉拧紧（特别是易损件），并且应按规定的拧紧力矩拧紧螺栓和螺母。

（5）将有标识的一面的滚针轴承（壁后较大）朝向安装工具，在轴与轴承之间涂一层润滑油。所有的轴承和接触表面均使用白色润滑脂润滑。

（6）在进行离合器踏板修理工作前，应将蓄电池搭铁线拆下。

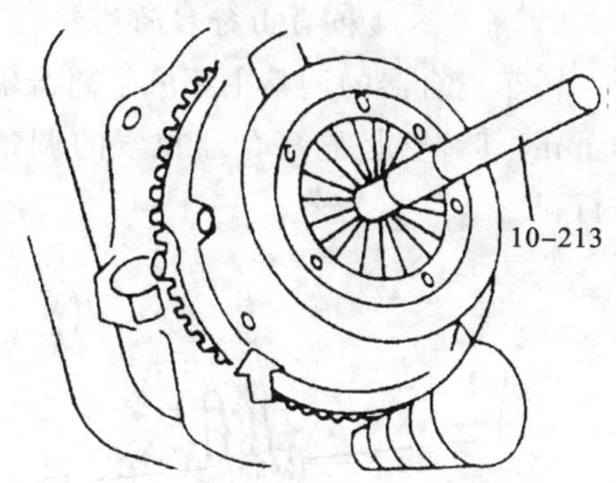

图 2-17 将离合器从动盘定位于飞轮和压盘中心

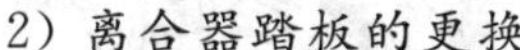
2）离合器踏板的更换

（1）拉开并拆下离合器拉索。

（2）拆下固定在踏板轴上的保险装置。

（3）取下离合器踏板。

（4）装上新的离合器踏板。

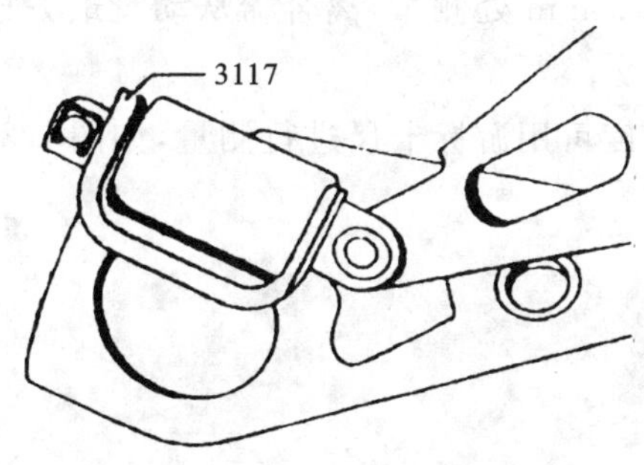

图 2-18 取下助力弹簧

3）离合器踏板助力弹簧的更换

（1）拆下挡圈，拆下连接销，取下助力弹簧，如图2-18所示。

（2）装上新的助力弹簧。

4）拉索的更换

（1）拧松调整踏板自由行程的防松螺母，并放松拉索，如图 2-19 所示。

（2）取下拉索。

（3）装上新的拉索，用润滑脂润滑用于连接的两端。

5）分离轴承的更换

（1）拆卸变速器。

（2）拆下分离轴承，如图 2-20 所示。

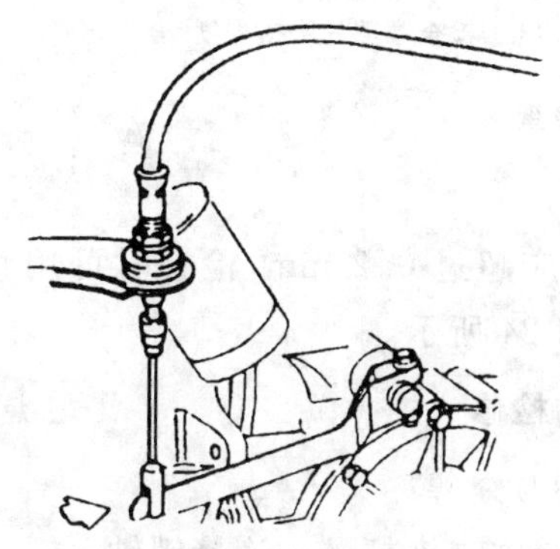
图 2-19 拧松螺母，放松拉索

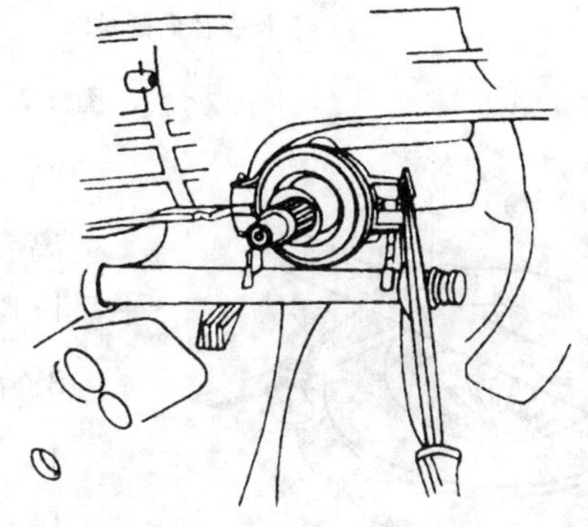
图 2-20 拆下分离轴承

（3）用润滑脂润滑接触点，装上新的轴承。

（4）装上回位弹簧，其安装位置如图 2-21 所示。

6）离合器踏板自由行程的调整

轿车离合器的调整主要就是离合器踏板自由行程的调整。离合器踏板自由行程应为15～20 mm，其调整是靠离合器拉索的调整来进行的，具体可通过图2-22箭头所示的调整螺母来进行。

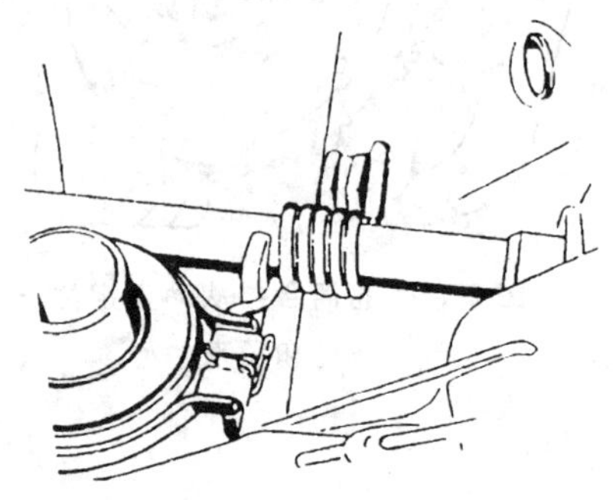

图2-21 回位弹簧的安装位置

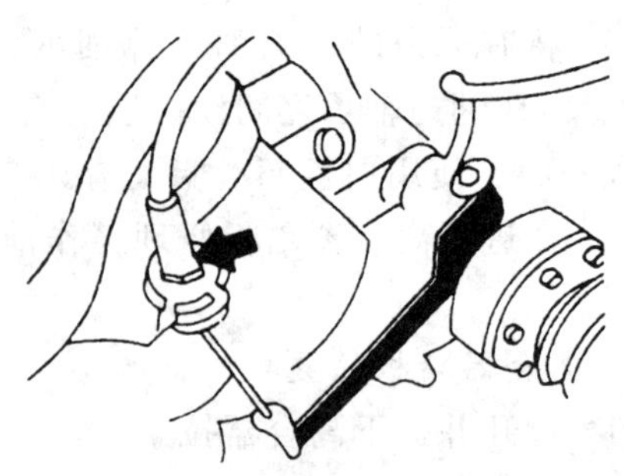

图2-22 离合器踏板自由行程的调整

7）从动盘的检查

（1）从动盘径向圆跳动的检查。在距从动盘外边缘2.5 mm处测量，离合器从动盘最大径向圆跳动为0.4 mm，测量方法如图2-23(a)所示。

（2）从动盘摩擦片磨损程度的检查。摩擦片的磨损程度可用游标卡尺进行测量，如图2-23(b)所示。铆钉头埋入深度 A 应不小于0.20 mm。

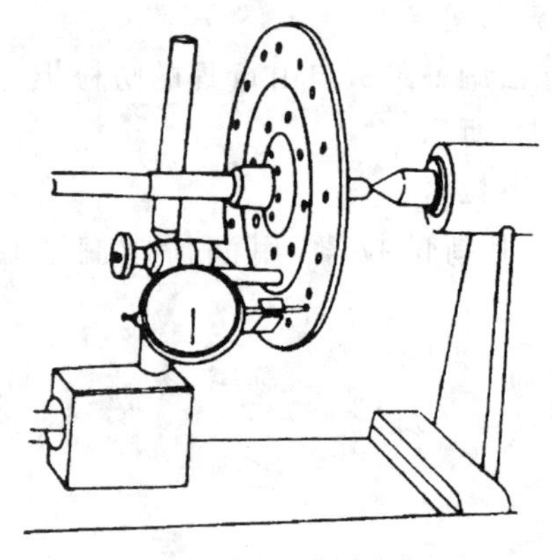

（a）检查径向圆跳动

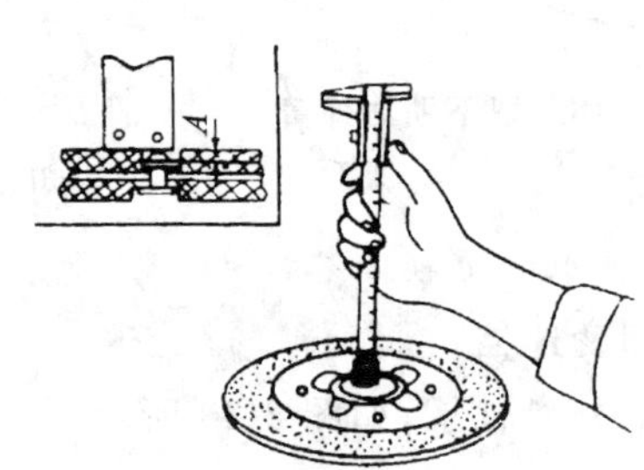

（b）检查摩擦片磨损程度

图2-23 离合器从动盘的检查

8）压盘平面度的检查

离合器压盘平面度不应超过0.2 mm，检查时可用直尺搁平后以厚薄规测量，如图2-24所示。

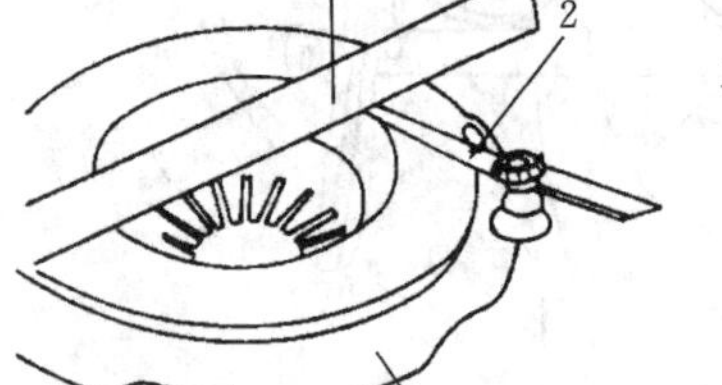

图2-24 离合器压盘平面度的检查

1—直尺；2—厚薄规；3—压盘

3. 离合器液压系统的检修

1）离合器主缸的拆卸与分解

（1）取下离合器踏板与主缸推杆叉的连接销轴。

（2）从主缸上拧下进油管和出油管接头。

（3）拧下主缸固定螺栓，拉出主缸。

在解体离合器主缸前，应排净主缸中的制动液。主缸分解过程：取下防尘罩，用螺丝刀或卡环钳拆下卡环，拉出主缸推杆、压盖和活塞。

2）离合器工作缸的拆卸与分解

拧下工作缸进油管接头，再拆下工作缸固定螺栓，即可拉出工作缸。

工作缸的分解过程：拉出工作缸推杆，拆下防尘罩，然后用压缩空气将工作缸活塞从缸筒内压出来。

3）离合器主缸、工作缸的检修

主缸和工作缸是离合器液压操纵系统的主要部件，其工作性能直接影响离合器的工作性能。当出现缸筒内壁磨损超过0.125 mm、活塞与缸筒的间隙超过0.20 mm、皮圈老化及回位弹簧失效等情况时，应更换相应零件。

4）离合器主缸、工作缸的装配

主缸和工作缸的装配顺序与拆卸、分解的顺序相反，装配时应注意以下事项。

（1）零件在装配前要用非腐蚀性液体清洗干净，并在活塞、皮碗、皮圈、缸套等零件上涂一层制动液。装合后推杆在缸筒内运动应灵活。在放松（不工作）位置时，主缸皮碗和活塞头部应位于进油孔、补偿孔之间，进油孔和补偿孔都开放。工作缸上带有塑料支承环，安装时外表面要涂上一层薄薄的润滑油，工作缸推杆末端也要涂上润滑脂。

（2）安装离合器工作缸时，需要用适合的杠杆克服弹簧的弹力，将其压向变速器壳相应的孔中后，方能将固定螺栓旋入。

5）离合器油液的添加与离合器管路放气

如果离合器油液接触到任何涂漆表面，则需立即进行清洗。如果要对离合器系统进行任何操作或怀疑离合器管路内有空气进入，则应对离合器管路进行放气。

（1）对制动液储液罐进行加注。

检查储液罐中制动液液位是否处于MIN（最低限度）线与MAX（最高限度）线之间。如果制动液液位低于MIN线，则检查是否存在泄漏现象，给储液罐加注制动液（注意：制动液型号需与车辆要求的对应）。

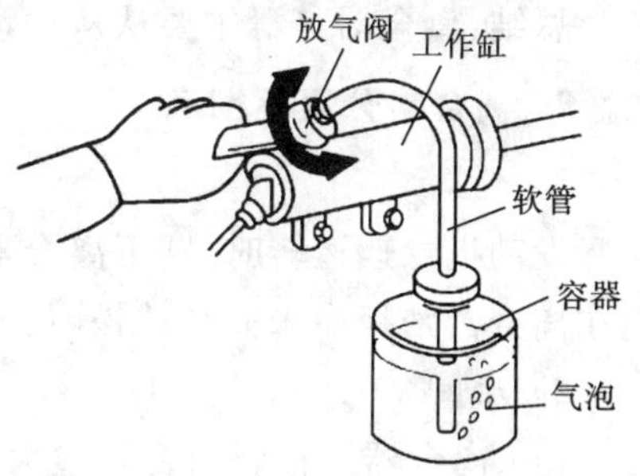

图2-25 连接塑料软管

（2）对离合器管路进行放气。

① 拆下放气螺塞盖。

② 将塑料软管连接至放气螺塞，如图2-25所示。

③ 踩下离合器踏板数次，并在踩下踏板时松开放气螺塞。

④ 离合器油不再外流时，拧紧放气螺塞，然后松开离合器踏板。

⑤ 重复第③步和第④步的操作直至离合器油液中的空气全部放出。

⑥ 拧紧放气螺塞。

⑦ 安装放气螺塞盖。

⑧ 检查并确认离合器管路中的空气已全部放出。

五、离合器的故障诊断与排除

由于离合器是汽车上使用频繁的总成之一，故其故障率较高。离合器的常见故障有离合器打滑、分离不彻底、发抖、异响等。

1. 离合器打滑

1）现象

汽车用低速挡起步时，放松离合器踏板后，汽车不能起步或起步困难；汽车加速行驶时，车速不能随发动机转速的提高而提高，感到行驶无力，严重时产生焦煳味或冒烟等现象。

2）原因

(1) 离合器踏板没有自由行程，使分离轴承压在分离杠杆上。

(2) 从动盘摩擦片、压盘或飞轮工作面磨损严重，离合器盖与飞轮的连接松动，使压紧力减小。

(3) 从动盘摩擦片油污、烧蚀、表面硬化、铆钉外露、表面不平等，使摩擦系数减小。

(4) 压力弹簧疲劳或折断，膜片弹簧疲劳或开裂，使压紧力减小。

(5) 离合器操纵杆件卡滞，分离轴承套筒与导管间油污、尘腻严重，甚至造成卡滞，使分离轴承不能回位。

(6) 分离杠杆弯曲变形，出现运动干涉，不能回位。

3）故障诊断与排除

(1) 检查离合器踏板自由行程。当其不符合规定时应予以调整。如果自由行程正常，则应拆下变速器壳，检查离合器与飞轮的连接螺栓是否松动，如连接螺栓松动则应将其拧紧。

(2) 当离合器踏板自由行程正常时，如果离合器仍然打滑，则应拆下离合器，检查从动盘摩擦片的状况。当摩擦片有油污时，一般可用汽油清洗并烘干，然后找出油污来源并设法排除。如果摩擦片磨损严重或有铆钉外露，则应更换从动盘。

(3) 当从动盘也完好时，应分解离合器，检查压紧弹簧，如果压紧弹簧弹力过小则应更换。

总结：离合器打滑主要从从动盘压不紧、从动盘摩擦系数减小等方面加以考虑。

2. 离合器分离不彻底

1）现象

发动机怠速运转时，踩下离合器踏板，挂挡时有齿轮撞击声，且难以挂入；如果勉强挂上挡，则在离合器踏板尚未完全放松时，发动机熄火。

2）原因

(1) 离合器踏板自由行程过大。

(2) 分离杠杆弯曲变形、支座松动、支座轴销脱出，使分离杠杆内端高度难以调整。

(3) 分离杠杆调整不当，其内端不在同一平面内或内端高度太低。

(4) 双片离合器中间压盘限位螺钉调整不当，个别分离弹簧疲劳、高度不足或折断，中间压盘在传动销上或在离合器驱动窗口内轴向移动不灵活。

(5) 从动盘钢片翘曲、摩擦片破裂或铆钉松动。

(6) 新换的摩擦片太厚或从动盘正反面装错。

(7) 从动盘花键孔与变速器第一轴花键轴卡滞。

(8) 离合器液压操纵机构漏油、有空气，或油量不足。

(9) 膜片弹簧弹力减小。

(10) 发动机支承磨损或损坏，发动机与变速器不同心。

3）故障诊断与排除

(1) 检查离合器踏板自由行程，如果自由行程过大则进行调整。否则，对于液压操纵机构，要检查是否储液罐油量不足或管路中有空气，并进行必要的排除。如果不是上述问题，则应继续检查。

(2) 检查分离杠杆内端高度，如果分离杠杆高度太低或不在同一平面，则进行调整。否则，检查从动盘是否装反，如果都没问题则继续检查。

(3) 检查从动盘是否翘曲变形，铆钉是否脱落，从动盘是否轴向运动卡滞等，当存在问题时进行更换或修理。

总结：离合器分离不彻底主要从离合器踏板自由行程、分离杠杆高度、从动盘状况等几个方面考虑。

3. 发抖

1) 现象

汽车用低速挡起步时，按操作规程逐渐放松离合器踏板并徐徐踩下加速踏板，离合器不能平稳接合且产生抖振，严重时甚至整车产生抖振。

2) 原因

(1) 分离杠杆内端不处在同一平面内。

(2) 从动盘或压盘翘曲变形，飞轮工作端面圆跳动严重。

(3) 从动盘摩擦片厚度不均匀、油污、烧焦、表面不平整、表面硬化，铆钉头露出，铆钉松动或切断，波形弹簧片损坏。

(4) 压紧弹簧疲劳、弹力不均或个别折断，膜片弹簧疲劳或开裂。

(5) 从动盘上的缓冲片破裂或减振弹簧疲劳、折断。

(6) 发动机支架、变速器、飞轮、飞轮壳等的固定螺栓松动。

(7) 分离轴承套筒与导管油污、尘腻严重，使分离轴承不能回位。

3) 故障诊断与排除

(1) 检查离合器踏板、分离轴承等回位是否正常，如果正常则继续检查其他部件。

(2) 检查发动机支架、变速器、飞轮、飞轮壳等的固定螺栓是否松动，当存在松动现象时应紧固螺栓，否则继续检查其他部件。

(3) 检查分离杠杆的内端是否在同一平面，当其在同一平面内时继续检查其他部件。

(4) 检查压盘、从动盘是否变形，铆钉是否松动、外露，压紧弹簧的弹力是否在允许范围内，当存在问题时应更换或修理。

总结：起步时发抖主要考虑离合器在接合过程中不平稳，即发动机在匀速转动，而离合器接合不平稳使离合器的从动部分转动不平稳，反映为离合器乃至整车的抖振。

4. 离合器异响

1) 现象

离合器分离或接合时发出不正常的响声。

2) 原因

(1) 分离轴承缺少润滑剂，造成干磨或轴承损坏。

(2) 分离轴承与分离杠杆内端之间无间隙。

(3) 分离轴承套筒与导管之间油污、尘腻严重，或分离轴承回位弹簧与踏板回位弹簧疲劳、折断、脱落，使分离轴承回位不佳。

(4) 从动盘花键孔与其花键轴配合松旷。

(5) 从动盘减振弹簧疲劳或折断等。

(6) 从动盘摩擦片铆钉松动或铆钉头外露。

(7) 双片离合器传动销与中间压盘和压盘的销孔因磨损而松旷。

3) 故障诊断与排除

(1) 稍稍踩下离合器踏板,使分离轴承与分离杠杆接触,如果有"沙沙"的响声,则为分离轴承响;如果踩油门踏板后仍有响声,则说明轴承磨损过度、松旷或损坏,应更换。

(2) 踩下、抬起离合器踏板,如果出现间断的碰撞声,则说明分离轴承前后有窜动,应更换分离轴承回位弹簧。

(3) 连踩踏板,如果离合器刚接合或刚分开时有响声,则说明从动盘铆钉松动或外露,应更换从动盘。

总结:离合器异响主要从磨损过度、松旷、过紧、运动中刮碰等方面加以考虑。

【实训活动】

实训条件:多媒体教学设备和课件、网络教学资源、维修资料、实训车、举升机、千斤顶、汽车维修基本工具。

实训车状态:一辆别克凯越轿车起步时,在完全放松离合器踏板时,有金属摩擦声音,起步困难,行驶无力,上坡时尤为明显。经检查确认发动机技术状况良好,需对离合器进行检修。

1. 实训准备

(1) 实训车:别克凯越轿车。

(2) 实训工具及器材:世达工具箱、扭力扳手、车轮止动楔、直尺、游标卡尺、百分表、塑料软管、离合器油液、分离毂润滑脂、花键润滑脂、专用工具等。

(3) 掌握本次实训课所用仪器及设备的使用方法。

(4) 牢记实训中的安全注意事项。

2. 实训流程

离合器故障会导致汽车起步困难、动力减小、油耗增加等。实训教师可根据实训条件对离合器进行检测,然后设置一些离合器常见故障。在实训教师的监督下,学生独立完成故障的诊断与排除。最后由教师充当客户模拟一个或几个故障场景,让学生分别扮演维修工向客户讲解故障诊断情况。

(1) 学生分析并说出检查步骤和方法。

① 检查并调整离合器踏板高度。

② 检查并调整离合器踏板自由行程。

③ 检查离合器油液液面高度。

④ 拆装并检修离合器总成。

(2) 学生思考下列问题,并向教师陈述答案。

① 根据检查情况,分析出可能导致上述故障的原因。

② 如何确定上述故障?

③ 对检查结果进行理论分析。

3. 实训记录

(1) 回答教师的现场提问,接受教师的技能考核。

(2) 完成实训任务后，对实训过程进行自我评价和小组互评，听取教师的点评。

(3) 清洁实训场所，清点、维护工具及设备，完成任务交接。

学习任务3　手动变速器的结构与检修

一、变速器概述

1. 变速器的功能

1) 变速、变矩

汽车上发动机具有转矩变化范围小、转速高的特点，这与汽车实际的行驶状况是不相适应的。假设没有变速器而直接将发动机与驱动桥连接在一起，首先，发动机的转矩小，不能克服汽车的行驶阻力，使汽车根本无法起步；其次，假使汽车行驶起来，也会由于车速太高而不实用，甚至无法驾控。所以必须改变发动机的转矩、转速特性，使发动机输出的转矩增大、转速下降，以满足汽车实际行驶的要求。变速器是通过不同的挡位来实现这一功能的。

2) 倒车

发动机的旋转方向从前往后看为顺时针方向，而且是不能改变的，为了实现汽车的倒向行驶，变速器设置了倒挡。

3) 中断动力传动

在发动机启动和怠速运转、变速器换挡、汽车滑行和暂时停车等情况下，都需要中断发动机的动力传动，因此变速器设有空挡。

2. 变速器的类型

现代汽车上所采用的变速器有多种结构形式，一般可按照传动比和操纵方式进行分类。

1) 按传动比的变化方式分类

按传动比的级数，变速器可分为有级式、无级式和综合式三种。

(1) 有级式变速器　有级式变速器采用齿轮传动，具有若干个定值传动比。轿车和轻、中型货车变速器多采用3～5个前进挡和1个倒挡，每个挡位对应1个传动比。重型汽车行驶的路况复杂，变速器的挡位较多，可有8～20个挡位。

齿轮式的有级式变速器具有结构简单、易于制造、工作可靠、传动效率高等优点。这种齿轮式的有级式变速器按照结构，又可以分为二轴式变速器和三轴式变速器。二轴式变速器广泛用于发动机前置前轮驱动的轿车，而三轴式变速器可应用于其他各类型车辆。

(2) 无级式变速器　无级式变速器英文缩写为CVT，它的传动比的变化是连续的。目前的无级式变速器一般都采用金属带传递动力，通过主、从动带轮直径的变化实现无级变速。这种变速器在中、高级轿车上应用得越来越多。

(3) 综合式变速器　综合式变速器是由液力变矩器和齿轮式的有级式变速器组成的，一般都由计算机来自动实现换挡，所以多把这种变速器称为自动变速器。这种变速器的传动比可在最大值与最小值之间的几个间断的范围内做无级变化，目前应用较多。

2) 按操纵方式分类

按操纵方式，变速器可分为手动变速器、自动变速器和手动自动一体变速器三种。

(1) 手动变速器　手动变速器的英文缩写为MT。它由驾驶员直接操纵变速器的换挡机构进行挡位变换。齿轮式的有级式变速器大多数都采用这种换挡方式。

(2) 自动变速器　自动变速器的英文缩写为AT。这种变速器的自动控制系统根据发动机的负荷和车速的变化情况自动地选定挡位，并进行挡位变换，即自动地改变传动比，驾驶员只需要操纵加速踏板控制车速。

(3) 手动自动一体变速器　这种变速器可以自动换挡，也可以手动换挡，比较典型的如奥迪A6的Tiptronic等。

3. 普通齿轮传动的基本原理

普通齿轮变速器利用不同齿数的齿轮啮合传动来实现转矩和转速的改变。

齿轮传动的基本原理如图2-26所示，一对齿数不同的齿轮啮合传动时可以实现变速，而且两齿轮的转速比与其齿数成反比。设主动齿轮转速为 n_1、齿数为 z_1，从动齿轮转速为 n_2、齿数为 z_2，主动齿轮（即输入轴）转速与从动齿轮（即输出轴）转速之比值称为传动比，用字母 i_{12} 表示，即由1传到2的传动比为

$$i_{12}=n_1/n_2=z_2/z_1$$

当小齿轮为主动齿轮，带动大齿轮转动时，输出转速降低，即 $n_2<n_1$，称为减速传动，此时传动比 $i>1$，如图2-26(a)所示；当大齿轮驱动小齿轮时，输出转速升高，即 $n_2>n_1$，称为增速传动，此时传动比 $i<1$，如图2-26(b)所示。这就是齿轮传动的变速原理。汽车变速器就是根据这一原理，利用若干大小不同的齿轮副传动而实现变速的。

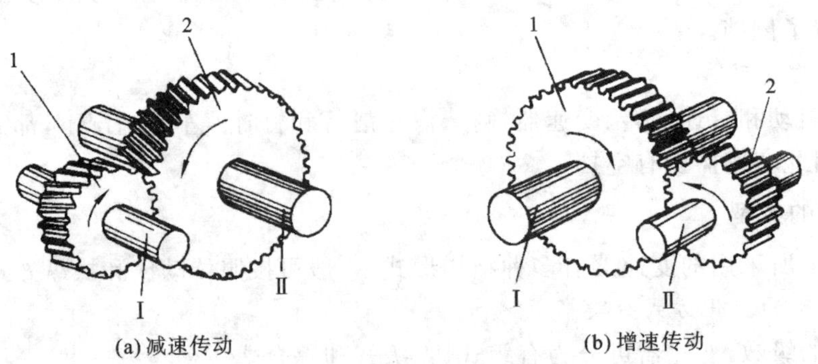

图2-26　齿轮传动的基本原理

Ⅰ—输入轴；Ⅱ—输出轴；1—主动齿轮；2—从动齿轮

图2-27所示为两级齿轮传动示意图，齿轮1为主动齿轮，驱动齿轮2转动，齿轮3与齿轮2固连在一起，再驱动齿轮4转动并输出动力，此时由1传到4的传动比为

$$i_{14}=n_1/n_4=(z_2z_4)/(z_1z_3)=i_{12}i_{34}$$

因此，可以总结多级齿轮传动的传动比为

i=所有从动齿轮齿数的乘积/所有主动齿轮齿数的乘积=各级齿轮传动比的乘积

对于变速器，各挡的传动比 i 就是变速器输入轴转速与输出轴转速之比，即

$$i=n_{输入}/n_{输出}=T_{输出}/T_{输入}$$

当 $i>1$ 时，$n_{输出}<n_{输入}$，$T_{输出}>T_{输入}$，此时实现降速增矩，为变速器的低挡位，且 i 越大，挡位越低；当 $i=1$ 时，$n_{输出}=n_{输入}$，$T_{输出}=T_{输入}$，为变速器的直接挡；当 $i<1$ 时，$n_{输出}>n_{输入}$，$T_{输出}<T_{输入}$，此时实现升速降矩，为变速器的超速挡。

如图2-28所示，变速器前进挡主、从动齿轮旋转方向相反，倒挡主、从动齿轮旋转方向相同，倒挡轴上的中间齿轮仅改变旋转方向，不改变传动比的大小。

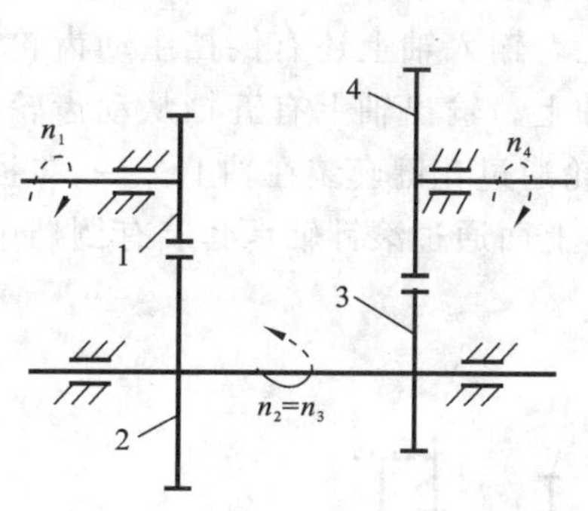

图 2-27 两级齿轮传动示意图

1、3—主动齿轮；2、4—从动齿轮

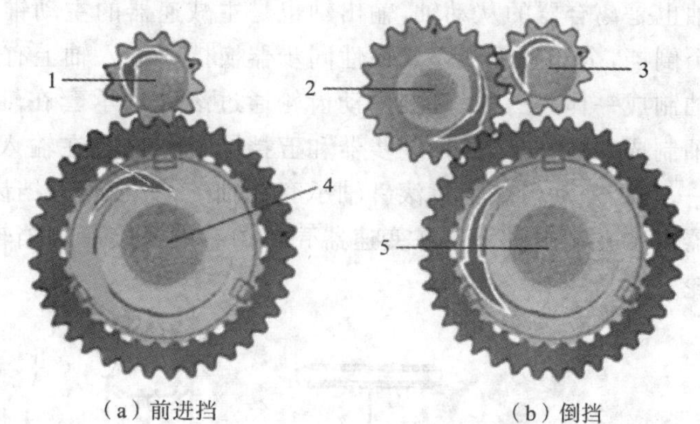

图 2-28 前进挡与倒挡的对比

1、3—第一轴；2—倒挡轴；4、5—第二轴

另外，常见的齿轮啮合分为内啮合和外啮合两种形式。内啮合的齿轮旋转方向相同，外啮合的齿轮旋转方向相反。

二、手动变速器的变速传动机构

手动变速器包括变速传动机构和操纵机构两大部分。变速传动机构的主要作用是改变转矩的大小和方向，操纵机构的作用是实现换挡。

1. 二轴式变速器的变速传动机构

二轴式变速器用于发动机前置前轮驱动的汽车，一般与驱动桥（前桥）合称为手动变速驱动桥。目前，国产轿车常采用这种变速器。

前置发动机有纵向布置和横向布置两种形式，与其配用的二轴式变速器也有两种结构形式。发动机纵向布置时，主减速器为一对圆锥齿轮；发动机横向布置时，主减速器采用一对圆柱齿轮。图 2-29 所示为桑塔纳 2000 轿车二轴式变速器传动机构的结构。

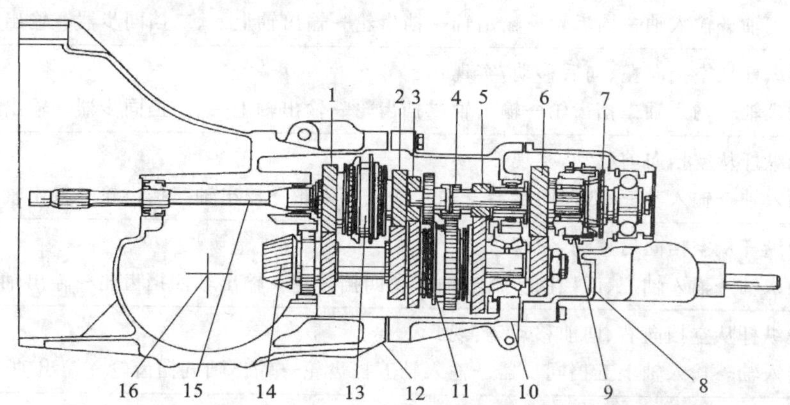

图 2-29 桑塔纳 2000 轿车二轴式变速器传动机构的结构

1—四挡齿轮；2—三挡齿轮；3—二挡齿轮；4—倒挡齿轮；5—一挡齿轮；6—五挡齿轮；7—五挡运行齿环；8—换挡机构壳体；9—五挡同步器；10—齿轮箱体；11—一、二挡同步器；12—变速器壳体；13—三、四挡同步器；14—输出轴；15—输入轴；16—差速器

1）发动机纵向布置的二轴式变速器

（1）结构　如图 2-30 所示，该变速器的变速传动机构有输入轴和输出轴，二轴平行布置，输

入轴也是离合器的从动轴，输出轴也是主减速器的主动锥齿轮轴。该变速器具有五个前进挡和一个倒挡，全部采用锁环式惯性同步器换挡。输入轴上有五挡主动齿轮，其中一、二挡主动齿轮与轴制成一体，三、四、五挡主动齿轮通过滚针轴承套在轴上。输入轴上还有倒挡主动齿轮，它与轴制成一体。三、四挡同步器和五挡同步器也装在输入轴上。输出轴上有五挡从动齿轮，其中一、二挡从动齿轮通过滚针轴承套在轴上，三、四、五挡齿轮通过花键套装在轴上。一、二挡同步器也装在输出轴上。在变速器壳体的右端还装有倒挡轴，上面通过滚针轴承套装有倒挡中间齿轮。

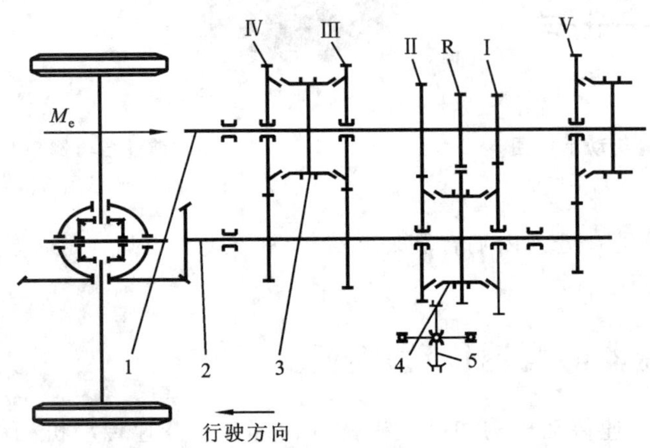

图 2-30　桑塔纳 2000 轿车二轴式变速器传动机构示意图

1—输入轴；2—输出轴；3—三、四挡同步器；4—一、二挡同步器；5—倒挡中间齿轮；
Ⅰ—一挡齿轮；Ⅱ—二挡齿轮；Ⅲ—三挡齿轮；Ⅳ—四挡齿轮；Ⅴ—五挡齿轮；R—倒挡齿轮

(2) 动力传动路线　桑塔纳 2000 轿车变速器动力传动路线如表 2-2 所示。

表 2-2　桑塔纳 2000 轿车变速器动力传动路线

挡位	动力传递路线
一	变速器操纵杆从空挡向左、向前移动，实现： 动力→输入轴→输入轴一挡齿轮→输出轴一挡齿轮→输出轴上一、二挡同步器→输出轴→动力输出
二	变速器操纵杆从空挡向左、向后移动，实现： 动力→输入轴→输入轴二挡齿轮→输出轴二挡齿轮→输出轴上一、二挡同步器→输出轴→动力输出
三	变速器操纵杆从空挡向前移动，实现： 动力→输入轴→输入轴三、四挡同步器→输入轴三挡齿轮→输出轴三挡齿轮→输出轴→动力输出
四	变速器操纵杆从空挡向后移动，实现： 动力→输入轴→输入轴三、四挡同步器→输入轴四挡齿轮→输出轴四挡齿轮→输出轴→动力输出
五	变速器操纵杆从空挡向右、向前移动，实现： 动力→输入轴→输入轴上五挡同步器→输入轴五挡齿轮→输出轴五挡齿轮→输出轴→动力输出
倒	变速器操纵杆从空挡向右、向后移动，实现： 动力→输入轴→输入轴倒挡齿轮→倒挡轴倒挡齿轮→输出轴倒挡齿轮→输出轴→动力反向输出

2) 发动机横向布置的二轴式变速器

(1) 结构　发动机横向布置的二轴式变速器的结构如图 2-31 所示，所有前进挡齿轮和倒挡齿轮都采用常啮合斜齿轮，并采用锁环式同步器换挡。

(2) 动力传动路线如下。

① 一挡　一、二挡同步器使一挡齿轮与主减速器主动齿轮轴接合，将变速齿轮锁定到主减速器主动齿轮轴上。输入轴齿轮的一挡主动齿轮顺时针转动，逆时针驱动一挡从动齿轮和主减速器主动齿轮轴，顺时针驱动主减速器从动齿轮。

② 二挡　从一挡向二挡换挡时，一、二挡同步器分离一挡从动齿轮，并接合二挡从动齿轮。

③ 三挡　二挡同步器接合套返回空挡后，将三、四挡同步器锁定到主减速器主动齿轮轴的三挡齿轮上。

④ 四挡　将三、四挡同步器接合套从三挡齿轮移开，移向四挡齿轮，将其锁定在主减速器主动齿轮轴上。

⑤ 倒挡　换挡手柄位于倒挡时，倒挡惰轮换入，与倒挡主动齿轮和倒挡从动齿轮啮合。倒挡从动齿轮同时又是一、二挡同步器接合套，同步器接合套带有沿其外缘加工的直齿。倒挡惰轮改变变速齿轮的转动方向，汽车就可以倒车。

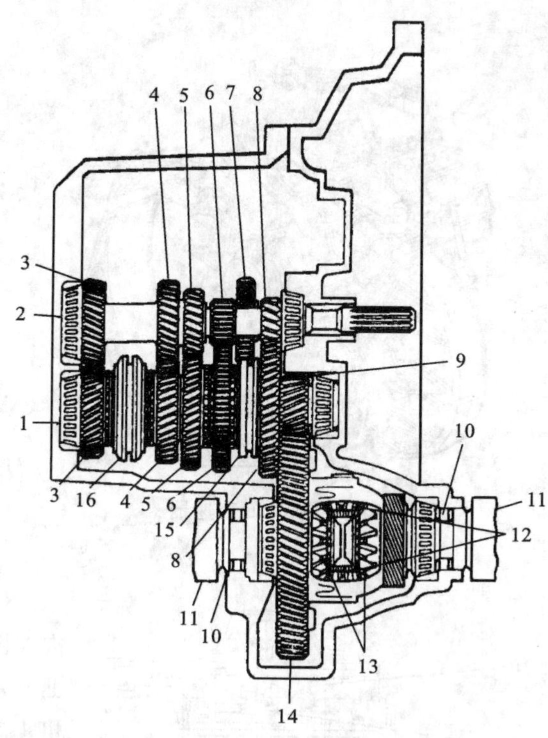

图 2-31　发动机横向布置的二轴式变速器的结构

1—输出轴；2—输入轴；3—四挡齿轮；4—三挡齿轮；5—二挡齿轮；6—倒挡齿轮；7—倒挡惰轮；8—一挡齿轮；9—主减速器主动齿轮；10—差速器油封；11—等速万向节轴；12—差速行星齿轮；13—差速半轴齿轮；14—主减速器从动齿轮；15—一、二挡同步器；16—三、四挡同步器

2. 三轴式变速器的变速传动机构

雪佛兰科鲁兹手动挡轿车装载的 M32-6 变速器是 6 速手动变速器。该手动变速器是全同步的三轴变速器，如图 2-32 所示。这种三轴变速器具有以下优点：①结构紧凑；②顺畅运转性能加强；③换挡质量良好；④变挡器扭矩大；⑤质量小。

1）轴位

图 2-33 所示横截面显示了 M32-6 变速器内各轴的位置。这些轴承需要些许间隙和预紧。在生产过程中，通过在轴承下放置垫片，使轴承间有空隙和预紧。

2）齿轮位置

图 2-34 标示了该变速器各轴上齿轮的位置。

3. 同步器

目前汽车中手动、普通齿轮变速器换挡的方式有两种，一种是采用直齿滑动齿轮，如东风 EQ1092 中型货车的一挡、倒挡的换挡方式；另一种是采用同步器换挡，这种方式应用最广泛。

1）功能

同步器的功能是使接合套与待啮合的齿圈迅速同步，缩短换挡时间，且防止在同步前啮合而产生换挡冲击。

2）工作原理

摩擦式惯性同步器是目前所普遍采用的同步器，按锁止装置分类，可分为锁环式惯性同步器和锁销式惯性同步器。

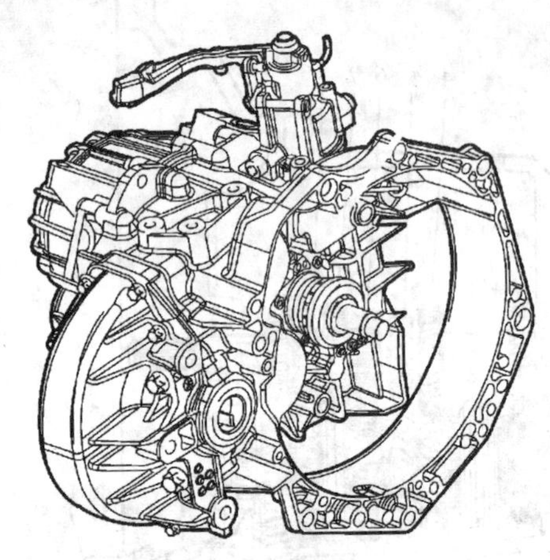

图 2-32 M32-6 变速器

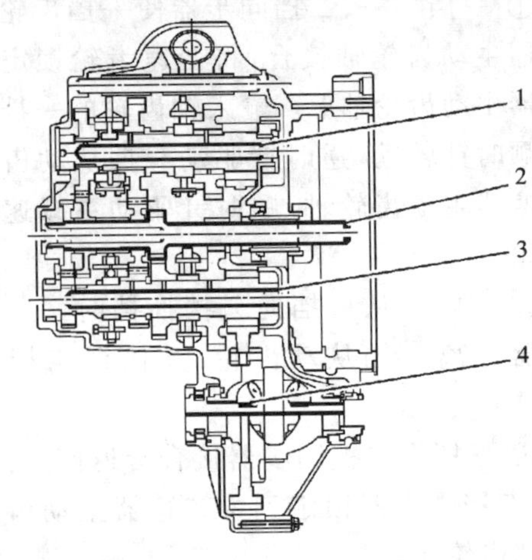

图 2-33 M32-6 变速器内各轴的位置

1—上主轴；2—输入轴；3—下主轴；4—差速器齿轮

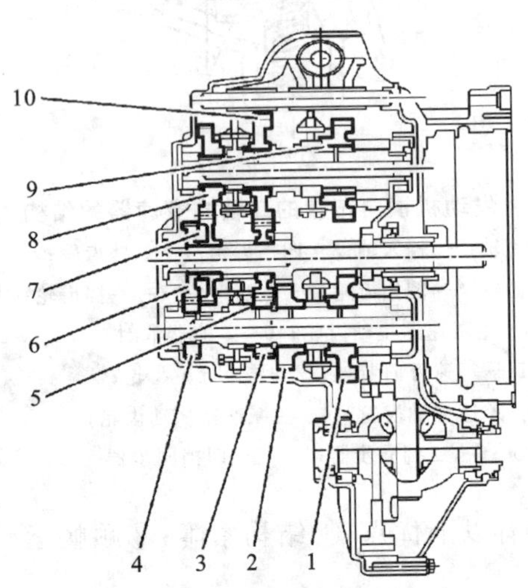

图 2-34 M32-6 变速器各轴上齿轮的位置

1—一挡齿轮；2—二挡齿轮；3—五挡齿轮；4、6—六挡齿轮；5—三挡/五挡齿轮；7、8—四挡齿轮；9—倒挡齿轮；10—三挡齿轮

(1) 锁环式惯性同步器 锁环式惯性同步器的结构如图 2-35 所示，花键毂 7 用内花键套装在二轴外花键上，用垫圈、卡环轴向定位。花键毂 7 两端与齿轮 1 和 4 之间各有一个青铜制成的锁环(即同步环)。锁环上有短花键齿圈。两个齿轮和锁环上的花键齿，靠近接合套 8 的一端都有倒角(锁止角)，与接合套齿端的倒角相同。锁环有内锥面。在锁环内锥面上制有细密的螺纹(或直槽)，锥面接触后，它能及时破坏油膜，增加锥面间的摩擦力。锁环内锥面摩擦副称为摩擦件，外沿带倒角的齿圈是锁止件，锁环上还有三个均布的缺口 12。三个滑块 2 分别装在花键毂 7 上的三个均布的轴向槽 11 内，沿槽可以轴向移动。滑块被两个弹簧圈 6 的径向力压向接合套，滑块中部的凸起部位压嵌在接合套中部的环槽 10 内。滑块和弹簧是推动件。滑块两端伸入锁环 5 的缺口 12 中，滑块窄，缺口宽，滑块宽度与缺口宽度之差等于锁环的花键齿宽。锁环相对滑块顺转和逆转都只能转动半齿宽，且只有当滑块位于锁环缺口的中央时，接合套与锁环才能接合。

下面以二挡换三挡为例说明同步器的工作过程，如图 2-36 所示。

① 空挡位置。接合套 3 刚从二挡退入空挡时，如图 2-36(a)所示，三挡齿轮 1、接合套 3、锁环 4 以及与其有关联的运动件，因惯性作用而沿原方向继续旋转(图示箭头方向)。由于齿轮 1 是高挡齿轮(相对于二挡齿轮来说)，所以接合套 3、锁环 4 的转速低于齿轮 1 的转速。

② 挂挡。欲换入三挡时，驾驶员操作换挡手柄使拨叉推动接合套 3 连同滑块 2 一起向左移动，如图 2-36(b)所示，滑块又推动锁环移向齿轮 1，使锥面接触。驾驶员作用在接合套上的轴向推力，使两锥面有正压力 $\boldsymbol{F}_N$，又因两者有转速差，所以产生摩擦力矩。通过摩擦作用，齿轮 1 带动锁环相对于接合套向前转动一定角度，使锁环缺口靠在滑块的另一侧(上侧)为止，此时接合套的内齿与锁环缺口错开了约半齿宽，接合套的齿端倒角面与锁环的齿端倒角面互相抵住。

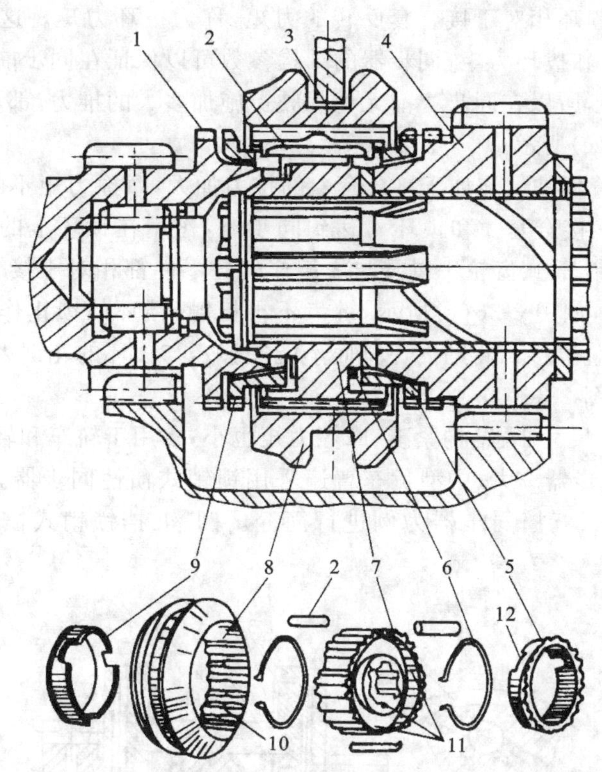

图 2-35 锁环式惯性同步器的结构

1—一轴常啮合齿轮；2—滑块；3—拨叉；4—二轴齿轮；5、9—锁环(同步环)；
6—弹簧圈；7—花键毂；8—接合套；10—环槽；11—轴向槽；12—缺口

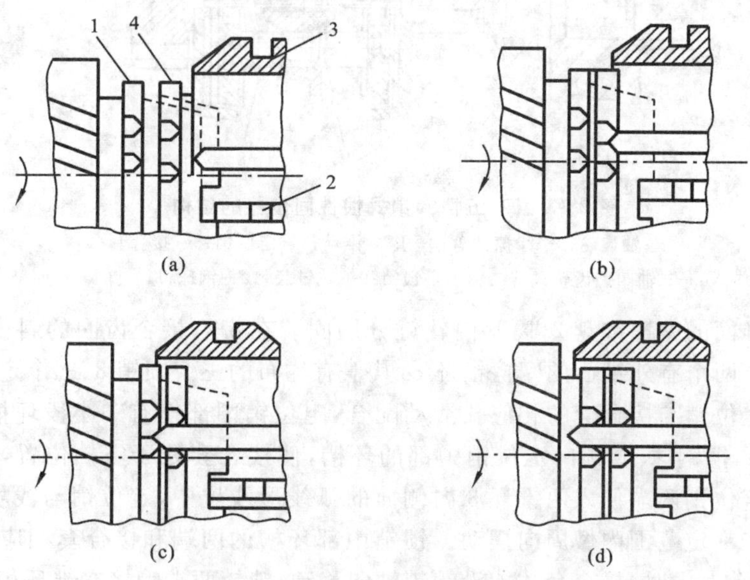

图 2-36 锁环式惯性同步器的工作过程

1—待啮合齿轮；2—滑块；3—接合套；4—锁环(同步环)

③ 锁止。驾驶员的轴向推力使接合套的齿端倒角面与锁环的齿端倒角面之间产生正压力，形成一个企图拨动锁环相对于接合套反转的力矩，称为拨环力矩。这样在锁环上同时作用着方向相反的摩擦力矩和拨环力矩，同步器的结构参数可以保证在同步前(存在摩擦力矩)拨环力矩始终小于摩擦力矩，所以在同步之前无论驾驶员施加多大的推力，都不会挂上挡，即锁环产生锁止作用，如图 2-36(c)所示。

④ 同步啮合。随着驾驶员施加于接合套上的推力加大，摩擦力矩不断增大，使齿轮 1 的转速迅速降低。当齿轮 1、接合套 3 和锁环 4 达到同步时，作用在锁环上的摩擦力矩消失。此时在拨环力矩的作用下，锁环 4、齿轮 1 以及与之相连的各零件都相对于接合套反转一角度，滑块 2 处于锁环缺口的中央，如图 2-36(c)所示，键齿不再抵触，锁环的锁止作用消除。接合套压下弹簧圈继续左移(滑块脱离接合套的内环槽而不能左移)，与锁环的花键齿圈进入啮合。进而再与齿轮 1 进入啮合，如图 2-36(d)，换入三挡。

锁环式惯性同步器尺寸小、结构紧凑、摩擦力矩也小，多用于轿车和轻型车辆。

(2) 锁销式惯性同步器　大、中型货车普遍采用锁销式惯性同步器。下面以东风 EQ1092 型汽车五挡变速器的四、五挡同步器为例进行简介。四、五挡锁销式惯性同步器的结构如图 2-37所示。

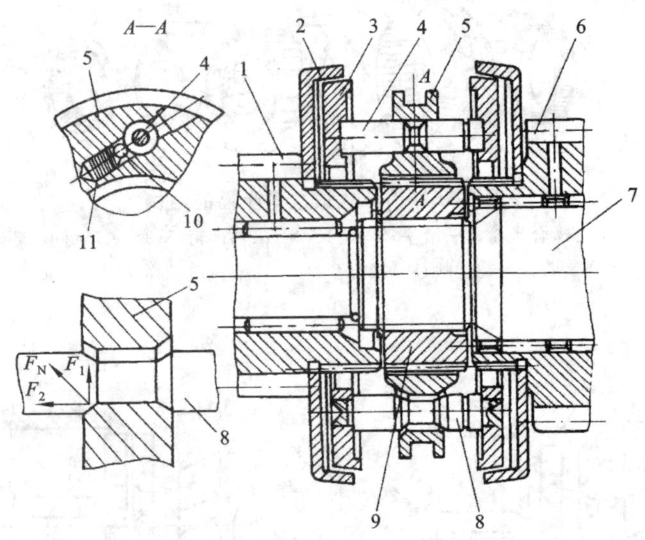

图 2-37　四、五挡锁销式惯性同步器的结构

1—一轴齿轮；2—摩擦锥盘；3—摩擦锥环；4—定位销；5—接合套；
6—二轴四挡齿轮；7—二轴；8—锁销；9—花键毂；10—钢球；11—弹簧

两个带有内锥面的摩擦锥盘 2，以其内花键分别固装在带有接合齿圈的斜齿轮 1 和 6 上，随齿轮一起转动。两个有外锥面的摩擦锥环 3，其上有均布的三个锁销 8、三个定位销 4 与接合套 5 装在一起。定位销与接合套的相应孔滑动配合，定位销中部切有一小段环槽，接合套钻有斜孔，内装弹簧 11，把钢球 10 顶向定位销中部的环槽，使接合套处于空挡位置，定位销随接合套能轴向移动。定位销两端伸入两锥环 3 内侧面的弧线形浅坑中，定位销与浅坑有周向间隙，锥环相对接合套在一定范围内做周向摆动。锁销中部环槽的两端和接合套相应孔两端切有相同的倒角；锁销与孔对中时，接合套才能沿锁销轴向移动；锁销两端铆接在锥环相应的孔中。两个锥环、三个锁销、三个定位销和接合套构成一个部件，套在花键毂 9 的齿圈上。

锁销式惯性同步器的工作原理与锁环式惯性同步器的类似。

三、手动变速器的操纵机构

1. 功能

手动变速器操纵机构的功能是保证驾驶员能准确、可靠地将变速器挂入所需要的挡位，并可随时退至空挡。

2. 工作原理

按照变速操纵杆(换挡手柄)的位置分类，变速器操纵机构可分为直接操纵式和远距离操纵式两种类型。

1) 直接操纵式

这种形式的变速器布置在驾驶员座椅附近，换挡手柄由驾驶室底板伸出，驾驶员可以直接操纵，多用于发动机前置后轮驱动的车辆。图 2-38 所示为解放 CA1091 中型货车六挡变速器直接操纵式操纵机构。

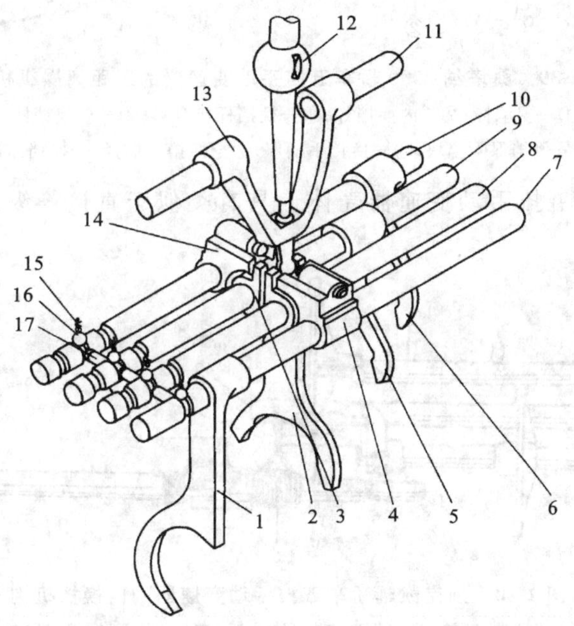

图 2-38 解放 CA1091 中型货车六挡变速器直接操纵式操纵机构

1—五、六挡拨叉；2—三、四挡拨叉；3—一、二挡拨块；4—五、六挡拨块；5—一、二挡拨叉；6—倒挡拨叉；7—五、六挡拨叉轴；8—三、四挡拨叉轴；9—一、二挡拨叉轴；10—倒挡拨叉轴；11—换挡轴；12—换挡手柄；13—叉形拨杆；14—倒挡拨块；15—自锁弹簧；16—自锁钢球；17—互锁销

拨叉轴 7、8、9 和 10 的两端均支承于变速器盖的相应孔中，可以轴向滑动。所有的拨叉和拨块都以弹性销固定于相应的拨叉轴上。三、四挡拨叉 2 的上端具有拨块。拨叉 2 和拨块 3、4、14 的顶部制有凹槽。变速器处于空挡时，各凹槽在横向平面内对齐，叉形拨杆 13 下端的球头即伸入这些凹槽中。选挡时可使换挡手柄绕其中部球形支点横向摆动，则其下端推动叉形拨杆 13 绕换挡轴 11 的轴线摆动，从而使叉形拨杆下端球头对准与所选挡位对应的拨块凹槽，然后使换挡手柄纵向摆动，带动拨叉轴及拨叉向前或向后移动，即可实现挂挡。例如，横向摆动换挡手柄使叉形拨杆下端球头深入拨块 3 顶部凹槽中，拨块 3 连同拨叉轴 9 和拨叉 5 沿纵向向前移动一定距离，便可挂入二挡；若向后移动一定距离，则挂入一挡。当叉形拨杆下端球头深入拨块 14 的凹槽中，并使其向前移动一定距离时，便挂入倒挡。

2）远距离操纵式

在有些汽车上，由于变速器离驾驶员座位较远，故需要在换挡手柄与拨叉之间加装一些辅助杠杆或一套传动机构，构成远距离操纵机构。这种操纵机构多用于发动机前置前轮驱动的轿车。例如桑塔纳 2000 轿车的五挡手动变速器，由于其变速器安装在前驱动桥处，远离驾驶员座椅，需要采用这种操纵方式，如图 2-39 所示。

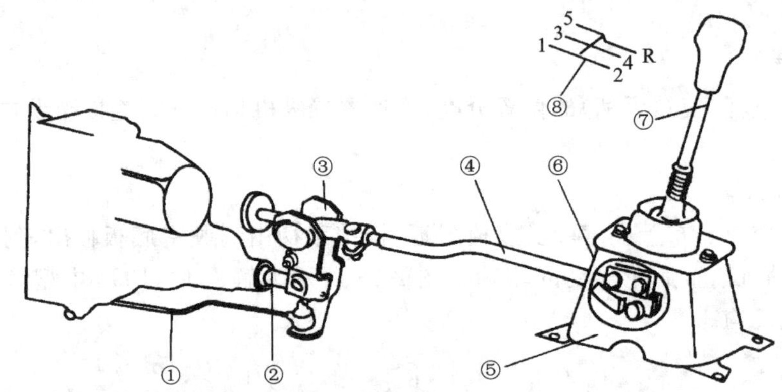

图 2-39　桑塔纳 2000 轿车五挡手动变速器的远距离操纵机构

①—支承杆；②—内换挡杆；③—换挡杆接合器；④—外换挡杆；
⑤—倒挡保险挡块；⑥—换挡手柄座；⑦—换挡手柄；⑧—换挡标记

而在别克凯越轿车五挡手动变速器壳体上具有类似于直接操纵式的内换挡机构，如图 2-40 所示。

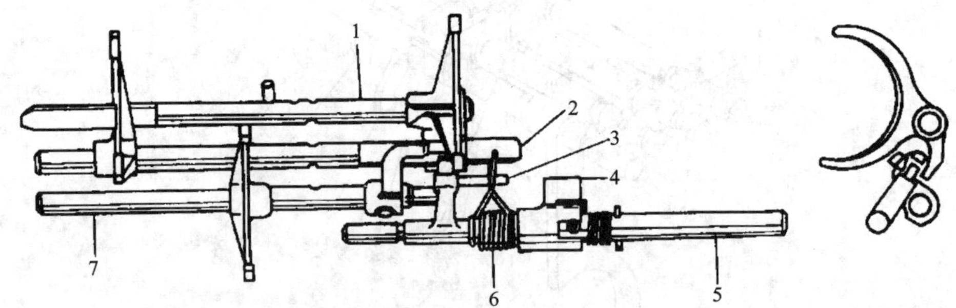

图 2-40　别克凯越轿车五挡手动变速器的内换挡机构

1—五、倒挡拨叉轴；2—三、四挡拨叉轴；3—定位销；4—倒挡保险挡块；
5—内换挡杆；6—定位弹簧；7—一、二挡拨叉轴

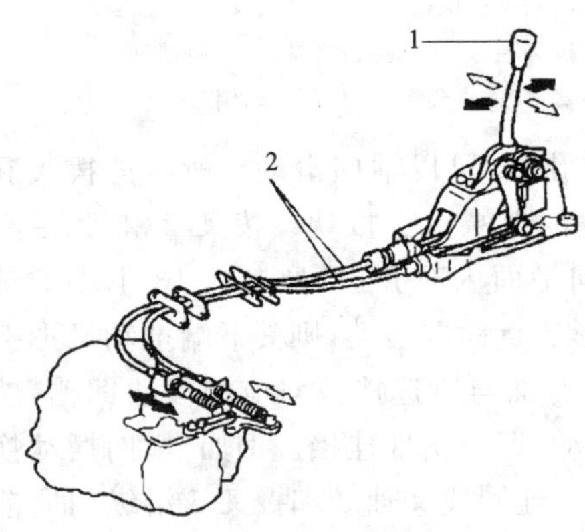

图 2-41　推拉索式远距离操纵机构

1—变速杆；2—推拉索

推拉索式远距离操纵机构如图 2-41 所示。这种机构通过变速杆下方的机构，用一根推拉索传递变速杆的前后拨动运动，用另一根推拉索传递变速杆的左右摆动运动，从而操纵变速器实现换挡。

另外，有些轿车和轻型货车的变速器，将变速杆安装在转向柱管上，即柱式换挡操纵机构，如图 2-42 所示。因此，在变速杆与变速器之间也是通过一系列的传动件进行传动，这也是远距离操纵方式。这种操纵机构具有变速杆占据驾驶室空间小等优点。

3. 换挡锁装置

为了保证变速器在任何情况下都能准确、安全、可

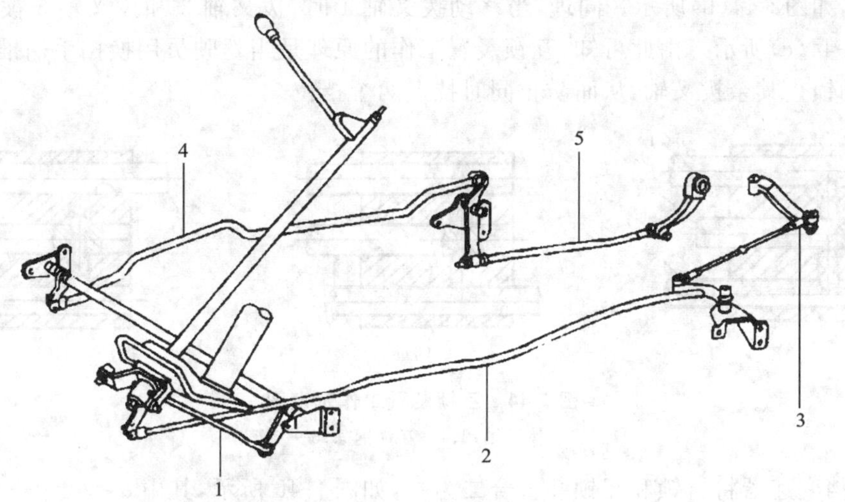

图 2-42 柱式换挡操纵机构

1—第 1 号变速杆;2—第 1 号选速杆;3—第 2 号选速杆;4—第 2 号变速杆;5—第 3 号变速杆

靠地工作,变速器操纵机构一般都具有换挡锁装置,包括自锁装置、互锁装置和倒挡锁装置。

1) 自锁装置

自锁装置用于防止变速器自动脱挡或挂挡,并保证轮齿以全齿宽啮合。大多数变速器的自锁装置都采用自锁钢球对拨叉轴进行轴向定位锁止。如图 2-43 所示,在变速器盖中钻有三个深孔,孔中装入自锁钢球和自锁弹簧,其位置正处于拨叉轴的正上方,每根拨叉轴朝向钢球的表面沿轴向设有三个凹槽,槽深小于钢球的半径。中间的凹槽对正钢球时为空挡位置,前边或后边的凹槽对正钢球时则处于某一工作挡位置,相邻凹槽之间的距离保证齿轮处于全齿长啮合或完全退出啮合。凹槽对正钢球时,钢球便在自锁弹簧的压力作用下嵌入该凹槽内,拨叉轴的轴向位置便被固定,不能自行挂挡或自行脱挡。当需要换挡时,驾驶员通过换挡手柄对拨叉轴施加一定的轴向力,克服自锁弹簧的压力而将自锁钢球从拨叉轴凹槽中挤出并推回孔中,拨叉轴便可进行轴向移动,并带动拨叉及相应的接合套或滑动齿轮轴向移动,当拨叉轴移至其另一凹槽与钢球相对正时,钢球又被压入凹槽,驾驶员具有很强的手感,此时拨叉所带动的接合套或滑动齿轮便被拨入空挡或被拨入另一工作挡位。

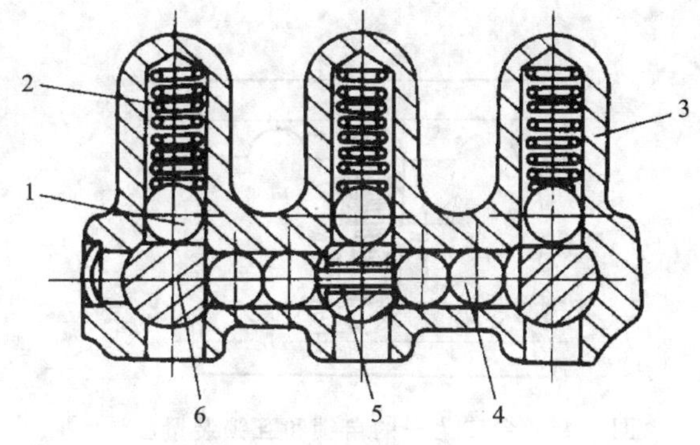

图 2-43 自锁和互锁装置

1—自锁钢球;2—自锁弹簧;3—变速器盖;4—互锁钢球;5—互锁销;6—拨叉轴

2) 互锁装置

互锁装置用于防止同时挂上两个挡位。如图 2-44 所示,互锁装置由互锁钢球和互锁销组成。

当变速器处于空挡时,所有拨叉轴的侧面凹槽同互锁钢球、互锁销都在一条直线上。当移动中间拨叉轴 3 时,如图 2-44(a)所示,拨叉轴 3 两侧的内钢球从其侧凹槽中被挤出,而两外钢球 2 和 4 则分别嵌入拨叉轴 1、拨叉轴 5 的侧面凹槽中,因而将拨叉轴 1 和拨叉轴 5 锁止在其空挡位置。若欲移动拨叉轴 5,则应先将拨叉轴 3 退回到空挡位置。于是当移动拨叉轴 5 时,钢球 4 便从拨叉轴 5 的凹槽中被挤出,同时通过互锁销 6 和其他钢球将拨叉轴 3、拨叉轴 1 均锁止在空挡位置，如图2-44(b)所示。同理，当移动拨叉轴1时，拨叉轴3和拨叉轴5被锁止在空挡位置，如图2-44(c)所示。由此可知，互锁装置工作的原理是当驾驶员用换挡手柄推动某一拨叉轴时，会自动锁止其余拨叉轴，从而防止同时挂上两个挡位。

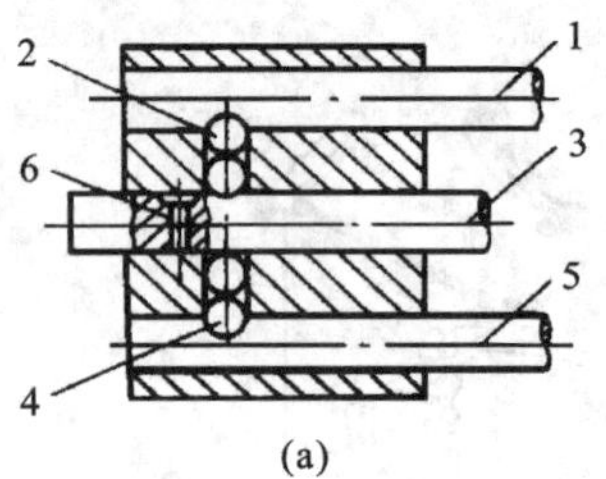

(a)

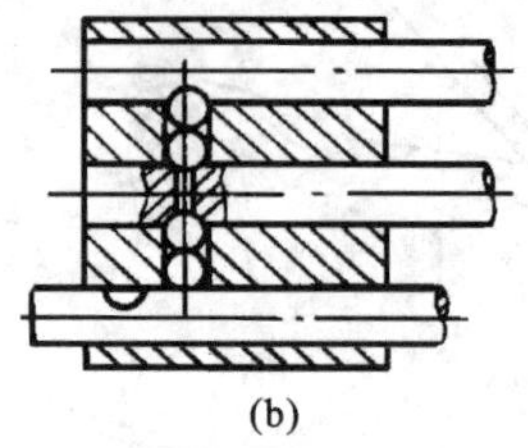
(b)

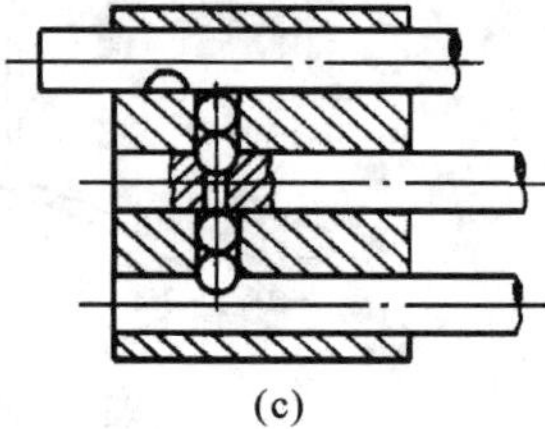
(c)

图 2-44 互锁装置工作示意图

1、3、5—拨叉轴；2、4—互锁钢球；6—互锁销

有的三挡变速器将自锁和互锁装置合二为一，如图2-45所示，其中$a=b$。

3) 倒挡锁装置

倒挡锁装置用于防止误挂倒挡。图2-46所示为常见的锁销式倒挡锁装置。当驾驶员想挂倒挡时，必须用较大的力使换挡手柄4下端压缩弹簧2，将锁销推入锁销孔内，才能使换挡手柄下端进入拨块3的凹槽中进行换挡。由此可见，安装了倒挡锁装置后，驾驶员必须对换挡手柄施加更大的力，才能挂入倒挡，这样能起到警示作用，以防误挂倒挡。

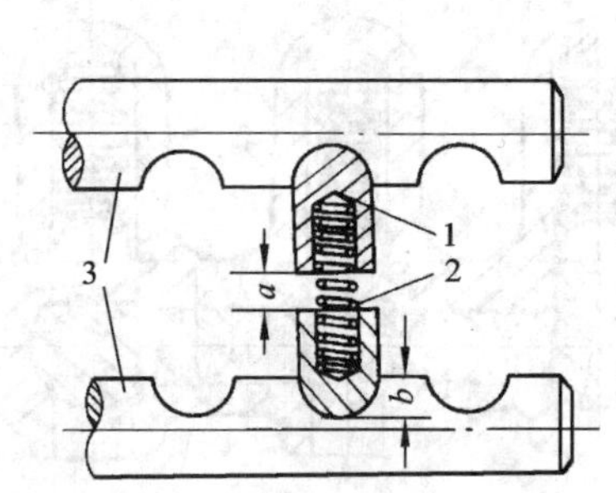

图 2-45 合二为一的自锁和互锁装置图

1—锁销；2—锁止弹簧；3—拨叉轴

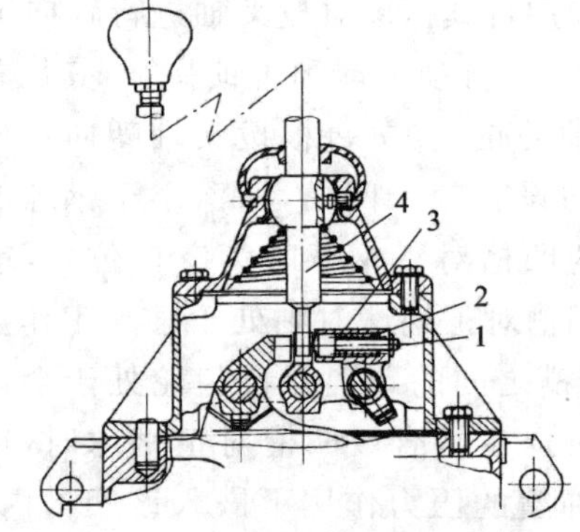

图 2-46 锁销式倒挡锁装置

1—倒挡锁销；2—倒挡锁弹簧；3—倒挡拨块；4—换挡手柄

四、手动变速器的拆装与检修

1. 手动变速器的拆装

1) 变速器的拆卸

由于在拆卸过程中，必须拆除蓄电池的接地线，因此拆卸前应检查是否安装了带密码的收音机，若安装了带密码的收音机，则事先必须得到防盗密码。

(1) 在点火开关断开后，拆除蓄电池的接地线。

(2) 卸下冷却系统的冷却液补偿罐，并放于一旁。

(3) 从空气质量计上拆除吸气软管，拆掉发动机/变速器的上部连接螺栓，拆卸右轮，发动机/变速器下部如果有缓冲槽，则也应将其拆掉，并且拆掉缓冲槽的支架(图2-47箭头所示)。

(4) 拆卸带有三元催化装置的前排气装置。

(5) 拆除右传动轴上方的防护板(图 2-48 箭头 1 和 2 所示),如果左传动轴上方有护板的话,则也应将其拆掉。从法兰盘轴上拆下传动轴,并尽可能地高位连接,以避免损坏表面防护层。

图 2-47 缓冲槽支架

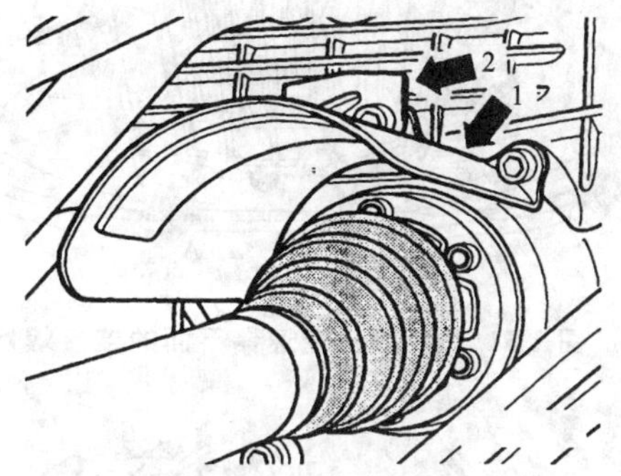

图 2-48 右传动轴上方的防护板

(6) 拆除发动机/变速器的启动电动机并固定好,如图 2-49 所示。拆除时可以不松开启动电动机线缆。

(7) 拆除变速杆和推杆,旋出内六角螺栓,从变速器中拆除换挡操纵机构。

(8) 拔下车速表传感器插头(图 2-50 中箭头 A 所示)和倒车灯插头(图 2-50 中箭头 B 所示),拆下变速器/发动机紧固螺栓和变速器上所有其他电气连接线及接地线。

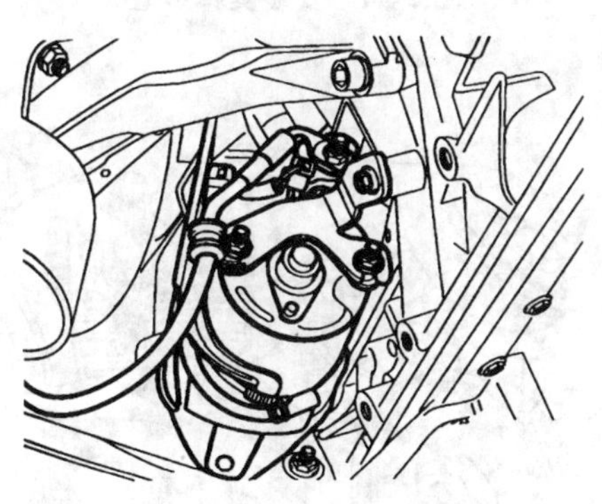

图 2-49 拆除启动电动机并固定好

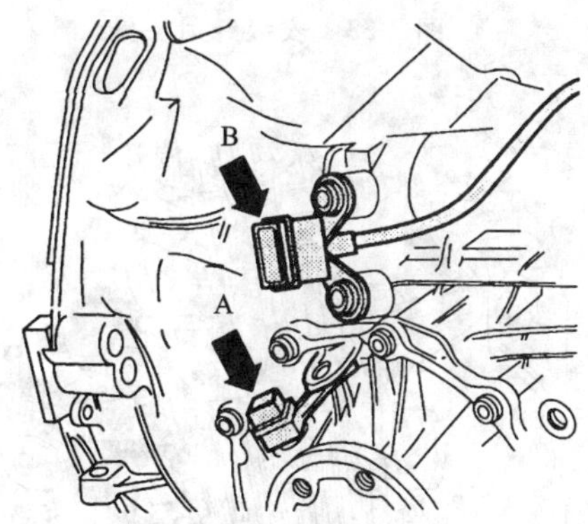

图2-50 车速表传感器插头和倒车灯插头

(9) 拆除发动机/变速器下面的连接螺栓(图 2-51 中箭头 A 和 B 所示)。

(10) 把校对直尺 3282/10(见图 2-52)放置到变速器托架 3282 上(校对直尺只在一个位置适配),把变速器托架孔的悬臂依照孔径在校对直尺中对准,如图 2-53 所示,用螺栓将托架部件 A 安装到调整板上。变速器举升器置于车辆下方,校对直尺上的箭头符号 B 应朝向车辆行驶方向。

(11) 使校对直尺平行地对准变速器,将安装支撑装置(图 2-54 箭头所示)锁紧在变速器上。

(12) 将带有橡胶金属支承的右变速器支座从变速器中旋出,左变速器支座从橡胶金属支承外旋出,如图 2-55 箭头所示。

(13) 拆卸发动机/变速器的连接螺栓。

(14) 从定位套中压出变速器,并使变速器下降至能触及离合器工作缸的位置,拆卸离合器工作缸(图 2-56 中箭头所示)并用线材固定好。拆卸主缸时可以不切断管路。

图 2-51　发动机/变速器下面的连接螺栓

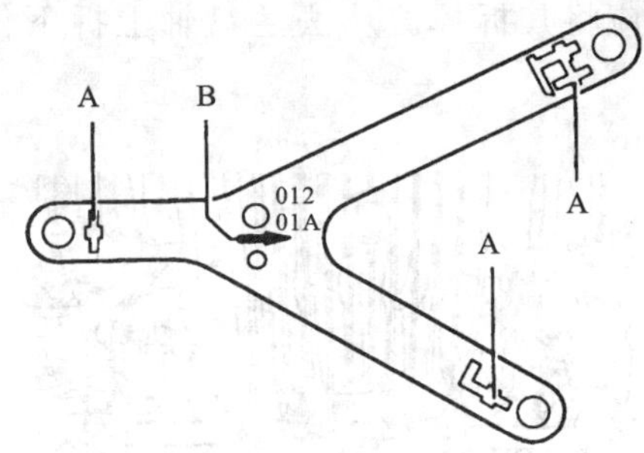

图 2-52　专用工具 3282/10

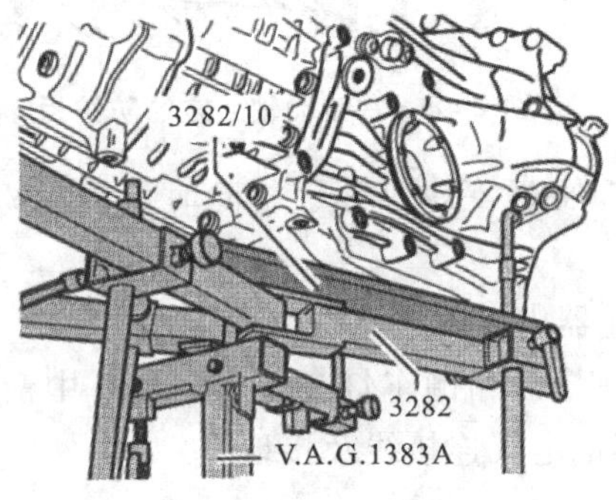

图 2-53　安装专用工具

图 2-54　安装支撑装置

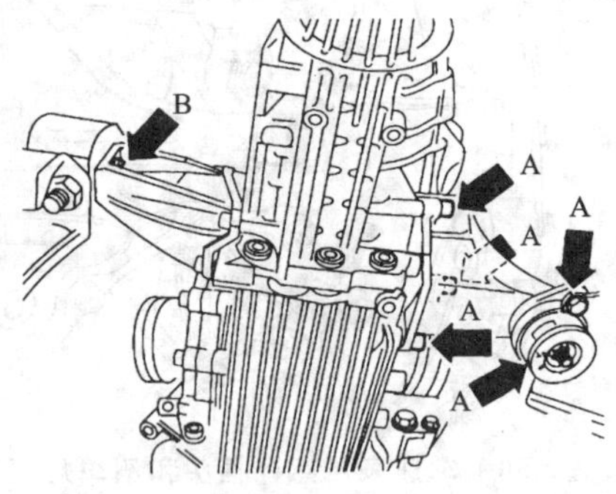

图 2-55　变速器支座

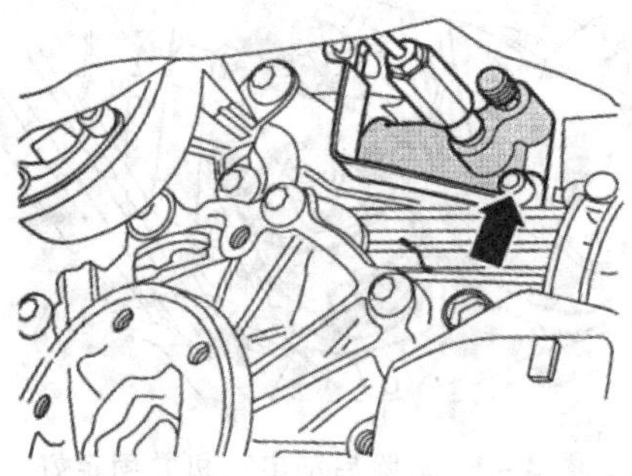

图 2-56　离合器工作缸

(15) 小心地将变速器向下取出。当传动轴通过变速器杠杆的心轴下降时，在此范围中，须改变变速器位置。为了实施装配工作，变速器必须被固定在带变速器托架 VW 353 和支承板 VW 309 的装配台上。

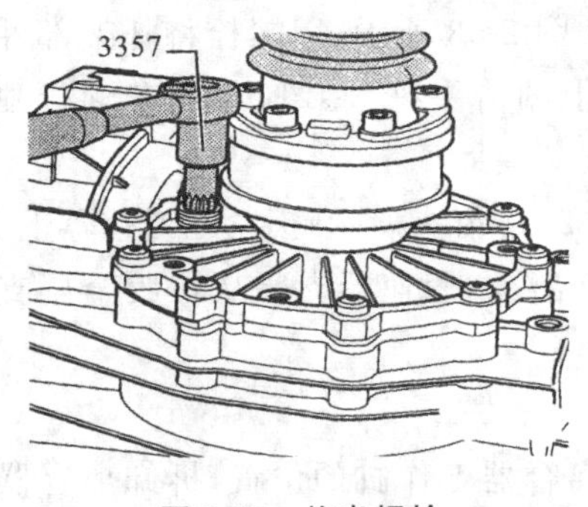

图 2-57　旋出螺栓

2) 变速器的安装

变速器的安装按照拆卸的相反顺序进行。

2. 变速器油的检查

安装好变速器后，应检查变速器油位。旋出用来控制变速器油的螺栓(见图 2-57)，如果油位已达到变速器加油孔的下边缘，则该油位是正常的，否则应重新注油。当重新注油时，须注意注入变速器油至加油孔的下边缘，最后旋紧螺栓。

注油孔的螺栓的紧固力矩为 25 N·m。

3. 主动轴的分解和组装

当安装新的齿轮或主动轴时，应注意其技术参数，如果由于互换零件而影响球轴承的位置，则主动轴必须重新调整。主动轴的分解图如图 2-58 所示。

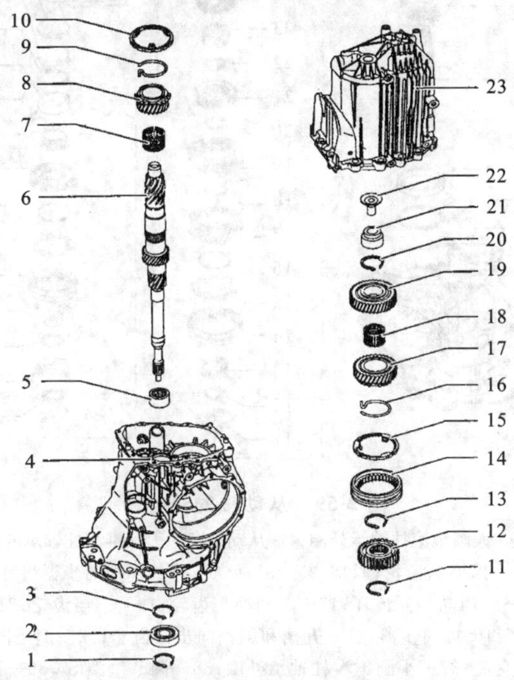

图 2-58　主动轴的分解图

1、11、13、20—卡簧；2—球轴承；3—防护环；4—变速器罩壳；5、7、18—滚针轴承；6—主动轴；8—三挡换挡齿轮；9、16—弹簧；10—三挡同步器齿环；12—三挡和四挡同步器；14—三挡和四挡同步器齿套；15—四挡同步器齿环；17—四挡换挡齿轮；19—五挡齿轮；21—滚针套筒；22—套筒；23—变速器后盖

4. 从动轴的分解和组装

从动轴的分解图如图 2-59 所示。

五、手动变速器操纵机构的拆装与检修

手动变速器操纵机构的分解图如图 2-60 所示。

1. 手动变速器操纵机构的拆装

1）手动变速器操纵机构的拆卸

(1) 将防尘罩的内侧向外转，用螺丝刀小心地按照图 2-61 所示箭头方向撬杠杆部分的同时拉出换挡手柄。

(2) 拆卸换挡机构罩壳的橡皮护板（图 2-62 中箭头所示），拧下换挡机构罩壳的紧固螺母（图 2-63 中箭头所示），随后把换挡手柄连同防尘罩一起旋下。

(3) 分开三元催化装置后排气装置，必要时可拆卸前排气装置。

(4) 旋出图 2-64 箭头 B 所示内六角螺栓，拆卸排气装置上方的前隔垫板，将换挡机构罩壳随同换挡杆（图 2-64 中箭头 A 所示）和推杆向下回转并取出。

2）手动变速器操纵机构的安装

安装手动变速器操纵机构时，按与拆卸相反的顺序进行。换挡机构罩壳与车身拧紧力矩为

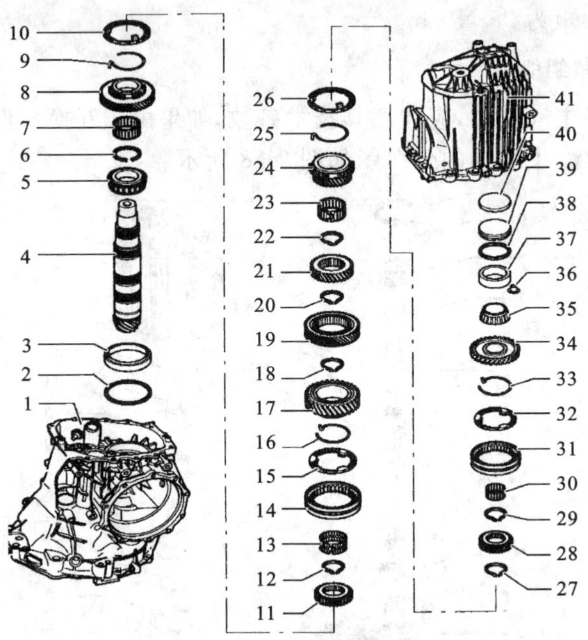

图 2-59　从动轴的分解图

1—变速器壳体；2—调节垫圈 S_3；3—大圆锥滚柱轴承外圈；4—从动轴；5—大圆锥滚柱轴承的内圈；6、12、18、20、22、27、29—卡簧；7、13、23、30—滚针轴承；8—一挡换挡齿轮；9、16、25、33—弹簧；10—一挡同步器齿环；11—一挡和二挡同步器体；14—一挡和二挡同步器齿套；15—二挡同步器齿环；17—二挡换挡齿轮；19—三挡齿轮；21—四挡齿轮；24—五挡换挡齿轮；26—五挡同步器齿环；28—五挡和倒挡同步器；31—五挡和倒挡同步器齿套；32—倒挡同步器齿环；34—倒挡换挡齿轮；35—小圆锥滚柱轴承内圈；36—套筒；37—小圆锥滚柱轴承外圈；38—调节垫圈 S_4；39—压板；40—垫圈；41—变速器后盖

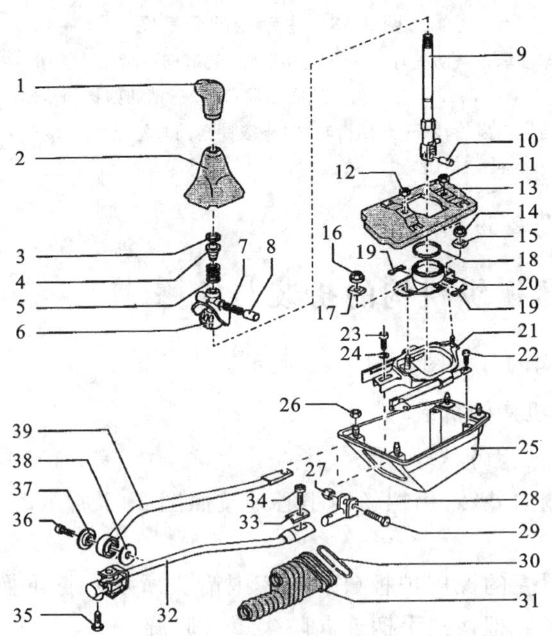

图 2-60　变速器操纵机构的分解图

1—换挡手柄；2—防尘罩；3、18—卡簧；4—间隔衬套；5、7—压缩弹簧；6—球状挡块；8—衬套；9—变速操纵杆；10—间隔管；11、12、26、27—六角螺母(10 N·m)；13—盖板；14、16—六角螺母(25 N·m)；15、17—连接件；19—缓冲器；20—球状外壳；21—后推杆；22—内六角螺栓(10 N·m)；23—内六角螺栓(25 N·m)；24、37、38—垫圈；25—换挡机构外壳；28—换挡拨叉；29—螺栓；30—张紧环；31—防尘罩；32—换挡杆；33—紧固夹头；34—内六角螺栓(25 N·m)；35—六角螺栓(20 N·m)；36—内六角螺栓(40 N·m)；39—前推杆

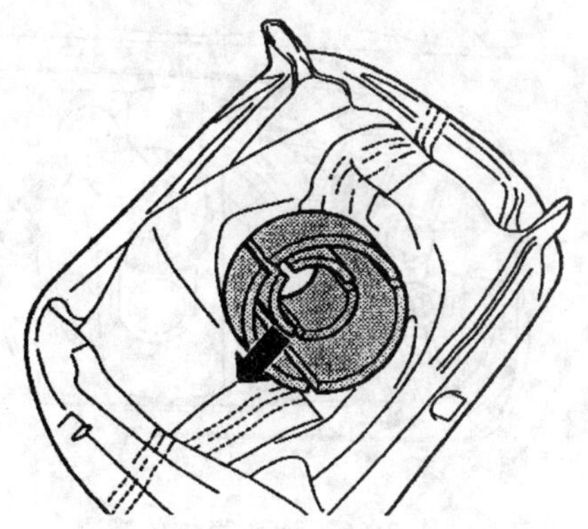

图 2-61 分开防尘罩与换挡手柄

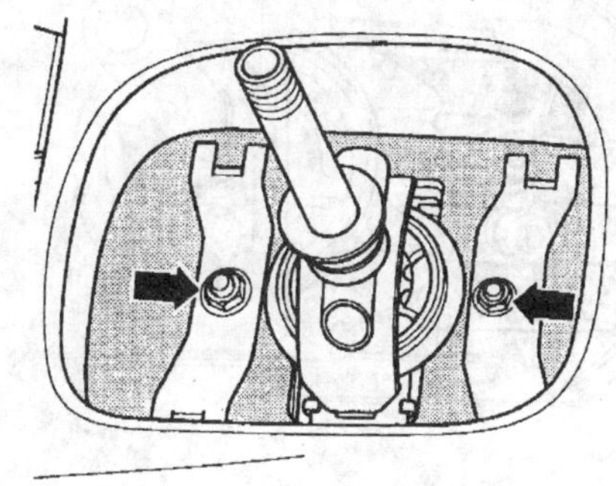

图 2-62 拆卸橡皮护板

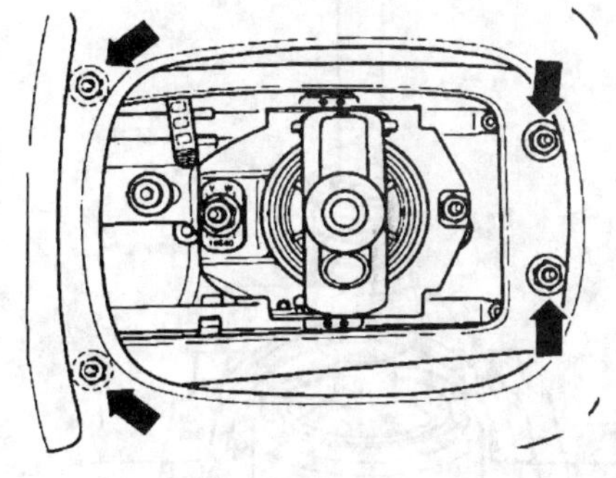

图 2-63 拧下换挡机构罩壳的紧固螺母

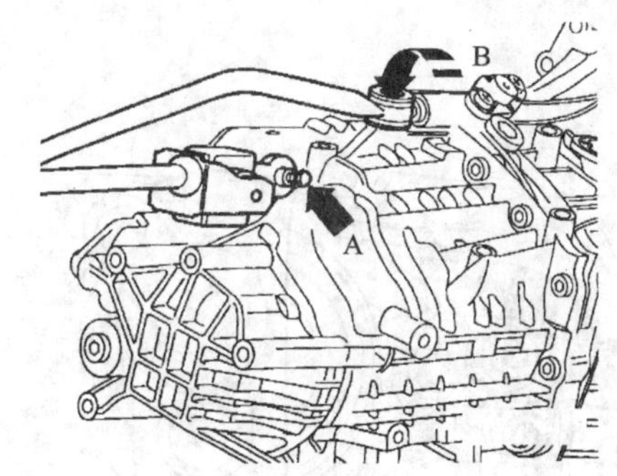

图 2-64 拆卸换挡操纵机构

10 N·m,换挡杆与变速器拧紧力矩为 20 N·m,推杆与变速器拧紧力矩为 40 N·m。

2. 手动变速器操纵机构的调整

正确调整手动变速器操纵机构时要保证以下几点:①换挡机构、操纵机构和继电器能正常工作;②换挡操纵机构灵活;③变速器、离合器和离合器操纵机构均应处于正常状态;④变速器处于空挡位置。

小心地从中央通道卸下防尘罩,旋出用于换挡机构壳体的橡皮护板,然后把换挡手柄连同防尘罩一起旋出。测量车身和变速器换挡操纵机构间的距离,图 2-65 所示尺寸 a 必须为 37 mm,否则应进行调整。换挡操纵机构的调整步骤如下:

(1) 拧松推杆的螺栓(图 2-65 中箭头所示),在推杆/换挡操纵机构的连接灵活的前提下,通过移动换挡操纵机构来调节,然后拧紧推杆的螺栓。

(2) 拧松球形壳体的螺母(图 2-66 中箭头 A 和箭头 B 所示),保证球形壳体水平对准,然后拧紧球形壳体的螺母。

(3) 拧松换挡杆的螺栓(图 2-67 中箭头所示),在换挡杆/换挡操纵机构的连接灵活的前提下,对准换挡杆,并把它稍微向后放,此时,两个球形止动凸缘至球形壳体的距离 a 必须相等,如图 2-68 所示。然后拧紧换挡杆的螺栓。

3. 手动变速器操纵机构的功能检查

(1) 换挡杆在怠速时必须置于 3/4 挡、空挡位置中,操纵离合器,对各挡进行多次连续换挡。须特别注意倒挡止块的工作状态。

(2) 换挡杆必须能自由地从五挡/倒挡、空挡位置回到 3/4 挡、空挡位置。

(3) 如果在重复换入某一挡位时出现“卡”的现象,则须进行微调。

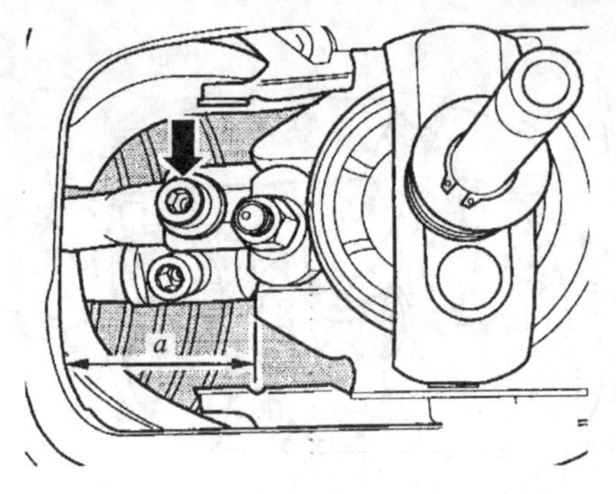

图 2-65　车身和变速器换挡操纵机构间的距离

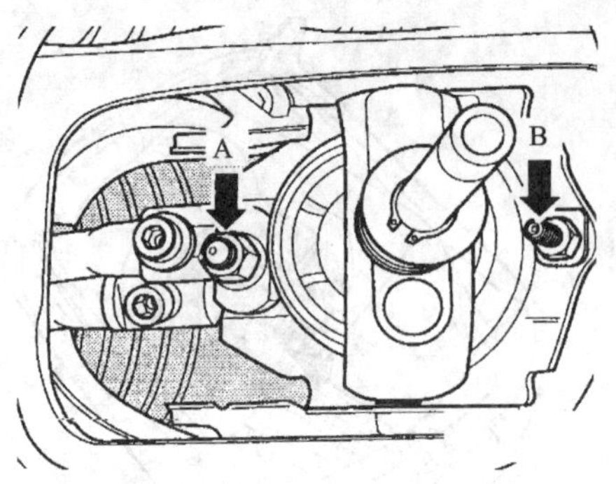

图 2-66　球形壳体的螺母

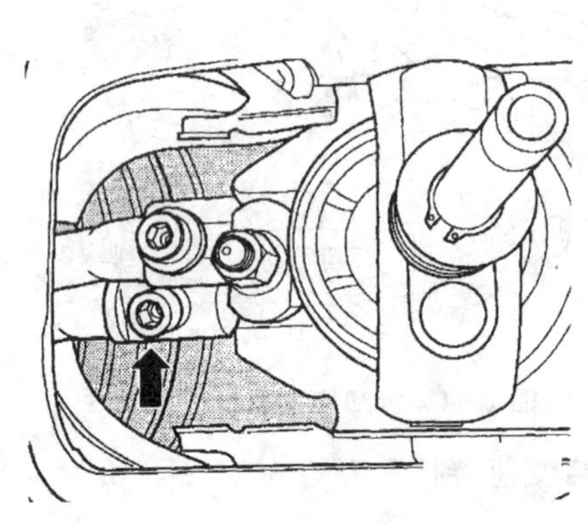

图 2-67　换挡杆的螺栓

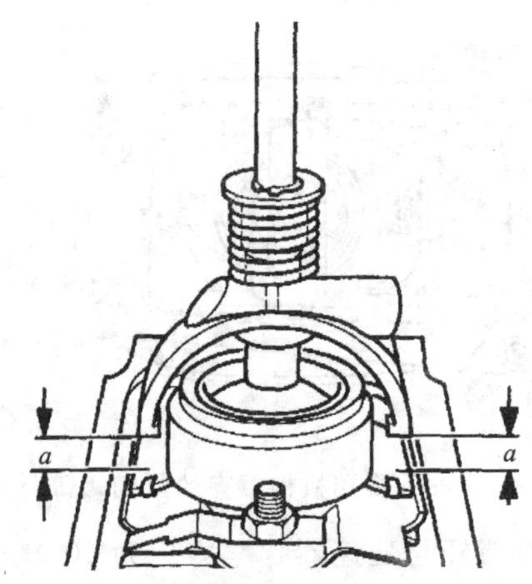

图 2-68　球形止动凸缘至球形壳体的距离

(4) 拧松球形壳体的螺母，把换挡杆向右压至变速器止挡。此时，将球形壳体向左对着换挡杆推压，然后将换挡杆和球形壳体拧紧，最后装配防尘罩和换挡手柄。

(5) 如果仅仅不能换入五挡和倒挡，那么必须检查五挡和倒挡的止块，必要时应更换止块。

六、手动变速器的故障诊断与排除

手动变速器的常见故障主要有跳挡、乱挡、挂挡困难、异响等。

1. 跳挡

1) 现象

汽车在加速、减速、爬坡或剧烈振动时，换挡手柄自动跳回空挡位置。

2) 原因

(1) 自锁装置的钢球未进入凹槽内或挂挡后齿轮未达到全齿宽啮合。

(2) 自锁装置的钢球或凹槽磨损严重，自锁弹簧疲劳或折断。

(3) 齿轮沿齿宽方向磨损成锥形。

(4) 一、二轴轴承过于松旷，使一、二轴和曲轴三者轴线不同心或变速器壳与离合器壳接合平面相对曲轴轴线发生垂直变动。

(5) 二轴上的常啮合齿轮轴向或径向间隙过大。

(6) 各轴轴向或径向间隙过大。

3）故障诊断与排除

先确定跳挡挡位。热车后，采用连续加速、减速的方法逐挡进行路试，便可确定跳挡挡位。

将换挡手柄挂入跳挡挡位，发动机熄火，小心拆下变速器盖，观察跳挡挡位齿轮的啮合情况。

(1) 如果未达到全齿宽啮合，则故障由此引起。如果达到全齿宽啮合，则应继续检查。

(2) 检查啮合部位磨损情况，若啮合部位磨损成锥形，则故障可能由此引起。

(3) 检查二轴上该挡齿轮和各轴的轴向、径向间隙，若间隙过大，则故障可能由此引起。

(4) 检查自锁装置，若自锁装置的止动阻力很小，甚至手感钢球未进入凹槽（把变速器盖夹在虎钳上，用手摇动换挡杆来感知自锁装置的功能），则故障为自锁功能不良；否则，故障为离合器壳和变速器的接合平面与曲轴轴线不垂直等引起。

2. 乱挡

1）现象

在离合器状况正常的情况下，变速器同时挂上两个挡，或当挂需要挡位时，结果挂入别的挡位。

2）原因

(1) 互锁装置失效，如拨叉轴、互锁销或互锁钢球磨损严重等。

(2) 换挡手柄下端弧形工作面磨损严重或拨叉轴上拨块的凹槽磨损严重。

(3) 换挡手柄球头定位销折断，或球孔、球头磨损严重。

总之，乱挡的主要原因是变速器操纵机构失效。

3）故障诊断与排除

(1) 当挂需要的挡位时，结果挂入了别的挡位，可摇动换挡手柄，检查其摆转角度：若其摆转角度超出了正常范围，则故障由换挡手柄下端球头定位销与定位槽配合松旷或球头、球孔磨损严重引起，当换挡手柄摆转360°，说明定位销折断。如果换挡手柄摆转角度正常，仍挂不上挡或摘不下挡，则故障由换挡手柄下端从凹槽中脱出引起（脱出的原因是下端弧形工作面磨损或导槽磨损）。

(2) 若同时挂入两个挡，则故障由互锁装置失效引起。

3. 挂挡困难

1）现象

离合器状况良好，但挂挡时不能顺利挂入挡位，常发出齿轮撞击声。

2）原因

(1) 同步器故障。

(2) 拨叉轴弯曲、锁紧弹簧过硬、钢球损伤等。

(3) 一轴花键损伤或一轴弯曲。

(4) 齿轮油不足或过量，又或者齿轮油不符合规格。

3）故障诊断与排除

(1) 检查同步器是否散架、锥环内锥面螺旋槽是否磨损、滑块是否磨损、弹簧弹力是否过小等。

(2) 如果同步器正常，则应检查一轴是否弯曲、花键是否磨损严重。

(3) 检查拨叉轴是否移动正常。

4. 变速器异响

1）现象

变速器异响是指变速器工作时发出不正常的响声。

2）原因

(1) 齿轮异响。齿轮磨损严重，间隙过大，运转中有冲击；齿面啮合不良，如修理时没有成对更换齿轮，新、旧齿轮搭配使用导致的齿轮不能正确啮合；齿面有金属剥落，或齿轮个别齿损坏、折断；齿轮与轴上的花键配合松旷，或齿轮的轴向间隙过大；轴弯曲或轴承松旷引起齿轮啮合间隙改变。

(2) 轴承响。轴承磨损严重；轴承内(外)座圈与轴颈(孔)配合松动；轴承滚珠碎裂或有烧蚀麻点。

(3) 其他原因产生的响声。如变速器内缺油，润滑油过稀、过稠或质量变差；变速器内掉入异物；某些紧固螺栓松动；里程表软轴或里程表齿轮发响等。

3）故障诊断与排除

(1) 变速器发出金属般的干摩擦声，即为缺油或油的质量不好，应加油和检查油的质量。

(2) 行驶时换入某挡，若响声明显，则表示该挡齿轮轮齿磨损；若发生周期性的响声，则表示个别齿损坏。

(3) 空挡时有响声，而踏下离合器踏板后响声消失，一般为一轴前、后轴承或常啮合齿轮响；换入任何挡都有响声，多为二轴后轴承响。

(4) 变速器工作时发生突然撞击声，多为轮齿断裂，应及时拆下变速器盖检查，以防机件损坏。

(5) 行驶时，只有在换入某挡时齿轮发响，在上述各部件完好的前提下，应检查啮合齿轮是否搭配不当，必要时应重新装配一对新齿轮。此外，也可能是同步器齿轮磨损或损坏，应视情况修复或更换。

(6) 换挡时齿轮相撞击而发响，可能是离合器不能分离或离合器踏板行程不正确、同步器损坏、怠速过高、换挡手柄调整不当或导向衬套过紧等。遇到这种情况，先检查离合器能否分离，再分别调整怠速或换挡手柄位置，检查导向衬套与分离轴承配合的松紧度。

如经上述检查、排除后，变速器仍发响，则应检查各轴轴承与轴孔配合情况、轴承本身的技术状态等；如各部件完好，则再查看里程表软轴及齿轮是否发响，必要时予以修理或更换。

5. 变速器漏油

1）现象

变速器周围出现齿轮润滑油，变速器齿轮箱的油量减少，可判断为润滑油泄漏。

2）故障诊断与排除

(1) 润滑油选用不当，产生过多泡沫，或润滑油量太多，此时需更换润滑油或调节润滑油量。

(2) 侧盖太松，密封垫损坏，油封损坏。若密封垫和油封损坏，则应更换新件。

(3) 放油塞和变速器箱体及盖的固定螺栓松动，应按规定力矩拧紧。

(4) 若变速器壳体破裂或延伸壳油封磨损而引起漏油，则必须更换新件。

(5) 里程表齿轮限位器若松脱，则必须锁紧，若破损，则应更换；换挡手柄油封漏油，应更换油封。

七、四轮驱动系统变速传动机构的结构与检修

为了提高汽车在下雨、下雪天气条件下行驶或越野行驶时的附着力和操纵性能，有些车辆采用四轮驱动。

1. 四轮驱动系统概述

传统四轮驱动系统的基本组成如图 2-69(a)所示，发动机的动力经过离合器传给变速器，然后利用分动器把动力分配给前后传动轴，再通过传动轴将动力传递给前后差速器以及四个半轴，使四个车轮同时转动。目前，四轮驱动分为以下三种模式。

1）全时驱动

全时(full-time)驱动车辆永远保持四轮驱动模式，如图 2-69(b)所示，正常行驶时将发动机输出转矩按 50%∶50%设定在前后轮上，当轮胎打滑时自动分配前后转矩以确保在不同路面上极佳的车辆性能和驾驶条件。采用这种驱动模式的车辆具有极佳的驾驶操控性和行驶循迹性。全时四轮驱动科技含量高，车辆的行驶操控性能和舒适性也强，因此主要运用在奥迪 A4 Quattro、新奥迪 A6L、宝马 X5 等高档车型上。目前在中级车上采用全时四轮驱动技术的比较少。

2）兼时驱动

兼时(part-time)驱动模式一般用于越野车或四轮驱动 SUV 上，如图 2-69(c)所示。驾驶员可根据路面情况，接通或断开分动器来选用两轮驱动或四轮驱动模式，其优点是可根据实际情况来选取驱动模式，比较经济；其缺点是驱动系统机械结构比较复杂，驾驶员需要有很丰富的驾驶经验。北京切诺基采用的就是这种驱动模式。

3）实时驱动

实时(real-time)驱动的车辆，其选择何种驱动模式由计算机控制，正常路面一般采用两轮驱动，当路面情况不好或驱动轮打滑时，计算机会自动检测出并立即将发动机输出转矩分配给其他两轮，切换到四轮驱动状态，免除了驾驶员的判断和手动操作，应用更加简单，如图 2-69(d)所示。东风本田 CR-V 和北京现代途胜等选用这种驱动模式。

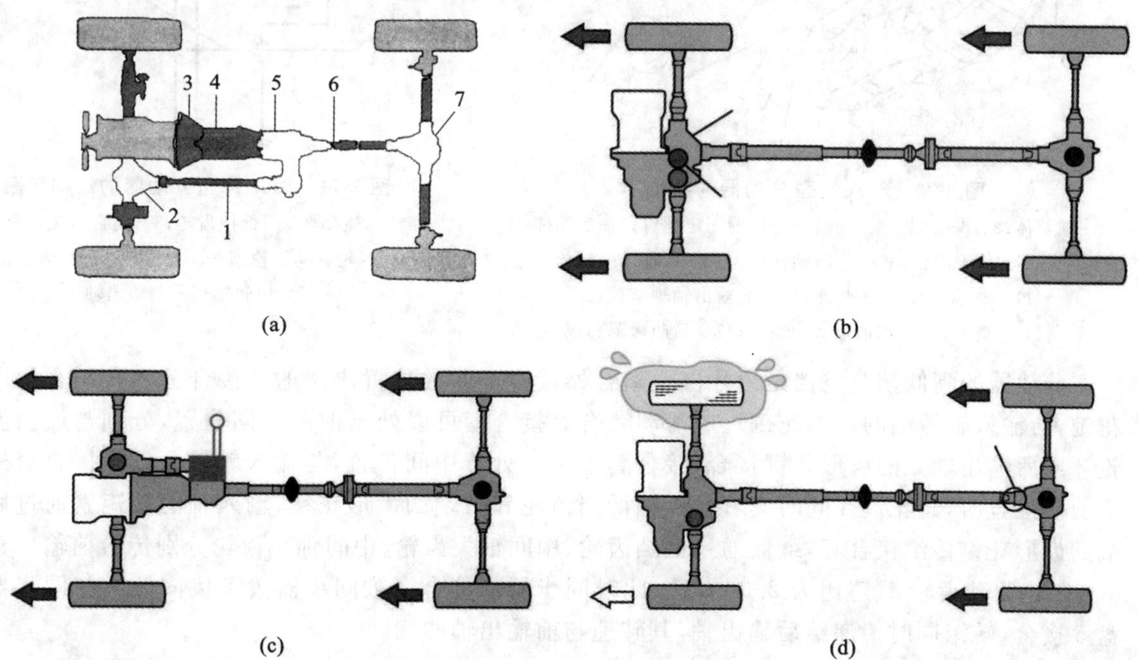

图 2-69 传统四轮驱动系统的基本组成及驱动模式

1—前万向传动装置；2—前驱动桥；3—离合器；4—变速器；5—分动器；6—后万向传动装置；7—后驱动桥

2. 分动器的典型结构和工作原理

下面以传统的兼时驱动的北京切诺基为例介绍。

分动器的功能是把变速器传来的动力分配给前后驱动桥。在大多数的分动器上设有变速机构，在进行两轮或四轮驱动切换的同时，也改变整车的传动比，在普通路面上使用高速挡，在恶劣路面上使用低速挡。

北京切诺基主要采用 87A-K 型分动器，其结构、原理与普通齿轮变速器的类似。

1）结构与组成

87A-K 型分动器的结构如图 2-70 所示，结构简图如图 2-71 所示。其结构是中间剖分式的，设有两根串联的输入轴 1 和后输出轴 6、中间轴 7 及前输出轴 8。

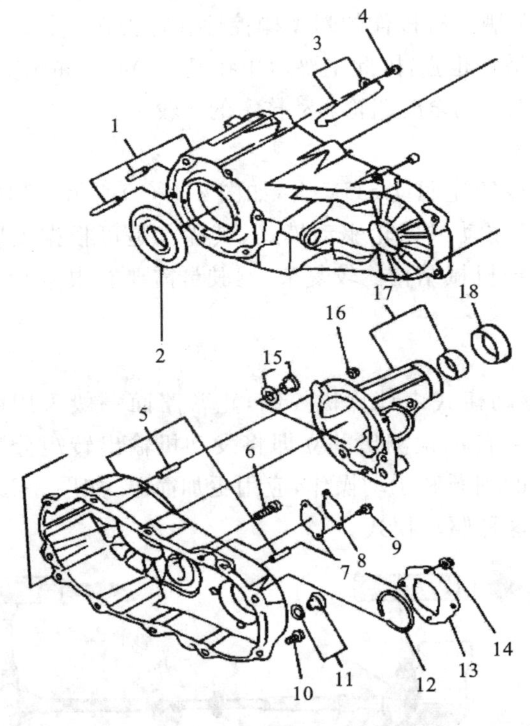

图 2-70　87A-K 型分动器的结构

1—前箱体；2、18—油封；3—油槽；4—油槽固定螺钉；5—后箱体；6、10—箱体固定螺栓；7—中间轴轴承盖；8—标牌；9—螺栓；11—放油螺塞；12—垫圈；13—前输出轴轴承盖；14、16—螺母；15—加油螺塞和垫片；17—后凸缘罩总成

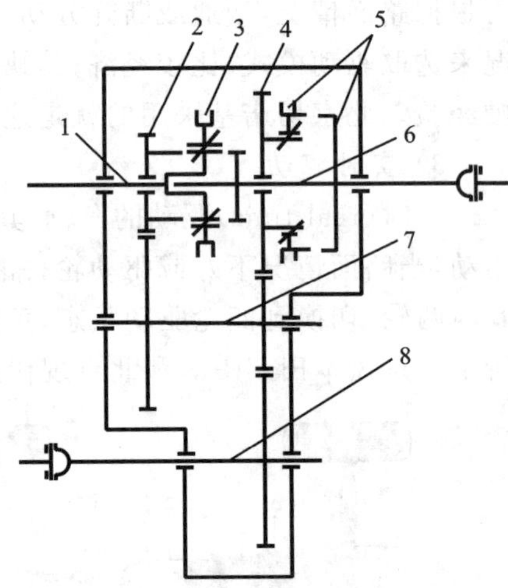

图 2-71　87A-K 型分动器的结构简图

1—输入轴；2—低挡齿轮；3—离合器接合套；4—四轮驱动齿轮；5—同步器盘；6—后输出轴；7—中间轴；8—前输出轴

分动器的高低挡及空挡是由牙嵌式离合器接合套 3 的位置决定的。接合套内孔制有齿形花键，与输入轴后端的齿形花键形成滑动套合。接合套可以处于前后不同位置，分别与低挡齿轮 2 或后输出轴 6 的齿形花键接合；接合套也可以处于中间位置，与输入轴接合。当接合套处于前端位置时，其花键孔同时套着输入轴低挡齿轮和后端的齿形花键，输入轴的转矩就通过后端的齿形花键传给接合套，继而通过低挡齿轮、中间轴大齿轮、中间轴小齿轮分别传给前输出轴 8 和四轮驱动齿轮 4（速比为 2.36 ∶ 1），此时同步器的接合套被同步器拨叉拨向后方与同步器盘 5 接合，转矩同时传递给后输出轴，其转速与前输出轴的相同。

当接合套处于中间位置时，接合套只与输入轴的齿形花键套合，因此，输入轴无转矩输出，为空挡传动。

当接合套处于后方位置时，输入轴的转矩通过接合套直接传给输出轴，二者转速相同，为高挡传动。

分动器的四轮或两轮驱动取决于同步器接合套的位置。当同步器接合套处于前方位置时同步器和同步器盘分离，此时后输出轴的动力不传给前轴，仅后轮驱动；同步器接合套处于后方位置时，后输出轴不仅驱动后轴还通过四轮驱动齿轮驱动前轴，实现四轮驱动。由于接合套、同步器位置分别由换挡盘和两个拨叉来控制，这样排除了低速两轮驱动工况，防止转矩传递过大而损坏传动系统机件。接合套和同步器配合的四种工况如表2-3所示。

表2-3 接合套和同步器配合的四种工况

工 况	接合套位置	同步器位置	挡 位
1	前	后	4L(四轮低速驱动)
2	中	后	N(空挡)
3	后	后	4H(四轮高速驱动)
4	后	前	2H(两轮高速驱动)

惯性同步器仅用于高速挡时后轮驱动的接合，低速挡时同步器断开，后轮由高低挡接合套传递动力。因此允许车辆行驶中实施高速两轮或高速四轮驱动工况的变换。由于高低挡是采用接合套变换的，因此必须在车辆完全静止时进行。否则，会产生强烈的接合套冲击及较大的噪声，甚至损坏有关零件，换挡困难。

2）转矩传递路线

分动器两轮或四轮驱动时转矩的传递路线如下。

(1) 四轮低速驱动时转矩传递路线：输入轴→接合套→低速挡齿轮→中间齿轮组→前输出轴→四轮驱动齿轮→惯性式同步器→后输出轴。

(2) 四轮高速驱动时转矩传递路线：输出轴→接合套→后输出轴→惯性式同步器→四轮驱动齿轮→中间轴齿轮→前输出轴。

(3) 两轮驱动(只有高速挡)时转矩传递路线：输入轴→接合套→后输出轴。

3. 分动器的检修

因车型和分动器型号不同，分动器的拆卸步骤也有所不同，但是大多数车型分动器的拆卸还是有共性的，有的车型可单独拆卸分动器，也有的车型必须将分动器连同变速器一起拆卸。下面以国内常见车型切诺基87A-K型分动器为例进行介绍。

1）拆卸

使用举升器将汽车举起，首先放掉分动器齿轮油。拆卸前后传动轴，将后传动轴拆下放在一边(注意：保管好传动轴后端十字轴上的两个套筒)，将前传动轴与分动器连接处断开，可并放在一边。断开分动器操纵机构，断开车速传感器线束接头。用变速器托架将变速器托起，拆下变速器和分动器底梁托架。慢慢将变速器托架高度降低一点，拆下所有分动器与变速器之间的连接螺栓，将分动器抬下。

2）分解

(1) 拆卸后凸缘时，凡使用了密封胶的接合面，在拆下螺栓后，先用一个软锤沿一个方向敲击凸缘部分，使密封胶松脱，然后才能取下凸缘。要注意保护凸缘和后轴承油封之间的接合面。

(2) 拆后轴承座时，不要撬坏它与分动器后壳体之间的油封面。拆卸油泵时，要做好记号，以防重装时错位。

(3) 前输出轴和驱动链条应一起拆下，后输出轴、拨叉轴和拨叉也作为一体拆下。

3）清洗和检查

(1) 拆下的所有部件要用洗涤剂清洗，务必将壳体和轴承座的所有密封面上的密封胶清除干净。

(2) 用压缩空气将洗净的部件吹干,并吹通各油道。

(3) 检查分动器壳、凸缘罩和轴承座是否有损坏或变形;检查各轴、齿轮、传动链和换挡部件的磨损情况。

(4) 检查低挡齿圈的磨损情况,如有损坏,则应连同前壳体一起更换。

(5) 若油泵零件有损坏,则应更换油泵总成。

4) 装配

(1) 装配前,要先用分动器油润滑各部件。更换轴承时,注意不要堵塞轴承孔上的供油口。

(2) 将前轴承安装到输入齿轮上时,要使用专用工具,否则会使输入齿轮导向轴承过于深入到齿轮孔中。另外,不能在低挡齿圈端面上施加压力,以免损伤壳体和止推垫圈。

(3) 安装主动链轮轴承时,应当先装前轴承,再装后轴承,并注意保持轴承在链轮中的正确位置。轴承压入链轮内的深度不能超过规定位置,以免堵塞后输出轴的润滑油孔。

(4) 安装壳体凸缘罩和后轴承座时,应当在接合面上涂密封胶。

(5) 将所有连接螺栓按规定力矩拧紧。

分动器的安装步骤与其拆卸步骤相反,在此不再赘述。

4. 分动器的主要故障及排除方法

分动器的主要故障及排除方法如表 2-4 所示。

表 2-4 分动器的主要故障及排除方法

序号	现　　象	原　　因	排除方法
1	分动器换挡困难或不能换入需要的挡位	车速过高不能换挡	停车或减速至 3～4 km/h
		车辆曾在干铺装路面上以高挡四轮驱动,在行驶一段时间后传动系统扭矩可能引起此故障	停车,变速器挂入空挡后,分动器换入高挡两轮驱动,在干铺装路面以 2H 挡行驶
		分动器换挡杆系咬死	润滑、修理或更换杆系,或者按要求拧紧松动的零件
		润滑油不足或不合适	把润滑油放净,再加指定的自动变速器油或相当于 DEXRON Ⅱ 的油,加到加油孔边缘
		零件发卡,磨损严重或损坏	拆开分动器,按要求更换磨损或损坏的零件
2	分动器在任何挡位都有噪声	润滑油不足或不合适	把润滑油放净,再加指定的自动变速器油或相当于 DEXRON Ⅱ 的油,加到加油孔边缘,检查漏油,必要时加以修理,注意:如放油、重加油后还有噪声,则需要拆开检查,查明产生噪声的部位
3	四轮驱动低挡时有器件碰撞声或噪声增大	分动器没有完全挂入低挡四轮驱动的挡位	停车,把分动器挂入空挡,再挂入 4L 挡位
		换挡杆松动或咬死	按要求拧紧,润滑或修理拉杆
		拨叉断裂,镶块磨损或拨叉与拨叉轴卡紧	按要求将分动器解体修理
		环齿轮或锁板磨损或损坏	按要求将分动器解体修理

续表

序号	现象	原因	排除方法
4	输出轴密封圈或排气口漏油	分动器加油过量	放油到规定油面
		排气口堵塞	清理或更换排气口
		输出轴密封圈损坏或安装不当	更换密封圈,安装时要确保密封圈唇边朝向箱体部,同时要保证不擦伤或不划伤万向节叉密封表面,必要时用细砂纸磨去擦痕或划痕,或更换万向节叉
5	轮胎磨损异常	在干铺装路面以4H挡连续行驶	在干铺装路面以2H挡行驶

【实训活动】

实训条件:多媒体教学设备和课件、网络教学资源、维修资料、实训车、举升机、千斤顶、汽车维修基本工具。

实训车状态:一辆别克凯越轿车,该车换三挡时不能顺利换入挡位,常发出齿轮撞击声,换入其他挡位时状态正常。经检查确认离合器技术状况良好,需对手动变速器进行检修。

1. 实训准备

(1) 实训车:别克凯越轿车。

(2) 实训工具及器材:组合工具、百分表、V形块、螺旋测微器、量缸表、齿轮油、测隙规、游标卡尺等。

(3) 掌握本次实训课所用仪器及设备的使用方法。

(4) 牢记实训中的安全注意事项。

2. 实训流程

手动变速器故障会造成汽车换挡困难、变速器异响、变速器跳挡和乱挡等。实训教师可根据实训条件对手动变速器进行检测,然后设置一些手动变速器常见故障。在实训教师的监督下,学生独立完成故障的诊断与排除。最后由教师充当客户模拟一个或几个故障场景,让学生分别扮演维修工向客户说明故障诊断的情况。

(1) 学生分析并说出检查步骤和方法。

① 检查变速器输入轴、输出轴。

② 检查变速器齿轮。

③ 检查同步器组件。

④ 检查换挡自锁装置、互锁装置性能。

(2) 学生思考下列问题,并向教师陈述答案。

① 根据检查情况,分析出可能导致上述故障的原因。

② 如何确定上述故障?

③ 对检查结果进行理论分析。

3. 实训记录

(1) 回答教师的现场提问,接受教师的技能考核。

(2) 完成实训任务后,对实训过程进行自我评价和小组互评,听取教师的点评。

(3) 清洁实训场所,清点、维护工具及设备,完成任务交接。

学习任务4 自动变速器的结构与检修

一、自动变速器概述

自动变速器是相对于手动变速器而言的，它可以根据汽车的实际行驶状况，自动选择前进挡位中的某个挡位，当车辆行驶状况变化时，它能够自动切换至合适的挡位。

1. 自动变速器的分类

不同车型所装用的自动变速器在形式、结构上往往有很大的差异，一般可以按结构和控制方式、车辆驱动方式、挡位数来分类。

1）按结构和控制方式分类

按结构和控制方式分类，自动变速器可以分为机械式自动变速器、无级自动变速器和液力式自动变速器。

机械式自动变速器(automated mechanical transmission，AMT)在原有手动、有级、普通齿轮变速器的基础上增加了电子控制系统，来自动控制离合器的接合、分离和变速器挡位的变换。机械式自动变速器保持了原有的机械传动结构基本不变，很好地继承了其齿转传动固有的传动效率高、结构紧凑、工作可靠等优点，在重型车的应用上具有很好的发展前景。

目前，大众车系主推的双离合器变速器 DSG 也属于机械式自动变速器，如图 2-72 所示。

图 2-72 大众双离合器变速器 DSG

无级自动变速器(continuously variable transmission，CVT)采用传动带和工作直径可变的主、从动轮相配合来传递动力，可以实现传动比的连续改变。这也是一种具有广阔发展前景的自动变速器，目前在汽车应用方面已占有一定的市场份额。目前常见的是日产车系主推的 Xtronic CVT，如图 2-73 所示。

液力式自动变速器(automatic transmission，AT)是目前应用广泛、技术成熟的自动变速器。按照控制方式分类，液力式自动变速器可以分为液控液力式自动变速器和电控液力式自动变速器，目前轿车上都采用电控液力式自动变速器。按照变速机构(机械变速器)分类，液力式自动变速器可以分为行星齿轮自动变速器和非行星齿轮自动变速器。行星齿轮自动变速器应用广泛，非行星齿轮自动变速器只在本田等个别车系上应用。行星齿轮自动变速器又可以分为

图 2-73 Xtronic CVT

辛普森式、拉威诺式和串联式。

2) 按汽车驱动方式分类

按汽车驱动方式分类，自动变速器可分为后轮驱动自动变速器和前轮驱动自动变速驱动桥（见图 2-74）。

图 2-74 自动变速驱动桥

1—变矩器；2—发动机；3—主减速器；4—自动变速驱动桥

自动变速器用于发动机前置后轮驱动的布置形式如图 2-75 所示，变速器与主减速器、差速器分开。

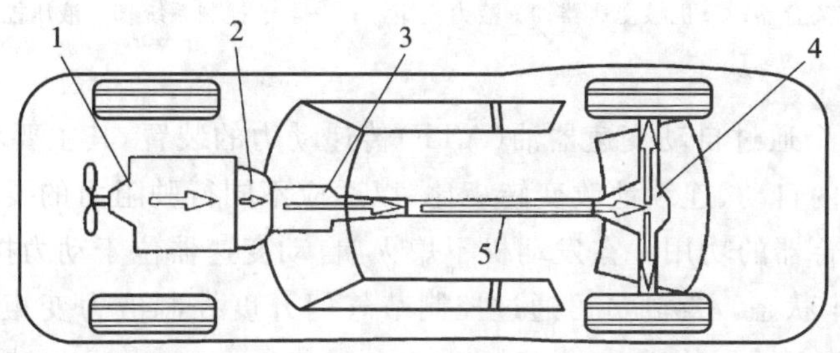

图 2-75 自动变速器的布置形式

1—发动机；2—变矩器；3—自动变速器；4—主减速器；5—传动轴

自动变速驱动桥用于发动机前置前轮驱动的布置形式如图 2-76 所示，变速器与主减速器、差速器制成一个总成。

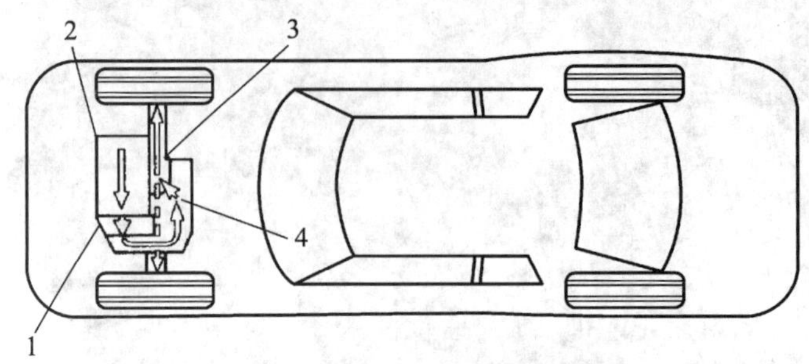

图 2-76　自动变速驱动桥的布置形式

3）按自动变速器前进挡的挡位数分类

按自动变速器选挡杆置于前进挡时的挡位数分类，自动变速器可以分为四挡自动变速器、五挡自动变速器、六挡自动变速器等，目前比较常见的是四挡自动变速器和六挡自动变速器，某些高级轿车（如丰田皇冠、宝马 7 系、奥迪 A8 等）采用七挡以上的自动变速器。

2. 自动变速器的组成

自动变速器的种类繁多，本书主要以全电控的液力式自动变速器为例进行介绍。

如图 2-77 所示，自动变速器主要由液力变矩器、机械变速器、液压控制系统、电子控制系统及冷却滤油装置等组成。

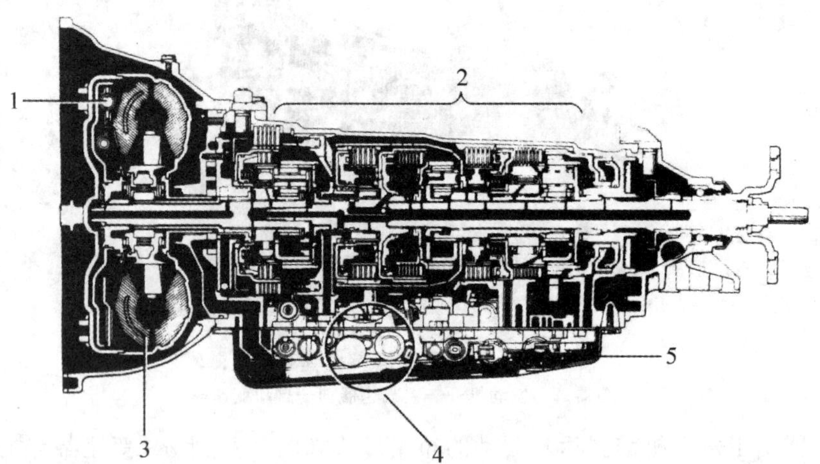

图 2-77　自动变速器的组成

1—锁止离合器；2—机械变速器；3—液力变矩器；4—电子控制系统；5—液压控制系统

1）液力变矩器

液力变矩器是一个通过自动变速器油（ATF）传递动力的装置，其主要功用如下。

（1）在一定范围内自动、连续地改变转矩比，以适应不同行驶阻力的要求。

（2）具有自动离合器的功用。在发动机不熄火、自动变速器位于动力挡（D 或 R 位）的情况下，汽车可以处于停车状态。驾驶员可通过控制节气门开度控制液力变矩器的输出转矩，逐步加大输出转矩，实现动力柔和传递。

2）机械变速器

以常见的行星齿轮变速器为例，机械变速器由 2～3 排行星齿轮机构组成，不同的运动状态组合可得到3～6种速比，其主要功用如下。

(1) 在液力变矩器的基础上再将转矩增大2～4倍，以提高汽车的行驶适应能力。

(2) 实现倒挡传动。

3) *液压控制系统*

液压控制系统由油泵、各种控制阀及与之相连通的液压换挡执行元件(如离合器、制动器油缸等)组成液压控制回路，汽车行驶中根据驾驶员的要求和行驶条件，控制离合器和制动器的工作状况，来实现机械变速器的自动换挡。

4) *电子控制系统*

电子控制系统将自动变速器的各种控制信号输入电子控制单元(ECU)，经ECU处理后发出控制指令，控制液压系统中的各种电磁阀实现自动换挡，并改善换挡性能。

5) *冷却滤油装置*

自动变速器油(ATF)在自动变速器工作过程中会因冲击、摩擦产生热量，还要吸收齿轮传动过程中所产生的热量，油温将会升高。油温升高将导致ATF黏度下降，传动效率降低，因此必须对ATF进行冷却，保持油温在50～80 ℃(最高温度可达90～110 ℃)。ATF是通过油冷却器与冷却水或空气进行热量交换的。自动变速器工作中各部件磨损产生的机械杂质，由滤清器从油中分离出去，以减轻机械的磨损、避免液压油路堵塞和减少控制阀卡滞。

3. 自动变速器的工作原理

自动变速器的工作原理如图2-78所示。自动变速器通过各种传感器，将发动机的转速、节气门开度、车速、发动机水温、ATF油温等参数信号输入ECU，ECU根据这些信号，按照设定的换挡规律，向换挡电磁阀、油压电磁阀等发出动作控制信号，换挡电磁阀和油压电磁阀再将ECU的动作控制信号转变为液压控制信号，阀板中的各控制阀根据这些液压控制信号，控制换

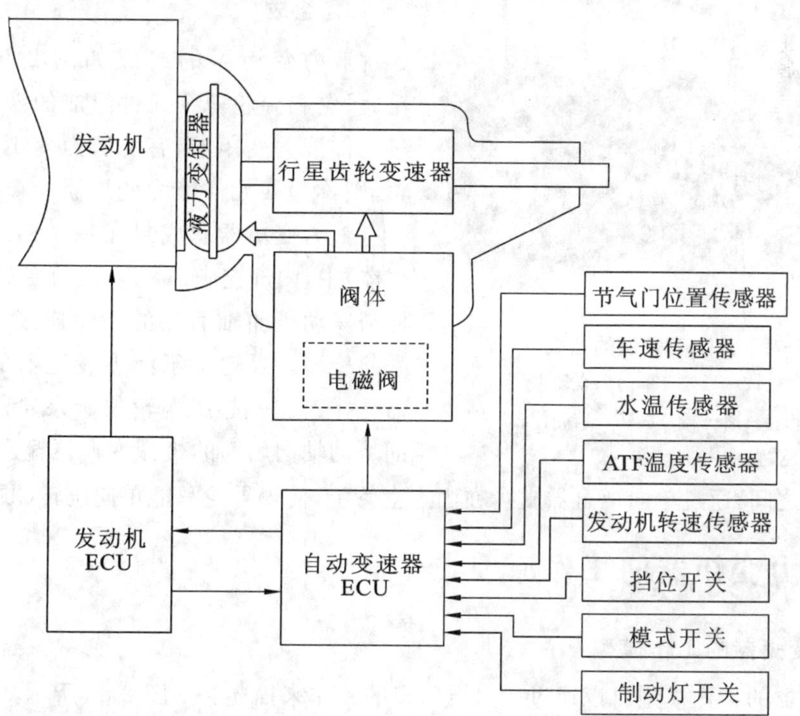

图2-78 自动变速器的工作原理

挡执行元件的动作，从而实现自动换挡过程。

二、液力变矩器的功用与组成

1. 功用

液力变矩器位于发动机和机械变速器之间，以自动变速器油（ATF）为工作介质，主要功用如下。

1）传递转矩

发动机的转矩通过液力变矩器的主动元件，再通过ATF传给液力变矩器的从动元件，最后传给机械变速器。

2）无级变速

根据工况的不同，液力变矩器可以在一定范围内实现转速和转矩的无级变化。

3）增大转矩

液力变矩器与液力耦合器相比，增加了可以改变油流方向的导轮，使得液力变矩器的输出转矩增大。

4）自动离合

液力变矩器采用ATF传递动力，当踩下制动踏板时，发动机也不会熄火，此时相当于离合器分离；当抬起制动踏板时，汽车可以起步，此时相当于离合器接合。同时由于采用ATF传递动力，液力变矩器的动力传递柔和，并且能防止传动系统过载。

5）驱动油泵

ATF在工作的时候需要油泵提供一定的压力，而油泵是由液力变矩器壳体驱动的。

图2-79　液力变矩器的组成

1—泵轮；2—导轮及单向离合器；3—涡轮；4—离合器总成；5—前壳体；6—驱动毂；7—轴承；8—焊接壳

2. 组成

液力变矩器的组成如图2-79所示。由泵轮、涡轮和导轮三个元件组成的液力变矩器称为三元件液力变矩器，有的液力变矩器采用两个导轮，则称为四元件液力变矩器。

液力变矩器总成封在一个钢制壳体（变矩器壳体）中，内部充满ATF。液力变矩器壳体通过螺栓与发动机曲轴后端的飞轮连接，与发动机曲轴一起旋转。泵轮位于液力变矩器的后部，与变矩器壳体连在一起。涡轮位于泵轮前，通过带花键的从动轴向后面的机械变速器输出动力。导轮位于泵轮与涡轮之间，通过单向离合器支承在固定套管上，使得导轮只能单向旋转（顺时针旋转）。

三、液力变矩器的工作原理

1. 液力变矩器的工作模型

液力变矩器的工作模型可以通过一对电风扇的工作来描述。如图2-80所示，电风扇A通电，将空气吹动起来，并使未通电的电风扇B也转动起来，此时动力由电风扇A传递到电风扇B。为了实现转矩的放大，在两台电风扇的背面加上一条空气管道，使穿过电风扇B的气流通过空气管道的导向，从电风扇A的背面流回，这会加大电风扇A吹动的气流，使吹向电风扇B的转矩增大。即电风扇A相当于泵轮，电风扇B相当于涡轮，空气管道相当于导轮，空气相当于ATF。

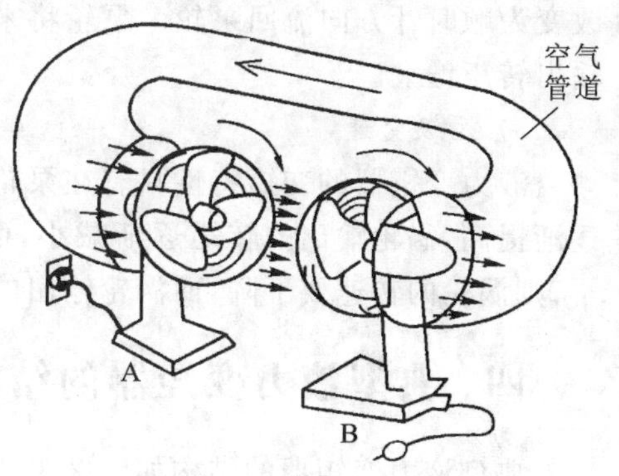

图2-80 液力变矩器的工作模型

2. 液力变矩器的工作原理

1）动力的传递

液力变矩器工作时，壳体内充满ATF，发动机带动壳体旋转，壳体带动泵轮旋转，泵轮的叶片将ATF带动起来，并冲击涡轮的叶片，当作用在涡轮叶片上的冲击力大于作用在涡轮上的阻力时，涡轮将开始转动，并使机械变速器的输入轴一起转动。由涡轮叶片流出的ATF经过导轮后再流回到泵轮，形成如图2-81所示的循环流动。

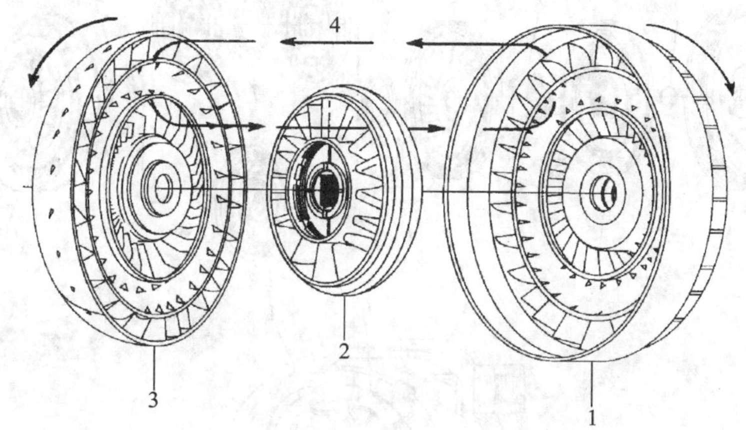

图2-81 ATF在液力变矩器中的流动

1—泵轮；2—导轮；3—涡轮；4—油流

具体来说，上述ATF的流动是两种运动的合运动。当液力变矩器工作，泵轮旋转时，泵轮叶片带动ATF旋转起来，绕着泵轮轴线做圆周运动；同样随着涡轮的旋转，ATF也绕着涡轮轴线做圆周运动。旋转起来的ATF在离心力的作用下，从内缘流向外缘。当泵轮转速大于涡轮转速时，泵轮叶片外缘的液压大于涡轮外缘的液压。因此，ATF在做圆周运动的同时，在上述压差的作用下由泵轮流向涡轮，再流向导轮，最后返回泵轮，形成在液力变矩器环形腔内的循环运动。

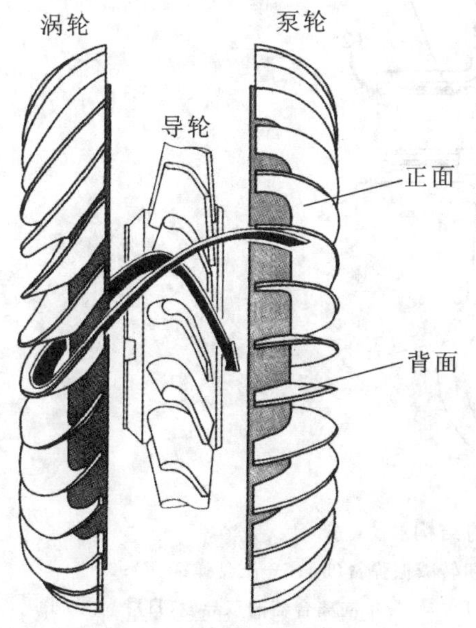

图2-82 液力变矩器转矩放大的原理

液力变矩器要想能够传递转矩，必须有ATF冲击到涡轮的叶片，即泵轮与涡轮之间一定要有转速差（泵轮转速大于涡轮转速）。

2）转矩的放大

在泵轮与涡轮的转速差较大的情况下，由涡轮甩出的ATF以逆时针方向冲击导轮叶片，如图2-82所示，此时导轮是固定不动的，因为导轮上装有单向离合器，它可以防止导轮逆时针转动。导轮的叶片形状使得ATF

改变为顺时针方向流回泵轮。泵轮将来自发动机和从涡轮回流的能量一起传递给涡轮，使涡轮输出转矩增大。

3）无级变速

液力变矩器的变矩特性只有在泵轮与涡轮转速相差较大的情况下才成立，随着涡轮转速的逐渐提高，涡轮输出的转矩逐渐减小，而且这种变化是连续的。同样，如果涡轮上的负荷增加了，则涡轮的转速要下降，而涡轮输出的转矩增大，正好适应负荷的增加。

四、典型液力变矩器的结构与原理

典型液力变矩器的结构如图 2-83 所示，主要由泵轮、涡轮、带单向离合器的导轮、变矩器壳体、涡轮轴、锁止离合器等组成。下面只介绍单向离合器和锁止离合器。

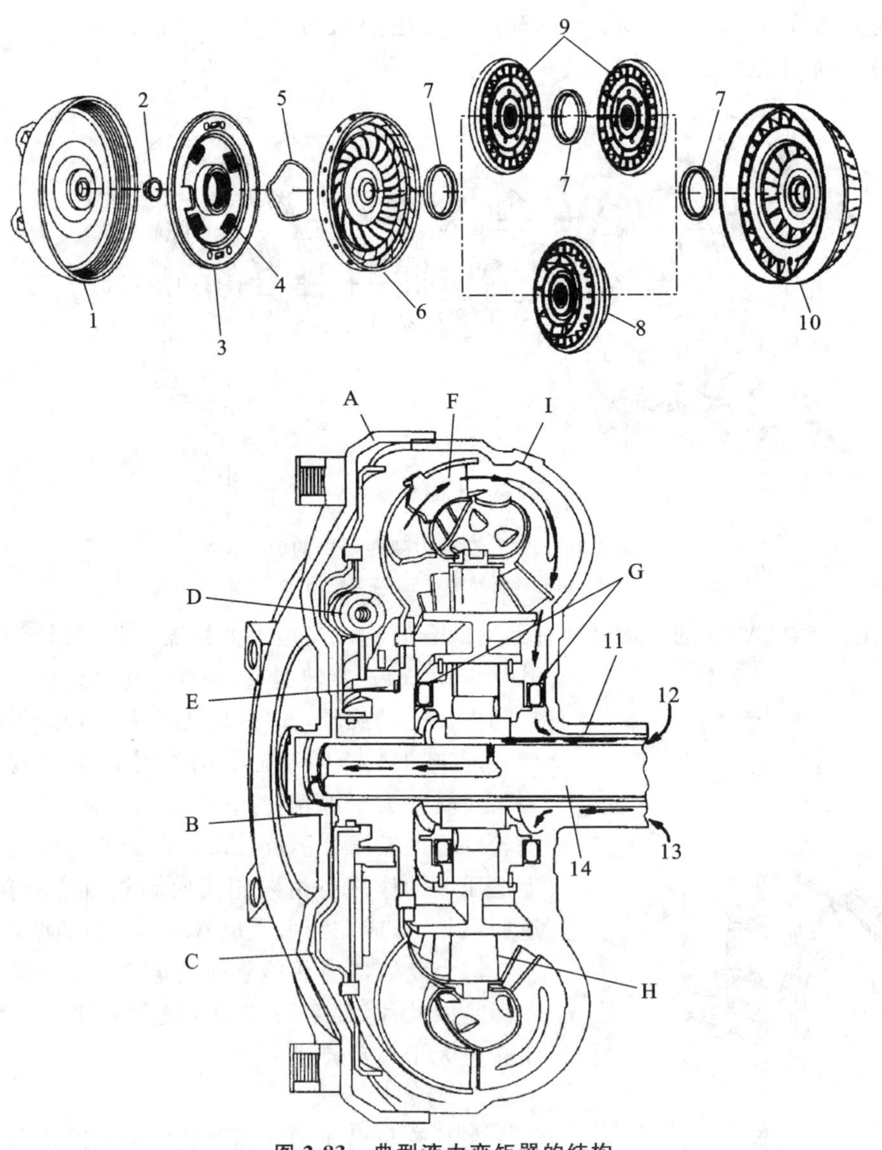

图 2-83　典型液力变矩器的结构

1—变矩器壳体(A)；2—涡轮止推垫片(B)；3—压盘(C)；4—扭转减振弹簧(D)；5—压盘弹簧(E)；6—涡轮(F)；7—止推轴承(G)；8—带单向离合器的单导轮(H)；9—带单向离合器的双导轮(H)；10—泵轮(I)；11—导轮轴；12—分离油液；13—接合油液；14—涡轮轴

1. 单向离合器

1）功用

单向离合器又称为自由轮机构、超越离合器，其功用是实现导轮的单向锁止，即导轮只能顺时针转动而不能逆时针转动，使得液力变矩器在高速区实现耦合传动。

2）结构和原理

常见的单向离合器有楔块式和滚柱式两种结构形式。

楔块式单向离合器如图 2-84 所示，由内座圈、外座圈、楔块、保持架等组成。导轮与外座圈连为一体，内座圈与固定套管刚性连接，不能转动。当导轮带动外座圈逆时针转动时，外座圈带动楔块逆时针转动，楔块的长径与内、外座圈接触，如图 2-84(a)所示，由于长径长度大于内、外座圈之间的距离，因此外座圈被卡住而不能转动。当导轮带动外座圈顺时针转动时，外座圈带动楔块顺时针转动，楔块的短径与内、外座圈接触，如图 2-84(b)所示，由于短径长度小于内、外座圈之间的距离，因此外座圈可以自由转动。

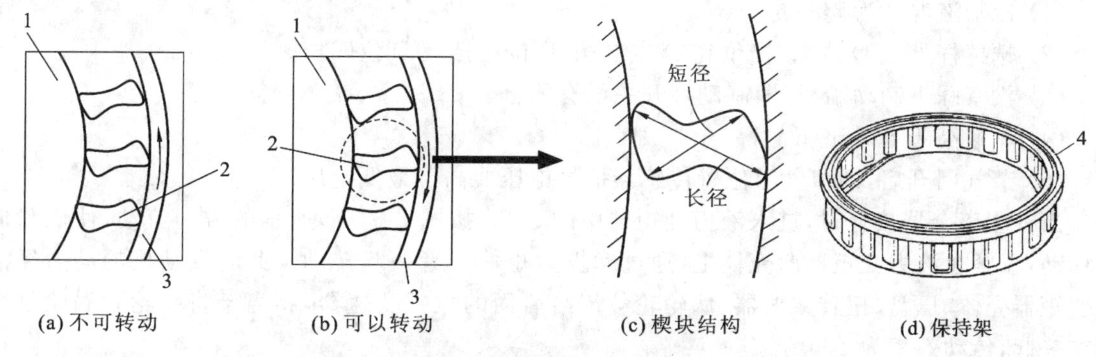

(a) 不可转动　(b) 可以转动　(c) 楔块结构　(d) 保持架

图 2-84　楔块式单向离合器

1—内座圈；2—楔块；3—外座圈；4—保持架

滚柱式单向离合器如图 2-85 所示，由内座圈、外座圈、滚柱、叠片弹簧等组成。当导轮带动外座圈顺时针转动时，滚柱进入楔形槽的宽处，内、外座圈不能被滚柱楔紧，外座圈和导轮可以顺时针自由转动。当导轮带动外座圈逆时针转动时，滚柱进入楔形槽的窄处，内、外座圈被滚柱楔紧，外座圈和导轮固定不动。

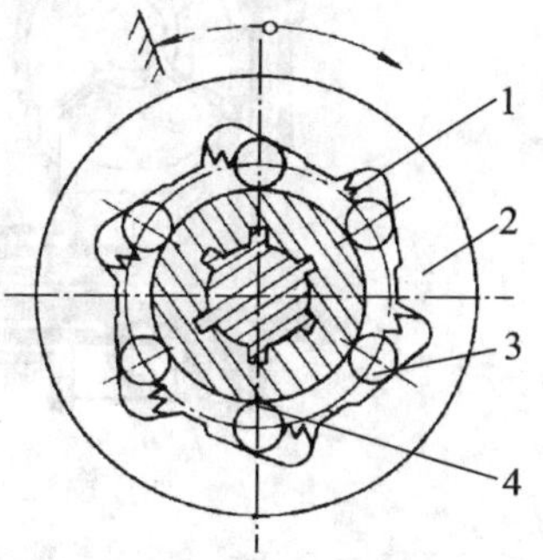

图 2-85　滚柱式单向离合器

1—叠片弹簧；2—外座圈；3—滚柱；4—内座圈

2. 锁止离合器

锁止离合器有离心式、液压式和行星齿轮机构式三种类型，目前常见的为液压式锁止离合器。

1）功用

锁止离合器可以将泵轮和涡轮直接连接起来，即将发动机与机械变速器直接连接起来，这样减少液力变矩器在高速比时的能量损耗，提高了传动效率，提高了汽车在正常行驶状态下的燃油经济性，并防止 ATF 过热。

2）结构

锁止离合器的结构如图 2-86 所示，其压盘以花键与涡轮前端连接，压盘的前面和变矩器前壳体内表面黏结有摩擦材料。锁止离合器都装有扭转减振器，动力通过其上的一组减振弹簧传递。

3）原理

锁止离合器的工作原理如图 2-87 所示。当车辆在良好路面行驶，满足下面五个条件时，锁止离合器将接合。

图 2-86 锁止离合器的结构

1—壳体；2—摩擦片；3—压盘；4—涡轮；5—扭转减振器

(1) 冷却液温度为 55～65 ℃。

(2) 选挡杆处于 D 位，且挡位在 D 位二挡、D 位三挡或 D 位四挡。

(3) 没有踩下制动踏板，即制动灯开关没有闭合。

(4) 车速高于 50 km/h。

(5) 节气门开启，即节气门位置传感器信号电压要高于最低电压。

当锁止离合器接合时，进入液力变矩器中的 ATF 按图 2-87(a)所示的方向流动，使压盘向前移动，压紧在液力变矩器前壳体上，通过摩擦力矩使二者一起转动。此时发动机的动力经液力变矩器壳体、压盘、扭转减振器、涡轮轮毂传给后面的机械变速器，相当于将泵轮和涡轮刚性连在一起，传动效率为 100%。

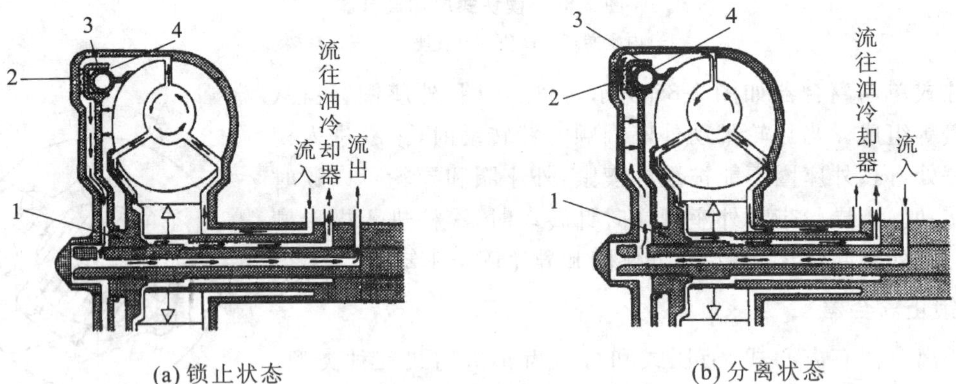

图 2-87 锁止离合器的工作原理

1—涡轮轮毂；2—变矩器前壳体；3—压盘；4—扭转减振器

当车辆起步、低速或在坏路面上行驶时，应将锁止离合器分离，使液力变矩器具有变矩作用。此时 ATF 按图 2-87(b)所示的方向流动，将压盘与液力变矩器前壳体分离，解除液力变矩器壳体与涡轮的直接连接。

五、行星齿轮变速器概述

1. 定轴轮系

1) 二轴定轴轮系

二轴定轴轮系如图 2-88 所示。当两个外啮合齿轮互相啮合时，它们以相反的方向旋转，如

图 2-88(a)所示。当一个外齿轮和一个内齿轮相互啮合时,它们以相同的方向旋转,如图 2-88(b)所示。

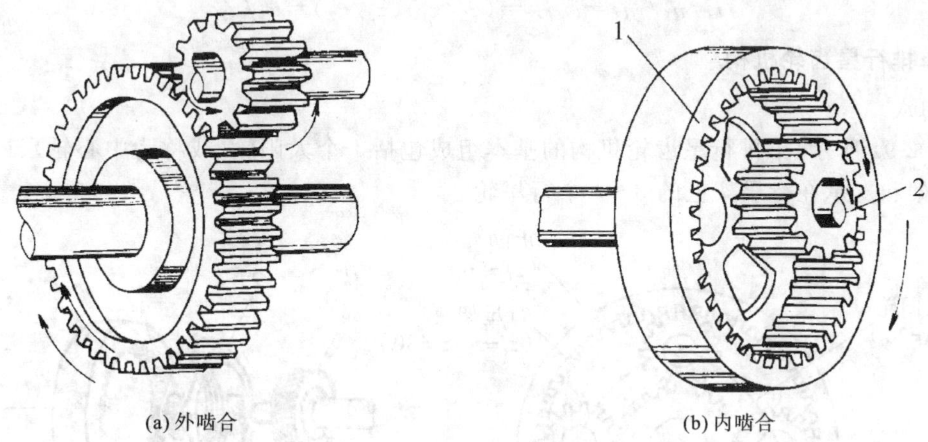

图 2-88 二轴定轴轮系

1—内齿轮;2—外齿轮

传动比是指主动齿轮转速与从动齿轮转速之比,也等于从动轮齿数与主动轮齿数之比,一般用 i 来表示,即

$$i=n_{主}/n_{从}=z_{从}/z_{主}$$

如图 2-89 所示,如果主动轮齿数为 12,从动轮齿数为 24,则传动比为 2∶1,即主动轮转 1 圈,从动轮转 1/2 圈。如果两个齿轮的齿数相等,则传动比为 1,即主、从动轮以相同的转速旋转。

齿轮不仅可以改变转速,还可以改变转矩。假定主动齿轮转速和转矩为 n_1、T_1,从动齿轮转速和转矩为 n_2、T_2,则 $T_1:n_1=T_2:n_2$,$T_2=iT_1$,说明可以通过降速来增矩。

2) 三轴定轴轮系

三轴定轴轮系如图 2-90 所示,由输入轴、输出轴和中间轴及其齿轮组成。中间轴齿轮相当于惰轮,只改变传动的旋转方向而不改变转矩。当输入轴顺时针转动,中间轴逆时针转动,而输出轴顺时针转动时,即输入与输出的转向相同,假定输入轴齿轮的转速、转矩和齿数分别为 n_1、

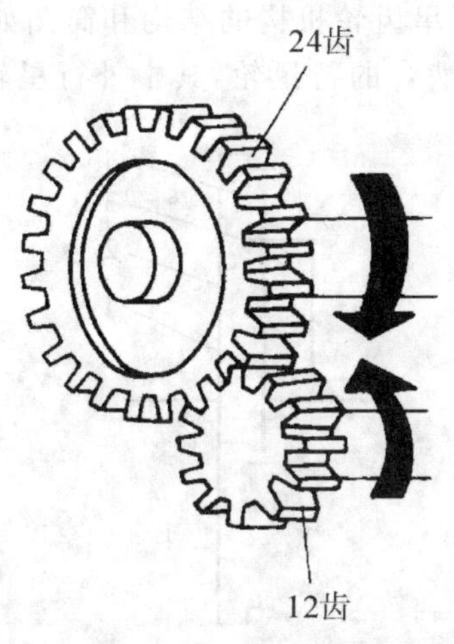

图 2-89 齿轮传动比

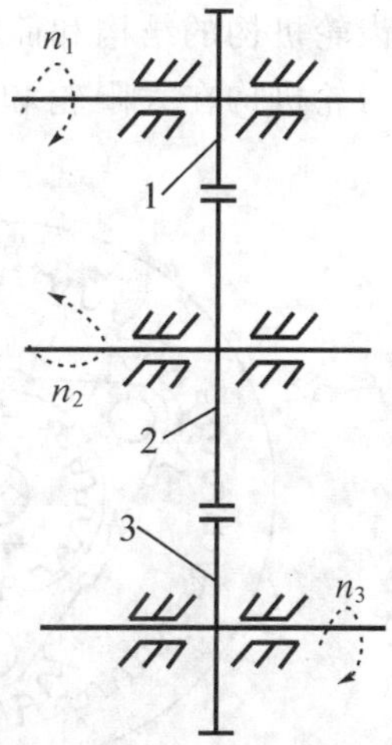

图 2-90 三轴定轴轮系

1—输入轴齿轮;2—中间轴齿轮;3—输出轴齿轮

T_1 和 z_1，输出轴齿轮的转速、转矩和齿数分别为 n_3、T_3 和 z_3，中间轴齿轮的转速、转矩和齿数分别为 n_2、T_2 和 z_2，则

$$i=n_1/n_3=i_{12}i_{23}=(z_2/z_1)(z_3/z_2)=z_3/z_1$$

2. 单排行星齿轮机构

1）组成

如图 2-91 所示，单排行星齿轮机构的基本组成包括 1 个太阳轮（或称为中心轮）、1 个齿圈、1 个行星架和支承在行星架上的 3～4 个行星轮。

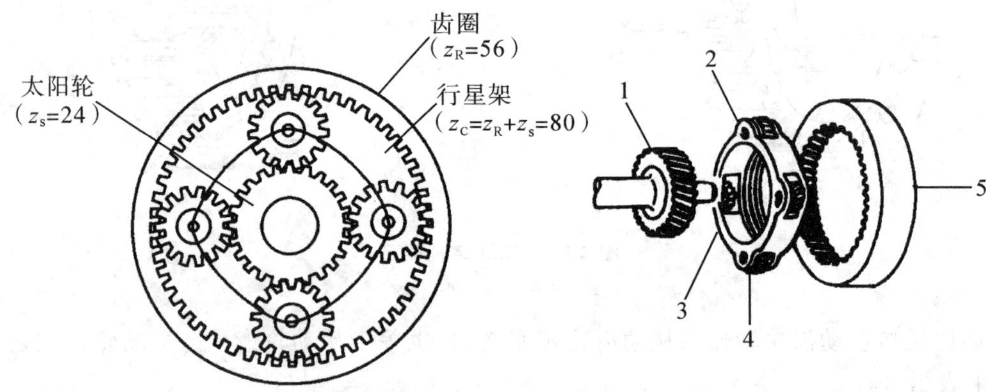

图 2-91　单排行星齿轮机构的基本组成

1—太阳轮；2—行星齿轮轴；3—行星架；4—行星轮；5—齿圈

齿圈又称为齿环，制有内齿。太阳轮位于机构的中心，行星轮与之外啮合，行星轮与齿圈内啮合。通常行星轮有 3～4 个，通过滚针轴承安装在行星齿轮轴上，行星齿轮轴对称、均匀地安装在行星架上。行星齿轮机构工作时，行星轮除了绕自身轴线自转外，同时还绕着太阳轮公转，行星架也绕太阳轮旋转。太阳轮与行星轮外啮合，这二者的旋转方向是相反的；而行星轮与齿圈内啮合，这二者的旋转方向是相同的。

2）类型

单排行星齿轮机构有单行星齿轮式和双行星齿轮式两种类型。

单行星齿轮机构的结构和简图如图 2-92 所示，双行星齿轮机构的结构和简图如图 2-93 所示。双行星齿轮机构在太阳轮和齿圈之间有两组互相啮合的行星轮，其中外行星轮与齿圈啮

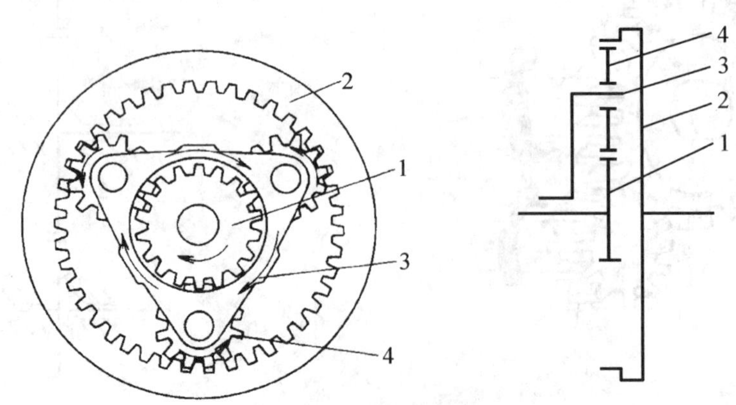

图 2-92　单行星齿轮机构的结构和简图

1—太阳轮；2—齿圈；3—行星架；4—行星轮

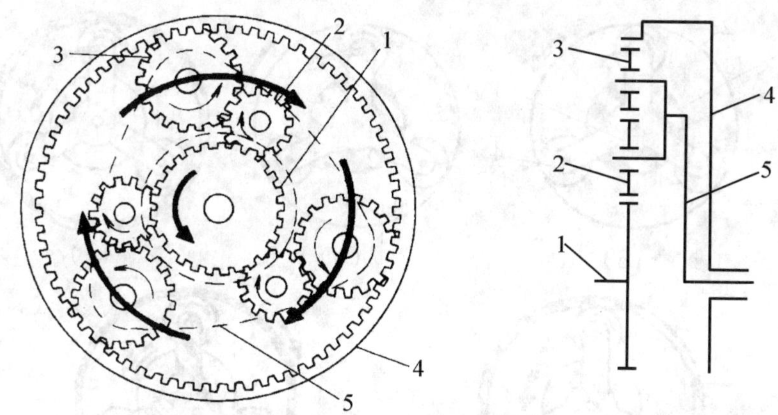

图 2-93 双行星齿轮机构的结构和简图

1—太阳轮；2—内行星轮；3—外行星轮；4—齿圈；5—行星架

合，内行星轮与太阳轮啮合。

3）运动规律

多排行星齿轮机构是由单排行星齿轮机构组合而成的，了解单排行星齿轮机构的运动规律有助于更好地理解多排行星齿轮机构的工作原理。下面介绍单排行星齿轮机构的运动规律。

根据能量守恒定律，由作用在单排行星齿轮机构各元件上的力矩和结构参数，可以得出表示单排行星齿轮机构运动规律的方程式：

$$n_1+\alpha n_2-(1+\alpha)n_3=0$$

式中：n_1——太阳轮转速；

n_2——齿圈转速；

n_3——行星架转速；

α——齿圈齿数 z_2 与太阳轮齿数 z_1 之比，即 $\alpha=z_2/z_1$，且 $\alpha>1$。

由于一个方程有三个变量，如果将太阳轮、齿圈和行星架中某个元件作为主动（输入）部分，让另一个元件作为从动（输出）部分，则第三个元件不受任何约束和限制，从动部分的运动是不确定的，因此为了得到确定的运动，必须对太阳轮、齿圈、行星架三者中的某个元件的运动进行约束和限制。

4）动力传动方式

如图 2-94 所示，通过对单排行星齿轮机构不同的元件进行约束和限制，可以得到不同的动力传动方式。

（1）齿圈为主动件（输入），行星架为从动件（输出），太阳轮固定，如图 2-94(a)所示。此时，$n_1=0$，传动比 i_{23} 为

$$i_{23}=n_2/n_3=1+1/\alpha>1$$

传动比大于 1，说明为减速传动，可以作为降速挡。

（2）太阳轮为主动件（输入），行星架为从动件（输出），齿圈固定，如图 2-94(c)所示。此时，$n_2=0$，传动比 i_{13} 为

$$i_{13}=n_1/n_3=1+\alpha>1$$

传动比大于 1，说明为减速传动，可以作为降速挡。

对比这两种情况的传动比，$i_{13}>i_{23}$，虽然二者都为降速挡，但 i_{13} 是降速挡中的低挡，而 i_{23} 为降速挡中的高挡。

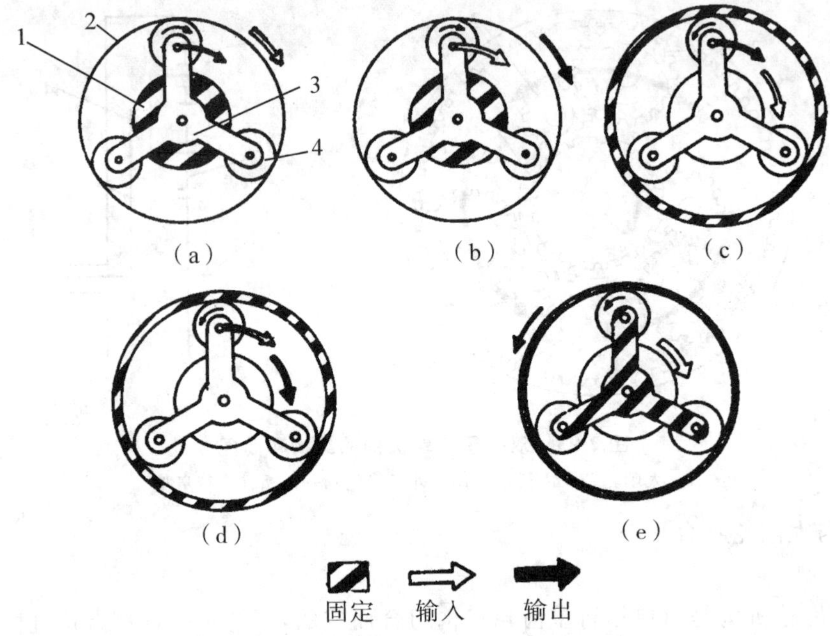

图 2-94 单排行星齿轮机构的动力传动方式

(3) 行星架为主动件(输入),齿圈为从动件(输出),太阳轮固定,如图 2-94(b)所示。此时,$n_1=0$,传动比 i_{32} 为

$$i_{32}=n_3/n_2=\alpha/(1+\alpha)<1$$

传动比小于1,说明为增速传动,可以作为超速挡。

(4) 行星架为主动件(输入),太阳轮为从动件(输出),齿圈固定,如图 2-94(d)所示。此时,$n_2=0$,传动比 i_{31} 为

$$i_{31}=n_3/n_1=1/(1+\alpha)<1$$

传动比小于1,说明为增速传动,可以作为超速挡。

(5) 太阳轮为主动件(输入),齿圈为从动件(输出),行星架固定,如图 3-1-7 (e)所示。此时,$n_3=0$,传动比 i_{12} 为

$$i_{12}=n_1/n_2=-\alpha$$

传动比为负值,说明主动件、从动件的旋转方向相反;又由于$|i_{12}|>1$,说明为增速传动,可以作为倒挡。

(6) 如果 $n_1=n_2$,则可以得到 $n_3=n_1=n_2$。同样,$n_1=n_3$ 或 $n_2=n_3$ 时,均可以得到 $n_1=n_2=n_3$ 的结论。因此,若使太阳轮、齿圈和行星架三个元件中的任何两个元件连为一体转动,则另一个元件的转速必然与前二者等速、同向转动。即行星齿轮机构中所有元件(包含行星轮)之间均无相对运动,传动比 $i=1$。这种传动方式用于变速器的直接挡传动。

(7) 如果太阳轮、齿圈和行星架三个元件没有任何约束,则各元件的运动是不确定的,此时为空挡。

自动变速器中的行星齿轮变速器一般采用 2～3 排行星齿轮机构传动,其各挡传动比就是根据上述单排行星齿轮机构传动特点进行合理组合得到的。

3. 常见多排行星齿轮机构

为了提供更多的挡位,增强车辆适应性,自动变速器中常采用多排行星齿轮机构配合工作。常见的多排行星齿轮机构的结构方式主要有以下几种。

1）辛普森式多排行星齿轮机构

辛普森（Simpson）式多排行星齿轮机构如图2-95所示。

这是以发明者Simpson命名的齿轮机构，因结构简单、加工工艺性好、传动功率大且易于换挡操纵，故从发明至今，一直被许多汽车厂家广泛采用。

结构特点：双排行星齿轮共用一个太阳轮，有两组行星齿轮、两个齿圈、两个行星架。

2）拉威诺式多排行星齿轮机构

拉威诺（Ravigneaux）式多排行星齿轮机构如图2-96所示。

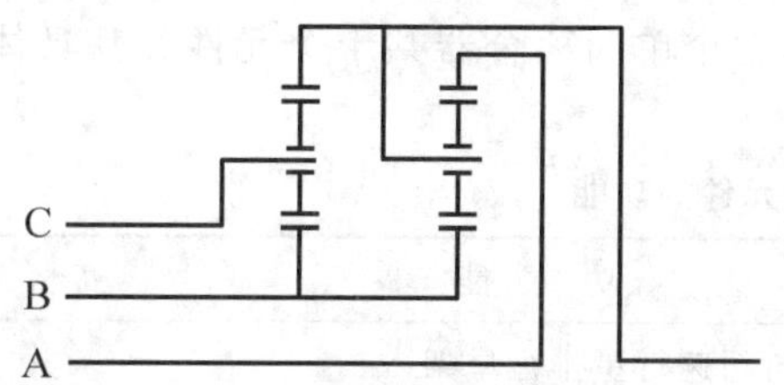

图2-95 辛普森式多排行星齿轮机构

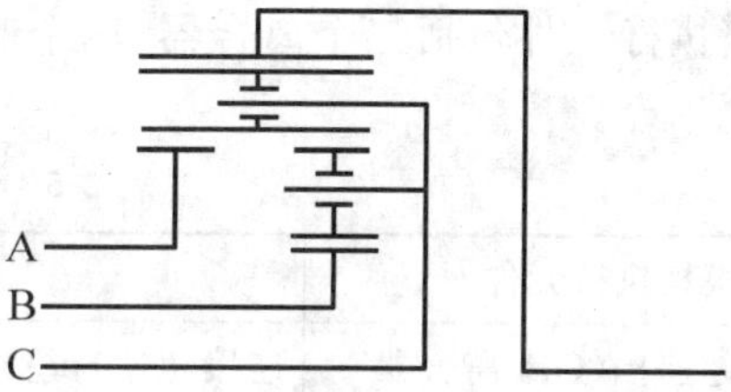

图2-96 拉威诺式多排行星齿轮机构

结构特点：有两个太阳轮，两排行星齿轮共用一个齿圈。采用一大一小两个太阳轮、三个长行星齿轮和三个短行星齿轮组成两组行星齿轮，所有的行星齿轮轴都固定于共用的行星齿轮架上。

拉威诺式齿轮结构啮合的齿数多，工作平稳，可以传递较大的扭矩，但结构复杂，工作原理难理解。

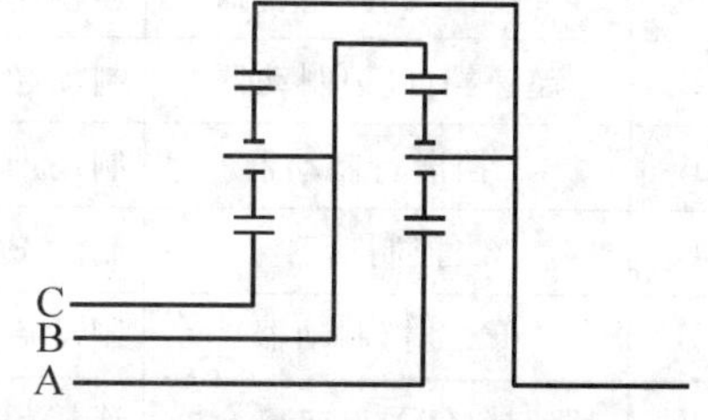

图2-97 串联式多排行星齿轮机构

3）串联式多排行星齿轮机构

串联式多排行星齿轮机构如图2-97所示。

结构特点：两套独立的行星齿轮机构相互串联，两个太阳轮独立运动，后齿圈与前行星架相连，前齿圈与后行星架相连。

六、辛普森式A341E自动变速器

1. 结构

A341E行星齿轮变速器的结构简图如图2-98所示。

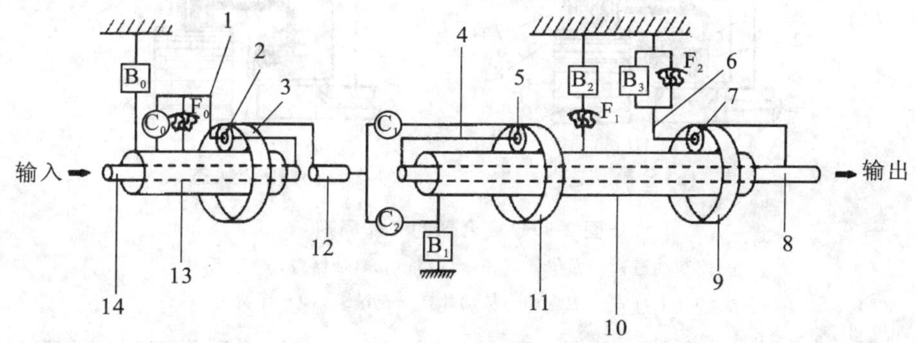

图2-98 A341E行星齿轮变速器的结构简图

1—超速行星排行星架；2—超速行星排行星轮；3—超速行星排齿圈；4—前行星排行星架；5—前行星排行星轮；6—后行星排行星架；7—后行星排行星轮；8—输出轴；9—后行星排齿圈；10—前、后行星排太阳轮；11—前行星排齿圈；12—中间轴；13—超速行星排太阳轮；14—输入轴

A341E 自动变速器是典型的四挡辛普森行星齿轮变速器。四挡辛普森行星齿轮变速器由四挡辛普森行星齿轮机构和换挡执行元件两大部分组成。其中四挡辛普森行星齿轮机构由三排(前面一排为超速行星排,中间一排为前行星排,后面一排为后行星排)行星齿轮机构组成。输入轴与超速行星排的行星架相连,超速行星排的齿圈与中间轴相连,中间轴通过前进挡离合器或直接挡、倒挡离合器与前、后行星排相连。前、后行星排的结构特点是,共用一个太阳轮,前行星排的行星架与后行星排的齿圈相连并与输出轴相连。

2. 换挡执行元件

换挡执行元件包括三个离合器、四个制动器和三个单向离合器共十个元件。其具体的功能见表 2-5。

表 2-5 换挡执行元件的功能

换挡执行元件		功 能
C_0	超速挡(OD)离合器	连接超速行星排太阳轮与超速行星排行星架
C_1	前进挡离合器	连接中间轴与前行星排齿圈
C_2	直接挡、倒挡离合器	连接中间轴与前、后行星排太阳轮
B_0	超速挡(OD)制动器	制动超速行星排太阳轮
B_1	二挡滑行制动器	制动前、后行星排太阳轮
B_2	二挡制动器	制动 F_1 外座圈,当 F_1 也起作用时,可以防止前、后行星排太阳轮逆时针转动
B_3	低、倒挡制动器	制动后行星排行星架
F_0	超速挡(OD)单向离合器	连接超速行星排太阳轮与超速行星排行星架
F_1	二挡(1 号)单向离合器	当 B_2 工作时,防止前、后行星排太阳轮逆时针转动
F_2	低挡(2 号)单向离合器	防止后行星排行星架逆时针转动

1) 离合器的组成与原理

离合器的功用是连接轴和行星齿轮机构中的元件或连接行星齿轮机构中的不同元件。

离合器的工作原理如图 2-99 所示,其主要元件是主、从动片和活塞。主动片通过外花键与离合器毂配合,从动片通过内花键与花键毂配合,活塞用于将主、从动片压紧在一起。

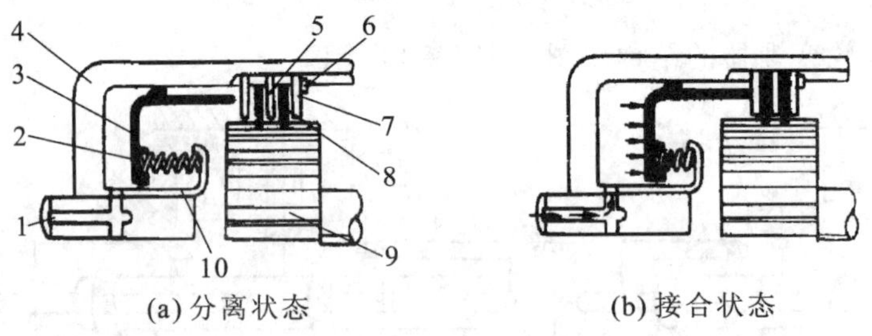

图 2-99 离合器的工作原理

1—控制油道;2—回位弹簧;3—活塞;4—离合器毂;5—主动片;6—卡环;7—压盘;8—从动片;9—花键毂;10—弹簧座

当一定压力的 ATF 经控制油道进入活塞左面的液压缸时,液压作用力便克服弹簧力使活塞右移,将所有离合器片压紧,即离合器接合,与离合器、主从动部分相连的元件也以相同的速度旋转。

控制阀将作用在离合器液压缸的油压撤除后,离合器活塞在回位弹簧的作用下回复原位，并将缸内的 ATF 从进油孔排出，使离合器分离，离合器主、从动部分可以不同的转速旋转。

为了快速泄油，保证离合器彻底分离，一般在液压缸中都装有一个单向球阀，如图 2-100 所示。当 ATF 被排出时，球体在离心力的作用下离开阀座，辅助泄油通道开启，使 ATF 迅速排出。

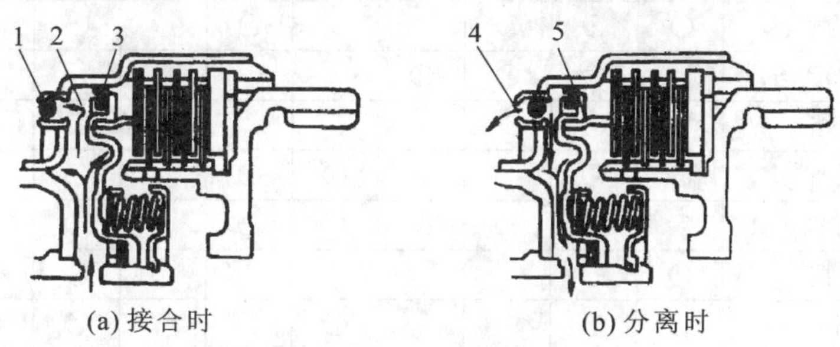

图 2-100 带单向球阀的离合器

1—单向球阀；2—液压缸；3—油封；4—辅助泄油通道；5—活塞

2）制动器的组成与原理

制动器的功用是将行星齿轮机构中的太阳轮、齿圈或行星架这三个元件之一与变速器壳体相连，使其固定而不能转动。

制动器有片式和带式两种形式。片式制动器的结构和原理与离合器的相同，不同之处是离合器通过连接作用而传递动力，而片式制动器通过连接而起制动作用。下面介绍带式制动器。

带式制动器（见图 2-101）由制动带和控制油缸组成。制动带是内表面带有镀层的开口式环形钢带。制动带开口处的一端通过支柱支承于固定在变速器壳体的调整螺钉上，另一端支承于油缸活塞杆端部，活塞在回位弹簧和左腔油压作用下位于右极限位置，此时，制动带和制动鼓之间存在一定间隙。

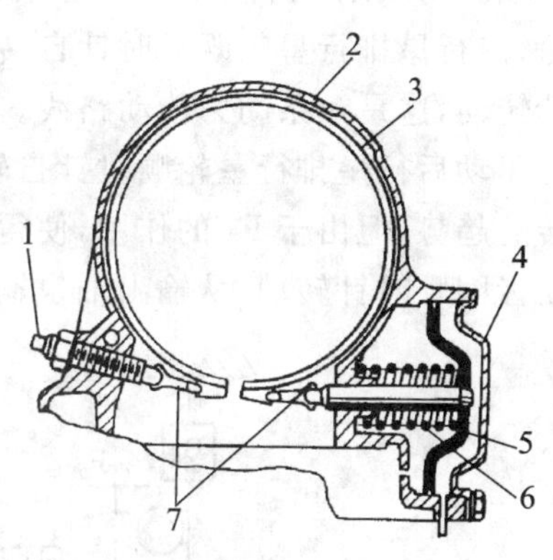

图 2-101 带式制动器

1—调整螺钉（固定支承端）；2—制动带；3—制动鼓；4—油缸盖；5—活塞；6—回位弹簧；7—支柱

制动时，ATF 进入活塞右腔，克服左腔油压和回位弹簧的作用力而推动活塞左移，制动带以固定支座为支点收紧。在制动力矩的作用下，制动鼓停止旋转，行星齿轮机构某元件被锁止。随着油压撤除，活塞逐渐回位，制动解除。

3. 各挡动力传动路线

在变速器各挡位，换挡执行元件的动作情况见表 2-6。

表 2-6 换挡执行元件的动作情况

选挡杆位置	挡位	换挡执行元件										发动机制动
		C_0	C_1	C_2	B_0	B_1	B_2	B_3	F_0	F_1	F_2	
P	驻车挡	○										
R	倒挡	○		○				○	○			
N	空挡	○										

续表

选挡杆位置	挡　位	换挡执行元件										发动机制动
		C_0	C_1	C_2	B_0	B_1	B_2	B_3	F_0	F_1	F_2	
D	一挡	○	○						○		○	
	二挡	○	○				○		○	○		
	三挡	○	○	○			○		○			
	四挡(OD挡)		○	○	○		○					
2	一挡	○	○						○		○	
	二挡	○	○			○	○		○	○		○
	三挡*	○	○	○			○		○			○
L	一挡	○	○					○	○		○	○
	二挡*	○	○			○	○		○	○		○

注：* 表示只能降挡不能升挡；○表示换挡元件工作，或有发动机制动。

1）各挡位动力传动路线

(1) D位一挡　如图2-102所示，D位一挡时，C_0、C_1、F_0、F_2 工作。C_0、F_0 工作时将超速行星排的太阳轮和行星架相连，此时超速行星排成为一个刚性整体，输入轴的动力顺时针传到中间轴。C_1 工作时将中间轴与前行星排齿圈相连，前行星排齿圈顺时针转动，驱动前行星排行星轮，前行星排行星轮既顺时针自转又顺时针公转，前行星排行星轮顺时针公转则输出轴也顺时针转动，这是一条动力传动路线。由于前行星排行星轮顺时针自转，前、后太阳轮逆时针转动，再驱动后行星排行星轮顺时针自转，此时后行星排行星轮在前、后太阳轮的作用下有逆时针公转的趋势，但由于 F_2 的作用，使得后行星排行星架不动。这样顺时针转动的后行星排行星轮驱动齿圈顺时针转动，从输出轴也输出动力，这是第二条动力传动路线。

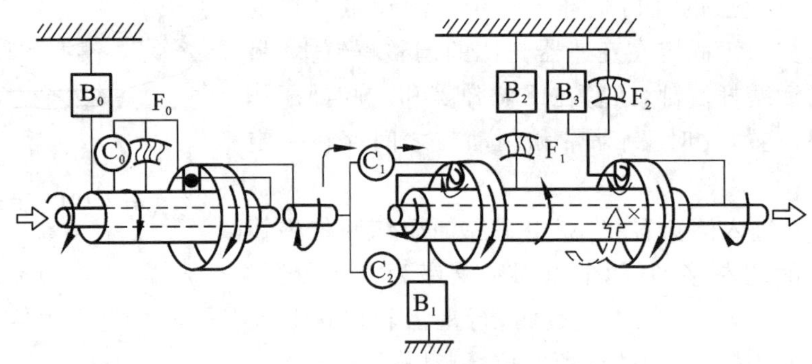

图2-102　D位一挡动力传动路线

(2) D位二挡　如图2-103所示，D位二挡时，C_0、C_1、B_2、F_0、F_1 工作。C_0、F_0 工作时直接将动力传给中间轴。C_1 工作，动力顺时针传到前行星排齿圈，驱动前行星排行星轮顺时针转动，并使前、后太阳轮有逆时针转动的趋势，由于 B_2 的作用，F_1 将防止前、后太阳轮逆时针转动，即前、后太阳轮不动。此时前行星排行星轮将带动行星架顺时针转动，从输出轴输出动力。后行星排不参与动力的传动。

(3) D位三挡　如图2-104所示，D位三挡时，C_0、C_1、C_2、B_2、F_0 工作。C_0、F_0 工作时直接将动力传给中间轴。C_1、C_2 工作时将中间轴与前行星排的齿圈和太阳轮同时连接起来，前行星排成为刚性整体，动力直接传给前行星排行星架，从输出轴输出动力。此挡为直接挡。

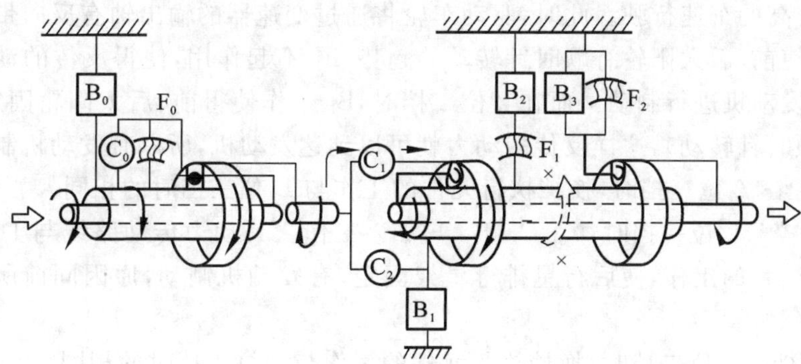

图 2-103 D 位二挡动力传动路线

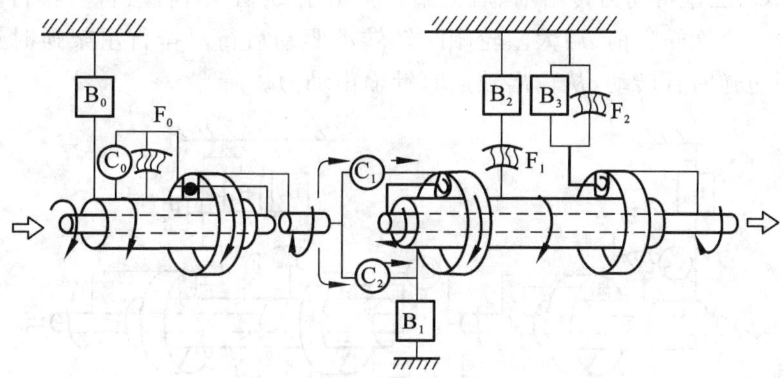

图 2-104 D 位三挡动力传动路线

(4) D 位四挡 如图 2-105 所示，D 位四挡时，C_1、C_2、B_0、B_2 工作。B_0 工作，将超速行星排太阳轮固定。动力由输入轴输入，带动超速行星排行星架顺时针转动，并驱动行星轮及齿圈都顺时针转动，此时的传动比小于 1。C_1、C_2 工作使得前后行星排的工作与 D 位三挡时的相同，即处于直接挡。所以整个机构以超速挡传递动力。

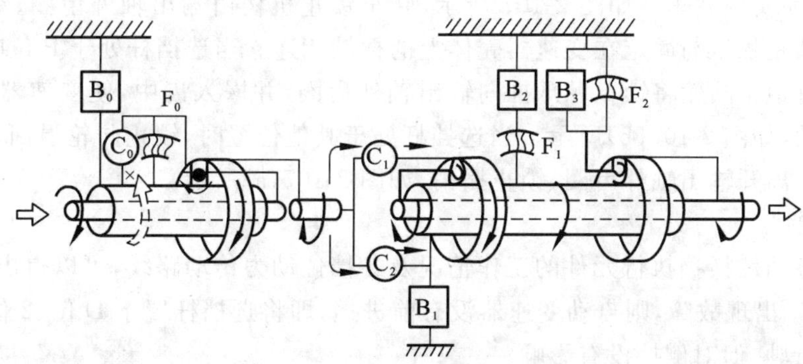

图 2-105 D 位四挡动力传动路线

(5) 2 位一挡 2 位一挡时，换挡执行元件的工作与 D 位一挡时的相同。

(6) 2 位二挡 2 位二挡时，C_0、C_1、B_1、B_2、F_0、F_1 工作。其动力传动路线与 D 位二挡时的相同。区别是由于 B_1 的工作，使得 2 位二挡时有发动机制动，而 D 位二挡时没有。此挡为发动机高速制动挡。

发动机制动是指利用发动机怠速时的较低转速以及变速器的较低挡位来使行驶速度较高的车辆减速。D 位二挡时，如果驾驶员抬起加速踏板，发动机进入怠速工况，则汽车在原有的惯性作用下仍以较高的车速行驶。此时，驱动车轮将通过变速器的输出轴有反向带动行星齿轮机构运转的趋势，使前、后太阳轮有顺时针转动的趋势，F_1 不起作用，使得反传的动力不能到达发动机，无法利用发动机进行制动。而在 2 位二挡时，B_1 工作使得前、后太阳轮固定（既不能逆时针转动也不能顺时针转动），这样反传的动力就可以到达发动机，所以有发动机制动。

(7) 2 位三挡　2 位三挡时，换挡执行元件的工作与 D 位三挡时的相同。

(8) L 位一挡　L 位一挡时，C_0、C_1、B_3、F_0、F_2 工作。其动力传动路线与 D 位一挡时的相同。区别是由于 B_3 的工作，使后行星排行星架固定，有发动机制动，原因同前所述。此挡为发动机低速制动挡。

(9) L 位二挡　L 位二挡时，换挡执行元件的工作与 2 位二挡时的相同。

(10) R 位（倒挡）　如图 2-106 所示，倒挡时，C_0、C_2、B_3、F_0 工作。C_0、F_0 工作时直接将动力传给中间轴。C_2 工作将动力传给前、后太阳轮。由于 B_3 工作，将后行星排行星架固定，使得行星轮仅相当于一个惰轮。前、后太阳轮顺时针转动驱动后行星排行星架逆时针转动，进而驱动后行星排齿圈也逆时针转动，从输出轴逆时针输出动力。

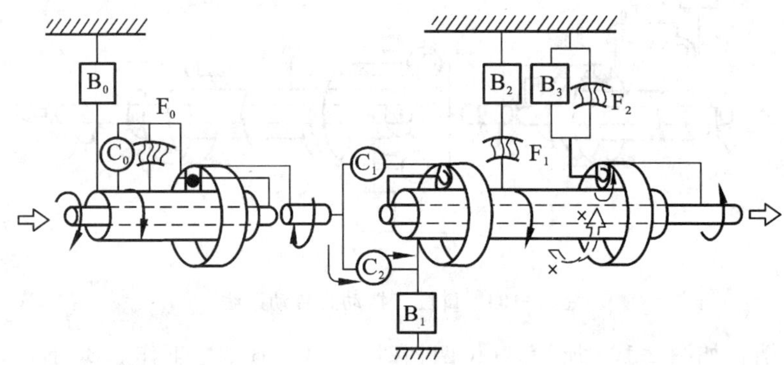

图 2-106　R 位动力传动路线

(11) P 位（驻车挡）　选挡杆置于 P 位时，一般自动变速器都通过驻车锁止机构将变速器输出轴锁止，从而实现驻车。如图 2-107 所示，驻车锁止机构由输出轴外齿圈、锁止棘爪、锁止凸轮等组成。锁止棘爪与固定在变速器壳体上的枢轴相连。当选挡杆处于 P 位时，与选挡杆相连的手动阀通过锁止凸轮将锁止棘爪推向输出轴外齿圈，并嵌入齿中，使变速器输出轴与壳体相连而无法转动，如图 2-107(b)所示。当选挡杆处于其他位置时，锁止凸轮退回，锁止棘爪在回位弹簧的作用下离开输出轴外齿圈，锁止撤销，如图 2-107(a)所示。

2）几点说明

通过分析各挡位换挡执行元件的工作情况及各挡位动力传动路线，可以得出以下结论。

(1) 如果 C_1 出现故障，则自动变速器没有前进挡，即将选挡杆置于 D 位、2 位或 L 位时，车辆都无法起步行驶，但对倒挡没有影响。

(2) 如果 C_2 出现故障，则自动变速器没有三挡，倒挡也将没有。

(3) 如果 B_2 或 F_1 出现故障，则自动变速器没有 D 位二挡，但对 2 位二挡没有影响。

(4) 如果 B_3 出现故障，则自动变速器没有倒挡。

(5) 如果 F_0 出现故障，则自动变速器三挡升四挡时会产生换挡冲击。这是由于三挡升四挡时，相当于由 C_0 切换到 B_0，但 C_0、B_0 有可能同时不工作。此时负荷的作用将使超速行星排的齿圈不动，如果没有 F_0，则在行星架的驱动下太阳轮将顺时针超速转动，当 B_0 工作时产生换挡冲击。

(6) 如果 F_2 出现故障，则自动变速器没有 D 位一挡和 2 位一挡，但对 L 位一挡没有影响。

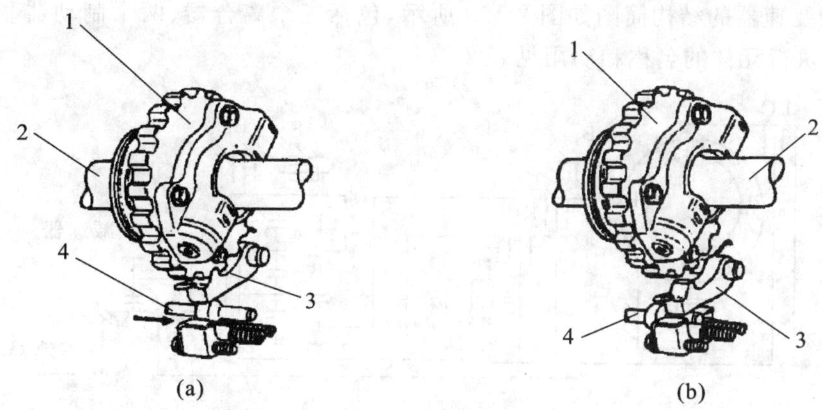

图 2-107 驻车锁止机构

1—输出轴外齿圈；2—输出轴；3—锁止棘爪；4—锁止凸轮

(7) 换挡时，单向离合器是自动参与工作的，所以只考虑离合器和制动器的工作即可。D位一挡升D位二挡，B_2 工作；D位二挡升D位三挡，C_2 工作；D位三挡和D位四挡互换，相当于 C_0 和 B_0 互换。

(8) 如果某挡位的动力传动路线上有单向离合器工作，则该挡位没有发动机制动。

七、拉威诺式01M自动变速器

1. 结构

01M自动变速器如图2-108所示，其结构包括拉威诺行星齿轮机构和离合器、制动器、单向离合器等。

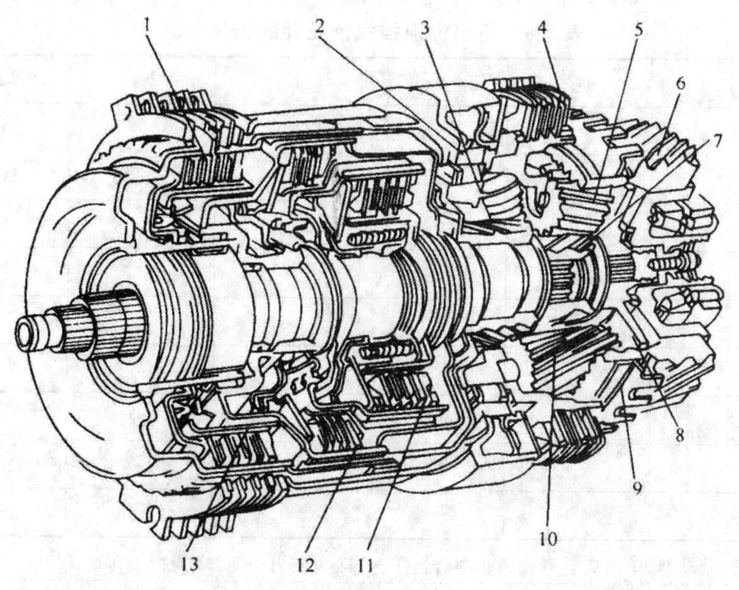

图 2-108 01M自动变速器

1—二挡和四挡制动器(B_2)；2—单向离合器(F)；3—大太阳轮；4—倒挡制动器(B_1)；5—短行星轮；6—主动锥齿轮；7—小太阳轮；8—行星架；9—车速传感器齿轮；10—长行星轮；11—三挡和四挡离合器(K_3)；12—倒挡离合器(K_2)；13—一至三挡离合器(K_1)

01M 自动变速器的结构简图如图 2-109 所示，包括三个离合器、两个制动器和一个单向离合器。各换挡执行元件的名称和功用见表 2-7。

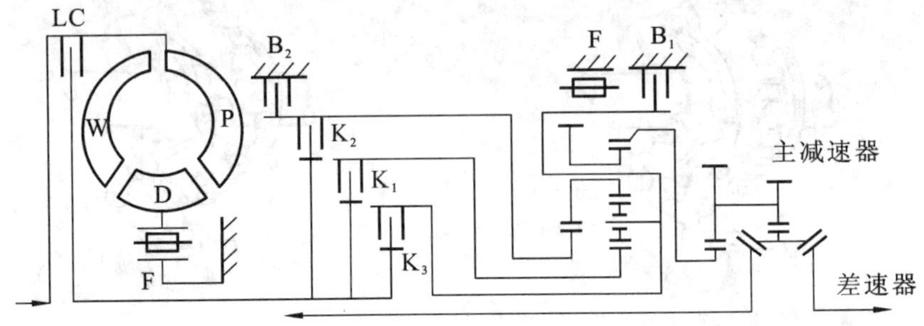

图 2-109　01M 自动变速器的结构简图

表 2-7　各换挡执行元件的名称和功用

换挡执行元件		功　用
K_1	一至三挡离合器	驱动小太阳轮
K_2	倒挡离合器	驱动大太阳轮
K_3	三挡和四挡离合器	驱动行星架
B_1	倒挡制动器	制动行星架
B_2	二挡和四挡制动器	制动大太阳轮
F	单向离合器	防止行星架逆时针转动
LC	锁止离合器	将变矩器的泵轮和涡轮刚性连在一起

各挡位换挡执行元件的工作情况见表 2-8。

表 2-8　各挡位换挡执行元件的工作情况

挡位	B_1	B_2	K_1	K_2	K_3	F	LC
R	○			○			
1H			○			○	
1M			○			○	○
2H		○	○				
2M		○	○				○
3H			○		○		
3M			○		○		○
4H		○			○		
4M		○			○		○

注：○表示离合器、制动器、单向离合器或锁止离合器工作；H 为液力传动；M 为机械传动。

2. 各挡动力传动路线

1）一挡

一挡时，一至三挡离合器 K_1 接合，驱动小太阳轮；单向离合器 F 工作，使行星架不能逆时针转动。如图 2-110 所示，动力传动路线为：泵轮→涡轮→涡轮轴→一至三挡离合器 K_1→小太阳轮→短行星轮→长行星轮绕固定的行星架转动驱动齿圈。此挡没有发动机制动。

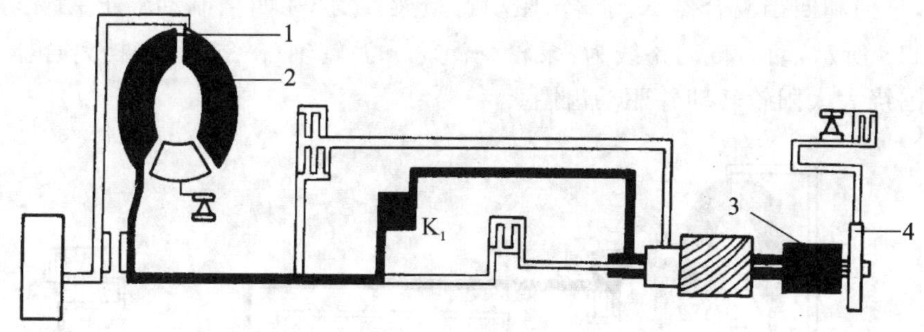

图 2-110 一挡动力传动路线

1—涡轮；2—泵轮；3—小太阳轮；4—行星架

2）二挡

二挡时，一至三挡离合器 K_1 接合，驱动小太阳轮；二挡和四挡制动器 B_2 工作，制动大太阳轮。如图 2-111 所示，动力传动路线为：泵轮→涡轮→涡轮轴→一至三挡离合器 K_1→小太阳轮→短行星轮→长行星轮围绕大太阳轮转动并驱动齿圈。

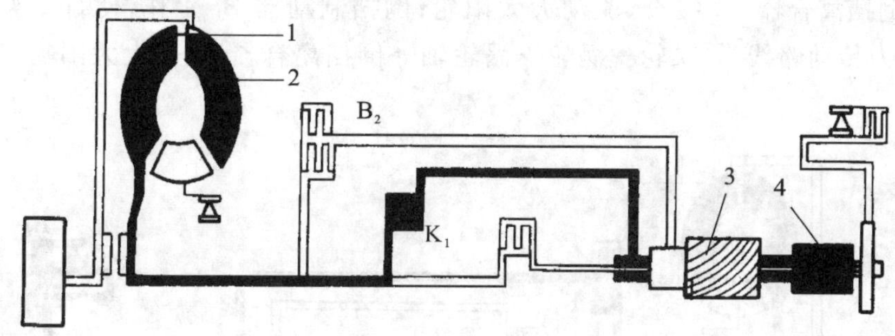

图 2-111 二挡动力传动路线

1—涡轮；2—泵轮；3—大太阳轮；4—小太阳轮

3）三挡

三挡时，一至三挡离合器 K_1 与三挡和四挡离合器 K_3 接合，驱动小太阳轮和行星架，因而使行星齿轮机构锁止并一同转动。如图 2-112 所示，动力传动路线为：泵轮→涡轮→涡轮轴→一至三挡离合器 K_1 与三挡和四挡离合器 K_3→整个行星齿轮转动。

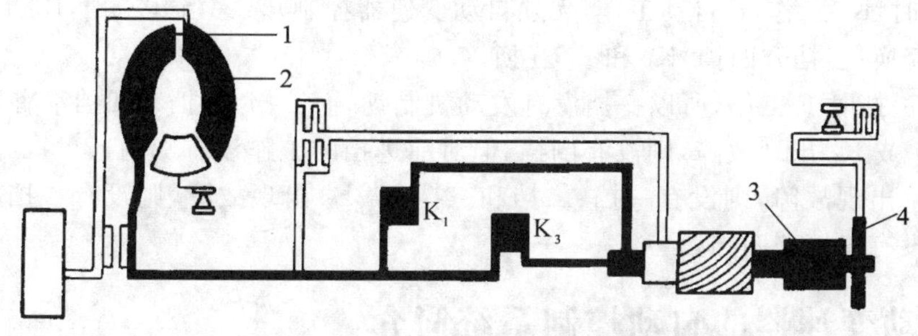

图 2-112 三挡动力传动路线

1—涡轮；2—泵轮；3—小太阳轮；4—行星架

4）四挡

四挡时，三挡和四挡离合器 K_3 接合，驱动行星架；二挡和四挡制动器 B_2 工作，制动大太阳轮。如图 2-113 所示，动力传动路线为：泵轮→涡轮→涡轮轴→三挡和四挡离合器 K_3→行星架→长行星轮围绕大太阳轮转动并驱动齿圈。

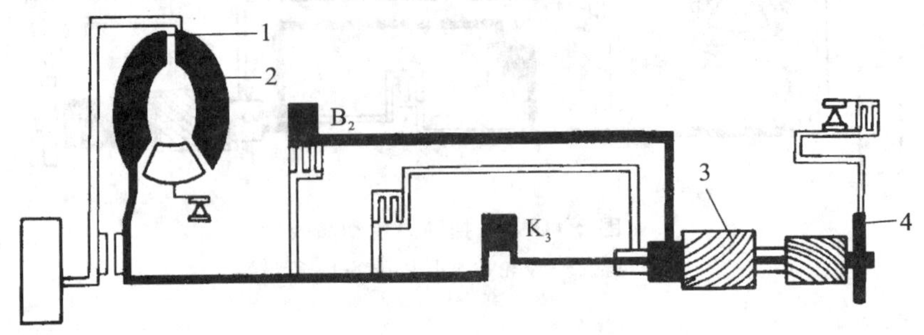

图 2-113　四挡动力传动路线

1—涡轮；2—泵轮；3—大太阳轮；4—行星架

5）倒挡

倒挡时，倒挡离合器 K_2 接合，驱动大太阳轮；倒挡制动器 B_1 工作，使行星架制动。如图 2-114所示，动力传动路线为：泵轮→涡轮→涡轮轴→倒挡离合器 K_2→大太阳轮→长行星轮反向驱动齿圈。

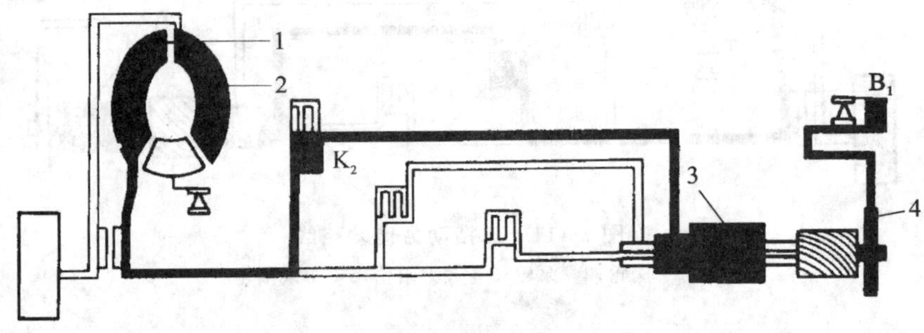

图 2-114　倒挡动力传动路线

1—涡轮；2—泵轮；3—大太阳轮；4—行星架

3. 总结

（1）一挡时，K_1 工作（F 自动工作，无须自动变速器控制）。一挡升二挡，B_2 工作；二挡升三挡，B_2 和 K_3 互换；三挡升四挡，K_1 和 B_2 互换。

（2）因为一挡时 F 工作，所以一挡没有发动机制动，而二挡、三挡和四挡都有发动机制动。

（3）若 B_1 或 K_2 出现故障，则没有倒挡，但对前进挡的工作没有影响。

（4）若 K_1 出现故障，则没有一挡、二挡和三挡；若 B_2 出现故障，则没有二挡和四挡；若 K_3 出现故障，则没有三挡和四挡。

八、自动变速器的自动控制系统简介

自动变速器的自动控制系统的主要任务：控制油泵的泵油压力，使之符合自动变速器各系统的工作要求；根据操纵手柄的位置和汽车行驶状态实现自动换挡；控制变矩器中液压油的循环和冷却，以及控制变矩器中锁止离合器的工作。

自动变速器的自动控制系统可分为动力源、执行机构、控制机构、冷却润滑系统和锁止系统等六部分。根据控制机构的工作原理，自动变速器的自动控制系统有机械液压式和电控液压式两种类型。

1. 机械液压系统

机械液压系统的动力源是油泵。油泵向控制机构和执行机构供应压力油以完成换挡，同时为液力变矩器提供传动介质，向行星齿轮系统提供润滑油。

机械液压系统的执行机构是指行星齿轮系统的执行机构。

控制机构的作用是在汽车行驶过程中接收换挡信号，在执行机构中建立或撤除油压，控制行星齿轮系统的工作，使变速器得到不同挡位。同时，它能改善换挡平顺性，保证换挡过程正常进行。控制机构由主油路系统、换挡信号系统、换挡阀系统和缓冲安全系统组成，这些系统都由液压控制阀及相关油路构成，绝大多数控制阀都位于控制阀体总成内。自动变速器的控制阀体通常用螺栓固定于变速器壳体下部、油底壳上方，包括上、下阀体两部分。在上、下阀体之间有垫片相隔，上、下阀体内布置着各种控制阀，并加工出相应的油道。

主油路系统控制主油路的油压。在不同挡位，主油路应具有不同的压力。主油路系统将动力源提供的油液的压力准确调节到所需值后再输入主油路。

换挡信号系统测量汽车行驶过程中发动机的负荷的大小与行驶车速的高低，并将它们转换成压力信号引至换挡阀系统。

换挡阀系统根据驾驶员操纵信号(选挡操纵手柄的位置)和换挡信号系统输送的信号接通油道，使执行机构产生相应动作。同时，它还有排泄管路压力油和强制接通低挡等作用。

缓冲安全系统的主要作用是保证换挡平顺性和舒适性。

冷却润滑系统的作用是保证变速器可靠工作，延长变速器使用寿命。

锁止系统在一定的前提条件下控制锁止时机，提高汽车燃油经济性。

2. 电控液压系统

与全液控自动变速器在结构上的主要区别体现在，电控液压自动变速器(简称ECAT)采用电子控制系统取代液压系统的部分传统控制机构。电控液压系统由传感元件、电子控制单元和电磁阀三部分组成。

电控液压自动变速器通过各种传感器，将发动机的转速、节气门开度、车速、发动机冷却液温度、自动变速器油(ATF)温度等参数信号输入电子控制单元，电子控制单元根据这些信号，按照设定的换挡规律，向换挡电磁阀、油压电磁阀等发出动作控制信号，换挡电磁阀和油压电磁阀再将电子控制单元的动作控制信号转变为液压控制信号，阀体中的各控制阀根据这些液压控制信号，控制换挡执行元件的动作，从而实现自动换挡过程。电控液压系统还带有自诊断装置，当发生故障时，具有防护功能。

电控液压自动变速器相对液控自动变速器而言，具有液压回路少、阀板结构简单、工作响应迅速、换挡精确平稳、经济性和动力性提高、系统可靠性好等优势，应用广泛。

九、自动变速器的基本检查和调整

当自动变速器发生故障时，只要做一些基本检查和必要的调整，有时即可排除故障。例如，当发动机怠速高出标准值很多，换挡杆从N挡位或P挡位换至其他挡位时，换挡振动就会很大。如果节气门拉索调整不当(如太长)，即使加速踏板被踩到底，节气门也不会全开，变速器就不能适时地换入低挡，车辆的动力也就不可能发挥出来。如果自动变速器油(ATF)油位太低，空气就会进入油泵，使主油路油压下降，导致离合器和制动器打滑、振动、异响以及发生其他故障，有时会进入紧急状态，在D位只有一个挡。从以上情况可以看出基本检查和调整的重要性、必要性。下面以凌志LS400的A341E自动变速器为例，介绍基本检查的内容。

1. 检查ATF油位

按图2-115所示方法检查油位。运行车辆，使发动机和变速器达到正常工作温度(油温为70～80 ℃)。为了保证油路里有ATF，发动机要保持怠速运转，一旦发动机熄火，ATF回流，油面会上升。

(1) 将车辆停在平坦地面，防止油位不准和油泵吸不着油，踩下驻车制动器。

(2) 使发动机怠速运转并踩下制动踏板，将换挡杆换入P至L的所有挡位，然后回至P挡位，以防止个别油道里没有油。

(3) 拉出油尺，擦抹干净。

(4) 将油尺完全推入注油管内。

(5) 拉出油尺，检查油位是否在“HOT”(热态)范围内。如油位在低端，则应加注ATF。

ATF油位是否符合标准的判断方法：①自动变速器处于冷态(即冷车刚刚启动，ATF的温度较低，为室温或低于25 ℃)，油位应在油尺刻线的下限附近。不推荐采用这种方法判断ATF油位是否符合标准。②自动变速器处于热态(如低速行驶5 min以上，ATF温度已达70～80 ℃)，油位应在油尺刻线的上限附近，如图2-115(b)所示。这是因为低温时ATF的黏度大，运转时有较多的ATF附着在行星齿轮等零件上，所以油位较低；高温时ATF黏度小，容易流回油底壳，因此油位较高，并不是热膨胀使油位升高。若油位过低，应加注ATF，直至油位符合标准为止。目前许多车在油底壳加溢流管，在指定温度下，油位过高时溢流管有油流出，待溢流管无油

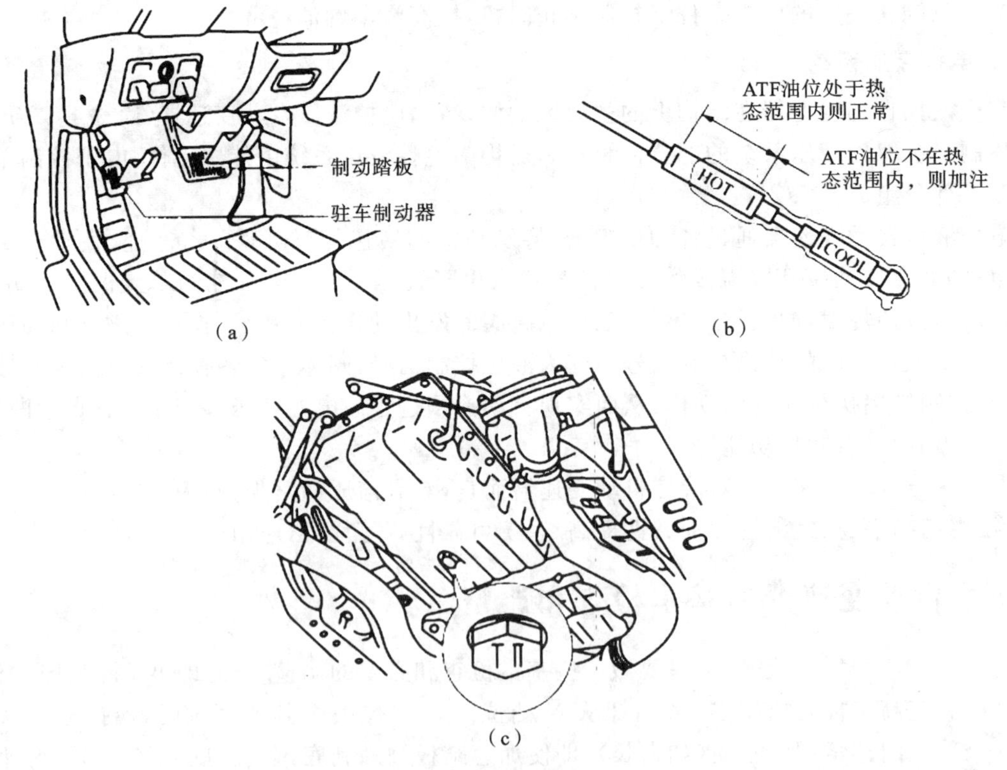

图2-115 检查油位

流出时油位即合适。

2. 检查 ATF 的状况

若 ATF 近期未曾更换，能保持正常的品质，且汽车能正常行驶，则说明自动变速器工作基本正常，不必拆修。若 ATF 只有轻微变质或有轻微焦味，则说明自动变速器内的摩擦片有轻微磨损，可换油后再做进一步的检查。如换油后能正常工作，无明显故障，可以继续使用，则不必拆修。若 ATF 有明显变质或有严重焦味，则可进一步拆检油底壳，同时要考虑发动机温度是否过高。若油底壳内有大量摩擦粉末沉淀，则说明自动变速器磨损严重，应立即拆修。

3. 更换 ATF

按图 2-116 所示方法更换 ATF。

(1) 拧开排油孔塞，排出 ATF。

(2) 装上排油孔塞，重新牢固拧紧。

(3) 从注油管加入新的 ATF。

图 2-116 更换 ATF

注意：一般自动变速器的总油量为 5～10 L，按上述方法换油时，变速器内的 ATF 是无法完全放出的。当 ATF 严重氧化变质，但变速器无故障现象时，ATF 必须全部更换，即可先按上述方法换油，换油完成后，让汽车行驶约 5 min，脏油循环出来后再次换油。现在服务站通常用循环加油机来换油，即把冷却液散热器底部的变速器油管拆下，两管接到循环加油机上换油，可使 ATF 换得更加彻底。国内一些横置前驱车的变速器上的散热器制作在壳体上，无油管，不能直接采用循环加油机换油，但可用上述加油、放油、再加油的方法更换 ATF。

(4) 启动发动机，将换挡杆换入 P 至 L 挡位的所有挡位，再回至 P 挡位。

(5) 使发动机怠速运转，检查油位。加注 ATF，直至油位到达油尺上的 COOL 标线。

(6) 在正常工作温度(70～80℃)检查油位，如有必要则加注 ATF。

4. 检查有无漏油

检查变速器有无漏油。如有漏油，则应予以修理，或更换新密封圈、油封、排油孔塞或其他部件。

5. 检测和调整换挡杆位置

将换挡杆从 N 挡位换至其他挡位，换挡杆应平滑、准确地换至每个挡位，挡位指示器应正确地指示挡位。如指示器不能正确地指示挡位，则应按以下方法予以调整，如图 2-117、图 2-118 所示。

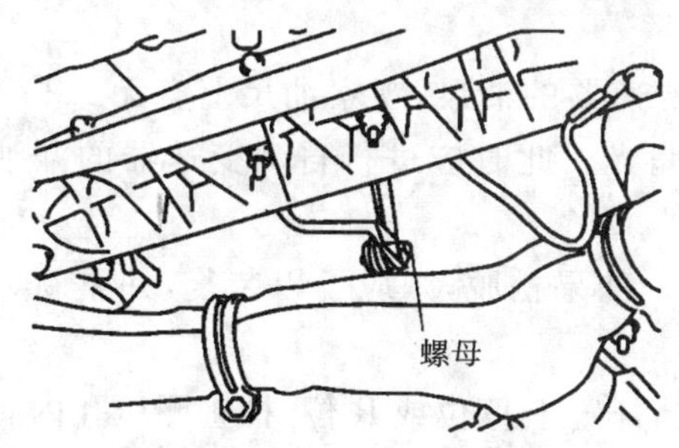

图 2-117 检测和调整换挡杆位置 1

(1) 拧松换挡杆上的螺母。

(2) 将控制轴向后推到底。

(3) 将控制轴杆退回两个缺口至 N 挡位。

(4) 将换挡杆定在 N 挡位。

(5) 握住换挡杆并使其略偏向 R 挡位一侧，拧紧换挡杆螺母。

(6) 启动发动机，确保换挡杆从 N 挡位换至 D 挡位时，车辆向前移动；而当换挡杆换至 R 挡位时，车辆后退。

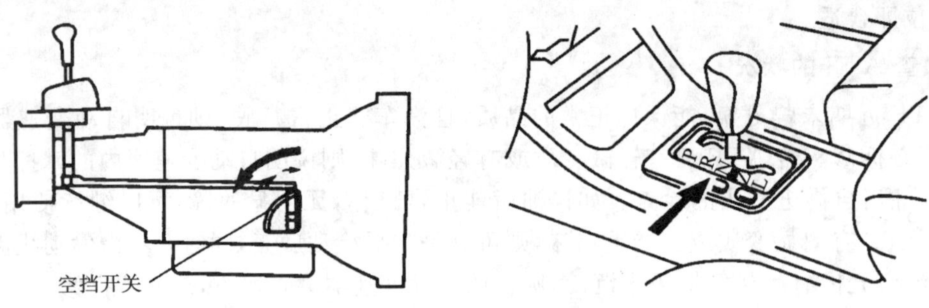

图 2-118 检测和调整换挡杆位置 2

十、自动变速器的故障诊断与排除

汽车自动变速器在使用中，随着技术状况的下降会出现一系列故障，并表现为一定的现象，不同车型由于结构有所不同，其故障原因会有差异，但常见原因和故障诊断、排除方法是基本相同的。

1. 汽车不能行驶

1）故障现象

(1) 选挡杆置于任何动力挡(D 位、R 位、2 位、L 位)，汽车都不能行驶。

(2) 冷车启动后汽车能行驶一小段路程，但热车状态下汽车不能行驶。

2）故障原因

(1) 自动变速器油底壳漏油，ATF 全部泄漏。

(2) 选挡杆和手动阀之间的连接松脱，手动阀保持在空挡位置。

(3) 油泵进油滤网堵塞。

(4) 主油路存在严重泄漏现象。

(5) 油泵损坏。

3）故障诊断与排除

(1) 检查自动变速器内有无 ATF。方法：拔出自动变速器的油尺，观察油尺上有无 ATF。如果油尺上没有 ATF，则说明自动变速器内的 ATF 已漏光。此时应进行自动变速器的漏油检查。

(2) 检查自动变速器选挡杆与手动阀之间是否松脱。如果松脱，则应予以装复，并重新调整好选挡杆的位置。

(3) 拆下主油路测压孔上的螺塞，启动发动机，将选挡杆置于 D 位或 R 位，检查测压孔内有无 ATF 流出。

当主油路测压孔内没有 ATF 流出时，应打开油底壳，检查手动阀是否工作正常。如果手动阀工作正常，则说明油泵损坏。此时应拆卸、分解自动变速器，更换油泵总成。

当主油路测压孔内只有少量 ATF 流出，油压很小或基本上没有油压时，应打开油底壳，检查油泵进油滤网是否堵塞。如无堵塞，则说明油泵损坏或主油路存在严重泄漏现象。此时应拆卸、分解自动变速器，予以修理。如果冷车启动时主油路有一定的油压，但热车后油压明显下降，则说明油泵磨损严重。此时应更换油泵总成。

当测压孔内有大量 ATF 喷出时，说明主油路油压正常，故障出在自动变速器中的输入轴、行星排或输出轴。此时应拆检自动变速器。

2. 自动变速器打滑

1）故障现象

（1）起步时踩下加速踏板，发动机转速升高很快但车速升高缓慢。

（2）行驶中踩下加速踏板加速时，发动机转速升高但车速没有很快升高。

（3）平路行驶基本正常，但上坡无力，且发动机转速很高。

2）故障原因

（1）ATF 油位太低。

（2）ATF 油位太高，运转中 ATF 被行星排剧烈搅动后产生大量气泡。

（3）离合器或制动器摩擦片、制动带磨损严重或烧蚀。

（4）油泵磨损严重或主油路存在泄漏现象，造成油路油压过小。

（5）单向离合器打滑。

（6）离合器或制动器活塞密封圈损坏，导致漏油。

3）故障诊断与排除

打滑是自动变速器常见的故障之一，虽然自动变速器打滑往往都伴有离合器或制动器摩擦片严重磨损甚至烧蚀等现象，但如果只是简单地更换磨损的摩擦片而没有找出打滑的真正原因，则会使检修后的自动变速器使用一段时间后又出现打滑现象。因此，对于出现打滑的自动变速器，不要急于拆卸、分解，应先做各种检查测试，以找出造成打滑的真正原因。

（1）对于出现打滑现象的自动变速器，应先检查其 ATF 的油位和品质。若油位过低或过高，则应先将油位调整至正常范围后再做检查。如果油位调整至正常范围后自动变速器不再打滑，则可不必拆检自动变速器。

（2）检查 ATF 的品质。如果 ATF 呈棕黑色或有烧焦味，则说明离合器或制动器的摩擦片或制动带烧蚀，应拆检自动变速器。

（3）做道路试验，以确定自动变速器是否打滑，并检查出现打滑的挡位和打滑的程度。将选挡杆置于不同的位置，让汽车行驶。如果自动变速器升至某一挡位时发动机转速突然升高，但车速没有相应升高，则说明该挡位打滑。打滑时发动机的转速越容易升高，说明打滑程度越严重。

根据出现打滑的规律，还可以判断产生打滑的是哪一个换挡执行元件。

（4）对于有打滑故障的自动变速器，在拆卸、分解之前，应先检查自动变速器的主油路油压，以找出造成自动变速器打滑的原因。自动变速器不论前进挡或倒挡均打滑，其原因往往是主油路油压过小。若主油路油压正常，则只要更换磨损或烧蚀的元件即可。若主油路油压不正常，则在拆检自动变速器的过程中，应根据主油路油压，相应地对油泵或阀体进行检修，并更换自动变速器的所有密封圈和密封环。

3. 换挡冲击过大

1）故障现象

（1）起步时，选挡杆由 P 位或 N 位置于 D 位或 R 位时，汽车振动较严重。

（2）行驶中，在自动变速器升挡的瞬间汽车有较明显的闯动。

2）故障原因

导致自动变速器换挡冲击大的原因很多，主要原因在于调整不当，机构元件性能下降或损坏，电子控制系统有故障，具体原因如下。

（1）发动机怠速转速过高。

（2）节气门拉索或节气门位置传感器调整不当。

(3) 升挡过迟。

(4) 真空式节气门阀的真空软管破裂或松脱。

(5) 主调压阀有故障,使主油路油压过大。

(6) 蓄能器活塞卡住,不起作用。

(7) 单向阀钢球漏装,换挡执行元件接合过快。

(8) 换挡执行元件打滑。

(9) 油压电磁阀不工作。

(10) ECU 有故障。

3) 故障诊断与排除

引起换挡冲击的原因较多,因此,在诊断故障的过程中,必须循序渐进,对自动变速器的各个部分做认真的检查。一定要在全面检测的基础上,有针对性地进行分解修理,切不可盲目地拆检。总体而言,若是由于调整不当所造成的,则稍作调整即可排除;若自动变速器内部控制阀、蓄能器或换挡执行元件有故障,则应分解自动变速器,予以修理;若电子控制系统有故障,则应对电子控制系统进行检测,找出具体原因,排除故障。具体检查诊断与排除步骤如下。

(1) 检查发动机怠速转速。装用自动变速器汽车的发动机怠速转速一般为 750 r/min 左右。如果怠速转速过高,则应按标准予以调整。

(2) 检查节气门拉索或节气门位置传感器的调整情况,当其不符合标准时,应重新予以调整。

(3) 检查真空式节气门阀的真空软管,如有破裂,则应更换;如有松脱,则应重新连接。

(4) 做道路试验。如果有升挡过迟的现象,则说明换挡冲击大的故障由升挡过迟导致。如果在升挡之前发动机转速异常升高,导致在升挡的瞬间有较大的换挡冲击,则说明离合器或制动器打滑,应分解自动变速器,予以修理。

(5) 检测主油压。如果怠速时的主油压大,则说明主调压阀或节气门阀有故障,可能是由调压弹簧的预紧力过大或阀芯卡滞导致的;如果怠速时主油压正常,但起步进挡时有较大的冲击,则说明前进挡离合器或倒挡及高挡离合器的单向阀球阀损坏或漏装。此时应拆卸阀板,予以修理。

(6) 检测换挡时的主油压。在正常情况下,换挡时主油压会有瞬时的减小。如果换挡时主油压没有瞬时的减小,则说明蓄能器活塞卡滞。此时应拆检阀板和蓄能器。

(7) 电控自动变速器如果出现换挡冲击过大的故障,则应检查油压电磁阀的线路以及油压电磁阀工作是否正常、ECU 是否在换挡的瞬间向油压电磁阀发出控制信号。如果线路有故障,则应予以修复;如果电磁阀损坏,则应更换电磁阀;如果 ECU 在换挡的瞬间没有向油压电磁阀发出控制信号,则说明 ECU 有故障,应更换 ECU。

4. 升挡过迟

1) 故障现象

(1) 在汽车行驶中,升挡车速明显高于标准值,升挡前发动机转速偏高。

(2) 须采用松油门,提前升挡的操作方法,才能使自动变速器升入高挡或超速挡。

2) 故障原因

(1) 节气门拉索或节气门位置传感器调整不当。

(2) 节气门位置传感器损坏。

(3) 速控阀卡滞。

(4) 速控阀弹簧预紧力过大。

(5) 速控阀壳体螺栓松动或速控阀进出油孔处的密封环磨损,导致速控阀漏油。

(6) 真空式节气门阀推杆调整不当。

(7) 真空式节气门阀的真空软管破裂或真空膜片室漏气。

(8) 主油压或节气门油压太大。

(9) 强制降挡开关短路。

(10) ECU 或传感器有故障。

3) 故障诊断与排除

(1) 对于电控自动变速器,应先进行故障自诊断,如果有故障码,则按故障码的提示查找故障原因。

(2) 检查节气门拉索或节气门位置传感器的调整情况,当其不符合标准时,应重新进行调整。

(3) 测量节气门位置传感器的电阻,如果不符合标准,则应予以更换。

(4) 对于采用真空式节气门阀的自动变速器,应拔下真空式节气门阀上的真空软管,检查发动机运转时真空软管内有无吸力。如果发动机运转时真空软管内没有吸力,则说明真空软管破裂、松脱或堵塞,此时应予以修复。

(5) 检查强制降挡开关,如果其短路,则应予以修复或更换。

(6) 测量怠速时的主油压,并与标准值进行比较。如果油压太大,则应通过节气门拉索或节气门位置传感器予以调整。采用真空式节气门阀的自动变速器,应采用减少节气门阀推杆的长度的方法予以调整。如果调整无效,则应拆检主调压阀或节气门阀。

(7) 用举升器将汽车升起,让驱动轮悬空,然后启动发动机,挂上前进挡,让自动变速器运转,同时测量速控油压。速控油压应能随车速的升高而增大。如果油压值小于标准值,则说明速控阀有故障或速控阀油路存在泄漏现象。此时应拆检速控阀,检查速控阀固定螺栓有无松动、速控阀油路上的各处密封圈或密封环有无磨损和存在漏油现象、速控阀阀芯有无卡滞或磨损严重、速控阀弹簧是否太硬。

(8) 如果速控阀油压正常,则升挡过迟的原因为换挡阀工作不良,此时应拆检、更换阀板。

5. 不能升挡

1)故障现象

(1) 汽车行驶中自动变速器始终保持在一挡,不能升入二挡和高速挡。

(2) 行驶中自动变速器可以升入二挡,但不能升入三挡和超速挡。

2) 故障原因

(1) 节气门拉索或节气门位置传感器调整不当。

(2) 速控阀有故障。

(3) 速控阀油路存在严重泄漏现象。

(4) 车速传感器有故障。

(5) 二挡或高挡制动器和离合器有故障。

(6) 换挡阀卡滞。

(7) 空挡启动开关有故障。

3) 故障诊断与排除

(1) 对于电控自动变速器,应先进行故障自诊断。影响换挡控制的传感器有气门位置传感器、车速传感器等。按故障码的提示查找故障原因。

(2) 按标准重新调整节气门拉索或节气门位置传感器。

(3) 检查车速传感器,如有损坏,则应予以更换。

(4) 检查空挡启动开关,如有异常,则应予以调整或更换。

(5) 测量速控油压。如果车速升高后,速控油压仍为零或很低,则说明速控阀有故障或速控阀油路存在严重泄漏现象,应拆检速控阀。

(6) 用压缩空气检查速控阀油路有无泄漏,如有泄漏,则应更换密封圈或密封环。

(7) 如果速控油压正常,则应拆检或更换阀板,检修各换挡执行元件。

(8) 人工控制系统无故障,应分解自动变速器,检查各个换挡执行元件有无打滑现象,用压缩空气检查各个离合器、制动器油路等是否存在泄漏现象。

6. 无前进挡

1) 故障现象

(1) 汽车倒挡行驶正常,在前进挡时不能行驶。

(2) 选挡杆在D位时不能起步,在2位、L位时可以起步。

2) 故障原因

(1) 前进挡离合器严重打滑。

(2) 前进挡单向离合器打滑或装反。

(3) 前进挡离合器油路存在严重泄漏现象。

(4) 选挡杆调整不当。

3) 故障诊断与排除

(1) 检查选挡杆的调整情况,如果存在异常情况,则应按规定程序重新调整。

(2) 测量前进挡主油压。如果油压过小,则说明主油路存在严重泄漏现象,应拆检自动变速器,更换前进挡油路上各处的密封圈和密封环。

(3) 如果前进挡主油压正常,则应进一步拆检前进挡离合器。如果摩擦材料磨损严重或烧蚀,则应更换摩擦片。

(4) 如果主油压和前进挡离合器都正常,则应拆检前进挡单向离合器,检查其是否装反及打滑。如果装反,则应重新安装;如打滑,则应更换新件。

7. 无倒挡

1) 故障现象

汽车在前进挡能正常行驶,但在倒挡不能行驶。

2) 故障原因

(1) 选挡杆调整不当。

(2) 倒挡油路存在泄漏现象。

(3) 倒挡及高挡离合器或低挡及倒挡制动器打滑。

3) 故障诊断与排除

(1) 检查选挡杆的位置,如有异常,则应按规定程序重新调整。

(2) 检查倒挡油路油压。如果油压过小,则说明倒挡油路存在泄漏现象。此时应拆检自动变速器,予以修复。如果倒挡油路油压正常,则应拆检自动变速器,更换损坏的离合器或制动器。

8. 跳挡

1) 故障现象

汽车以前进挡行驶时,即使加速踏板保持不动,变速器仍会经常出现突然降挡现象。降挡后发动机转速异常升高,并产生换挡冲击。

2）故障原因

(1) 节气门位置传感器有故障。

(2) 车速传感器有故障。

(3) 控制系统电路搭铁不良。

(4) 换挡电磁阀接触不良。

(5) ECU 有故障。

3）故障诊断与排除

(1) 对于电控自动变速器,应先进行故障自诊断。如果有故障码,则按故障码的提示查找故障原因。

(2) 检查节气门位置传感器,如有异常,则应更换。

(3) 检查车速传感器,如有异常,则应更换。

(4) 检查控制系统电路各搭铁线,如有搭铁不良现象,则应予以修复。

(5) 拆下自动变速器油底壳,检查各个换挡电磁阀线束接头的连接情况,如有松动,则应予以修复。

(6) 检查控制系统 ECU 各端子的工作电压,如有异常,则应予以修复或更换。

(7) 更换阀板或 ECU,如果故障消失,则说明原阀板或 ECU 损坏。

(8) 更换控制系统所有线束。

9. 无锁止

1）故障现象

(1) 汽车行驶中,车速、挡位等已满足锁止离合器起作用的条件,但锁止离合器仍不能产生锁止作用。

(2) 汽车油耗较大。

2）故障原因

(1) ATF 温度传感器有故障。

(2) 节气门位置传感器有故障。

(3) 锁止电磁阀有故障或线路短路。

(4) 锁止控制阀有故障。

(5) 变矩器中的锁止离合器损坏。

3）故障诊断与排除

(1) 对于电控自动变速器,应先进行故障自诊断,检查有无故障码,如有故障码,则可按故障码的提示查找相应的故障原因。与锁止控制有关的部件包括 ATF 温度传感器、节气门位置传感器、锁止离合器电磁阀等。

(2) 检查节气门位置传感器。如果在一定节气门开度下的节气门位置传感器输出电压过大或电位计电阻过大,则应予以调整。如果调整无效,则应更换节气门位置传感器。

(3) 打开油底壳,拆下 ATF 温度传感器。检测 ATF 温度传感器,如其不符合标准,则应更换。

(4) 检测锁止离合器电磁阀。如有短路或断路,则应检查电路。如电路正常,则应更换电磁阀。

(5) 拆下锁止离合器电磁阀,进行检查,如有异常,则应予以更换。

(6) 拆下阀板。分解并清洗锁止控制阀,如存在卡滞现象,则应修复或更换阀板。

(7) 如果控制系统无故障,则应更换变矩器。

【实训活动】

实训条件:多媒体教学设备和课件、网络教学资源、维修资料、实训车、举升机、千斤顶、汽车维修基本工具。

实训车状态:一辆别克凯越自动挡轿车,该车行驶时油耗值明显上升,最高车速明显下降,经查发动机系统正常,故障在自动变速器,需要对自动变速器进行检修。

1. 实训准备

(1) 实训车:别克凯越自动挡轿车。

(2) 实训工具及器材:组合工具、百分表、V 形块、自动变速器油、秒表、塞尺、游标卡尺等。

(3) 掌握本次实训课所用仪器及设备的使用方法。

(4) 牢记实训中的安全注意事项。

2. 实训流程

自动变速器故障会造成变速器异响、不能行驶、加速缓慢、变速器打滑、油耗高、换挡冲击大等现象。实训教师可根据实训条件对自动变速器进行检测,然后设置一些自动变速器常见故障。在实训教师的监督下,学生独立完成故障的诊断与排除。最后由教师充当客户模拟一个或几个故障场景,学生分别扮演维修工向客户说明故障诊断结果。

(1) 学生分析并说出检查步骤和方法。

① 检查变速器液力变矩器。

② 检查变速器齿轮。

③ 检查变速器油泵。

④ 检查变速器油量和油质。

(2) 学生思考下列问题,并向教师陈述答案。

① 根据检查情况,分析出可能导致上述故障的原因。

② 如何确定上述故障?

③ 对检查结果进行理论分析。

3. 实训记录

(1) 回答教师的现场提问,接受教师的技能考核。

(2) 完成实训任务后,对实训过程进行自我评价和小组互评,听取教师的点评。

(3) 清洁实训场所,清点、维护工具及设备,完成任务交接。

学习任务 5　万向传动装置的结构与检修

一、万向传动装置概述

1. 万向传动装置的功能和组成

1) 功能

万向传动装置在汽车上有很多应用,结构稍有不同,但其功能都是一样的,即能在轴间夹角及相互位置经常发生变化的两转轴之间传递动力。

图 2-119 所示为在汽车中常见的位于变速器与驱动桥之间的万向传动装置。由于汽车布置、设计等需要，变速器输出轴和驱动桥输入轴不可能在同一轴线上，并且变速器虽然安装在车架（车身）上，可以认为其位置是不动的，但驱动桥因悬架的变形，其位置相对于车架经常发生变化，所以在变速器和驱动桥之间装有万向传动装置正好可以满足这些使用、设计的要求。

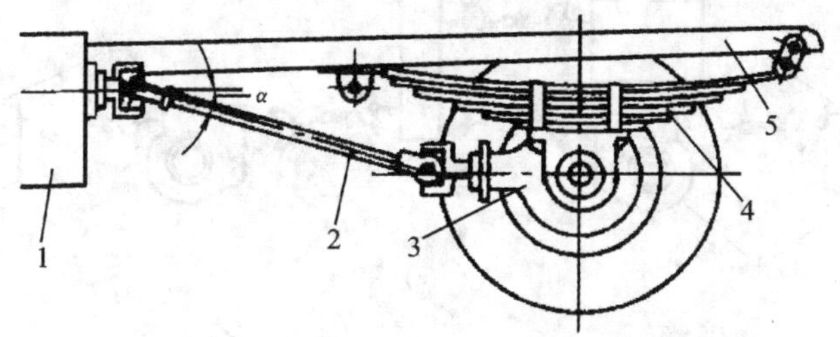

图 2-119　变速器与驱动桥之间的万向传动装置

1—变速器；2—万向传动装置；3—驱动桥；4—后悬架；5—车架

2）组成

如图 2-120 所示，万向传动装置主要包括万向节和传动轴，对于传动距离较远的分段式传动轴，为了提高传动轴的刚度，还设置有中间支承。

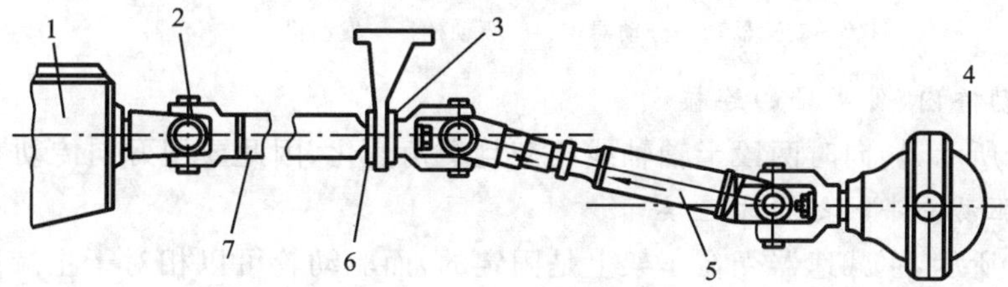

图 2-120　万向传动装置的组成

1—变速器；2—万向节；3—中间支承；4—驱动桥；5—传动轴；6—球轴承；7—中间传动轴

2. 万向传动装置的应用

万向传动装置在汽车上的应用主要有以下几个方面。

1）变速器（或分动器）与驱动桥的连接

如图 2-121 所示，一般汽车的变速器、离合器与发动机三者组合为一体装在车架上，驱动桥通过悬架与车架相连。当负荷变化及汽车在不平路面上行驶时引起的跳动，会使驱动桥输入轴与变速器输出轴之间的夹角和距离发生变化，故在它们之间必须安装万向传动装置。

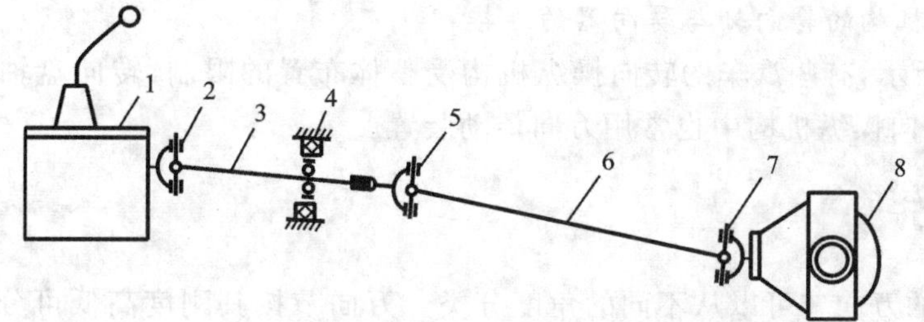

图 2-121　变速器与驱动桥之间的万向传动装置

1—变速器；2、5、7—万向节；3—中间传动轴；4—中间支承；6—传动轴；8—驱动桥

2）离合器与变速器、变速器与分动器（越野车）的连接

如图 2-122 所示，当离合器与变速器或变速器与分动器之间分开布置时，为消除车架变形及制造、装配误差等引起的轴线同轴度误差对动力传递的影响，在其间须安装万向传动装置。

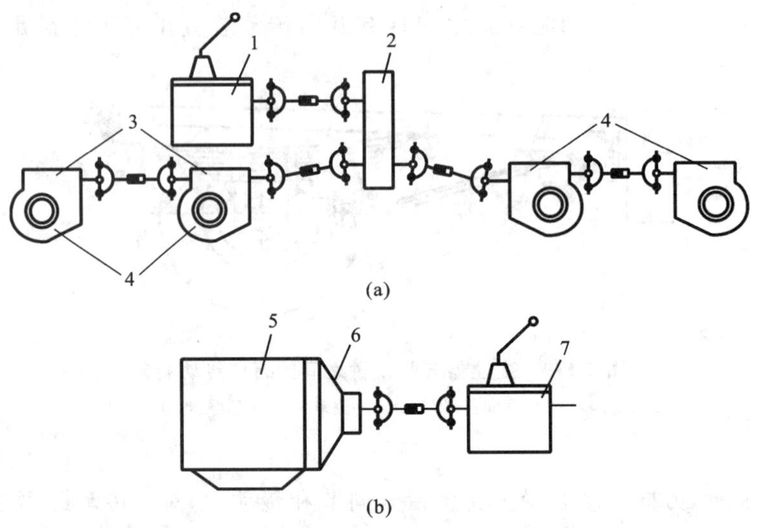

图 2-122 离合器与变速器、变速器与分动器之间的万向传动装置

1、7—变速器；2—分动器；3、4—驱动桥；5—发动机；6—离合器

3）转向驱动桥内、外半轴的连接

如图 2-123 所示，转向时两段半轴轴线相交且交角变化，因此要用万向传动装置连接。

4）断开式驱动桥半轴之间的连接

如图 2-124 所示，主减速器壳在车架上是固定的，而驱动轮可以相对于主减速器上下摆动，因此在靠近主减速器处，半轴是分段的，须用万向传动装置连接。

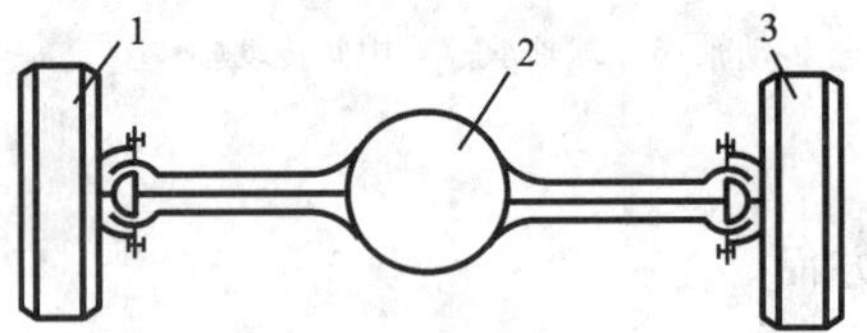

图 2-123 转向驱动桥内、外半轴之间的万向传动装置

1、3—驱动轮；2—驱动桥

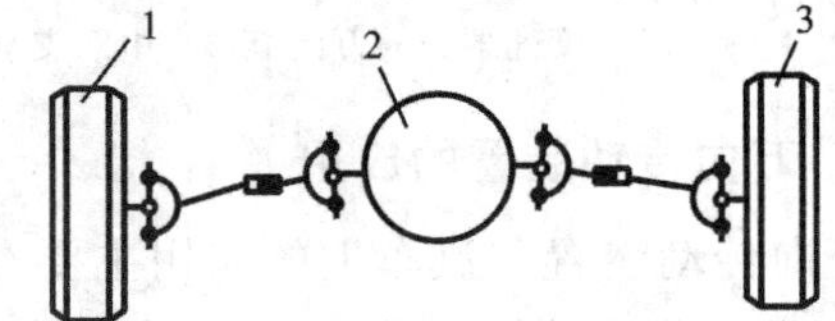

图 2-124 断开式驱动桥半轴之间的万向传动装置

1、3—驱动轮；2—驱动桥

5）转向操纵机构的转向轴与转向器的连接

如图 2-125 所示，有些汽车的转向操纵机构受整体布置的限制，转向盘轴线与转向器轴线不能重合，因此转向操纵机构中也常用万向传动装置。

二、万向节

汽车上使用的万向节可以从不同的角度分类。万向节按其刚度高低可分为刚性万向节和柔性万向节两类。刚性万向节按其速度特性分为不等速万向节（常用的为十字轴式）、准等速万向节（双联式、三销轴式）和等速万向节（球叉式、球笼式）三类。目前，在汽车上应用较多的是十字轴式刚性万向节和等速万向节。十字轴式刚性万向节主要用于发动机前置后轮驱动的变速

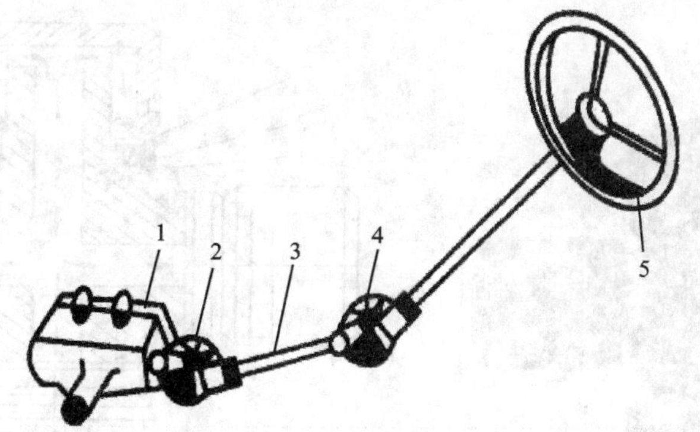

图 2-125 转向操纵机构的转向轴与转向器之间的万向传动装置

1—转向器；2、4—转向节；3—转向轴；5—方向盘

器与驱动桥之间的连接，等速万向节主要用于发动机前置前轮驱动的内、外半轴之间的连接。

1. 十字轴式刚性万向节

十字轴式刚性万向节又称为普通万向节，如图 2-126 所示，它允许相邻两轴的最大交角为 15°～20°。

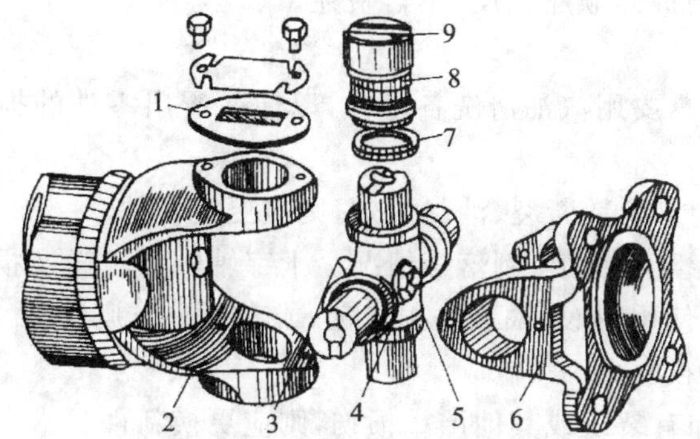

图 2-126 十字轴式刚性万向节

1—轴承盖；2、6—万向节叉；3—油嘴；4—十字轴；5—安全阀；7—油封；8—滚针；9—套筒

1）构造

十字轴式刚性万向节主要由十字轴、万向节叉等组成。万向节叉上的孔分别套在十字轴的四个轴颈上。当主动轴转动时，从动轴既可随之转动，又可绕十字轴中心在任意方向摆动。为了减小摩擦，在十字轴轴颈与万向节叉孔之间装有滚针和套筒，用带有锁片的螺钉和轴承盖使之轴向定位。为了润滑轴承，十字轴内钻有油道通向各轴颈，且与油嘴、安全阀相通，如图2-127所示。为避免润滑油流出及尘垢进入轴承，十字轴轴颈的内端套装有油封。当十字轴内腔润滑脂压力超过允许值时，安全阀打开，润滑脂外溢，使油封不会因油压过大而损坏。现代汽车多采用橡胶油封，多余的润滑油从油封内圆表面与十字轴轴颈接触处溢出，故无须安装安全阀。

万向节轴承，除了用盖板定位外，还可用内、外弹性卡环进行定位。

2）拆装与检修

(1) 拆卸。

打开锁片的锁爪，拆下轴承盖固定螺栓，取下锁片和轴承盖，用手推出轴承套筒及滚针。

对于较紧的轴承，可用手握住传动轴或伸缩套，用锤子敲击万向节叉，使十字轴撞击轴承套筒，让滚针出来。

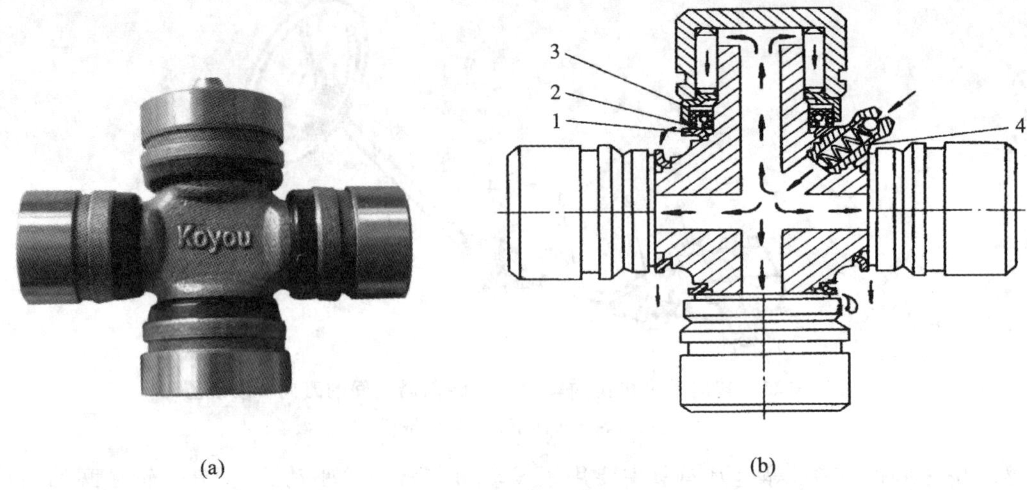

图 2-127　润滑油道及密封装置

1—油封挡盘；2—油封；3—油封座；4—油嘴

（2）装配。

万向节的装配顺序与拆卸顺序相反，不再赘述。

（3）检修。

万向节分解完成后，需要用汽油清洗各零件，以便暴露出零件的损伤、磨损情况，而且应按以下要求检查和修复。

① 检查滚针轴承，如果滚针断裂、油封失效，则应更换新件。

② 检查十字轴轴颈磨损、压痕、剥落等情况。十字轴轴颈轻微磨损，或有轻微压痕，或存在轻微剥落现象，仍可继续使用，如果轴颈磨损过甚，或有严重压痕（深度超过 0.1 mm），或存在严重剥落现象，则应予以更换。

③ 检查万向节叉，如有裂纹或其他严重损伤，则应更换新件。

万向节装配完毕后，可用手扳动十字轴进行检验，以转动自如且没有松旷感觉为合适。若装配过紧或过松，则应查明原因，必要时应拆检及重新装配。

3）速度特性

普通万向节传动，当主动叉等角速转动时，从动叉是以不等角速转动的，其变化情况可参考图 2-128 来分析。设主动叉轴 1 以等角速 ω_1 旋转，两叉轴夹角为 α，十字轴旋转半径 $r=OA=OB$。

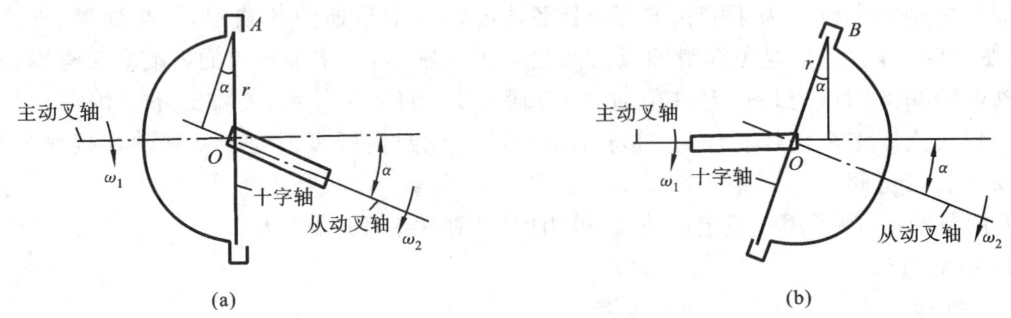

图 2-128　十字轴式刚性万向节传动的速度特性

当主动叉轴转至图 2-128(a)所示的位置时，十字轴上 A 点在该瞬时的圆周速度可以从主动叉轴和从动叉轴两个方面求出，即

$$v_A = \omega_1 r = \omega_2 r \cdot \cos\alpha$$

$$\omega_2 = \omega_1 / \cos\alpha \quad (\text{此时 } \omega_2 > \omega_1)$$

当主动叉轴转过90°，至图2-128(b)所示的位置时，十字轴上 B 点在该瞬时的圆周速度也可以从主动叉轴和从动叉轴两个方面求出，即

$$v_B = \omega_1 r \cdot \cos\alpha = \omega_2 r$$

$$\omega_2 = \omega_1 \cos\alpha \quad (\text{此时 } \omega_2 < \omega_1)$$

从上述分析可见，当主动叉轴以等角速转动时，从动叉轴以不等角速转动，从图2-128(a)所示的位置转至图2-128(b)所示的位置，从动叉轴的角速度由最大值 $\omega_1/\cos\alpha$ 变至最小值 $\omega_1\cos\alpha$。主动叉轴1再转90°，从动叉轴的角速度由最小值变至最大值。可见从动叉轴的角速度的变化周期为180°，即在一圈内有两快两慢。显然，从动叉轴不等速程度是随轴间夹角 α 的加大而提高的，但两轴的平均转速是相等的，主动轴转一圈，从动轴也转一圈。不等速是指转动一圈时的两轴的瞬时角速度是不同的。

4）等角速传动的条件和排列方式

由于单十字轴式刚性万向节在有夹角的情况下不能传递等角速运动，从而使得与其相连的零件除传递转矩之外，还要承受因加、减速所产生的惯性转矩，这对传动系统零件将引起强烈的破坏作用。

为了实现等角速传动，以消除不等速的影响，可将两个万向节按图2-129所示的排列方式串联安装，即用传动轴连接第一个万向节的从动叉和第二个万向节的主动叉，并使传动轴两端的万向节叉在同一平面内，输入轴和输出轴与传动轴的夹角 $\alpha_1 = \alpha_2$，这样就可使输出轴与输入轴的角速度相等。根据图2-129所示位置证明如下。

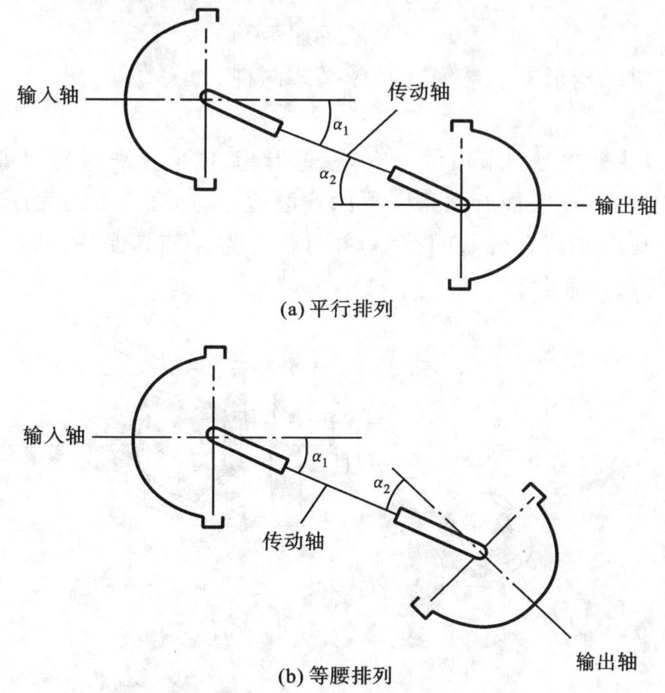

图2-129 双万向节的等速排列方式

从第一个万向节写出传动轴的角速度为

$$\omega_3 = \omega_1 / \cos\alpha_1$$

从第二个万向节写出传动轴的角速度为

$$\omega_3=\omega_2/\cos\alpha_2$$

因为 $\alpha_1=\alpha_2$，所以 $\omega_1=\omega_2$（即输出轴与输入轴的角速度相等）。因此，用两个万向节加一根传动轴就可以实现等角速传动，但必须满足以下两个条件：①输出轴和输入轴与传动轴的夹角相等；②传动轴两端的万向节叉在同一平面内。

其排列方式有两种：①平行排列——输入轴和输出轴轴线平行，如图 2-129(a)所示；②等腰三角形排列——输入轴和输出轴同传动轴三轴线成等腰三角形，如图 2-129(b)所示。

无论用哪一种排列方式，等速传动的后一条件都可通过正确的装配工艺来保证，但前一等速条件对于采用非独立悬架的驱动桥来说，由于在工作中悬架的变形会使驱动桥输入轴与变速器输出轴间相对角度和位置发生变化，也就不能保证在任何情况下都等速传动，而只能使传动的不等速性尽可能小。

此处所谓的等速传动是针对传动轴两端的输入轴和输出轴而言的。对于传动轴来说，只要夹角不为零，它就不可能实现等角速传动，与传动轴的排列形式无关。

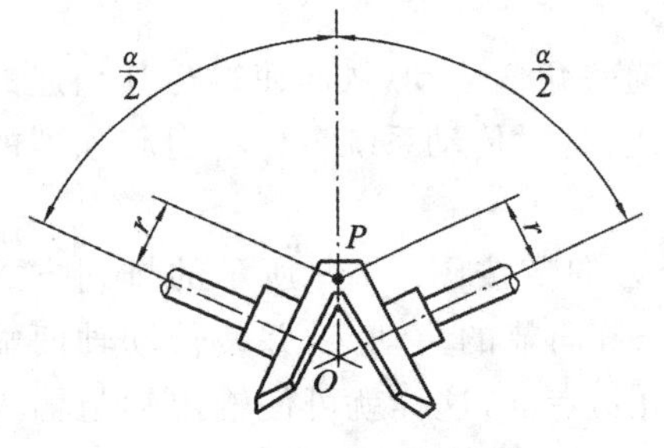

图 2-130　等速万向节的工作原理图

2. 等速万向节

等速万向节的基本原理是从结构上保证万向节在工作过程中，其传力点永远位于两轴交点的平分面上。图 2-130所示为等速万向节的工作原理图。一对大小相同的锥齿轮的接触点 P 位于两齿轮轴线交角 α 的平分面上，由 P 点到两轴的垂直距离都等于 r。P 点处两齿轮的圆周速度相等，两齿轮的角速度也相等。可见，若万向节的传力点在其交角变化时，始终位于两轴夹角的平分面上，就能保证等速传动。

等速万向节的常见结构形式有球笼式和球叉式两种。

1）球笼式万向节

如图 2-131 所示，球笼式万向节由六个钢球、星形套、球形壳和保持架等组成。星形套 7 以内花键与主动轴 1 相连，其外表面有六条弧形凹槽滚道，球形壳 8 的内表面有相应的六条凹槽，形成外滚道。六个钢球分别装在各条凹槽中，并且保持架 4 使其保持在同一平面内。动力由主动轴 1 经钢球 6、球形壳 8 输出。

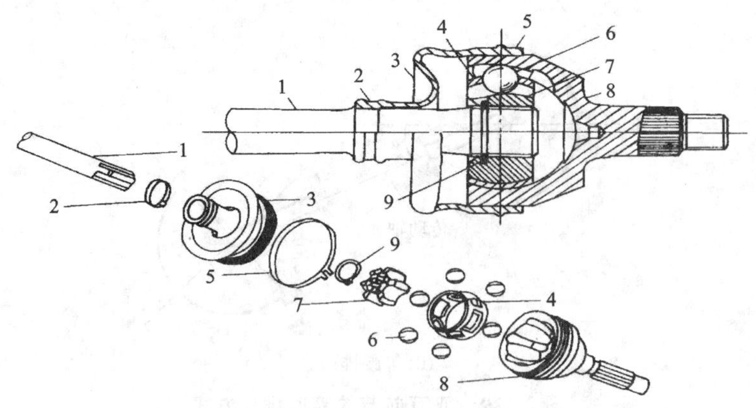

图 2-131　球笼式万向节

1—主动轴；2、5—钢带箍；3—外罩；4—保持架(球笼)；6—钢球；

7—星形套(内滚道)；8—球形壳(外滚道)；9—卡环

图 2-132 所示为球笼式万向节等角速传动原理图，外滚道的中心 A 与内滚道的中心 B 分别位于万向节中心 O 的两边，且与 O 等距离。钢球中心 C 到 A、B 两点的距离也相等。保持架的内外球面、星形套的外球面和球形壳的内球面均以万向节的中心 O 为球心，故当两轴交角变化时，保持架可沿内外球面滑动，以保持钢球在一定位置。

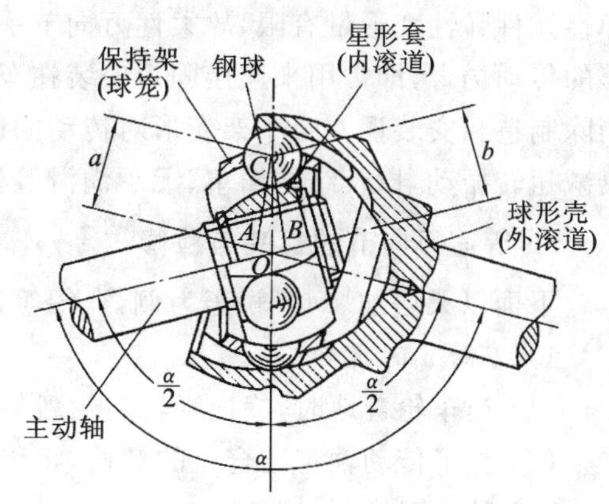

图 2-132　球笼式万向节等角速传动原理图

α—两轴交角(指钝角)；O—万向节中心；
A—外滚道中心；B—内滚道中心；C—钢球中心

球笼式万向节的等角速条件的实现如图 2-132 所示，由于 $OA=OB$，$CA=CB$，CO 是共边，故 $\triangle COA$ 与 $\triangle COB$ 全等，有 $\angle COA=\angle COB$，即两轴相交任意角 α 时，传力的钢球球心 C 都位于交角平分面上。此时钢球到主动轴和从动轴的距离相等，即 $a=b$，从而保证从动轴与主动轴以相等的角速度旋转。

球笼式万向节可在两轴最大交角为 42°的情况下传递扭矩，工作时六个钢球都参与传力，故球笼式万向节承载能力强、磨损小、寿命长。它广泛应用于各种型号的转向驱动桥和独立悬架的驱动桥。

2）球叉式万向节

球叉式万向节如图 2-133 所示，它由主动叉、从动叉、四个传动钢球、中心钢球、定位销、锁止销组成。主动叉与从动叉分别与内、外半轴制成一体。在主、从动叉上，分别有四个曲面凹槽，装配后，将形成两个相交的环形槽，用作钢球滚道。四个传动钢球放在槽中，中心钢球放在两叉中心的凹槽内。

球叉式万向节在工作的时候，只有两个钢球传力，因此球叉式万向节磨损快、使用寿命短，现在越来越少选用了。

3）柔性万向节

如图 2-134 所示，柔性万向节依靠其中弹性元件的弹性变形来保证在相交两轴间传动时不发生机械干涉。弹性元件可以是橡胶盘、橡胶金属套筒、六角形橡胶圈或其他结构形式。由于

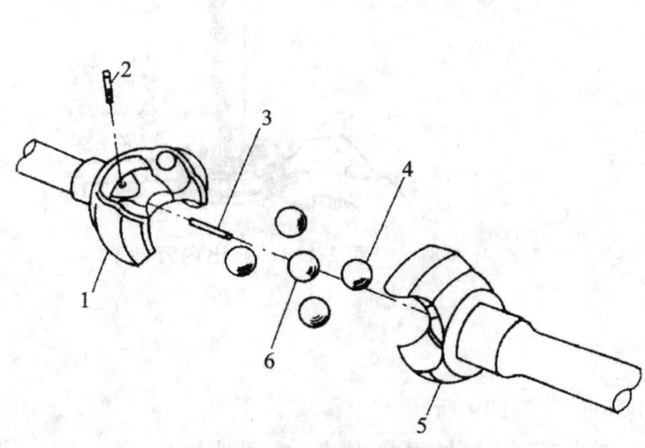

图 2-133　球叉式万向节

1—从动叉；2—锁止销；3—定位销；
4—传动钢球；5—主动叉；6—中心钢球

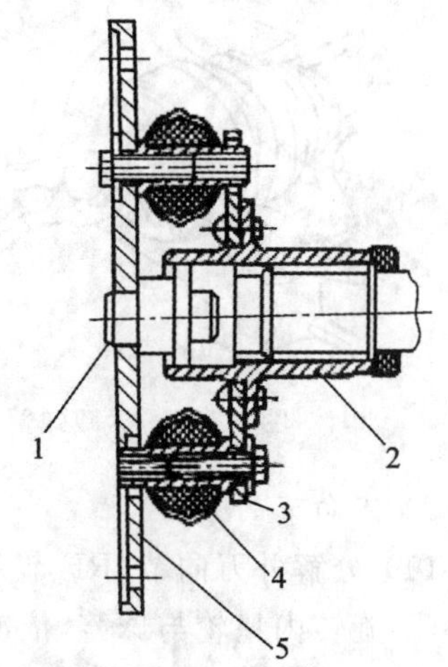

图 2-134　柔性万向节

1—中心轴；2—花键毂；3—连接圆盘；
4—弹性连接件；5—大圆盘

弹性元件弹性变形量有限，故柔性万向节一般用于两轴间夹角不大（3°～5°）和只有微量轴向位移的传动场合，即常用来连接固定安装在车架上的两个部件（发动机与变速器、分动器）之间，以消除制造和安装误差及车架变形对传动的影响。此外，它还具有吸收传动系统中的冲击载荷和衰减扭转振动，以及结构简单、无须润滑等优点。

3. 等速万向节的拆装与检修

下面以桑塔纳 2000 轿车为例，介绍等速万向节的拆装与检修。

1）万向节的拆卸

（1）当车轮着地时，旋松半轴与轮毂的紧固螺母。

（2）拧下传动轴与结合盘的螺栓，将传动轴与结合盘分开。

（3）从轮毂中压出驱动半轴。

（4）用钢锯将万向节防尘罩上的夹箍锯开（图 2-135 箭头所示），拆下防尘罩。

（5）用一把轻金属锤子用力敲外万向节（RF 节），从传动轴上将其拆下，如图 2-136 所示。

图 2-135　锯开夹箍

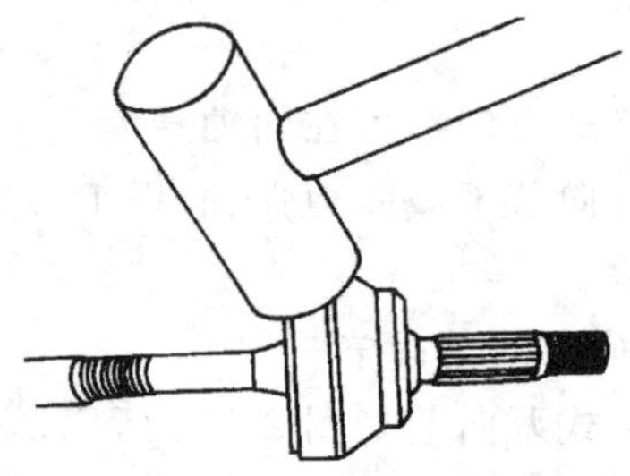

图 2-136　拆下外万向节

（6）拆卸弹簧锁圈，如图 2-137 所示。

（7）压出内万向节（VL 节），如图 2-138 所示。

（8）用电蚀笔或油石在钢球球笼和外星轮上标出内星轮的位置。

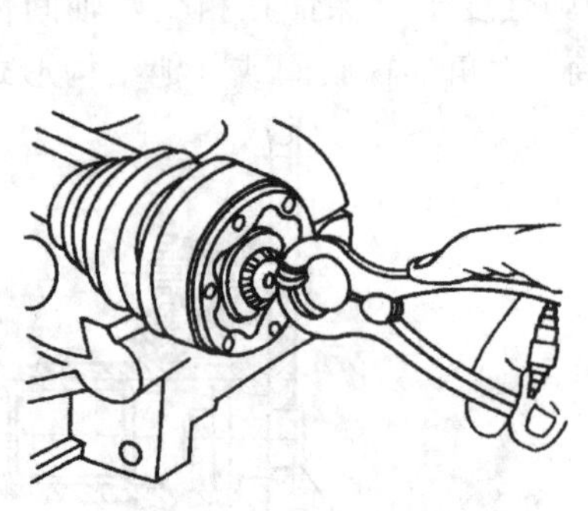

图 2-137　拆卸弹簧锁圈

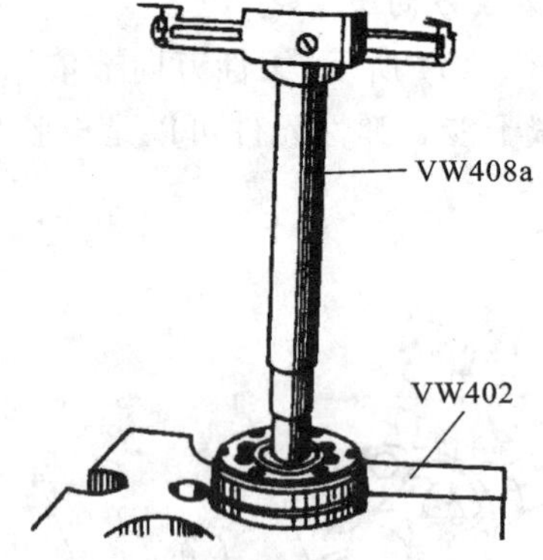

图 2-138　压出内万向节

2）万向节的分解

（1）分解外万向节（RF 节）。

① 旋转内星轮与球笼，依次取出钢球，如图 2-139 所示。

② 转动球笼直至两个方孔（图 2-140 箭头所示）与外星轮对直，连同外星轮一起拆下。

③ 把内星轮上扇形齿旋入球笼的方孔，然后从球笼中取下内星轮，如图 2-141 所示。

（2）分解内万向节（VL 节）。

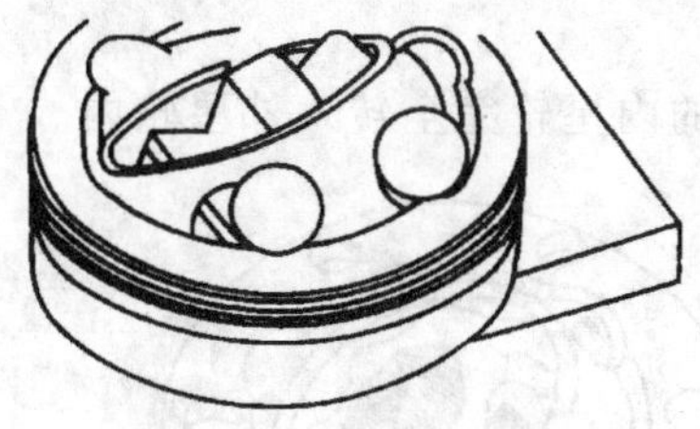

图 2-139 取出钢球

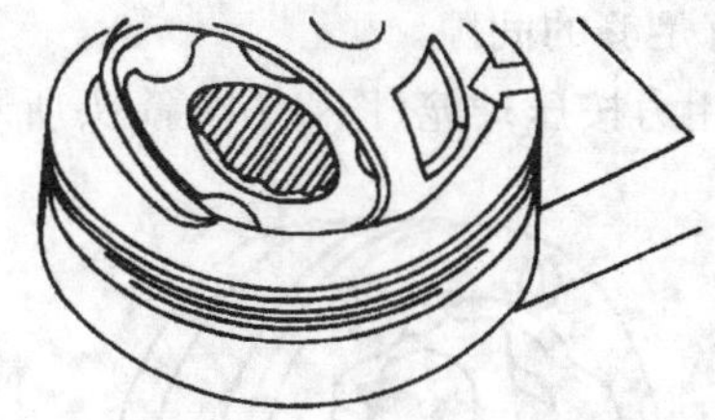

图 2-140 方孔

① 转动内星轮与球笼,按图 2-142 箭头所示方向压出球笼里的钢球。

注意:内星轮与壳体是一起选配的,不能互换。

② 从球槽上面(图 2-143 箭头所示)取出球笼里的内星轮。

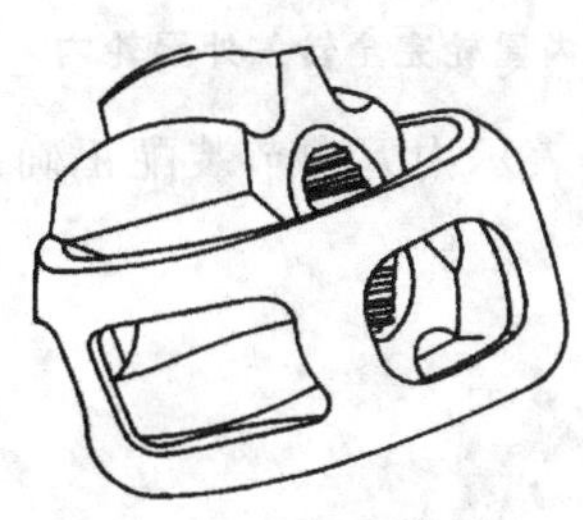

图 2-141 取下内星轮

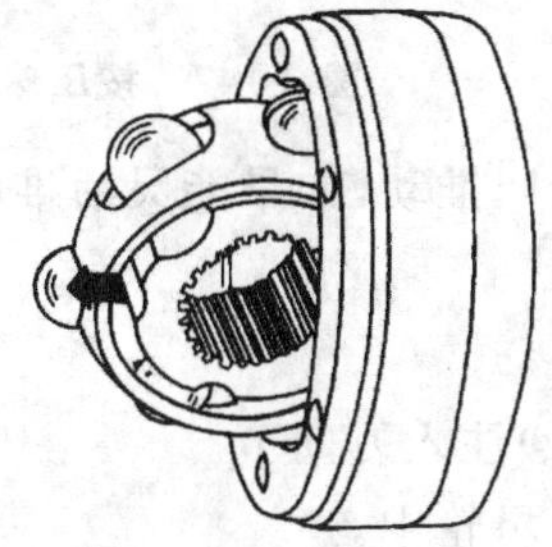

图 2-142 压出钢球

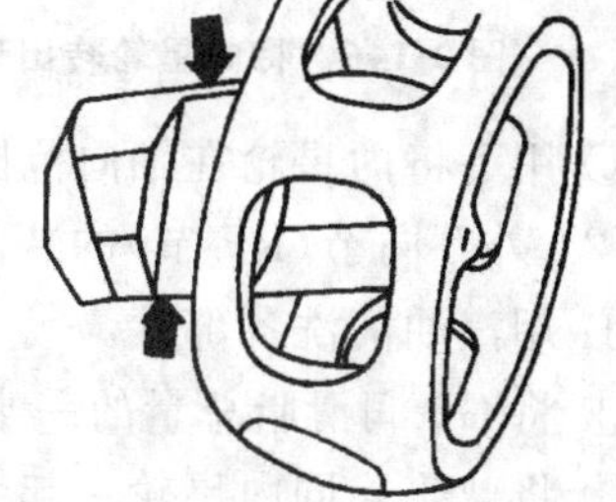

图 2-143 从球槽上面取出内星轮

3) 零部件的检查

(1) 检查外星轮、内星轮、球笼及钢球有无凹陷与磨损。

(2) 各万向节处的六个钢球要求有一定的配合公差,并与内星轮一起成为一组配合件。

(3) 如果万向节间隙明显过大,则必须更换万向节。如果万向节光滑、无损,或者能看到钢球的运转,则不必更换万向节。

(4) 检查防尘罩是否破裂、挡圈和座圈是否失效,当其存在问题时应予以更换。

4) 万向节的装配

(1) 内万向节(VL 节)的装配。

① 对准凹槽将内星轮嵌入球笼,内星轮在球笼内的位置无关紧要。

② 将钢球压入球笼,如图 2-144 所示,并注入 G6 润滑脂 90 g。

③ 将球笼垂直装入壳体,如图 2-145 所示。

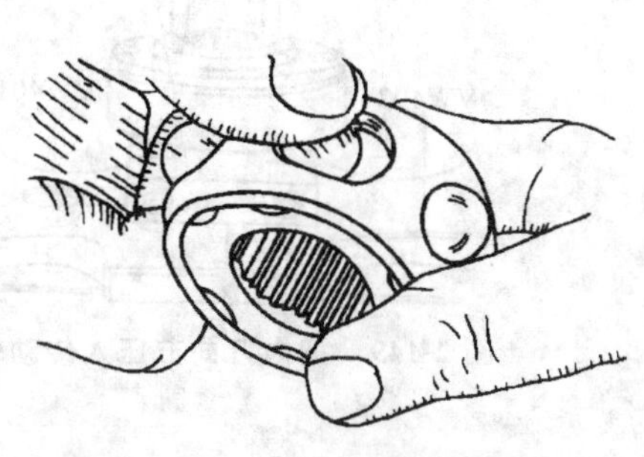

图 2-144 将钢球压入球笼

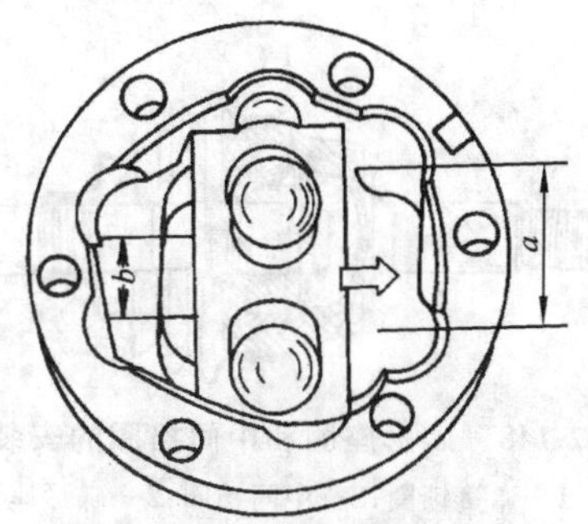

图 2-145 将球笼垂直装入壳体

注意:旋转之后,外星轮上的宽间隙 a 应对准内星轮上的窄间隙 b,转动球笼以便嵌入到位;内星轮内径(花键齿)上的倒角必须对准外星轮的大直径端。

④ 扭转内星轮,这样内星轮就能转出球笼(图 2-146 箭头所示),使钢球与外星轮的球槽相

配合时有足够的间隙。

⑤ 用力按压球笼(图 2-147 箭头所示),使装有钢球的内星轮完全转入外星轮内。

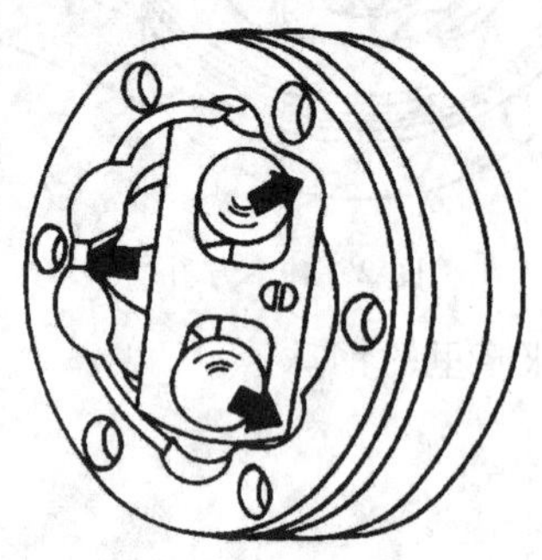

图 2-146 将内星轮转出球笼

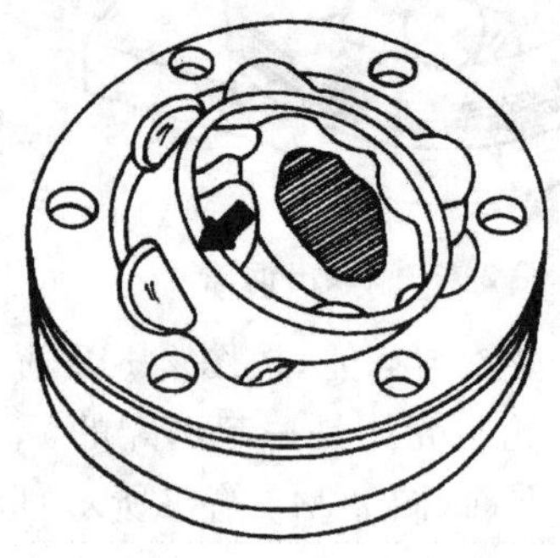

图 2-147 按压球笼,使内星轮完全转入外星轮内

⑥ 用手将内星轮在轴向范围内来回推动,如果能灵活推动,则表示内万向节装配正确。

(2) 外万向节(RF 节)的装配。

① 用汽油清洗各部件。

② 将 G6 润滑脂总量的一半(45 g)注入万向节。

③ 将球笼连同内星轮一起装入外星轮中。

④ 对角交替地压入钢球,必须保持内星轮在球笼以及外星轮内的原先位置。

⑤ 将弹簧锁圈装入内星轮。

⑥ 将剩余的润滑脂压入万向节。

⑦ 用手将内星轮在轴向范围内来回推动,检查外万向节安装是否正确。

5) 内、外万向节的安装

(1) 在传动轴上安装防护罩。

(2) 正确安装碟形座圈和中间挡圈,如图 2-148 所示。

(3) 把内万向节压入传动轴,如图 2-149 所示。使碟形座圈贴合,内星轮内径(花键齿)上的倒角必须面向传动轴靠肩。

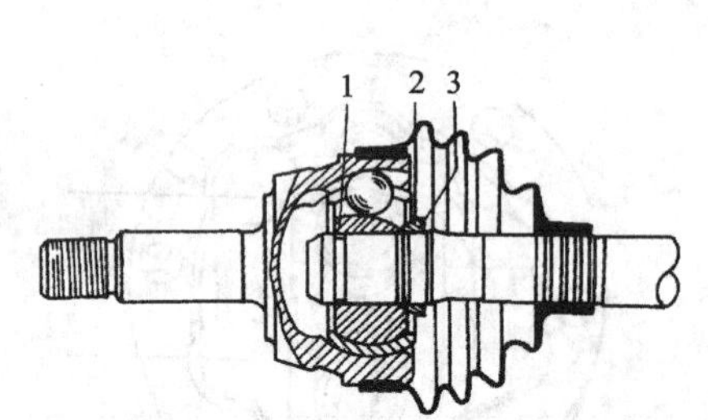

图 2-148 碟形座圈和中间挡圈的安装位置

1—弹簧锁圈;2—中间挡圈;3—碟形座圈

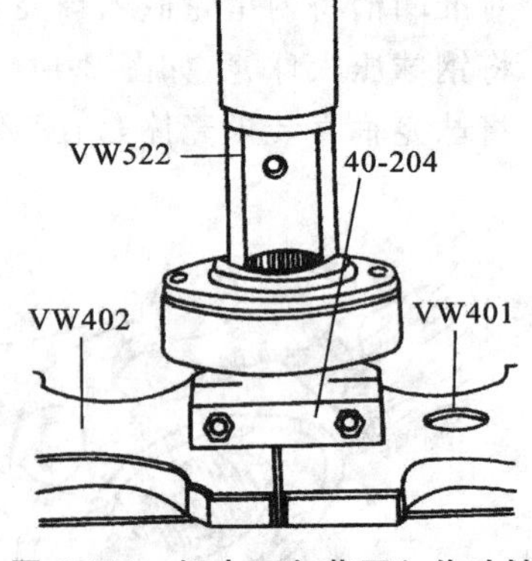

图 2-149 把内万向节压入传动轴

(4) 安装弹簧锁圈。

(5) 装上外万向节。

(6) 在万向节上安装防尘罩时,防尘罩经常要受到挤压,因而在防尘罩内部会产生一定真空度,它在车辆行驶中会产生一个内吸的折痕(图 2-150 箭头所示)。因此在安装防尘罩小口径

之后，要稍微充点气，使压力平衡，从而不产生折痕。

(7) 用夹箍夹住防尘罩，如图 2-151 所示，所用新式钳子的型号为 VAG1275。

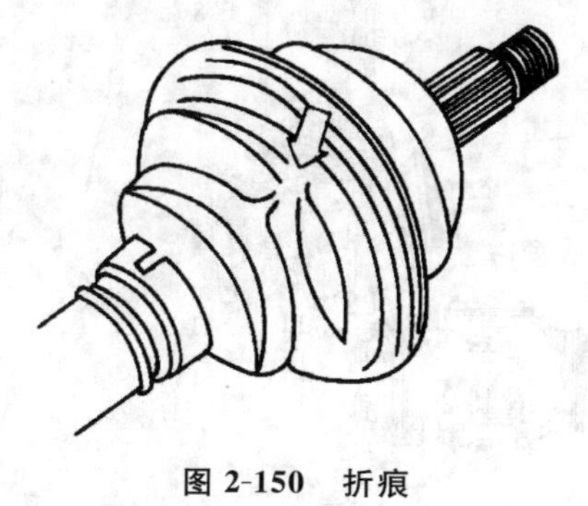

图 2-150 折痕

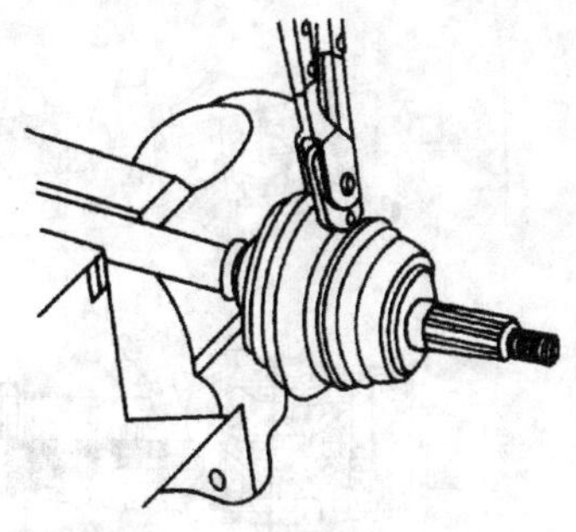

图 2-151 用夹箍夹住防尘罩

三、传动轴和中间支承

1. 传动轴

1）功能

传动轴是万向传动装置的主要传力部件。传动轴通常用来连接变速器（或分动器）和驱动桥，在转向驱动桥和断开式驱动桥中，则用来连接差速器和驱动车轮。

2）构造

传动轴有实心轴和空心轴之分。为了减小传动轴的质量，节省材料，提高轴的强度、刚度，传动轴多为空心轴，一般用厚度为 1.5～3.0 mm 的薄钢板卷焊而成，超重型货车传动轴则直接采用无缝钢管制成。转向驱动桥、断开式驱动桥或微型汽车的传动轴通常制成实心轴。

传动轴是一根转速相当高的长轴，理论与实践证明，一根长轴的转速高达某一数值时就会发生破坏，这时的转速称为轴的危险转速。危险转速取决于轴的长度、断面尺寸形状及轴的平衡情况等因素。短轴的危险转速较高，能保证旋转的稳定性。当变速器与驱动桥之间距离较大时，汽车上传动轴多分为两段，其间用万向节连接并加装中间支承。

图 2-152 所示为解放 CA1092 型汽车的万向传动装置，因传动轴过长时，其自振频率降低，易产生共振，故将其分成两段并加中间支承，中间传动轴前端焊有万向节叉，后端焊有花键轴，其上套装带内花键的凸缘盘；主传动轴前端焊有花键轴，其上套装滑动叉并在花键轴上可轴向滑动，适应变速器与驱动桥相对位置的变化，滑动部位用润滑脂润滑，并用防尘罩及毛毡油封总成防漏、防水、防尘。传动轴后端通过万向节与后桥主动锥齿轮轴端部的凸缘盘连接。

传动轴两端的连接件装好后，应进行动平衡试验。在质量小的一侧补焊平衡片，使其不平衡量不超过规定值。为防止装错位置和破坏平衡，滑动叉、轴管上都刻有带箭头的记号。该记号对准时传动轴两端的万向节叉正好处于同一平面内。为保持平衡，油封 15 上两个带箍的开口销应装在间隔 180°的位置上，万向节的螺钉、垫片等零件不应随意更换规格。为方便加注润滑脂，万向传动装置的油嘴应在一条直线上，且万向节上的油嘴应朝向传动轴。

因驱动桥与车架是弹性连接的，故普通万向传动装置不可能在任何情况下都能保证等速传动，考虑到汽车满载时传动系统负荷已很大，应尽量消除由于不等速传动产生的惯性附加载荷；轻载和空载时传动系统的负荷小，且惯性冲击附加载荷也小，角速度差不大，可由传动系统的弹性变形来吸收。

3）检修

(1) 观察传动轴轴管，传动轴轴管不得有裂纹及严重的凹陷。

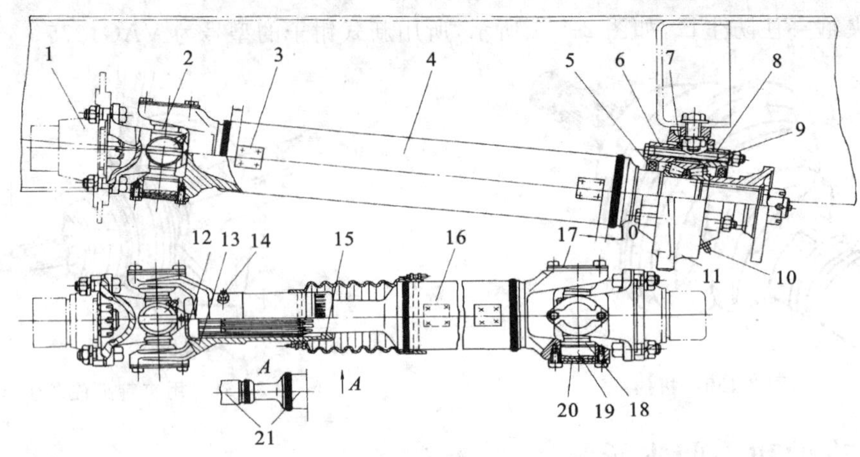

图 2-152　解放 CA1092 型汽车的万向传动装置

1—凸缘叉；2—万向节十字轴；3—平衡片；4—中间传动轴；5、15—中间支承油封；6—中间支承前盖；7—橡胶垫片；8—中间支承后盖；9—双列圆锥滚子轴承；10、14—油嘴；11—支架；12—堵盖；13—滑动叉；16—主传动轴；17—锁片；18—滚针轴承油封；19—万向节滚针轴承；20—滚针轴承轴承盖；21—装配位置标记

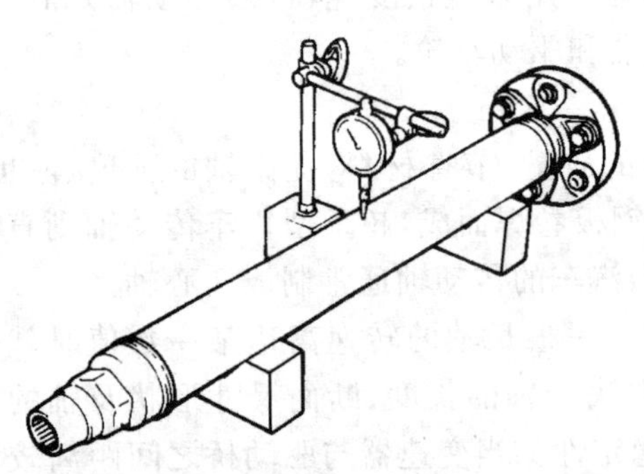

图 2-153　检查传动轴径向圆跳动

(2) 检查传动轴轴管全长上的径向圆跳动，如图 2-153 所示，传动轴轴管径向圆跳动应符合表 2-9 的规定。

轿车传动轴轴管径向圆跳动应比表 2-9 中的值相应减小 0.2 mm。中间传动轴支承轴颈的径向圆跳动为 0.10 mm。当传动轴轴管的径向圆跳动超过表 2-9 所示的规定时，应对传动轴进行校正或更换。

(3) 检查传动轴花键与滑动叉花键、凸缘叉与所配合花键的侧隙。轿车的应不大于 0.15 mm，其他类型汽车的应不大于 0.30 mm，装配后应能滑动自如。

表 2-9　传动轴轴管的径向圆跳动公差

轴长/mm	<600	600～1 000	>1 000
径向圆跳动/mm	0.6	0.8	1.0

2. 中间支承

1) 功能

传动轴分段时需加中间支承。中间支承通常装在车架横梁上，能补偿传动轴轴向和角度方向的安装误差，以及汽车行驶过程中因发动机窜动或车架变形等引起的位移。

2) 构造

中间支承常用弹性元件来满足上述功用。中间支承通常由支架和轴承等组成，双列锥轴承固定在中间传动轴后部的轴颈上。带油封的支承盖之间装有弹性元件橡胶垫环，用三个螺栓紧固。紧固时，橡胶垫环会径向扩张，其外圆被挤紧于支架的内孔。

四、万向传动装置的拆装与检修

下面以解放 CA1092 型汽车为例，介绍万向传动装置的拆装与检修。图 2-154 所示为解放

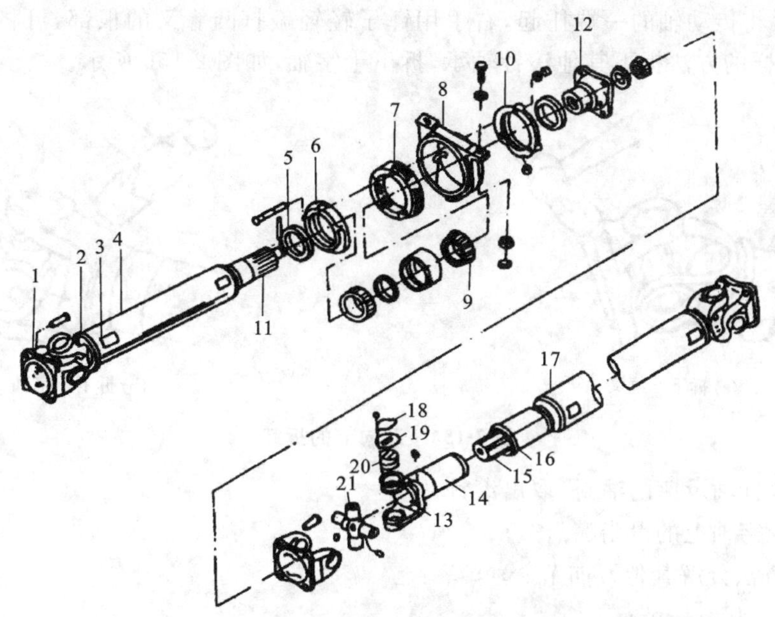

图 2-154 解放 CA1092 型汽车万向传动装置的分解图

1—凸缘叉；2—焊接叉；3—平衡片；4—前传动轴轴管；5—中间支承油封；6—中间支承轴承前盖；7—橡胶垫环；8—中间支承轴承支架；9—中间支承轴承；10—中间支承轴承后盖；11—花键轴；12—凸缘；13—滑动叉堵盖；14—滑动叉；15—后传动轴花键轴；16—滑动叉防尘罩及毛毡油封总成；17—后传动轴轴管；18—锁片；19—支承片；20—滚针轴承；21—十字轴

CA1092 型汽车的万向传动装置的分解图。

1. 万向传动装置的拆卸

1) 卸下传动轴总成

(1) 拆下传动轴与主减速器连接凸缘叉的四个连接螺栓，再拆下传动轴伸缩端凸缘的连接螺栓，卸下后传动轴总成。

(2) 拆下变速器第二轴凸缘与前传动轴凸缘叉的连接螺栓(注意：暂保留一个螺栓)。

(3) 拆下中间支承轴承支架与车架上的紧固螺栓螺母，卸下前传动轴总成，如图 2-155 所示。

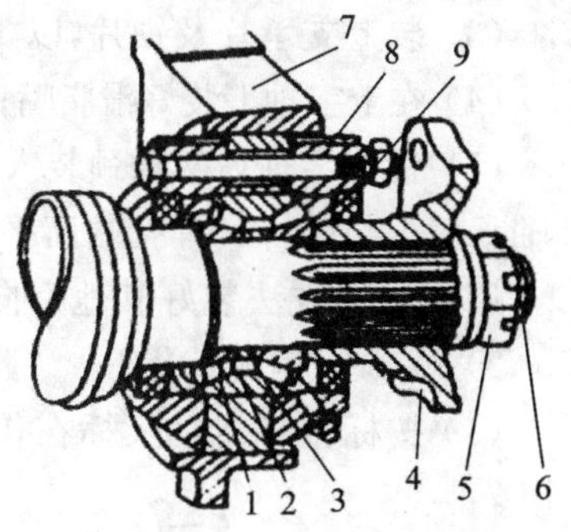

图 2-155 中间支承轴承的拆卸

1—轴承内圈；2—轴承外圈；3—隔套；4—凸缘；5—凸缘螺母；6—开口销；7—中间支承支架；8—轴承盖；9—油封

2) 总成分解

(1) 将后传动轴总成固定在台虎钳上，在各连接部位做好装配标记。

(2) 拆下后传动轴的滑动叉，拆下油封盖、油封及防尘罩。

(3) 将前传动轴固定在台虎钳上。用鲤鱼钳拔下凸缘螺母的开口销，拧松传动轴凸缘螺母，取下垫圈，拉出凸缘。注意：如配合较紧，可用锤子轻轻敲击凸缘的背面将其击出。

(4) 从传动轴上拉出中间支承总成，如较紧可用顶拔器将其拉出。

(5) 将传动轴中间支承总成固定好，拆下轴承盖螺栓、螺母，依次拆下轴承盖、轴承、隔套、支承支架及轴承外圈等零件。

(6) 拆下中间支承轴承前后盖中的油封，不能敲打，应用压具将其压出。

3) 万向节分解

(1) 从传动轴上拆下滚针轴承盖紧固螺栓及锁片。

(2) 用左手将传动轴的一端托起，右手用锤子轻轻敲打凸缘叉的根部，可将一侧滚针轴承震落下来；用同样的方法拆下其他滚针轴承，拆下十字轴，如图 2-156 所示。

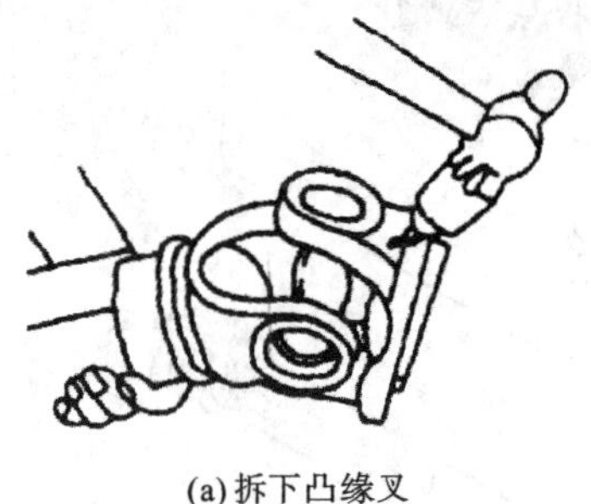

(a) 拆下凸缘叉

(b) 拆下十字轴

图 2-156　万向节的拆卸

(3) 拆出滚针轴承座的油封，取出滚针。

(4) 拆下十字轴上的滑脂嘴。

用同样的方法分解其他万向节。

2. 万向传动装置的装复

1) 万向节装复

(1) 将滚针涂以润滑脂后装入轴承座中，再装上油封。

(2) 分别将组装好的滚针轴承装入凸缘叉的两耳孔中，注意轴承背面的切槽应与凸缘叉上的螺钉孔对准，如图 2-157 所示，然后将十字轴装入两轴承中，再用压具将两轴承与凸缘叉端面压平；转动十字轴试其松紧度，应转动自如。

(3) 装上支承片及锁片，以 18～23 N·m 的力矩拧紧固定螺栓；轴向扳动十字轴应无松旷感。

(4) 在十字轴上装好滑脂嘴；要求十字轴上的滑脂嘴方向与传动轴轴管叉上的滑脂嘴在同一侧。

(5) 将十字轴另两轴颈装入传动轴焊接叉的耳孔中，两孔端装入滚针轴承，然后将这两个滚针轴承压至与凸缘叉耳孔端面平齐；装上支承片和锁片，以 18～23 N·m 的力矩拧紧固定螺栓。

用同样的方法装好其他万向节。

2) 传动轴总成装复

(1) 按标记把滑动叉插在传动轴的花键轴上，如图 2-158 所示。

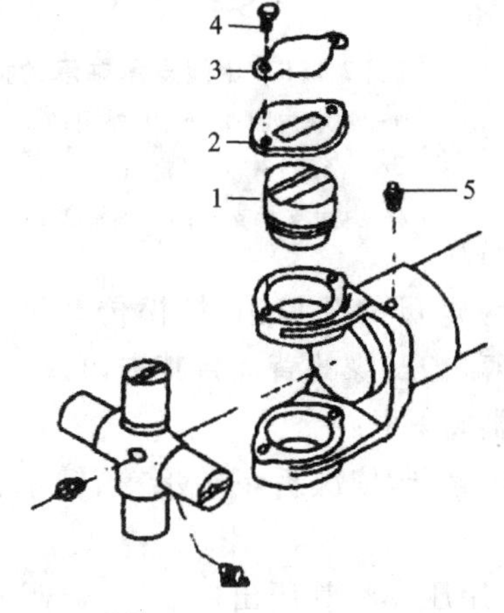

图 2-157　装复十字轴

1—滚针轴承；2—支承片；3—锁片；4—螺钉；5—滑脂嘴

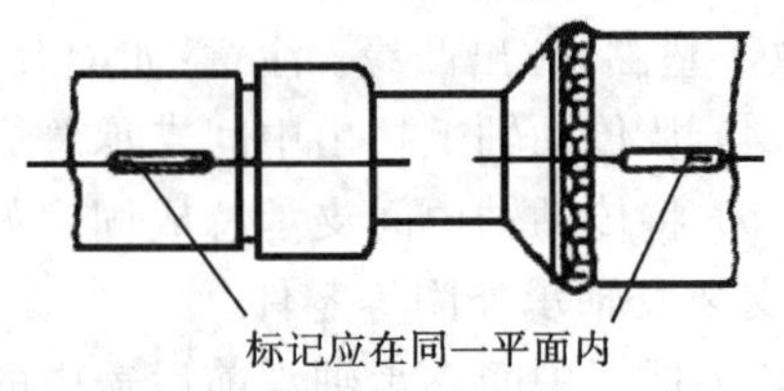

图 2-158　安装标记

(2) 将中间支承支架固定好，装上橡胶垫环，再将中间支承轴承外圈装在橡胶垫环内，然后依次装上中间支承轴承、轴承盖及油封，以及轴承盖螺栓和螺母(注意:不要一次性拧紧)。

(3) 将中间支承总成装在中间传动轴花键一端的轴颈上(注意:有滑脂嘴的一面应朝后)。

(4) 按标记将凸缘装在前传动轴的花键上。装时如较紧，可用铜棒及锤子敲击凸缘台阶外侧，使中间支承总成及凸缘在传动轴轴颈上装配到位。

(5) 装上垫圈和凸缘紧固螺母，以 200～250 N·m 的力矩拧紧螺母，并装好开口销。

3) 总成总装

(1) 把前传动轴按标记与变速器第二轴凸缘用螺栓连接起来，同时将中间支承支架用螺栓紧固在车架的横梁上。

(2) 按标记装上后传动轴，凸缘连接螺栓螺母的拧紧力矩为 130～150 N·m。

(3) 传动轴运转一定时间后，再以 25～35 N·m 的力矩拧紧中间支承轴承盖上的螺栓螺母。

3. 万向传动装置的检修

(1) 如图 2-159 所示，检查中间支承的橡胶垫环是否开裂、油封磨损是否过甚而失效、轴承松旷或内孔磨损是否严重，必要时，均应更换新的中间支承。

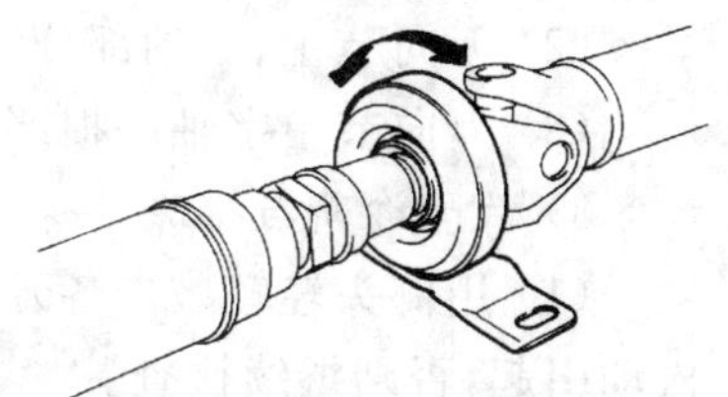

图 2-159 检查中间支承

(2) 中间支承轴承磨损后，需及时检查和调整，以恢复其良好的技术状况。以解放 CA1092 型汽车为例，其传动系统中间支承为双列圆锥滚子轴承，有两个内圈和一个外圈，两个内圈中间有一个隔套，供调整轴向间隙用。

磨损使中间支承轴向间隙超过 0.30 mm 时，中间支承将会发响，传动轴会有严重振动，导致各传力部件过早损坏。

调整方法:拆下凸缘和中间轴承，将调整隔板适当磨薄，传动轴承在不受轴向力的自由状态下，轴向间隙在 0.15～0.25 mm 之间，装配好后用 195～245 N·m 的扭矩拧紧凸缘螺母，保证轴承轴向间隙在 0.05 mm 左右，以转动轴承外圈时无明显的轴向游隙为宜，最后从油嘴注入足够的润滑脂，以减小磨损。

五、万向传动装置的故障诊断与排除

万向传动装置由于经常受汽车在复杂道路上行驶的影响，其传动轴要在角度和长度不断变化的情况下传递转矩，因此常会出现传动轴动不平衡及万向节与中间支承松旷、发响等故障。

1. 传动轴动不平衡

1) 现象

万向节和伸缩叉技术状况良好时，汽车行驶中发出周期性的响声，速度越高响声越大，甚至伴随有车身振动，驾驶者握转向盘的手感觉麻木。

2) 原因

(1) 传动轴上的平衡块脱落。

(2) 传动轴弯曲或传动轴管凹陷。

(3) 传动轴管与万向节叉焊接不正，或传动轴未进行过动平衡试验和校准。

(4) 伸缩叉安装错位，造成传动轴两端的万向节叉不在同一平面内，不满足等速传动条件。

3）故障诊断与排除

（1）检查传动轴管是否有凹陷，如有凹陷，则故障由此引起；如无凹陷，则继续检查。

（2）检查传动轴管上的平衡片是否脱落，如脱落，则故障由此引起；否则继续检查。

（3）检查伸缩叉安装是否正确，如不正确，则故障由此引起；否则继续检查。

（4）拆下传动轴进行动平衡试验，如动不平衡，则应校准以消除故障。如传动轴弯曲，则应校直。

2. 万向节松旷

1）现象

当汽车起步或突然改变车速时，传动轴发出“抗”的响声；当汽车缓行时，发出“咣当、咣当”的响声。

2）原因

（1）凸缘盘连接螺栓松动。

（2）万向节主、从动部分游动角度太大。

（3）万向节十字轴磨损严重。

3）故障诊断与排除

（1）用榔头轻轻敲击各万向节凸缘盘连接处，检查其松紧度，如太松旷，则故障由连接螺栓松动引起，否则继续检查。

（2）用双手分别握住万向节主、从动部分转动，检查游动角度，如游动角度太大，则故障由此引起。

3. 中间支承松旷

1）现象

汽车运行中出现一种连续的“呜呜”响声，车速越高响声越大。

2）原因

（1）滚动轴承因缺油烧蚀或磨损严重。

（2）中间支承安装不当，造成附加载荷而产生异常磨损。

（3）橡胶圆环损坏。

（4）车架变形，造成前后连接部分的轴线在水平面内的投影不同线而产生异常磨损。

3）故障诊断与排除

（1）给中间支承轴承加注润滑脂，响声消失，则故障由缺油引起；否则继续检查。

（2）松开夹紧橡胶圆环的所有螺钉，待传动轴转动数圈后再拧紧，若响声消失，则故障由中间支承安装不当引起。否则故障可能是由橡胶圆环损坏，或滚动轴承技术状况不佳，或车架变形等引起的。

4. 传动轴异响

1）现象

汽车行驶中传动装置发出周期性的响声；车速越高响声越大，严重时伴随有车身振动。

2）原因

（1）传动轴动不平衡，传动轴变形或平衡块脱落等。

（2）中间支承吊架固定螺栓松动或万向节凸缘盘连接螺栓松动，使传动轴偏斜。

3）故障诊断与排除

除“传动轴动不平衡”诊断方法外，再检查中间支承吊架固定螺栓和万向节凸缘盘连接螺栓是否松动，若有松动，则异响由此引起。

学习任务6 驱动桥的结构与检修

一、驱动桥概述

1. 驱动桥的组成

驱动桥一般由主减速器、差速器、半轴、桥壳、轮毂等组成，如图 2-160 所示。

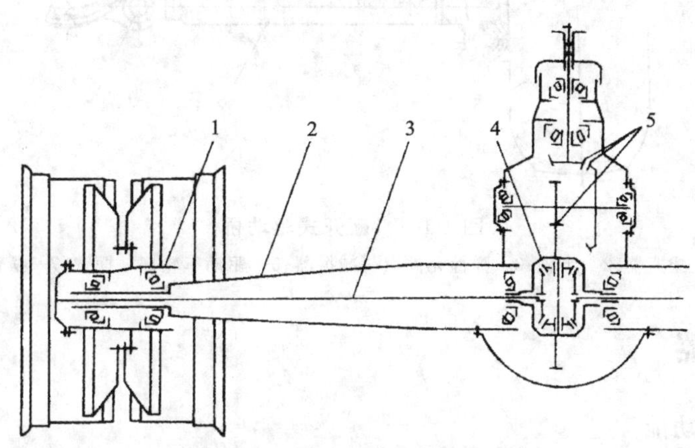

图 2-160 驱动桥的基本组成

1—轮毂；2—桥壳；3—半轴；4—差速器；5—主减速器

驱动桥是传动系统的最后一个总成，发动机的动力传到驱动桥后，首先传到主减速器，在这里将转矩放大并降低转速后，经差速器分配给左右半轴，最后通过半轴外端的凸缘传到驱动车轮的轮毂。驱动桥的主要零部件都装在驱动桥的桥壳中。桥壳由主减速器壳和半轴套管组成。

2. 驱动桥的功能

驱动桥的功能是将由万向传动装置传来的发动机转矩传给驱动车轮，并经降速增矩、改变动力传动方向，使汽车行驶，而且允许左右驱动车轮以不同的转速旋转。具体来说，主减速器的功用为降速增矩、改变动力传动方向；差速器的功用是允许左右驱动车轮以不同的转速旋转；半轴的功用是将动力由差速器传给驱动车轮。

3. 驱动桥的类型

按照悬架结构，驱动桥可以分为整体式驱动桥和断开式驱动桥两类。整体式驱动桥又称为非断开式驱动桥。

1）整体式驱动桥

图 2-160 所示为整体式驱动桥，与非独立悬架配用。其驱动桥壳为一刚性的整体，驱动桥两端通过悬架与车架或车身连接，左右半轴始终在一条直线上，即左右驱动轮不能相互独立地跳动。当某一侧车轮随着地面的凸出物或凹坑升高或下降时，整个驱动桥及车身都要随之发生倾斜，车身波动大。

2）断开式驱动桥

图 2-161 所示为断开式驱动桥，与独立悬架配用。其主减速器固定在车架或车身上，驱动

桥壳制成分段并用铰链连接,半轴也分段并用万向节连接。驱动桥两端分别用悬架与车架或车身连接。这样,两侧驱动车轮及桥壳可以彼此独立地相对于车架或车身上下跳动。

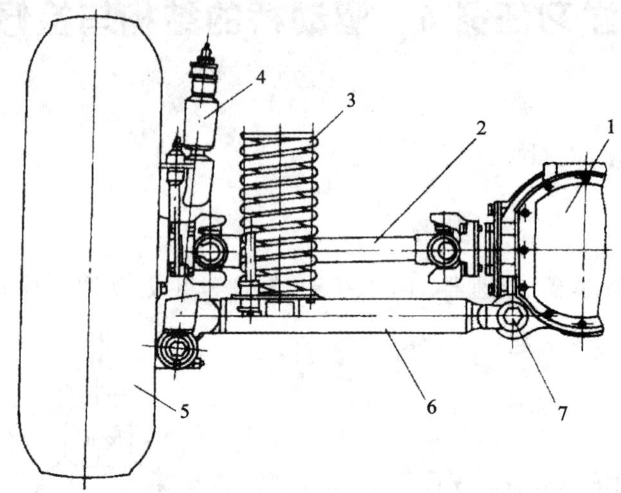

图 1-161 断开式驱动桥

1—主减速器;2—半轴;3—弹性元件;4—减振器;5—驱动车轮;6—摆臂;7—摆臂轴

二、主减速器

1. 主减速器的功能

主减速器的功能如下。

(1) 将万向传动装置传来的发动机转矩传给差速器。

(2) 在动力的传动过程中将转矩增大并相应降低转速。

(3) 对于纵置发动机,还要将转矩的旋转方向改变 90°。

2. 主减速器的类型

按参加传动的齿轮副数目,主减速器可分为单级式主减速器和双级式主减速器两类。有些重型汽车又将双级式主减速器的第二级圆柱齿轮传动设置在两侧驱动车轮附近,称为轮边减速器。

按主减速器传动比个数,主减速器可分为单速式主减速器和双速式主减速器两类。单速式主减速器的传动比是固定的,而双速式主减速器则有两个传动比供驾驶员选择。

按齿轮副结构形式,主减速器可分为圆柱齿轮式(又可分为定轴轮系和行星轮系)主减速器和圆锥齿轮式(又可分为螺旋锥齿轮式和准双曲面锥齿轮式)主减速器两类。

目前,在轿车中应用的主要是单级式主减速器。单级式主减速器结构简单、质量小、体积小、传动效率高,主要用于轿车及中型以下客货车。

对于发动机纵向布置的汽车,如桑塔纳 2000、东风 EQ1090 等,由于需要改变动力传递方向,单级式主减速器都采用一对圆锥齿轮传动;对于发动机横向布置的汽车,如宝来 1.8T 等,单级式主减速器采用一对圆柱齿轮即可。

3. 桑塔纳 2000 轿车单级式主减速器

1) 结构

图 2-162 所示为桑塔纳 2000 轿车单级式主减速器的装配图,图 2-163 所示为桑塔纳 2000

轿车主减速器和差速器的零件分解图。由于发动机纵向前置前轮驱动，整个传动系统都集中布置在汽车前部，因此其主减速器装于变速器壳体内，没有专门的主减速器壳体。这省去了变速器到主减速器之间的万向传动装置，变速器输出轴即主减速器主动轴。

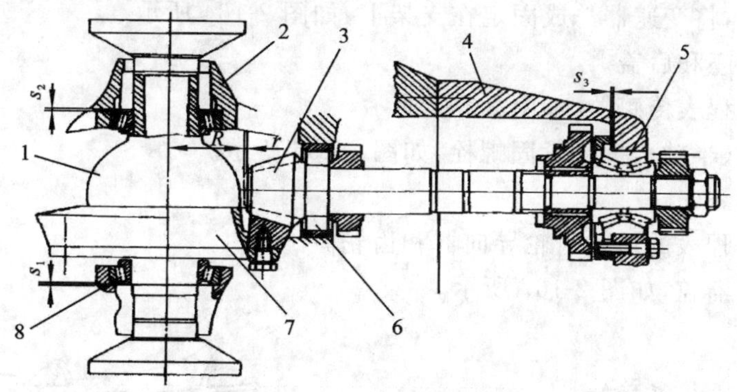

图 2-162　桑塔纳 2000 轿车单级式主减速器的装配图

1—差速器；2—变速器前壳体；3—主动锥齿轮；4—变速器后壳体；5—双列圆锥滚子轴承；6—圆柱滚子轴承；7—从动锥齿轮；8—圆锥滚子轴承；s_1—调整垫片的厚度（从动锥齿轮一侧）；s_2—调整垫片的厚度（与从动锥齿轮相对的一侧）；s_3—调整垫片的厚度（输出轴）；R—主动锥齿轮理论上的尺寸（R=50.7 mm）；r—与理论上的尺寸 R 成比例的偏差（偏差 r 用 1/100 mm 表示，例如，25 表示 r=0.25 mm）；

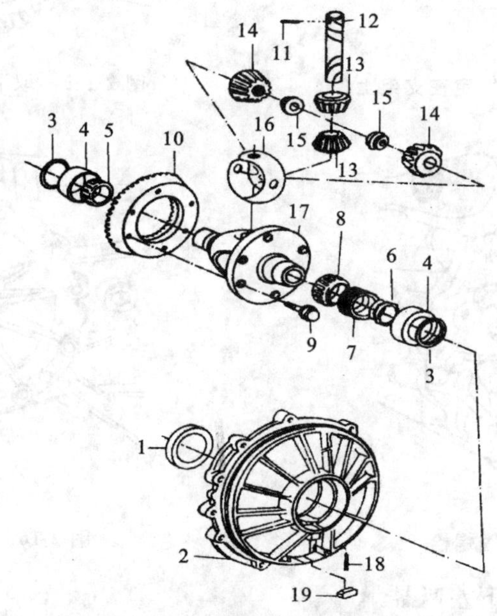

图 2-163　桑塔纳 2000 轿车主减速器和差速器的零件分解图

1—密封圈；2—主减速器盖；3—从动锥齿轮的调整垫片；4—轴承外座圈；5—差速器轴承；6—锁紧套筒；7—车速表主动齿轮；8—差速器轴承；9—螺栓（拧紧力矩 70 N·m）；10—从动锥齿轮；11—夹紧销；12—行星齿轮轴；13—行星齿轮；14—半轴齿轮；15—螺纹套；16—复合式止推垫片；17—差速器壳；18—磁铁固定销；19—磁铁

主减速器由一对准双曲面锥齿轮组成，主动锥齿轮的齿数为 9 个，从动锥齿轮的齿数为 40 个，其传动比约为 4.44。主动锥齿轮与变速器输出轴制为一体，用双列圆锥滚子轴承和圆柱滚子轴承支承在变速器壳体内，属于悬臂式支承。环状的从动锥齿轮靠凸缘定位，并用螺栓与差速器壳连接。差速器壳由一对圆锥滚子轴承支承在变速器壳体上。

2）主减速器和差速器的检修

主减速器的主、从动锥齿轮必须成对更换。

(1) 拆卸，步骤如下。

① 拆卸变速器，将变速器总成固定在支架上，如图 2-164 所示。

② 拆下轴承支座和后盖。

③ 取下车速里程表传感器，如图 2-165 所示。

④ 锁住传动轴(半轴)，拆下紧固螺栓，如图 2-166 所示。

⑤ 取下传动轴。

⑥ 取下车速里程表的从动齿轮导向器和齿轮。

⑦ 拆下主减速器盖，如图 2-167 所示。

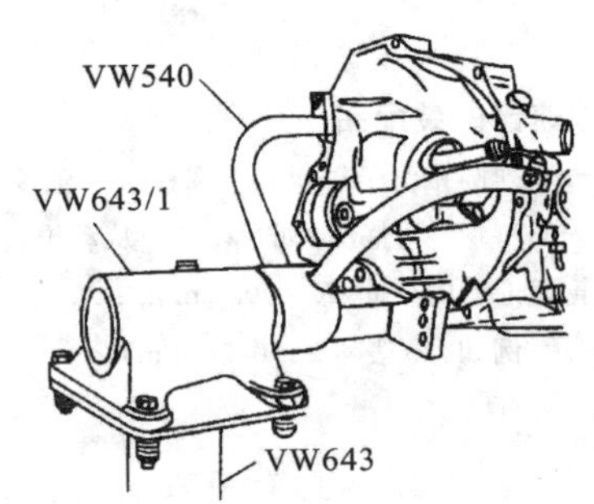

图 2-164　将变速器总成固定在支架上

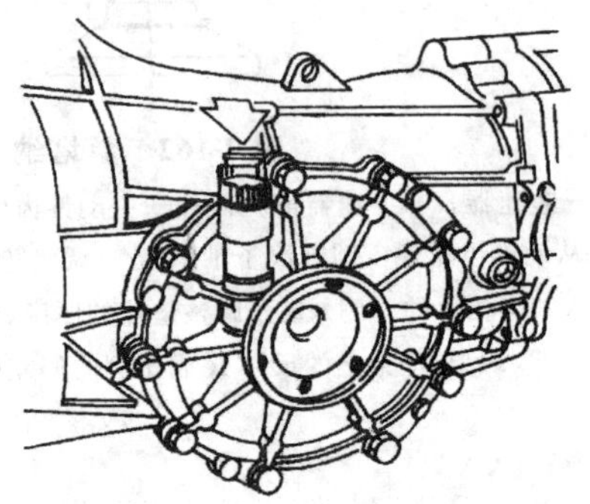

图 2-165　取下车速里程表传感器

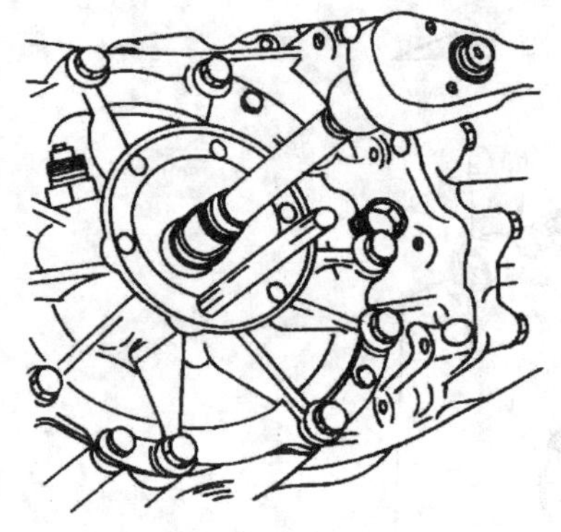

图 2-166　拆下紧固螺栓

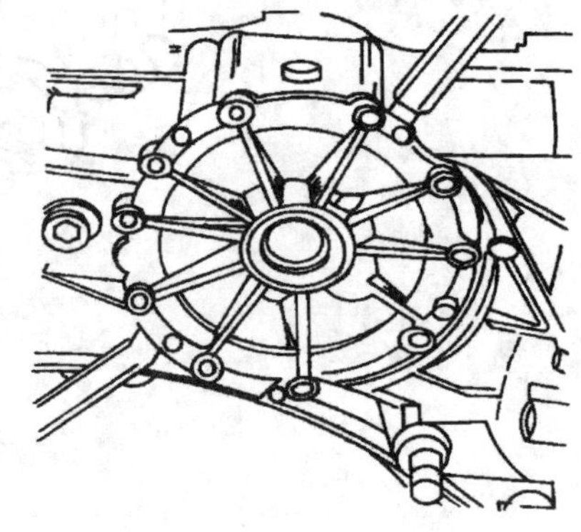

图 2-167　拆下主减速器盖

⑧ 从变速器壳体中取下差速器。

⑨ 用铝制的夹具将差速器壳固定在台虎钳上，拆下从动锥齿轮的紧固螺栓。

注意：从动锥齿轮的紧固螺栓是自动锁紧的，一旦拆卸就必须更换。

⑩ 取下从动锥齿轮，如图 2-168 所示。拆下并分解变速器输出轴，仔细检查所有零件，尤其是同步环和齿轮，对于损坏和磨损的，如有需要应进行更换。

(2) 安装，步骤如下。

① 在变速器的输出轴上装上所有齿轮、轴承及同步器。

② 计算输出轴的调整垫片的厚度 s_3。

③ 用 120 ℃温度加热从动锥齿轮，并将其装在差速器壳上，用两个螺纹销作导向，如图 2-169所示。

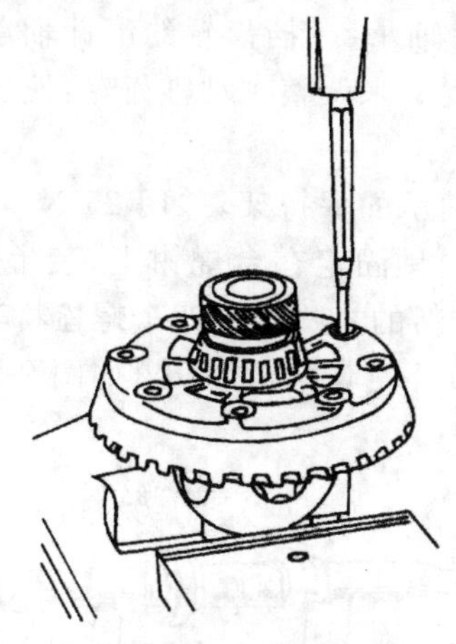

图 2-168 取下从动锥齿轮

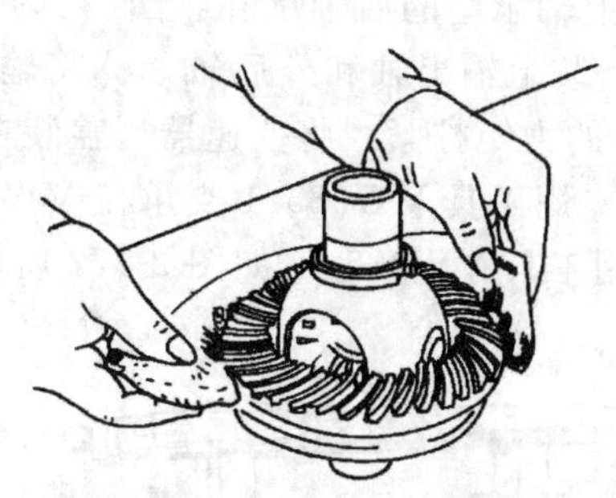

图 2-169 安装从动锥齿轮

④ 装上新的从动锥齿轮螺栓，并用 70 N·m 的力矩交替旋紧。

⑤ 计算从动锥齿轮的调整垫片的厚度 s_1 和 s_2，并将计算好的调整垫片装在适当的位置上。

⑥ 将轴承支座装在变速器壳体上，并使用新的衬垫，装上变速器后盖。

⑦ 将差速器装在变速器壳体中，将主减速器盖装在变速器壳体上，用 25 N·m 的力矩拧紧螺栓。

⑧ 装上车速里程表的从动齿轮和导向器，再装上车速里程表的传感器。

⑨ 装上半轴凸缘中的一个，用凿子将其锁住。装上螺栓，用 20 N·m 的力矩拧紧。

⑩ 装上另一个半轴凸缘，加注齿轮油，安装变速器。

3）半轴齿轮和行星齿轮的更换

（1）拆卸，步骤如下。

① 拆下变速器。

② 拆下差速器。

③ 拆下从动锥齿轮。

④ 拆下行星齿轮轴的夹紧销，如图 2-170 所示。

⑤ 取下行星齿轮轴。

⑥ 取下行星齿轮和半轴齿轮。

（2）安装。在安装之前，检查复合式止推垫片是否损坏，若损坏，则更换新件。安装顺序与拆卸顺序相反，在此不赘述。

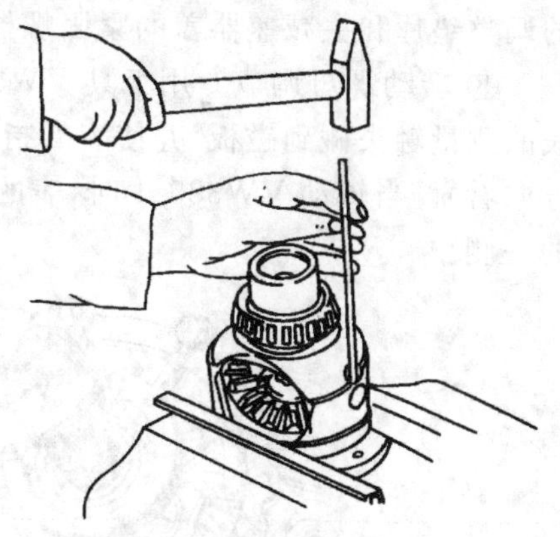

图 2-170 拆下行星齿轮轴的夹紧销

4）主减速器的调整

主动锥齿轮和从动锥齿轮的调整正确与否，对主减速器的使用寿命和运转平稳性起着决定性作用。主减速器和差速器总成拆装后，特别是更换某些零部件后，必须通过精确的测量、计算，选出合适的调整垫片；通过改变垫片的厚度来轴向移动变速器输出轴上的主动齿轮，使啮合印痕在最佳位置；通过改变垫片的厚度来轴向移动从动齿轮，使啮合间隙在规定的公差范围内。

从动锥齿轮和主动锥齿轮总成的调整部位刻在从动锥齿轮的外侧。主动锥齿轮和从动锥齿轮只能一起更换。

根据零件的排列情况，会出现“间隙”，当调整主动锥齿轮和从动锥齿轮时应该注意。因此，在拆卸变速器之前，最好测量齿面的平均间隙以及偏差 r。只要修理影响到主动锥齿轮和从动锥齿轮位置的零部件，就必须重新测定调整垫片的厚度 s_1、s_2 和 s_3。

(1) 主动锥齿轮的调整。只要轴承座、主动锥齿轮的后轴承、一挡齿轮的滚针轴承外座圈、输出轴的后轴承外座圈被更换，就必须通过调整垫片的厚度 s_3 来调整主动锥齿轮，使主、从动锥齿轮的啮合印痕在最佳位置。具体方法如下。

① 装上轴承座的后轴承外座圈(无调整垫片)。装上轴承的保持架，并用 25 N·m 的力矩旋紧螺栓。装上输出轴和外后轴承。将输出轴用铝质的夹具固定在台虎钳上，装上螺母并用 100 N·m 的力矩拧紧。将变速器后盖装在轴承座上，装上新的衬垫。用四个螺栓将其固定。

② 将专用工具 VW385/1 支承在 VW406 上，通过调节环测量 A 的大小，如图 2-171 所示。再装上专用工具 VW385/2，如图 2-172 所示。

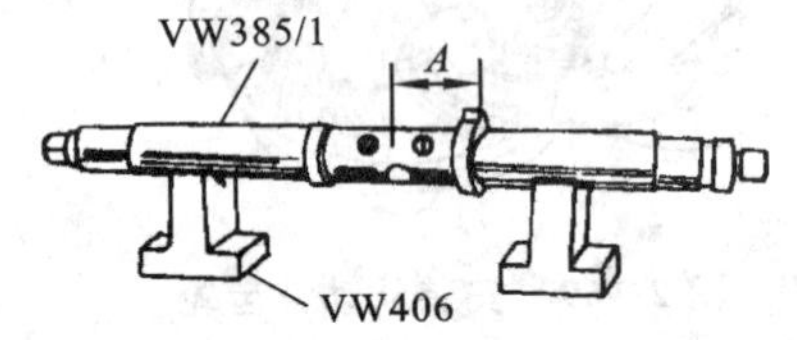

图 2-171 测量 A 的大小

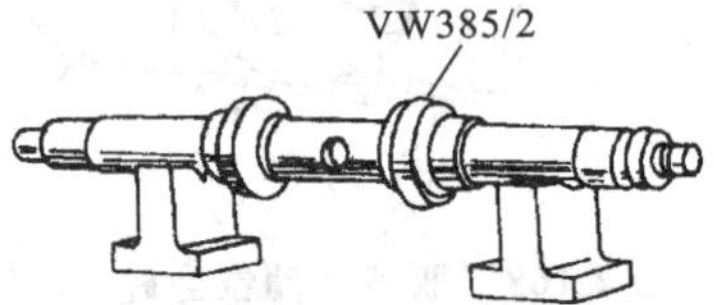

图 2-172 安装专用工具 VW385/2

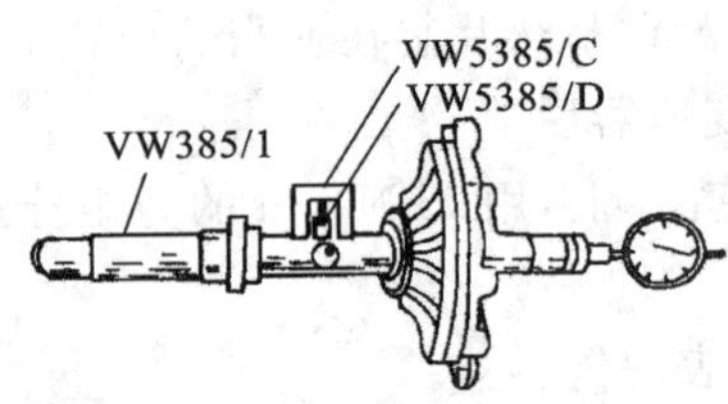

图 2-173 安装专用工具和百分表

③ 将专用工具 VW5385/D 和 VW5385/C 装在 VW385/1 上，接着放上无调整垫片的主减速器盖。装上百分表，将百分表调到零位。百分表的表盘和 VW5385/D 应在同一方向，转动螺母将活动调节环移至中心，如图 2-173 所示。

④ 将专用磁板 VW385/17 装在主动锥齿轮上，这样上面的缝隙朝向放油螺塞一边。将专用工具 VW385/1 放入变速器的内部并装配好，如图 2-174 所示。装上计算好厚度 s_1 的调整垫片和主减速器盖的紧固螺栓，用 25 N·m 的力矩拧紧螺栓。

⑤ 转动螺母调节专用工具 VW385/1，保证其装配正确，如图 2-175 所示。转动 VW385/1，表的测量触头碰到磁板，并使表的指针达到最大偏差(倒转)，所取得的值即 e 的大小(从逆时针方向看)。当转动 VW385/1 时，表的测量触头(VW5385/C)应碰到磁板，而且总是在缝隙相对的一侧。

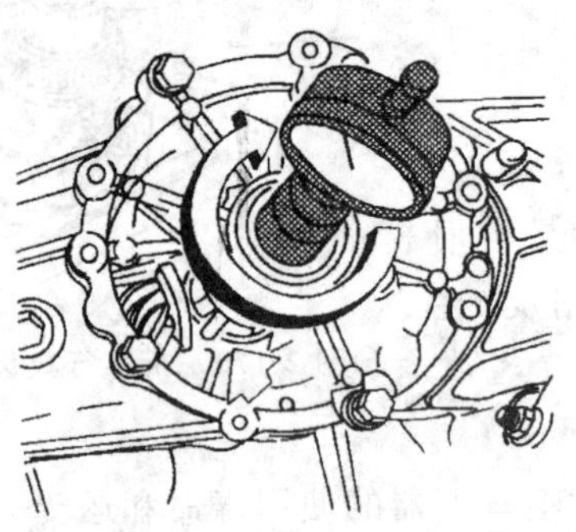

图 2-174 安装专用工具 VW385/17 和 VW385/1

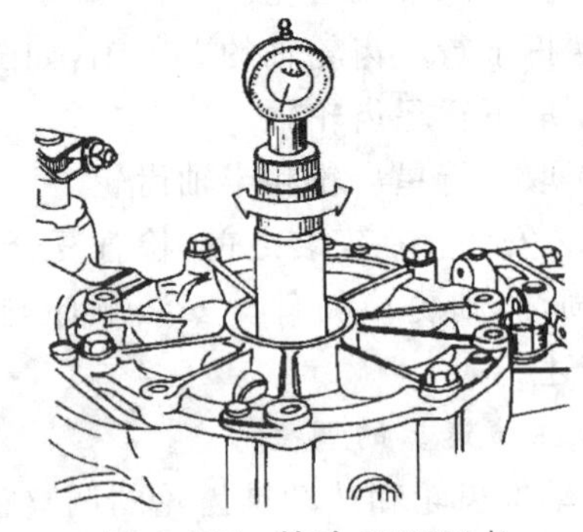

图 2-175 转动 VW385/1

⑥ 取下主减速器盖。将 VW385/1 放在 VW406 上，用 VW5385/C 标准(样板)检查百分表是否在零位上。

计算主动锥齿轮调整垫片的厚度 s_3，即

$$s_3 = e - r$$

式中：e——测量的结果(用百分表的逆时针刻度检验出的指针最大偏差)；

r——偏差(用 1/100 mm 为单位刻在从动锥齿轮上)。

r 值只用于新的从动锥齿轮和主动锥齿轮。例如，$e = 0.99$ mm，$r = 0.48$ mm，则 $s_3 = e - r$

=0.99 mm−0.48 mm=0.51 mm。

注意：如果需要将两只调整垫片连在一起以获得需要的厚度，则较薄的调整垫片应装在输出轴轴承外座圈和较厚的调整垫片之间。下列厚度的调整垫片可供选择：0.15 mm、0.20 mm、0.25 mm、0.30 mm、0.40 mm、0.50 mm、0.60 mm、0.70 mm、0.80 mm、0.90 mm、1.00 mm、1.10 mm和1.20 mm。

⑦ 装上输出轴和计算好厚度 s_3 的调整垫片。如果计算好的调整垫片是正确的，则百分表现在应指在偏差 r（刻在从动锥齿轮上）的值上，公差为±0.04 mm。

如果测量在规定的公差范围之内，则安装完成；否则重新安装主动锥齿轮。

(2) 从动锥齿轮的调整。当更换主动锥齿轮、从动锥齿轮总成、变速器壳体、主减速器盖、差速器罩壳或轴承更换时，必须对从动锥齿轮进行调整。从动锥齿轮的调整包括从动锥齿轮（差速器）轴承预紧度的调整和主、从动锥齿轮之间的啮合间隙的调整。

① 从动锥齿轮轴承预紧度的调整。从动锥齿轮轴承预紧度的调整也称为从动锥齿轮调整垫片总厚度的调整，通过垫片的调整使从动锥齿轮（差速器）转动自如，且轴向推动时无间隙，具体步骤如下。

• 拆下主减速器盖。拆下密封圈和差速器轴承的外座圈，取出调整垫片。将轴承的外座圈装在变速器壳体上，同时装上厚度为1.20 mm的标准（样板）垫片，将另一侧轴承的外座圈装在主减速器盖上，不用调整垫片。将设有车速里程表主动齿轮的差速器装在变速器壳体上。将主减速器盖装在变速器壳体上，用25 N·m的力矩拧紧螺栓。

• 如图2-176所示，装上专用工具，调节百分表。

• 将专用工具VW521/8装在与从动锥齿轮相对的一侧，如图2-177所示。其中A为1.20 mm厚的调整垫片。

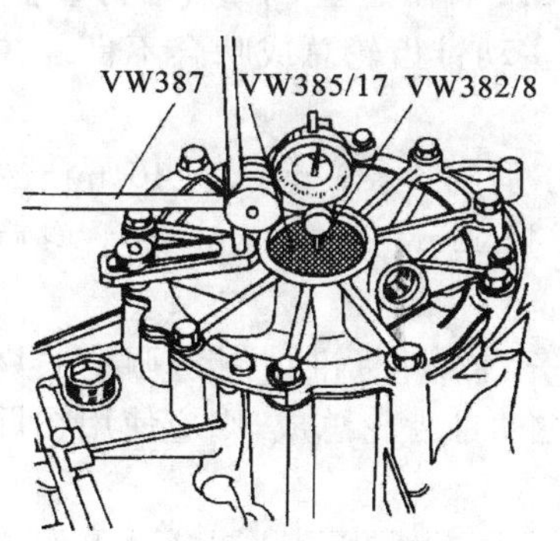

图2-176 安装专用工具

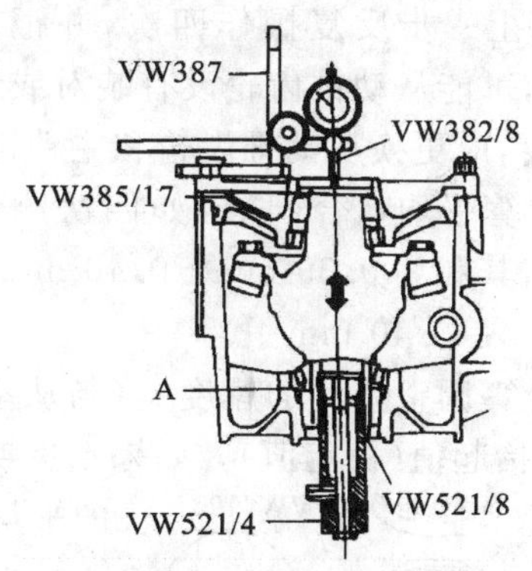

图2-177 安装专用工具

• 用专用工具VW521/4将差速器向上和向下（箭头）移动，如图2-178所示，记下百分表的变化（例如，记下的间隙为0.50 mm）。

注意：测量时，不要转动差速器，以免影响测量值。

• 将测量值记录下来，并加上0.40 mm的安装压力（定值），即0.50 mm+0.40 mm=0.90 mm。这个值再加上标准（样板）调整垫片的厚度（1.20 mm），即 $s_{合计}$=0.90 mm+1.20 mm=2.10 mm。

• 拆下主减速器盖和工具。拆下主减速器盖上的差速器轴承外座圈。将厚度为测量值与安装压力之和（0.90 mm）的

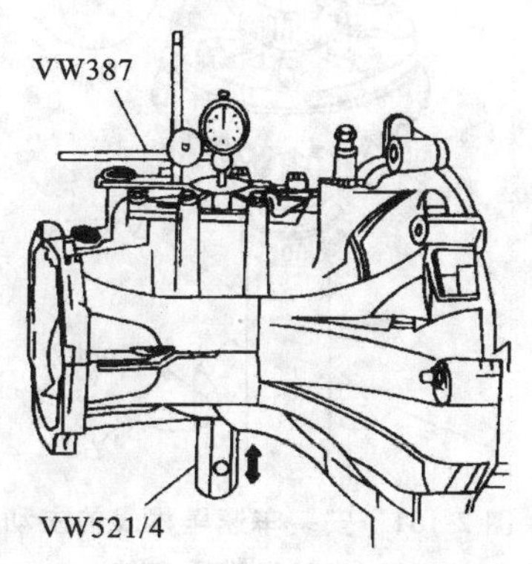

图2-178 上下移动差速器

调整垫片连同轴承外座圈一起装在盖上。

- 装上主减速器盖。将装配好的输入轴装在变速器壳体上，用四个螺栓将其固定并用 20 N·m的力矩拧紧。

② 从动锥齿轮和主动锥齿轮啮合间隙调整。啮合间隙的调整是通过移动从动锥齿轮实现的，具体步骤如下。

- 如图 2-179 所示，装上专用工具。安装的位置：尺寸 A 为 71 mm，角度 α 约为 90°。
- 锁住输入轴，如图 2-180 所示。

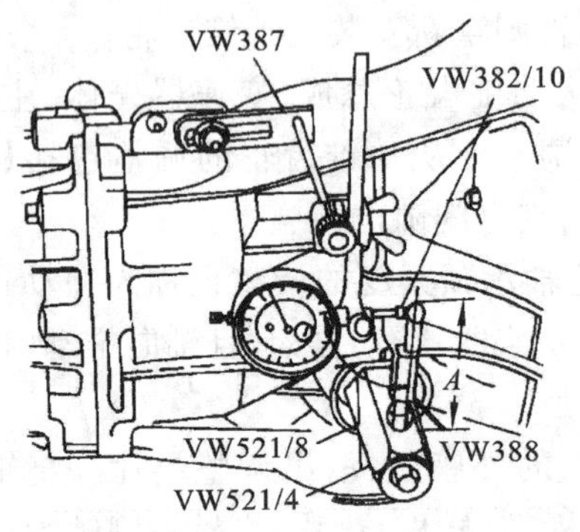

图 2-179　安装专用工具

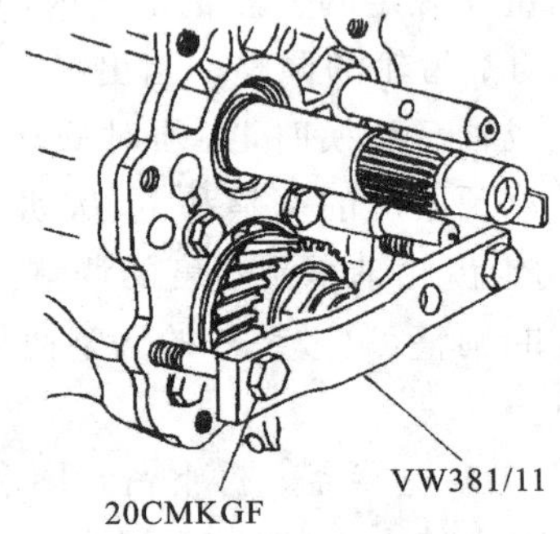

图 2-180　锁住输入轴

- 将从动锥齿轮转至挡块位置，将百分表的指针对准零，倒转从动锥齿轮，读出齿面间实际的间隙，将测得的值记录下来。松开输入轴，转动专用工具 VW521/4 和 VW521/8 约 90°，结果差速器也转动 90°。重新锁住输入轴。旋松 VW521/4 的螺栓，将其退回约 90°，直至 VW521/8 碰到百分表的测量触头，拧紧 VW521/4 的螺栓。
- 将上一步反复操作四次，并记录测量的数值。如果在这些测量中，测量值偏差超过 0.05 mm，可能从动锥齿轮没有装对或者从动锥齿轮和主动锥齿轮总成啮合不良。在这种情况下，如需要，应更换从动锥齿轮和主动锥齿轮总成。
- 计算平均啮合间隙，如四次测量的啮合间隙分别为 0.39 mm、0.40 mm、0.39 mm、0.42 mm，其和为 0.39 mm＋0.40 mm＋0.39 mm＋0.42 mm＝1.60 mm，则平均啮合间隙为 1.60 mm/4＝0.40 mm。
- 计算调整垫片的厚度 s_2（与从动锥齿轮相对的一侧），即标准（样板）调整垫片厚度－平均间隙＋抬起值（稳定值）。如果不更换从动锥齿轮和主动锥齿轮总成，则应使用在拆下前测得的平均间隙值。

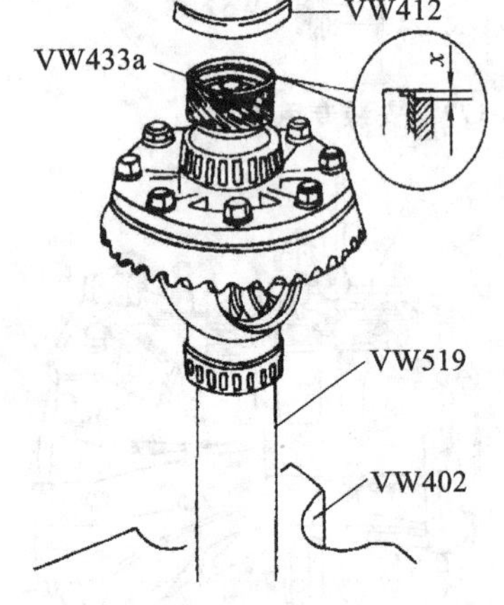

图 2-181　安装车速里程表的主动齿轮和锁紧套筒

例如，s_2＝1.20 mm[标准（样板）调整垫片厚度]－0.40 mm（平均间隙）＋0.15 mm[抬起值（稳定值）]＝0.95 mm。

- 计算调整垫片的厚度 s_1（从动锥齿轮一侧），$s_1 = s_{合计} - s_2$＝2.10 mm－0.95 mm＝1.15 mm。下列厚度的调整垫片可供选择：0.15 mm、0.20 mm、0.25 mm、0.30 mm、0.40 mm、0.50 mm、0.60 mm、0.70 mm、0.80 mm、0.90 mm、1.00 mm、1.10 mm 和 1.20 mm。
- 拆下差速器和差速器轴承的外座圈。将计算好厚度 s_1 的调整垫片装在主减速器盖上，将计算好厚度 s_2 的调整垫片连同轴承外座圈一起装在变速器壳体上。
- 将密封圈装在主减速器盖和壳体上。装上车速里程表的主动齿轮和锁紧套筒，如图 2-181 所示，并使图中的 $x \approx 1.8$ mm。

• 装上差速器，重新测量齿面间隙，各次测量的间隙偏差应不超过 0.05 mm，正确的平均啮合间隙应在 0.10～0.20 mm之间。

4. 东风 EQ1090 型汽车单级式主减速器

1）结构

图 2-182 所示为东风 EQ1090 型汽车单级式主减速器。它由主、从动锥齿轮及其支承调整装置、主减速器壳等组成。主动锥齿轮的齿数为 6 个，从动锥齿轮的齿数为 38 个，因此其传动比 $i\approx6.33$。

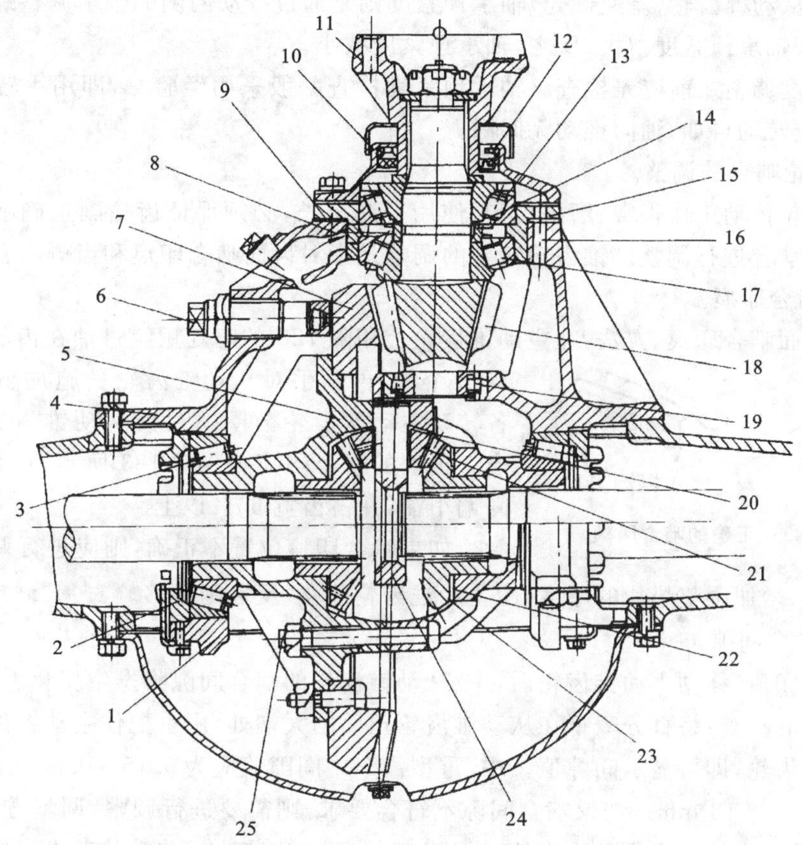

图 2-182 东风 EQ1090 型汽车单级式主减速器

1—差速器轴承盖；2—轴承调整螺母；3、13、17—圆锥滚子轴承；4—主减速器壳；5—差速器壳；6—支承螺柱；7—从动锥齿轮；8—进油道；9、14—调整垫片；10—防尘罩；11—叉形凸缘；12—油封；15—轴承座；16—回油道；18—主动锥齿轮；19—圆柱滚子轴承；20—行星齿轮垫片；21—行星齿轮；22—半轴齿轮推力垫片；23—半轴齿轮；24—行星齿轮轴（十字轴）；25—螺栓

主、从动锥齿轮采用准双曲面齿轮。主动锥齿轮与主动轴制成一体。为了保证主动锥齿轮有足够的支承刚度、改善啮合条件，其前端支承在两个距离较近的圆锥滚子轴承 13 和 17 上，后端支承在圆柱滚子轴承 19 上，形成跨置式支承。圆锥滚子轴承 13 和 17 的外座圈支承在轴承座 15 上，内座圈之间有隔套和调整垫片 14。轴承座依靠凸缘定位，用螺栓固装在主减速器壳体的前端，两者之间有调整垫片 9。从动锥齿轮靠凸缘定位，用螺栓紧固在差速器壳上，而差速器壳则用两个圆锥滚子轴承 3 支承在主减速器壳体上，并用轴承调整螺母 2 进行轴向定位。在从动锥齿轮啮合处背面的主减速器壳体上，装有支承螺柱，用以限制大负荷下从动锥齿轮过度变形而影响正常啮合。装配时，应在支承螺柱与从动锥齿轮背面之间预留一定间隙（0.3～

0.5 mm)，转动支承螺柱可以调整此间隙。

2）调整

(1) 轴承预紧度的调整。

圆锥滚子轴承一般都成对使用，装配时应使其具有一定的预紧度，以减小锥齿轮在传动过程中因轴向力而引起的轴向位移，提高轴的支承刚度，保证锥齿轮副的正确啮合。但轴承预紧度又不能过大，否则摩擦增大，磨损加快，传动效率低。为此，设有轴承预紧度的调整装置。

主动锥齿轮轴承预紧度由调整垫片来调整。增加垫片的厚度，轴承预紧度减小；反之，轴承预紧度增大。从动锥齿轮（差速器壳）轴承预紧度则是通过拧动两侧的轴承调整螺母来调整的。拧入调整螺母，轴承预紧度增大；反之，轴承预紧度减小。

轴承预紧度调整之前应先检查。轴承预紧度检查一般采用经验法，即用手转动主动（或从动）锥齿轮时应转动自如，轴向推动无间隙。

(2) 锥齿轮啮合的调整。

为了使齿轮传动工作正常、磨损均匀、使用寿命延长，必须保证齿轮副正确啮合。为此，需要对锥齿轮的啮合进行调整。锥齿轮啮合的调整是指对齿面啮合印痕和齿侧啮合间隙的调整。

① 齿面啮合印痕。

先检查齿面啮合印痕，方法：在主动锥齿轮上相隔120°的三处用红丹油在齿的正、反面各涂2～3个齿，再用手对从动锥齿轮稍施加阻力并正、反向各转动主动锥齿轮数圈。观察从动锥齿轮上的啮合印痕。正确的啮合印痕如图2-183所示，应位于齿高的中间偏小端，并占齿宽60%以上。

(a) 正转工作时

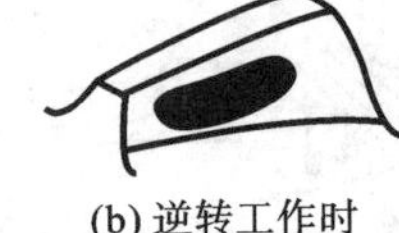

(b) 逆转工作时

图 2-183 正确的啮合印痕

如果啮合印痕位置不正确，则应进行调整，方法是移动主动锥齿轮，增加调整垫片的厚度，使主动锥齿轮前移，反之则后移。

② 齿侧啮合间隙。

调整啮合印痕，移动主动锥齿轮后，主、从动锥齿轮的啮合间隙将发生变化。

啮合间隙的检查：将百分表抵在从动锥齿轮正面的大端处，用手把住主动锥齿轮，然后轻轻往复转从动锥齿轮，即可显示间隙值。中、重型汽车中间隙值应为0.15～0.50 mm，轻型汽车中间隙值为0.10～0.18 mm。如果啮合间隙不符合要求，则需要进行调整，调整方法是移动从动锥齿轮，当从动锥齿轮远离主动锥齿轮时间隙变大，反之则变小。移动从动锥齿轮的方法是，将一侧的轴承调整螺母旋入几圈，另一侧的就旋出几圈。

5. 双级式主减速器

有些汽车需要较大的主减速器传动比，单级式主减速器已不能满足要求，这就需要采用由两对齿轮降速的双级式主减速器。图2-184所示为解放CA1092型汽车双级式主减速器。

1）结构

第一级传动为第一级主动锥齿轮和第一级从动锥齿轮，这是一对螺旋锥齿轮，不是桑塔纳2000和东风EQ1090型汽车的主减速器采用的准双曲面齿轮，其传动比为25/13≈1.923；第二级传动为第二级主动齿轮和第二级从动齿轮，这是一对斜齿圆柱齿轮，其传动比为45/15=3。

第一级主动锥齿轮和第一级主动齿轮轴制成一体，用两个圆锥滚子轴承（相距较远）支承在轴承座的座孔中，因主动锥齿轮悬伸在两轴承之后，故称为悬臂式支承。第一级从动锥齿轮用铆钉铆接在中间轴的凸缘上。第二级主动齿轮与中间轴制成一体，用两个圆锥滚子轴承支承在两端轴承盖的座孔中，轴承盖用螺栓与主减速器壳固定连接。第二级从动齿轮夹在左、右两半

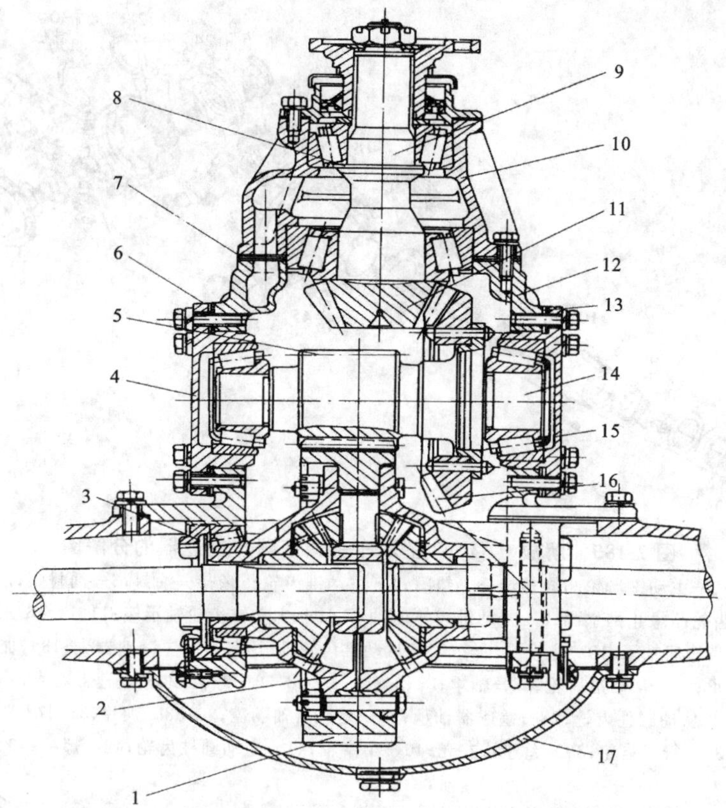

图 2-184　解放 CA1092 型汽车双级式主减速器

1—第二级从动齿轮；2—差速器；3—调整螺母；4、15—轴承盖；5—第二级主动齿轮；6、7、8、13—调整垫片；9—第一级主动锥齿轮轴；10—轴承座；11—第一级主动锥齿轮；12—主减速器；14—中间轴；16—第一级从动锥齿轮；17—后盖

差速器壳之间，并用螺栓将它们紧固在一起，其支承形式与东风 EQ1090 型汽车主减速器中差速器壳的支承形式相同。

2）拆装

解放 CA1092 型汽车主减速器与差速器的分解图如图 2-185 所示。

(1) 拆卸主减速器，步骤如下。

① 把主减速器总成装到翻转拆装台上。

② 拆下固定差速器轴承盖的紧固螺母，拆下锁片，如图 2-186(a)所示。

③ 取下轴承盖和差速器轴承调整螺母，取出差速器总成，如图 2-186(b)所示。

④ 拆下主动锥齿轮轴承座与主减速器壳的连接螺栓，取下主动锥齿轮轴承座总成（见图 2-187）及调整垫片。

⑤ 将主动锥齿轮轴承座总成固定好，用鲤鱼钳拆下开口销，如图 2-188 所示。

⑥ 用套筒扳手拆下主动锥齿轮凸缘螺母，取出垫圈，拉出主动锥齿轮凸缘；再拆下油封座及油封，取出轴承、调整垫片、主动锥齿轮等。

⑦ 拆下从动锥齿轮轴承盖螺栓，分别在左、右轴承盖与主减速器壳之间做好标记后，取下左、右轴承盖及调整垫片（注意：左、右调整垫片不可混放，应分开放置）。

⑧ 从主减速器壳内取出从动锥齿轮总成，如图 2-189 所示。

(2) 拆卸差速器，步骤如下。

① 将差速器总成摆到工作台上。

② 拆下开口销，拧下螺母。

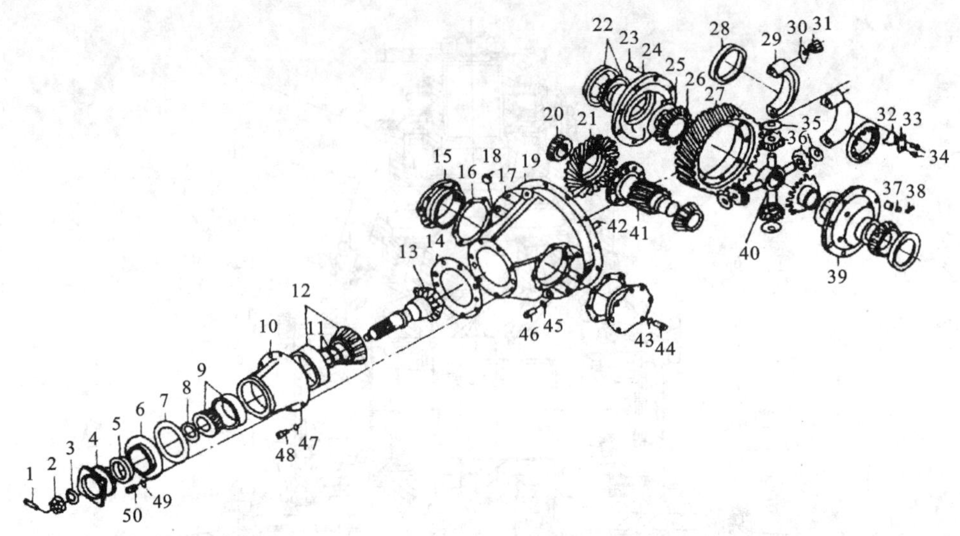

图 2-185　解放 CA1092 型汽车主减速器与差速器的分解图

1、38—开口销；2—主动锥齿轮凸缘螺母；3—垫圈；4—主动锥齿轮凸缘；5—油封；6—油封座；7、19—密封垫；8—主动锥齿轮凸缘止推垫圈；9—主动锥齿轮前轴承；10—主动锥齿轮轴承座；11、14、16—调整垫片；12—主动锥齿轮后轴承；13—主动锥齿轮；15—从动锥齿轮轴承盖；17—主减速器壳；18—加油孔螺塞；20—主动圆柱齿轮轴承；21—从动锥齿轮；22—轴承；23、34、44、46、48、50—螺栓；24—差速器右壳；25—半轴齿轮支承垫；26—半轴齿轮；27—从动圆柱齿轮；28—差速器轴承；29—差速器轴承盖；30、33—锁片；31、37—螺母；32—止动片；35—行星齿轮支承垫；36—行星齿轮；39—差速器左壳；40—十字轴；41—主动圆柱齿轮；42—螺柱；43、45、47、49—弹簧垫圈

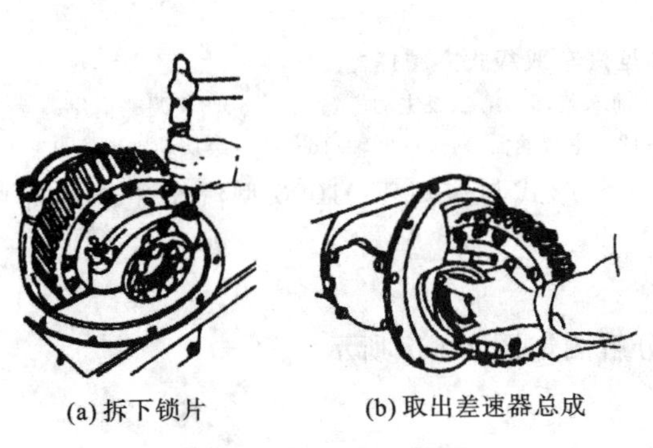

(a) 拆下锁片　　(b) 取出差速器总成

图 2-186　拆卸差速器总成

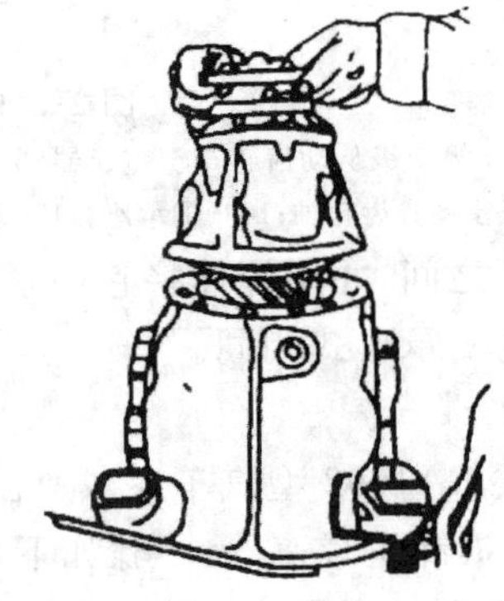

图 2-187　拆卸主动锥齿轮轴承座总成

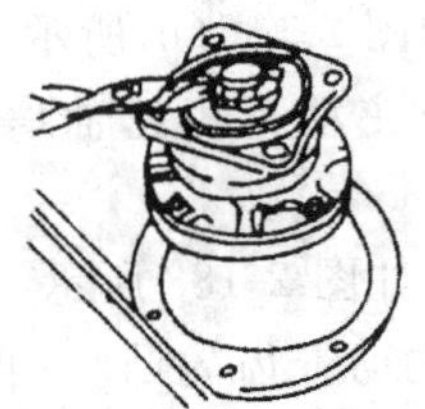

图 2-188　拆下开口销

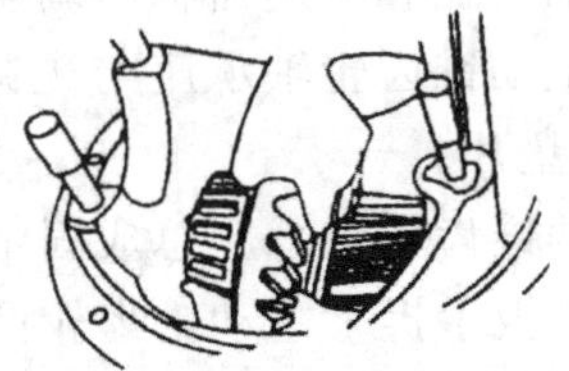

图 2-189　取出从动锥齿轮总成

③ 拧下连接螺栓，如图 2-190(a)所示。

④ 拆开差速器壳，若较紧，则可用铜棒在壳的孔处轻轻敲击，使之分开，如图 2-190(b)所示。

⑤ 从差速器壳内依次取出支承垫、半轴齿轮、十字轴、行星齿轮；若差速器轴承完好，则不必拆下。

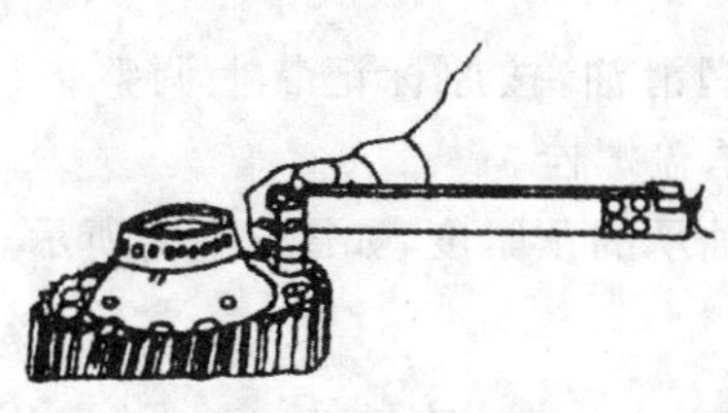
(a) 拧下连接螺栓

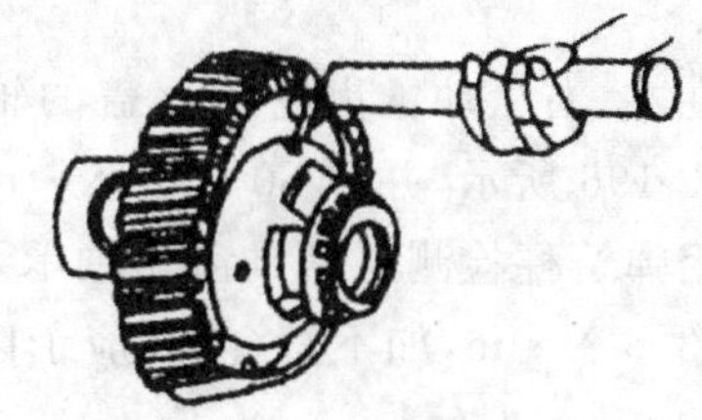
(b) 敲击以分解差速器

图 2-190　拆卸差速器

(3) 装复差速器，步骤如下。

① 将半轴齿轮与支承垫、十字轴、行星齿轮与支承垫的工作表面涂以润滑油，再依次装入差速器中，然后盖上差速器壳。

② 装上差速器壳的连接螺栓、螺母；以 100～180 N·m 的力矩交叉拧紧螺栓、螺母，然后用开口销将螺母锁住。

③ 装上差速器左、右轴承。

(4) 装复主减速器，步骤如下。

① 将主动锥齿轮前、后轴承外圈，以锥面大端朝外方向分别压入轴承座的座孔中，如图 2-191所示。

② 把后轴承内圈总成压入主动锥齿轮轴颈上。

③ 在轴承表面涂一层润滑油。

④ 如图 2-192 所示，把主动锥齿轮及后轴承装入轴承座中。

⑤ 装上调整垫片。

⑥ 将前轴承压到主动锥齿轮轴上，如图 2-193 所示。

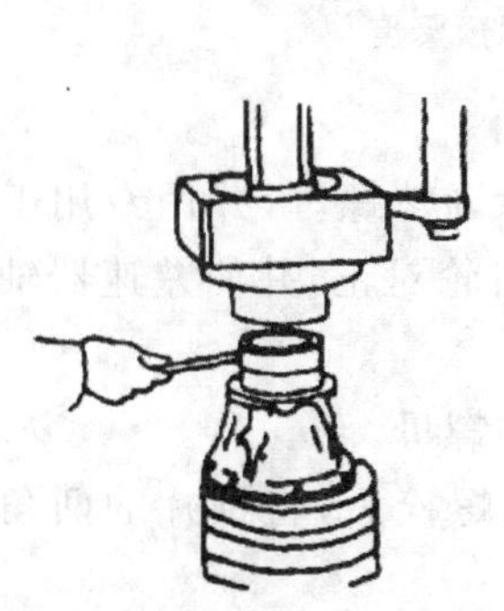
图 2-191　装复轴承外圈

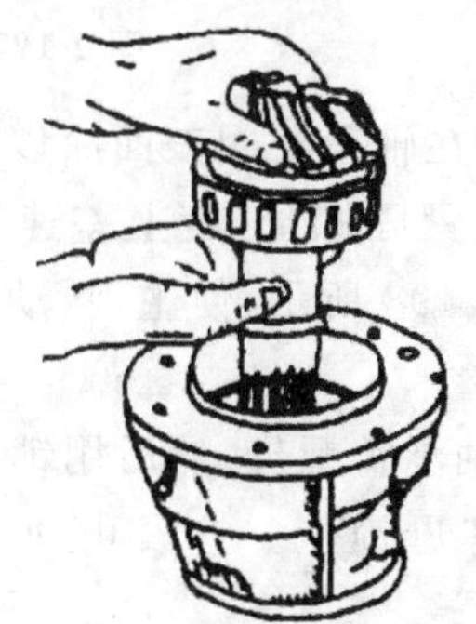
图 2-192　装主动锥齿轮

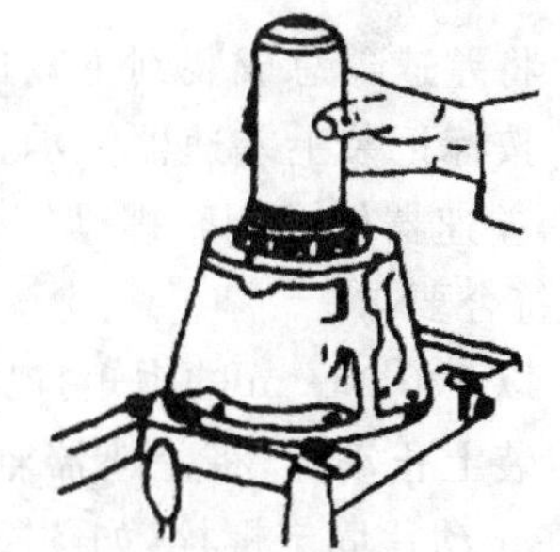
图 2-193　将前轴承压到主动锥齿轮轴上

⑦ 将油封外壳涂一层密封胶后压入油封座孔中，并在油封刃口上涂一层润滑油。

⑧ 装上凸缘止推垫圈、密封垫和油封座，并拧紧螺栓。

⑨ 装上主动锥齿轮凸缘、垫圈和螺母。

⑩ 用弹簧秤检测主动锥齿轮轴承的预紧度，如图 2-194 所示，预紧力矩为 1.5～3.5 N·m，相当于作用在凸缘孔处的圆周力为 25～58 N。当轴承预紧度不符合要求时，应进行调整。

⑪ 轴承预紧度调整好后，以 200～290 N·m 的力矩复紧主动锥齿轮凸缘螺母，并装好开口销将其锁止。

⑫ 按标记装上调整垫片和主动锥齿轮轴承座总成，如图 2-195 中箭头所示。

⑬ 将从动锥齿轮总成装入主减速器壳内。注意：从动锥齿轮应在主减速器壳内加油螺塞

一侧。

⑭ 在左、右从动锥齿轮轴承盖的轴承外圈涂一层润滑油，按原标记装上调整垫片及轴承盖，如图 2-196 所示，并以 80～90 N · m 的力矩拧紧轴承盖螺栓。

⑮ 用弹簧秤检测从动锥齿轮轴承及主动圆柱齿轮轴承的预紧度，如图 2-197 所示。预紧度为 1.5～3.5 N · m，如不符合，则应予以调整。

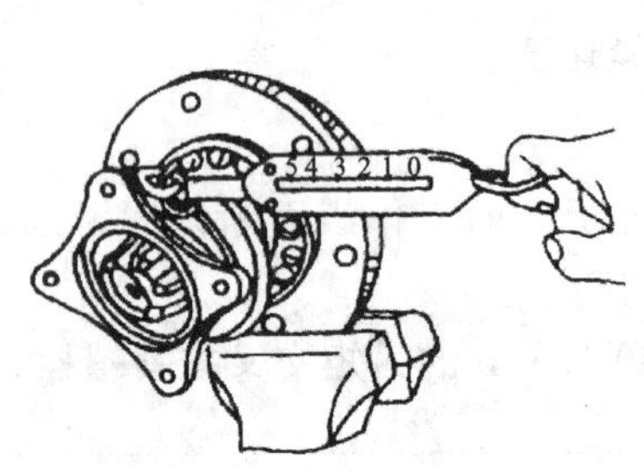

图 2-194 检测轴承预紧度

图 2-195 油孔位置对齐

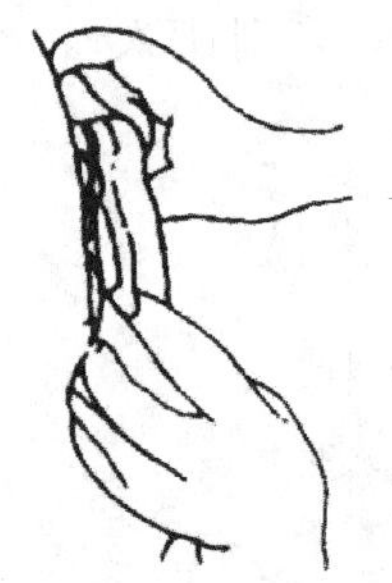

图 2-196 装复轴承盖

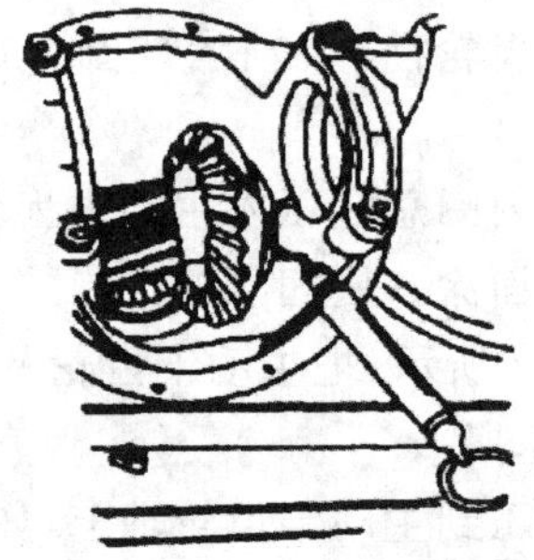

图 2-197 检测预紧度

⑯ 将差速器总成装到主减速器壳中，在轴承外圈表面涂以润滑油。

⑰ 按标记装上差速器轴承盖、锁片及紧固螺母，旋上差速器轴承调整螺母，并用专用工具将左、右差速器轴承调整螺母旋入，如图 2-198 所示，使主、从动圆柱齿轮对正，并使差速器轴承预紧度符合要求。

⑱ 以 170 N · m 的力矩拧紧差速器轴承盖螺母，然后用锁片锁住螺母。

⑲ 装上止动片，将差速器轴承调整螺母锁住。拧紧止动片固定螺栓后，将锁片的两角翻卷，锁住止动片固定螺栓，如图 2-199 所示。

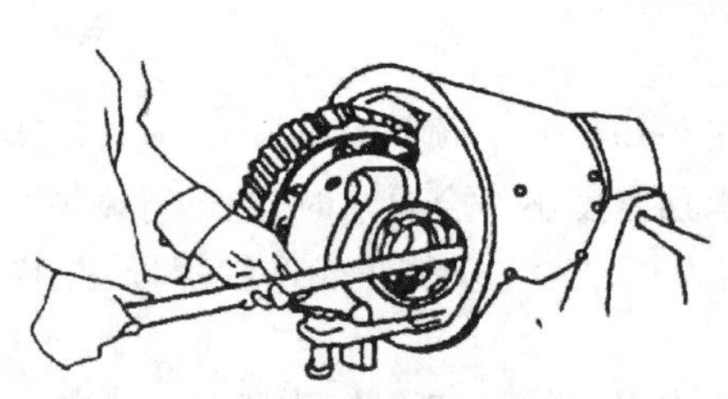

图 2-198 调整差速器轴承位置

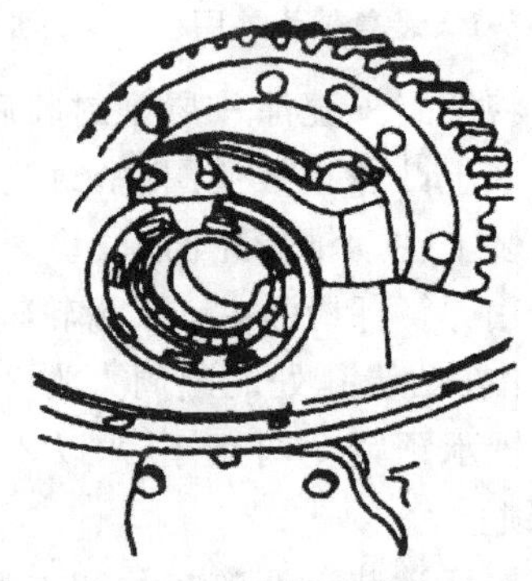

图 2-199 锁住止动片固定螺栓

⑳ 调整好主减速器和差速器后，用专用拆装小车将主减速器总成装车。

3）调整

(1) 调整轴承预紧度。

主动锥齿轮轴承预紧度可通过增减调整垫片的厚度来调整，加垫片则变松，减垫片则变紧。

中间轴的轴承预紧度可通过改变调整垫片和调整垫片的总厚度来调整，加垫片则变松，减垫片则变紧。

差速器壳的轴承预紧度靠拧动调整螺母来调整，旋入调整螺母则变紧，旋出则变松。

轴承预紧度的检查方法与前面所讲的东风 EQ1090 型汽车的一致。

(2) 调整锥齿轮啮合。

因为采用的是螺旋锥齿轮，所以锥齿轮啮合的调整方法与采用准双曲面齿轮的桑塔纳 2000 和东风 EQ1090 型汽车的不同。

同时调整啮合印痕和啮合间隙。先检查啮合印痕，方法与前面所讲的东风 EQ1090 型汽车啮合印痕检查的方法相同。然后按照“大进从，小出从，顶进主，根出主”的原则进行调整，如图 2-200 所示。啮合印痕调整合适后，若间隙不符，则通过轴向移动另一锥齿轮进行调整。

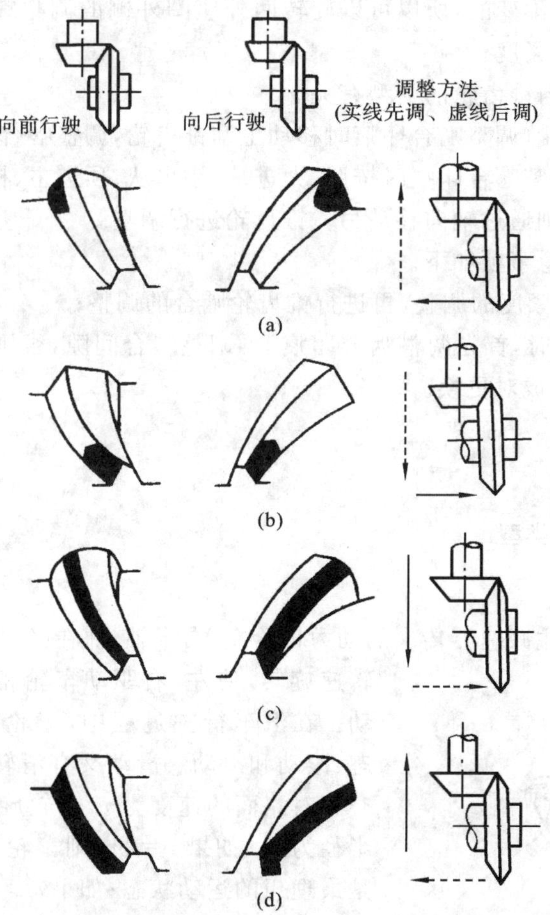

图 2-200 螺旋锥齿轮啮合的调整

当啮合印痕位于从动锥齿轮轮齿大端时，如图 2-200(a)所示，应将从动锥齿轮向主动锥齿轮靠拢，假如因此而使啮合间隙变小，可将主动锥齿轮向外移动。

当啮合印痕位于从动锥齿轮轮齿小端时，如图 2-200(b)所示，应将从动锥齿轮移离主动锥齿轮，假如因此而使啮合间隙变大，可将主动锥齿轮向内移动。

当啮合印痕位于从动锥齿轮轮齿顶部时，如图 2-200(c)所示，应将主动锥齿轮向从动锥齿轮靠拢，假如因此而使啮合间隙变小，可将从动锥齿轮向外移动。

当啮合印痕位于从动锥齿轮轮齿根部时，如图 2-200(d)所示，应将从动锥齿轮移离主动锥齿轮，假如因此而使啮合间隙变大，可将从动锥齿轮向内移动。

(3) 调整注意事项。

主减速器的调整包括圆锥滚子轴承预紧度的调整和锥齿轮啮合的调整，锥齿轮啮合的调整包括啮合印痕和啮合间隙的调整。

轴承预紧度的调整有一定规律可遵循，首先弄清楚圆锥滚子轴承内、外座圈中哪对座圈的位置是固定的，然后调整另一对座圈的相对位置即可，一般是通过调整垫片和调整螺母进行调整。例如，东风 EQ1090 型汽车单级主减速器主动锥齿轮圆锥滚子轴承的外座圈支承在轴承座上，两外座圈的相对位置是不变的，所以只能调整两内座圈的相对位置，使两内座圈的距离缩短(减小两内座圈之间调整垫片的厚度)则轴承预紧度增大(变紧)，反之则轴承预紧度减小(变松)。对于解放 CA1092 型汽车双级主减速器差速器壳的圆锥滚子轴承来说，两内座圈支承在差速器壳上，相对位置是不变的，所以可以旋转两外座圈外侧的调整螺母来改变两外座圈的相对位置，从而调整轴承预紧度。

锥齿轮啮合的调整与锥齿轮的类型有关。

对于准双曲面锥齿轮，调整啮合印痕时移动主动锥齿轮，调整啮合间隙时移动从动锥齿轮。

对于螺旋锥齿轮，调整啮合印痕时按照“大进从、小出从、顶进主、根出主”方法进行，啮合印痕合适后，若间隙不符，则通过轴向移动另一锥齿轮进行调整。

主减速器调整的注意事项如下。

① 要先进行轴承预紧度的调整，再进行锥齿轮啮合的调整；

② 锥齿轮啮合调整时，首先调整啮合印痕，再调整啮合间隙，否则将加剧齿轮磨损。但当啮合间隙超过规定时，应成对更换。

三、差速器

1. 差速器的功能与类型

1) 功能

差速器的功能是将主减速器传来的动力传给左、右半轴，并在必要时允许左、右半轴以不同转速旋转，使左、右驱动车轮相对地面纯滚动而不是滑动。在汽车行驶过程中，车轮相对路面有两种运动状态：滚动和滑动。滑动又有滑转和滑移两种。设车轮中心相对路面的速度为 v，车轮旋转角速度为 ω，车轮滚动半径为 r。如果 $v=\omega r$，则车轮对路面的运动为滚动，这是最理想的运动状态；如果 $\omega>0$，但 $v=0$，则车轮的运动为滑转；如果 $v>0$，但 $\omega=0$，则车轮的运动为滑移。

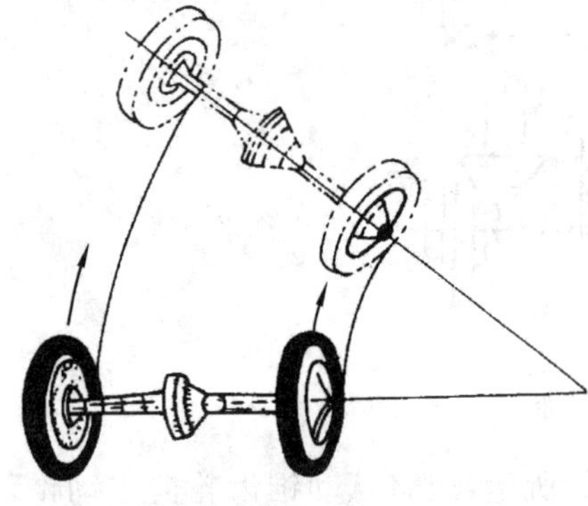

图 2-201　汽车转向时驱动车轮的运动示意图

当汽车转弯行驶时，内、外两侧车轮中心在同一时间内移过的曲线距离显然不同，即外侧车轮移过的距离大于内侧车轮移过的距离，如图 2-201 所示。若两侧车轮都固定在同一刚性转轴上，两轮角速度相等，则此时外轮必然是边滚动边滑移，内轮必然是边滚动边滑转。同样，汽车在不平路面上直线行驶时，两侧车轮实际移过的曲线距离也不相等。因此，在角速度相同的条件下，在波形较显著的路面上运动的一侧车轮是边滚动边滑移，另一侧车轮则是边滚动边滑转。即使路面非常平直，但由于轮胎制造尺寸误差、磨损程度不同、承受的载荷不同或充气压力不等，各个轮胎的滚动半径实际上不可能相等，因此，只要各车轮角速度相等，车轮对路面的滑动就必然存在。

车轮对路面的滑动不仅会加速轮胎磨损、增加汽车的动力消耗，而且可能导致转向和制动性能的恶化。所以，在正常行驶条件下，应使车轮尽可能不发生滑动，差速器的作用就在于此。

2）类型

差速器按其工作特性，可分为普通齿轮差速器和防滑差速器两大类。

2. 普通齿轮差速器

1）结构

目前，应用最广泛的普通齿轮差速器为锥齿轮差速器。桑塔纳2000轿车差速器由差速器壳、行星齿轮轴、行星齿轮、半轴齿轮、复合式推力垫片等组成，如图2-202所示。行星齿轮轴装入差速器壳体后用止动销定位。行星齿轮和半轴齿轮的背面制成球面，与复合式推力垫片相配合使用。螺纹套用于紧固半轴齿轮。差速器通过一对圆锥滚子轴承支承在变速器壳体中。

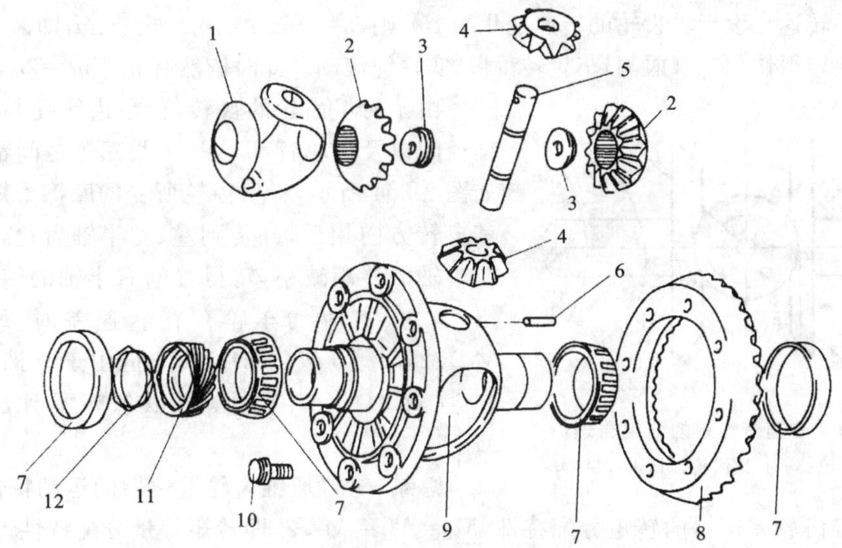

图2-202 桑塔纳2000轿车差速器的结构

1—复合式推力垫片；2—半轴齿轮；3—螺纹套；4—行星齿轮；5—行星齿轮轴；6—止动销；7—圆锥滚子轴承；8—主减速器从动锥齿轮；9—差速器壳；10—螺栓；11—车速表齿轮；12—车速表齿轮锁紧套筒

2）工作原理

图2-203所示为差速器的运动原理，图2-204所示为差速器转矩的分配原理。主减速器传来的动力带动差速器壳（转速为n_0）转动，经过行星齿轮轴、行星齿轮、半轴齿轮、半轴（转速分别为n_1和n_2），最后传给两侧驱动车轮。

（1）汽车直线行驶时。

汽车直线行驶时两侧驱动车轮所受到的地面阻力相同，并经半轴、半轴齿轮反作用于行星齿轮两啮合点A和B，如图2-203所示。这时行星齿轮相当于等臂杠杆，即行星齿轮不自转，只随差速器壳和行星齿轮轴一起公转，两半轴无转速差，即$n_1=n_2=n_0$，$n_1+n_2=2n_0$。

同样，由于行星齿轮相当于等臂杠杆，主减速器传动差速器壳体上的转矩M_0等分给两半轴

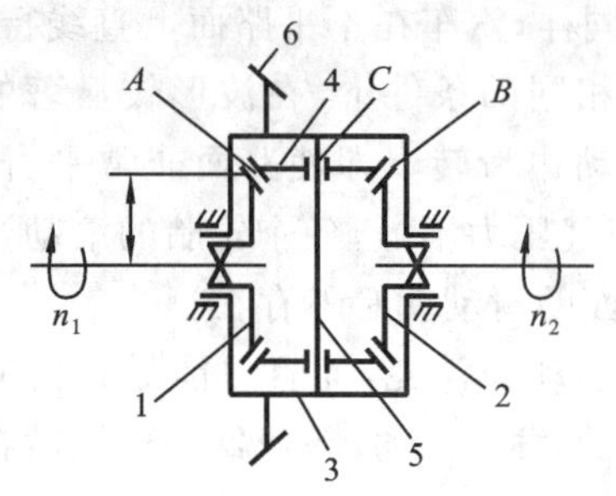

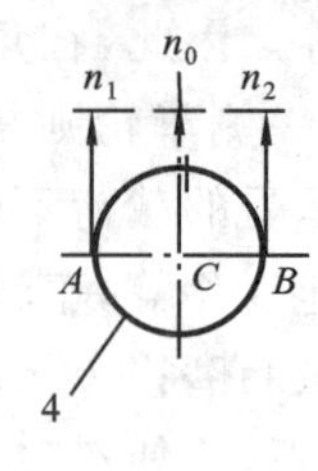

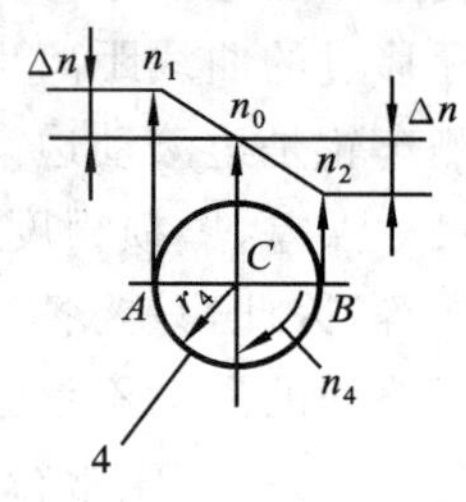

图 2-203 差速器的运动原理

1、2—半轴齿轮；3—差速器壳；4—行星齿轮；5—行星齿轮轴；6—主减速器从动齿轮

齿轮(半轴)，即 $M_1=M_2=M_0/2$。

(2) 汽车转向行驶时。

汽车转向行驶时两侧驱动车轮所受到的地面阻力不同。如果车辆右转，右侧(内侧)驱动车轮所受的阻力大，左侧(外侧)驱动车轮所受的阻力小。这两个阻力经半轴、半轴齿轮反作用于行星齿轮两啮合点 A 和 B，如图 2-203 所示，使行星齿轮除了随差速器壳公转外还顺时针自转，设自转转速为 n_4，则左半轴齿轮的转速升高，右半轴齿轮的转速降低，且左半轴齿轮升高的转速等于右半轴齿轮降低的转速。设半轴齿轮的转速变化为 Δn，则 $n_1=n_0+\Delta n$，$n_2=n_0-\Delta n$，即汽车右转时，左侧(外侧)车轮转得快，右侧(内侧)车轮转得慢，实现纯滚动。此时依然有 $n_1+n_2=2n_0$。

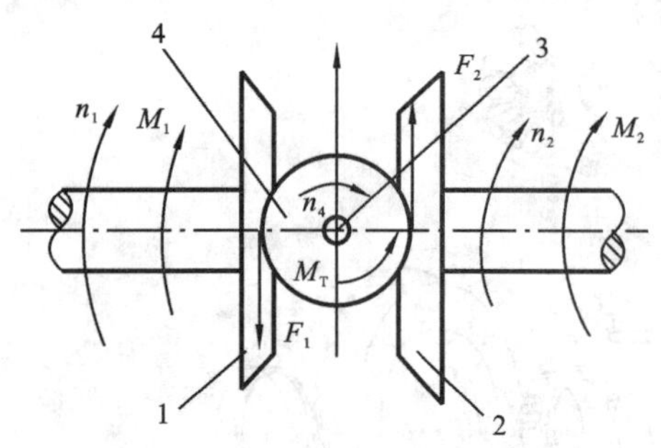

图 2-204 差速器转矩的分配原理

1、2—半轴齿轮；3—行星齿轮轴；4—行星齿轮

由于行星齿轮的自转，行星齿轮孔与行星齿轮轴轴径间以及齿轮背部与差速器壳体之间都产生摩擦。如图 2-204 所示，行星齿轮所受的摩擦力矩 M_T 方向与其自转方向相反，并传到左、右半轴齿轮，使转得快的左半轴的转矩减小，转得慢的右半轴的转矩增大。所以，当左、右驱动车轮存在转速差时，$M_1=(M_0-M_T)/2$，$M_2=(M_0+M_T)/2$。但由于有推力垫片的存在，实际中的 M_T 很小，可以忽略不计，$M_1=M_2=M_0/2$。

总结：①普通锥齿轮差速器的运动特性，$n_1+n_2=2n_0$；②普通锥齿轮差速器的转矩分配特性，$M_1=M_2=M_0/2$，即转矩等量分配特性。

普通锥齿轮差速器的转矩等量分配的特性，对汽车在好路面上行驶是有利的，但对汽车在坏路面上行驶却会产生严重影响。例如，当汽车的一个驱动轮处于泥泞路面因附着力小而原地打滑时，即使另一驱动轮处于附着力大的路面上未滑转，汽车仍不能行驶。这是因为附着力小的路面只能对驱动轮作用一个很小的反作用力矩，而驱动转矩也只能等于这一很小的反作用力矩。由于差速器等量分配转矩的特性，附着力好的驱动轮也只能分配到同样小的转矩，以致总的牵引力不足以克服行驶阻力，汽车便不能前进。

为了提高汽车通过坏路面的能力，可采用防滑差速器。当汽车某一侧驱动轮发生滑转时，差速器的差速作用即被锁止，并将大部分或全部转矩分配给未滑转的驱动轮，充分利用未滑转车轮与地面之间的附着力，以产生足够的牵引力使汽车继续行驶。

3. 防滑差速器

奔驰四驱系统前差速器的结构如图 2-205 所示。差速器是一种巧妙的机械结构，能把相同大小的驱动力分配给两根转速不同的轴，但也正因为它具有这个特点，当其一半轴上的车轮打滑时，或者说某一半轴上的驱动力为零时，由于差速器具有保证两轴驱动力相等的作用，不打滑的驱动轮上的驱动力势必也要为零。这样的结果是，汽车仍不能从困境中脱险。此时无论如何踩加速踏板都不能使汽车前进，只能在打滑车轮下垫干土、碎石、树枝、干草等，增大打滑车轮的行驶阻力，让差速器重新分配驱动力，以使汽车脱离险境。

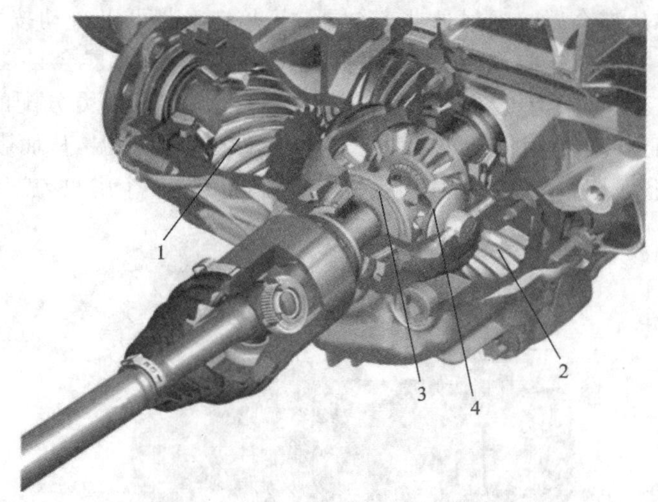

图 2-205　奔驰四驱系统前差速器的结构

1—动力输入主动齿轮；2—动力输入从动齿轮；3—侧齿轮；4—行星齿轮

为了应对差速器的弱点，解决方案一是采用限滑差速器(LSD)，减小差速器的作用；解决方案二是干脆将差速器锁死，不让它起丝毫的差速作用。如果将轮间差速器锁死，则左右两个车轮会同速旋转；如果将轴间差速器(又称中央差速器)锁死，则前轮和后轮保持同样的转速。如果能将四驱车的前差速器、后差速器和中央差速器全部锁死，那么，即使有三个车轮打滑，汽车也能摆脱困境。

1）差速器锁

为了克服差速器可能造成车轮打滑而无法脱困的弱点，人们发明了差速器锁。奔驰G级2013款差速器锁如图2-206所示，可以实现车轮、车轴之间的动力差速切换。现在某些高档轿车还能根据车辆的行驶路况的变化等因素，自动进行动力的切换。

图 2-206　奔驰G级2013款差速器锁

2）限滑差速器

当中央差速器的锁死装置分离和接合时，会影响汽车的行驶稳定性，许多四驱汽车在锁死差速器时都要求降低车速甚至停车后才能操作。后来人们又发明了限滑差速器（LSD），它的启动更柔和，行驶中的稳定性和舒适性较好，城市 SUV 和四驱轿车基本都采用限滑差速器。限滑差速器壳体中有多片离合器。通过这些离合器，中央差速器可以自动按照比例主动向前、后桥分配动力。一旦某一组车轮打滑，借助轮速差的作用，限滑差速器会自动把部分动力分配给不打滑的那组车轮。不过，限滑差速器往往是通过摩擦片来实现动力分配的，如图 2-207 所示。在重负荷、高强度越野状况下，由于摩擦片的长时间工作会产生高温，从而影响到限滑差速器的可靠性，因此即使配备了限滑差速器的四驱汽车，也会再配置一个中央差速器锁。

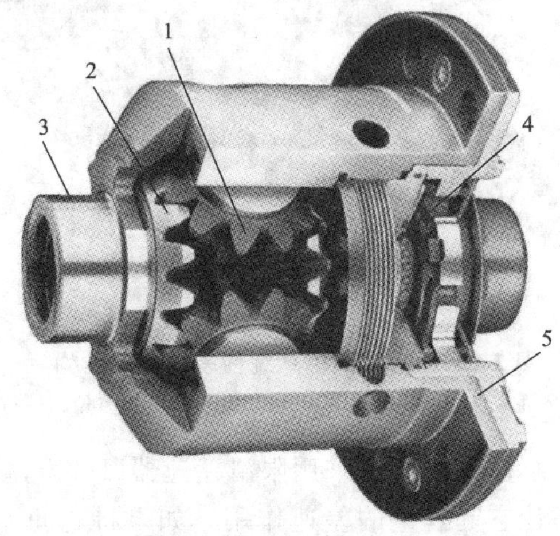

图 2-207　带摩擦片的限滑差速器

1—差速器行星齿轮；2—差速器侧齿轮；3—传动轴；4—摩擦片；5—传动轴凸缘

3）托森 C 型中央差速器

奥迪 Quattro 四轮驱动系统一直采用托森差速器作为中央差速器，并随着托森差速器的进步而进步。托森 C 型中央差速器如图 2-208 所示，它是将驱动力从前往后传递的全轮驱动车辆的中央差速器。与普通的速度感应式限滑差速器不同，托森 C 型中央差速器具有全时转矩感

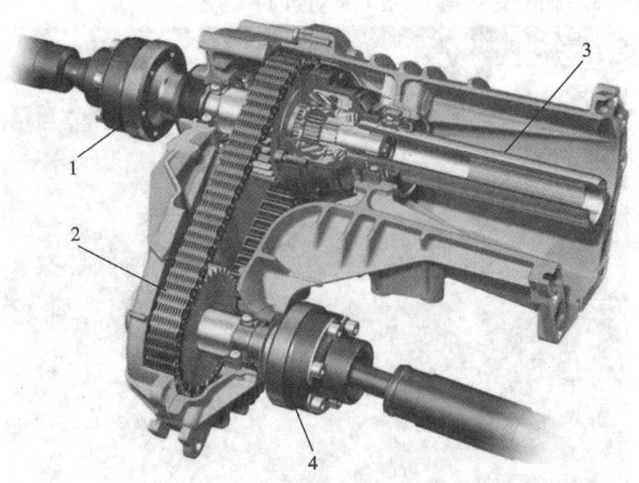

图 2-208　托森 C 型中央差速器

1—后传动轴；2—传动带；3—动力输入轴；4—前传动轴

应功能，前轴和后轴上的转矩分配可以根据道路行驶情况的变化而实时变化。当任何车轮打滑之前，托森C型中央差速器便自动地将动力向抓地力最大的车轮转移。托森C型中央差速器没有离合装置，也不需要预负载，依靠机械设计就能及时做出反应。

4）冠形齿轮中央差速器

奥迪冠形齿轮中央差速器如图2-209所示。它比托森C型中央差速器性能更好，质量更小。冠形齿轮中央差速器中有两个冠形齿轮并相扣在一起。它们的外侧分别通过平行轴与前传动轴和后传动轴相连，分别负责向前轮和后轮传递驱动力。它们的内侧与组成十字形的四个小齿轮啮合。由于两个冠形齿轮与中间小齿轮的啮合点高低不同，后冠形齿轮的啮合点高，前冠形齿轮的啮合点低，根据杠杆原理，力臂更长的后冠形齿轮得到的力矩就较大。因此，在正常条件下，虽然两个冠形齿轮以同样转速旋转（四个小齿轮自身并不旋转），但向后轴和前轴传递的动力却不同。当某个车轴出现滑动时，两个冠形齿轮的转速就会不同，导致四个小齿轮产生自转，进而导致两端的离合器片相互挤压，从而产生自锁反应，最终改变传向后轴和前轴的驱动力分配比例。

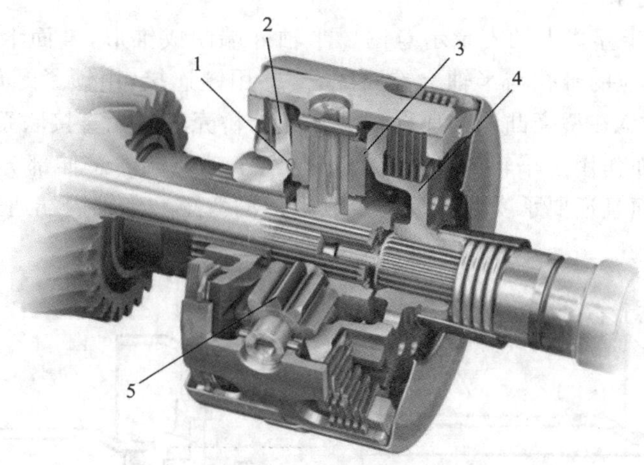

图2-209 奥迪冠形齿轮中央差速器

1—前冠形齿轮啮合点；2—前冠形齿轮；3—后冠形齿轮啮合点；4—后冠形齿轮；5—中间小齿轮

四、半轴和桥壳

1. 半轴的功能

半轴的功能是将差速器传来的动力传给驱动轮。因其传递的转矩较大，常制成实心轴。如果半轴断裂，则汽车无法起步、行驶。

2. 半轴的结构

半轴的结构（见图2-210）因驱动桥结构形式的不同而异。整体式驱动桥中的半轴为一刚性整轴，而转向驱动桥和断开式驱动桥中的半轴则分段并用万向节连接。半轴内端一般制有外花键，并与半轴齿轮连接。半轴外端有的直接在轴端锻造出凸缘盘，也有的制成花键并与单独制成的凸缘盘滑动配合，还有的制成锥形并通过键和螺母与轮毂固定连接。

3. 半轴的支承形式

现代汽车常采用全浮式和半浮式两种半轴支承形式。

1）全浮式半轴支承

全浮式半轴支承广泛应用于各型货车上，图2-211所示为全浮式半轴支承示意图。这种支

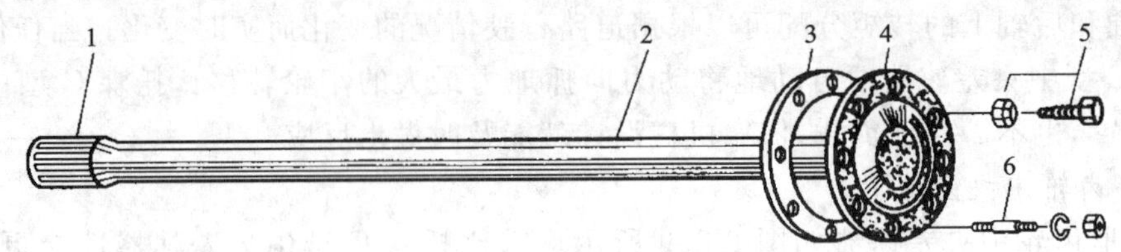

图 2-210 半轴的结构

1—花键；2—杆部；3—垫圈；4—半轴凸缘；5—半轴起拔螺栓；6—半轴紧固螺栓

承形式，半轴与桥壳没有直接联系。半轴内端用花键与半轴齿轮套合，并通过差速器壳支承在主减速器壳的座孔中，不承受其他任何反力和弯矩，所以称为全浮式半轴支承。所谓“浮”是对卸除半轴的弯曲载荷而言的。

全浮式半轴支承便于拆装，只需拧下半轴凸缘上的轮毂螺栓，即可将半轴抽出，而车轮和桥壳照样能支持住汽车。

2）半浮式半轴支承

图 2-212 所示为半浮式半轴支承示意图。半轴外端制成锥形，锥面上铣有键槽，最外端制有螺纹。轮毂以其相应的锥孔与半轴上锥面配合，并用键连接，用锁紧螺母紧固。半轴用一个圆锥滚子轴承直接支承在桥壳凸缘的座孔内。车轮与桥壳之间无直接联系，而支承于悬伸出的半轴外端。因此，地面作用于车轮的各种反力都须经半轴外端的悬伸部分传给桥壳，使半轴外端不仅要承受转矩，而且还要承受各种反力及其形成的弯矩。半轴内端通过花键与半轴齿轮连接，不承受弯矩。

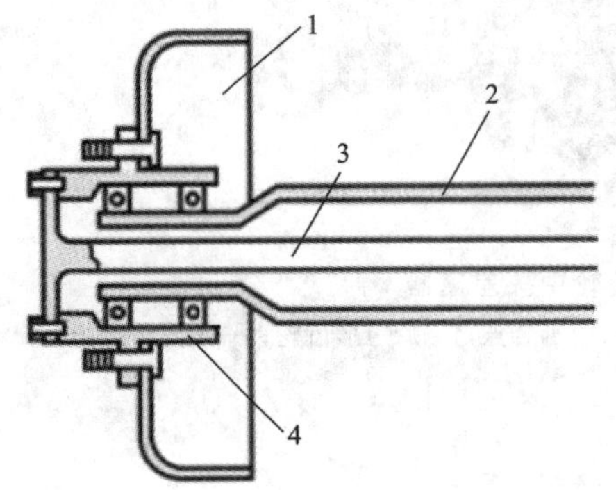

图 2-211 全浮式半轴支承示意图

1—制动鼓；2—桥壳；3—半轴；4—轮毂

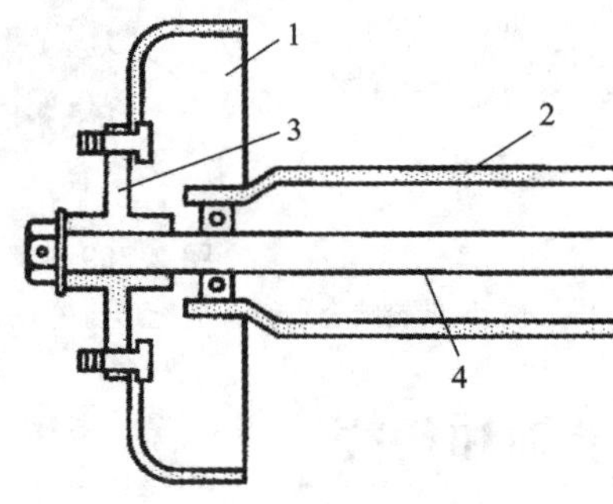

图 2-212 半浮式半轴支承示意图

1—制动鼓；2—桥壳；3—轮毂；4—半轴

半浮式半轴支承结构简单，但半轴受力情况复杂且拆装不便，多用于反力、弯矩较小的各类轿车上。

4. 半轴的检修

（1）半轴应进行隐伤检查，不得有任何形式的裂纹存在。

（2）半轴花键应无明显的扭转变形。

（3）以半轴轴线为基准，半轴中段未加工圆柱体径向圆跳动误差不得大于 1.3 mm；花键外圆柱面的径向圆跳动误差不得大于 0.25 mm；半轴凸缘内侧端面圆跳动误差不得大于 0.15 mm。径向圆跳动超限，应进行冷压校正；端面圆跳动超限，可车削端面进行修正。

（4）半轴花键的侧隙增大量较原厂规定不得大于 0.15 mm。

（5）对前轮驱动汽车的半轴总成（带两侧等角速万向节）还应进行以下检修：

① 外端球笼万向节用手感检查应无径向间隙，否则应予更换；

② 内侧三叉式万向节可沿轴向滑动，但应无明显的径向间隙感，否则应换新件；

③ 防尘套是否有老化破裂，卡箍是否有效、可靠。

五、桥壳

1. 桥壳的功能

驱动桥壳既是传动系统的组成部分，也是行驶系统的组成部分。作为传动系统的组成部分，其功能是保护主减速器、差速器和半轴。作为行驶系统的组成部分，其功能是安装悬架或轮毂，与从动桥一起支承汽车悬架以上各部分质量，承受驱动轮传来的反力和力矩，并在驱动轮与悬架之间传力。

由于桥壳承受较复杂的载荷，因此要求桥壳应具有足够的强度和刚度，质量小，还要便于主减速器的拆装和调整。

2. 桥壳的类型

驱动桥壳可分为整体式桥壳和分段式桥壳两种类型。

(1) 整体式桥壳一般是铸造而成的，具有较高的强度和刚度，且便于主减速器的拆装和调整。其缺点是质量大，铸造质量不易保证。因此，整体式桥壳适用于中型以上货车。

(2) 分段式桥壳一般分为两段，由螺栓将两段连成一体。分段式桥壳最大的缺点是拆装、维修主减速器和差速器十分不便，必须把整个驱动桥从车上拆下来。分段式桥壳现已很少应用。

3. 桥壳的检修

(1) 桥壳和半轴套管不允许有裂纹存在，半轴套管应进行探伤处理。各部分螺纹损伤不得超过 2 牙。

(2) 钢板弹簧座定位孔的磨损不得大于 1.5 mm，超限时先进行补焊，然后按原位置重新钻孔。

(3) 整体式桥壳以半轴套管的两内轴颈的公共轴线为基准，两外轴颈的径向圆跳动误差超过 0.30 mm 时应进行校正，校正后的径向圆跳动误差不得大于 0.08 mm。

(4) 分段式桥壳以桥壳的接合圆柱面、接合平面及另一端内锥面为基准，轮毂的内外轴颈的径向圆跳动误差超过 0.25 mm 时应进行校正，校正后的径向圆跳动误差不得大于0.08 mm。

(5) 桥壳承孔与半轴套管的配合及伸出长度应符合原厂规定，如半轴套管承孔的磨损严重，可将座孔镗至修理尺寸，更换相应的修理尺寸半轴套管。

(6) 滚动轴承与桥壳的配合应符合原厂规定。

六、驱动桥的故障诊断与排除

驱动桥的主减速器、差速器、半轴、轴承和油封等长期承受冲击载荷，使其各配合副磨损严重、各零部件损坏，导致驱动桥过热、异响和漏油等故障发生。

1. 过热

1) 现象

汽车行驶一段里程后，用手探试驱动桥壳中部或主减速器壳，有无法忍受的烫手感觉。

2) 原因

(1) 齿轮油变质、油量不足或牌号不符合要求。

(2) 轴承调整过紧。

(3) 齿轮啮合间隙和行星齿轮与半轴齿轮啮合间隙调整太小。

(4) 推力垫片与主减速器从动齿轮背隙过小。

(5) 油封过紧和各运动副、轴承润滑不良而产生干(或半干)摩擦。

3) 故障诊断与排除

检查驱动桥中各部分受热情况。

(1) 局部过热。

① 如油封处过热,则故障由油封过紧引起。

② 如轴承处过热,则故障由轴承损坏或调整不当引起。

③ 如油封和轴承处均不过热,则故障由推力垫片与主减速器从动齿轮背隙过小引起。

(2) 普遍过热。

① 检查齿轮油油位,如果油位太低,则故障由齿轮油油量不足引起。

② 当齿轮油油位符合要求时,再检查齿轮油规格、黏度或润滑性能。若检查结果为不符合要求,则故障由齿轮油变质或规格不符引起。

③ 当齿轮油油位及齿轮油规格、黏度或润滑性能等均符合要求时,再检查主减速器齿轮啮合间隙的大小。松开驻车制动器,变速器置于空挡,轻轻转动主减速器的凸缘盘,若转动角度太小,则故障由主减速器齿轮啮合间隙太小引起;若转动角度正常,则故障由差速器行星齿轮与半轴齿轮啮合间隙太小引起。

2. 漏油

1) 现象

从驱动桥加油口、放油口螺塞处或油封、各接合面处可见到明显漏油痕迹。

2) 原因

(1) 加油口、放油口螺塞松动或损坏。

(2) 油封磨损、硬化,油封装反,油封与轴颈不同轴等。

(3) 接合面变形、加工粗糙,密封衬垫太薄、硬化或损坏,紧固螺钉松动或损坏。

(4) 通气孔堵塞。

(5) 桥壳有铸造缺陷或裂纹。

(6) 齿轮油加注过多,运转中壳体内压增高,使齿轮油渗出。

3) 故障诊断与排除

根据漏油痕迹部位判断漏油的具体原因。

3. 异响

1) 现象

(1) 行驶时驱动桥有异响,脱挡滑行时异响减小或消失。

(2) 行驶时驱动桥有异响,脱挡滑行时也有异响。

(3) 汽车直线行驶时无异响,当汽车转弯行驶时驱动桥处有异响。

(4) 汽车上坡或下坡时后桥有异响,或上、下坡时驱动桥都有异响。

(5) 车轮有运转噪声或沉重的异响。

2) 原因

(1) 圆锥和圆柱主、从动齿轮,行星齿轮,半轴齿轮啮合间隙过大;半轴齿轮花键槽与半轴的配合松旷;主、从动锥齿轮啮合不良;圆锥和圆柱主、从动齿轮啮合间隙不均;齿轮齿面损伤或轮齿折断。

(2) 主动锥齿轮轴承松旷；主动圆柱齿轮轴承松旷；差速器圆锥滚子轴承松旷；后桥中某个轴承由于预紧力过大，导致间隙过小；主、从动锥齿轮调整不当，间隙过小。

(3) 差速器行星齿轮半轴齿轮不匹配，使其啮合不良；行星齿轮、半轴齿轮磨损或折断；差速器十字轴轴颈磨损；行星齿轮支承垫圈磨薄；行星齿轮与差速器十字轴卡滞或装配不当(如行星齿轮支承垫圈过厚)，使行星齿轮转动困难；减速器从动齿轮与差速器壳的紧固铆钉松动。

(4) 驱动桥某一部位的齿轮啮合间隙过小，导致汽车上坡时发响；后桥某一部位的齿轮啮合间隙过大，导致汽车下坡时发响；后桥某一部位的齿轮啮合印痕不当或齿轮轴支承轴承松旷，导致汽车上、下坡时都发响。

(5) 车轮轮毂轴承损坏，轴承外圈松动；制动鼓内有异物；车轮轮辋破碎；车轮轮辋轮胎螺栓孔磨损过大，使轮辋固定不牢。

3) 故障诊断与排除

根据异响部位的不同判断异响的具体原因。

七、驱动桥的维护

1. 驱动桥的检查

1) 检查是否漏油

检查的重点部位包括壳体的接合面处、轴或里程表从动绳索伸出的区域、油封处、排油塞和加注塞。

检查方法：一般将上述部位用干净抹布擦拭干净，然后行驶一段时间再检查这些部位是否存在漏油情况。

2) 检查油位

拆下变速驱动桥的加注塞，将手指插入孔中，检查油与手指的接触位置，一般齿轮油的液面高度应在加注孔下 0～5 mm。

3) ATF 的更换

(1) 拆下加注塞、排油塞及所带的垫片，将 ATF 排放到规定的容器中。

(2) ATF 排净后，用新垫片重新安装排油塞。

(3) 重新加注规定量的 ATF。

(4) 用新垫片重新安装加注塞。

注意：拆下的加注塞和排油塞垫片不能重复使用。

2. 驱动轴的检查

1) 检查万向节

转动左、右驱动车轮，万向节处应无异响且车轮转动自如。

2) 检查驱动轴护套

(1) 手动扳动车轮使车轮完全转向一侧，检查驱动轴护套是否有任何裂纹或其他损坏。

(2) 检查护套卡箍是否安装正确且无损坏。

(3) 检查护套处是否有油脂渗漏。

【实训活动】

实训条件：多媒体教学设备和课件、网络教学资源、维修资料、实训车、举升机、千斤顶、汽车维修基本工具。

实训车状态：一辆别克凯越自动挡轿车，该车行驶时底盘有明显机械噪声，且随转速的突变声音变大。经检查，发现半轴万向节防尘罩破损，需要对半轴进行检修。

1. 实训准备

(1) 实训车：别克凯越轿车。

(2) 实训工具及器材：组合工具、百分表、V 形块、螺旋测微器、量缸表、齿轮油、测隙规、游标卡尺等。

(3) 掌握本次实训课所用仪器及设备的使用方法。

(4) 牢记实训中的安全注意事项。

2. 实训流程

驱动桥故障会造成驱动桥过热、漏油、异响等现象。实训教师可根据实训条件对汽车驱动桥进行检测，然后设置一些驱动桥常见故障。在实训教师的监督下，学生独立完成故障的诊断与排除。最后由教师充当客户模拟一个或几个故障场景，学生分别扮演维修工向客户说明故障诊断结果。

(1) 学生分析并说出检查步骤和方法。

① 检查驱动桥油封。

② 检查变速器油量和油质。

③ 检查万向节性能。

(2) 学生思考下列问题，并向教师陈述答案。

① 根据检查情况，分析出可能导致上述故障的原因。

② 如何确定上述故障？

③ 对检查结果进行理论分析。

3. 实训记录

(1) 回答教师的现场提问，接受教师的技能考核。

(2) 完成实训任务后，对实训过程进行自我评价和小组互评，听取教师的点评。

(3) 清洁实训场所，清点、维护工具及设备，完成任务交接。

项目 3
汽车行驶系统检修

知识目标

（1）熟悉车架和车桥的结构。

（2）掌握车架和车桥的工作原理。

（3）掌握四轮定位的概念，会运用四轮定位检测方法。

能力目标

（1）能正确识别行驶系统各组成部件，了解行驶系统各组成部件的安装顺序及各部件的相互关系。

（2）能区分车架和车桥的类型，描述各种类型的特点。

（3）会检修汽车悬架系统。

（4）会进行四轮定位检测，并调整相关参数。

学习任务1　认识汽车行驶系统

一、行驶系统的组成与功能

大多数汽车采用轮式行驶系统，其结构特点是通过轮胎直接与地面接触来支承车辆，并通过轮胎的滚动使汽车行驶。行驶系统一般由车架、车桥、车轮和悬架等组成，如图3-1所示。车架是全车装配与支承的基础，它将汽车的各相关总成连接成一个整体，并与行驶系统共同支承汽车的重量。车轮安装在驱动桥和从动桥上，支承着车桥等。为了减小汽车在行驶中受到的各种冲击和振动，车桥和车架之间通过弹性元件——悬架进行连接。为了提高舒适性，一些轿车采用断开式车桥，两侧车轮的心轴分别通过各自的弹性元件与车架连接，受力作用时互不干扰。

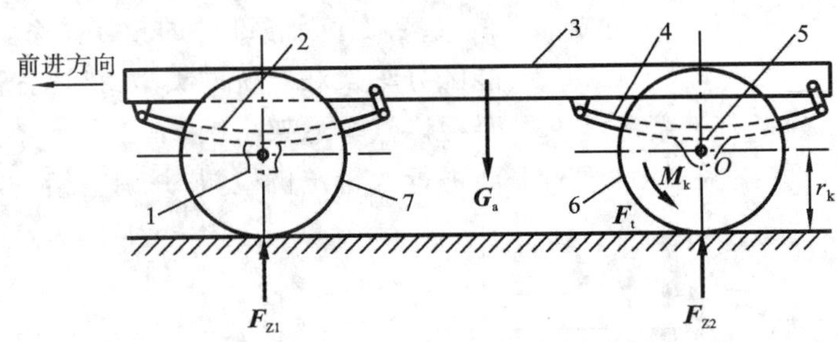

图3-1　行驶系统部分受力情况

1—从动桥；2—前悬架；3—车架；4—后悬架；5—驱动桥；6—后轮；7—前轮

二、行驶系统的受力分析

汽车行驶系统的受力情况分析如下：如图3-1所示，在垂直方向上，受到汽车重力G_a，并通过车架、悬架、车桥和车轮传到地面，同时引起的地面垂直反力F_{Z1}、F_{Z2}分别作用于从动车轮和驱动车轮上；在水平方向上，发动机的动力通过传动系统传到驱动车轮上，产生转矩M_k，通过轮胎与地面的附着作用，产生推动汽车前进的纵向反力——牵引力F_t，汽车在此力的作用下行驶。汽车在制动时，同样产生一个与M_k相反的制动力矩，作用于车轮上，产生一个与汽车行驶方向相反的制动力，迫使汽车减速或停车。

汽车的牵引力F_t须克服驱动轮本身所遇到的滚动阻力，由驱动轮经驱动桥、驱动悬架、车架及从动悬架传给从动桥，使从动车轮克服其滚动阻力而使汽车行驶，足够大的牵引力F_t经过上述传动路线把动力传给从动轮后，并克服空气阻力、坡道阻力、加速阻力等，汽车才能保持前进。

由于驱动力作用在驱动轮与地面接触处，此力对车轮中心产生的反力矩，使汽车前进时具有向上抬起的趋势，从而使作用于前轮上的垂直载荷减小，作用于后轮上的垂直载荷增大。汽车突然加速行驶时，这种作用更加明显。

汽车制动时，地面作用于车轮上产生一个与汽车行驶方向相反的制动力，同样有使汽车后部向上抬起、前部下沉的趋势，从而使作用于后轮上的垂直载荷减小，作用于前轮上的垂直载荷增大。紧急制动时，这种作用尤其明显。

汽车转弯或在路面弯度较大的道路上行驶时，由于离心现象或汽车重力G_a在横向坡道上的分力的作用，使汽车具有侧向滑动趋势，路面将阻止车轮侧滑而产生路面作用于车轮的侧向力，此力由行驶系统来传递和承受。

综上所述，汽车行驶系统的功能是将汽车连成一个整体并支承汽车的总质量，将传动系统传来的转矩转化为使汽车平顺行驶的驱动力；承受并传递路面作用于车轮上的各种反力和力矩；缓冲振动，保证汽车平顺行驶。此外，它还与转向系统配合，正确控制汽车的行驶方向。

学习任务2　车架、车桥的结构与检修

一、车架的功能、类型与结构

1. 车架的功能

车架俗称“大梁”，它是汽车的装配基体，汽车绝大多数的零部件、总成都要安装在车架上。另外，车架不仅承受各零部件、总成的载荷，还要承受汽车行驶时来自路面各种复杂载荷的作用，如汽车加速、制动时的纵向力，汽车转弯时的侧向力，不良路面传来的冲击等。所以，车架的功用可以概括为两点：一是支承和连接汽车各零部件、总成；二是承受车内、外各种载荷的作用。

2. 车架的类型和结构

汽车上采用的车架有四种类型：边梁式车架、无梁式车架、中梁式车架和综合式车架。目前汽车上多采用边梁式车架和无梁式车架。

1）边梁式车架

边梁式车架如图3-2所示，它由两根纵梁和若干根横梁构成。纵梁和横梁通过铆接或焊接的方法连接起来。这种车架结构简单，便于整车的布置，所以在各种类型的汽车上都广泛应用。

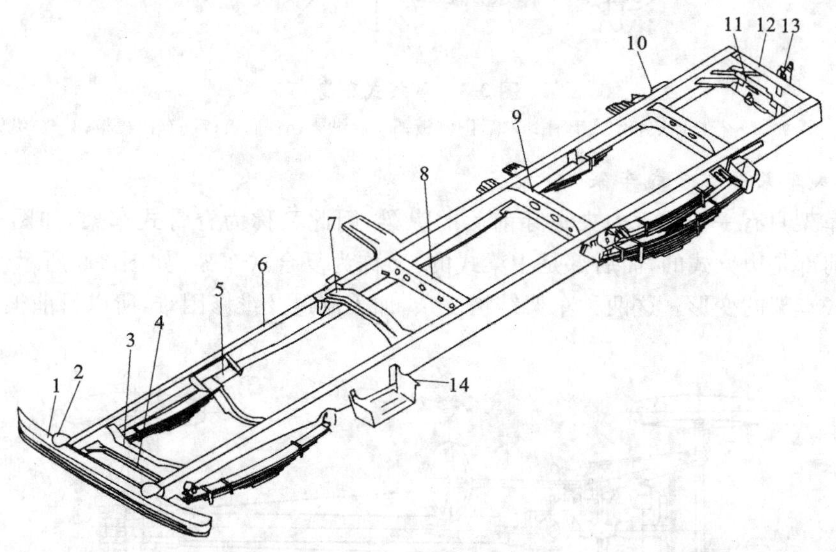

图3-2　边梁式车架

1—保险杠；2—挂钩；3—前横梁；4—发动机前悬置横梁；5—发动机后悬置支架及横梁；6—纵梁；7—驾驶室后悬置横梁；8—第四横梁；9—后钢板弹簧前支架横梁；10—后钢板弹簧后支架横梁；11—角撑横梁组件；12—后横梁；13—拖钩；14—蓄电池托架

边梁式车架的横梁不仅用来保证车架的扭转刚度和承受纵向载荷，而且还用来支承汽车上的主要部件。通常载货汽车有5～8根横梁。

某些越野汽车在车架纵梁前端加有长梁，以便在加长梁前端安装绞盘装置和专用的保险杠。在未装有加长梁的纵梁上，其前端两侧备有一组冲孔，以便需要加装绞盘等装置时，可以紧固左、右加长梁。在货车车架的前端，轿车车架的前后两端，有横梁式的缓冲件——保险杠。当汽车在纵向突然受到障碍物的冲击时，保险杠可以保护车身、翼子板和散热器，使之不受损坏。对于轿车来说，保险杠同时起着装潢的作用。

纵梁的结构具有以下特点：①从宽度上看，有前窄后宽、前宽后窄和前后等宽三种形式，前窄后宽式使前轮具有足够的偏转角度，提高了车辆的机动性能，前宽后窄式用于重型车辆，便于布置双轮；②从平面度上看，有水平的和弯曲的两种形式，水平的纵梁便于零部件、总成的安装和布置，弯曲的纵梁可以降低车辆重心；③从断面形状上看，有槽形、Z字形、工字形和箱形几种，这些形状主要是为了满足在质量小的前提下，车架具有足够的强度和刚度，以承受各种载荷。横梁多为槽形。

2）无梁式车架

无梁式车架是用车身兼做车架，汽车的所有零部件、总成都安装在车身上，车身要承受各种载荷的作用，因而这种车身又称为承载式车身，广泛用于轿车和客车，如图3-3所示。

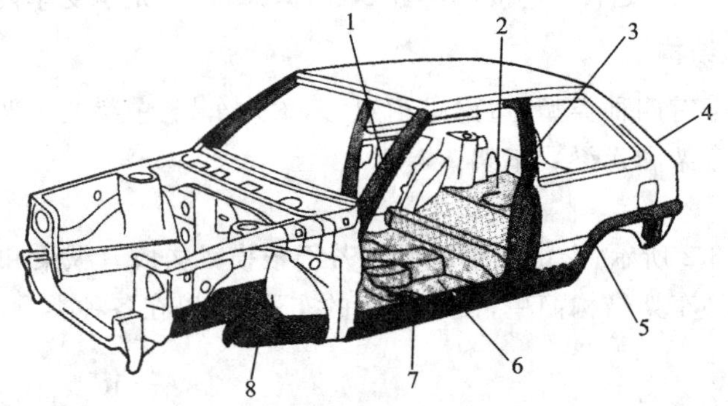

图3-3　承载式车身

1—A柱；2—行李舱底板；3—B柱；4—后围侧板；5—后纵梁；6—底板；7—车门栏板；8—前纵梁

3）中梁式车架和综合式车架

中梁式车架只有一根位于中央贯穿前后的纵梁，因此又称为脊骨式车架，如图3-4所示。综合式车架的前部是边梁式的，而后部是中梁式的，又称为复合式车架，如图3-5所示。这种车架实际上是中梁式车架的变形。这两种车架结构复杂，加工制造及维修困难，所以目前很少应用。

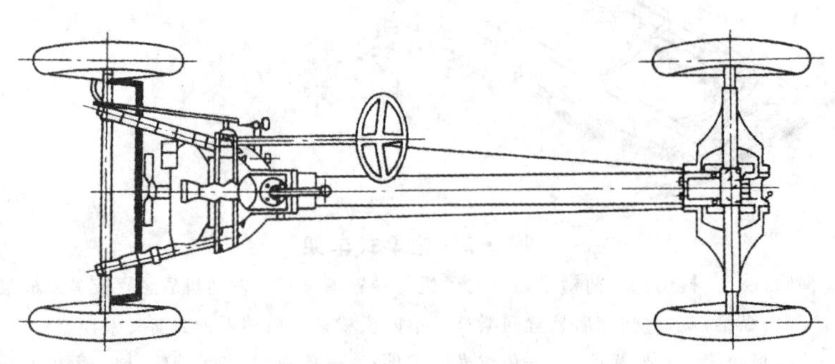

图3-4　中梁式车架

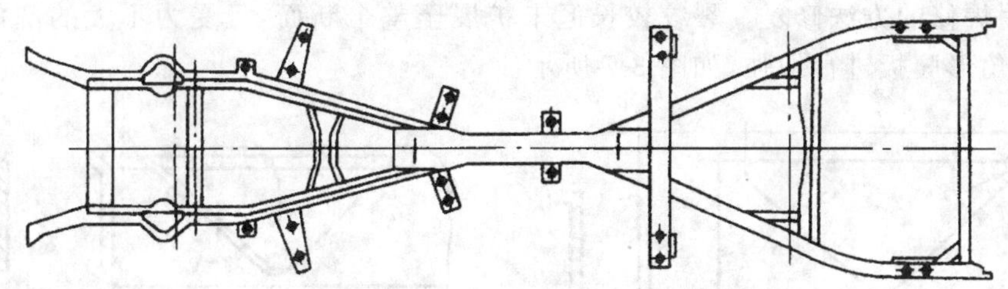

图 3-5　综合式车架

二、车架的检修

1. 车架的失效形式

车架在使用过程中往往会出现变形(包括弯曲变形、扭转变形)、裂纹、锈蚀及螺栓和铆钉松动等失效形式。

车架是汽车的装配基体,并承受各种载荷的作用,在某些情况下有可能出现车架的弯曲和扭转变形。车架变形会导致汽车各总成之间的装配、连接位置发生变化,从而使各系统出现故障。

为了汽车整体布局、安装的需要,车架常要制成各种形状,在形状急剧变化的地方往往会因为应力集中而导致裂纹、断裂,所以早期发现车架的裂纹对保证汽车的安全非常重要。

恶劣的工作环境往往会使汽车车架锈蚀,路面不平产生的冲击振动会使螺栓、铆钉等连接松动。

2. 车架的检修

1) 外观检查

检查车架的外观是否有严重的变形、裂纹、锈蚀,以及螺栓或铆钉是否存在松动等现象。

2) 车架变形的检修

可以通过拉线、直尺等来测量、检查车架是否弯曲。一般要检查车架上平面和侧平面的直线度误差。

车架扭转通常采用对角线法进行测量。如图 3-6 所示,分段测量车架各段对角线 1—1、2—2、3—3、4—4 的长度差。如果车架的各项形位误差超过标准值,则应进行校正。

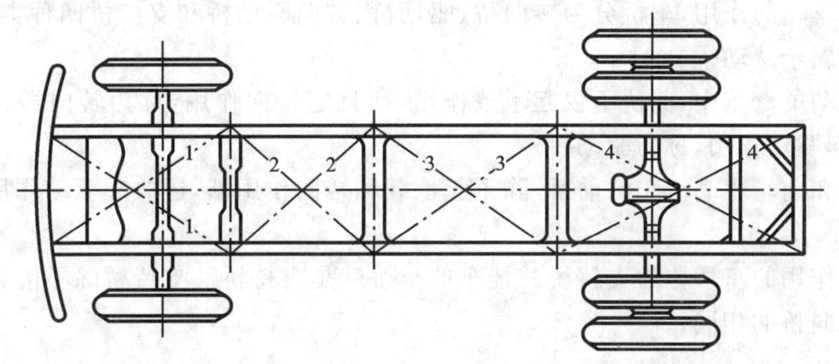

图 3-6　车架扭转的检查

3) 裂纹的检修

车架出现裂纹,应根据裂纹的长短及所在部位的不同,采取不同的修复方法修复。微小的裂纹可以采用焊修的方法修复。裂纹较长但未扩展至整个断面，且受力不大的部位，应先进行焊修，再用三角形腹板进行加强，如图 3-7 所示。

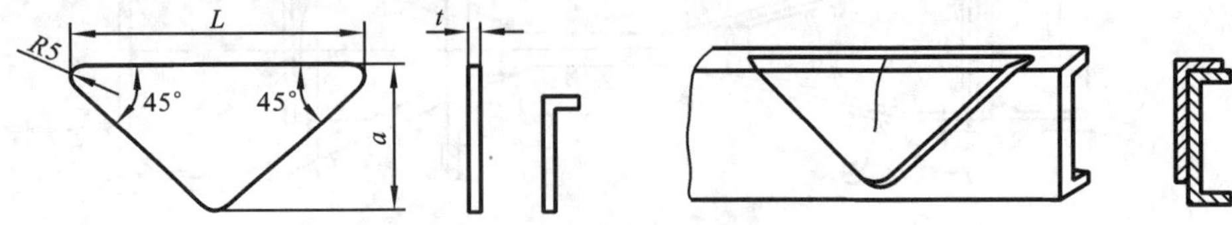

图 3-7　用三角形腹板加强

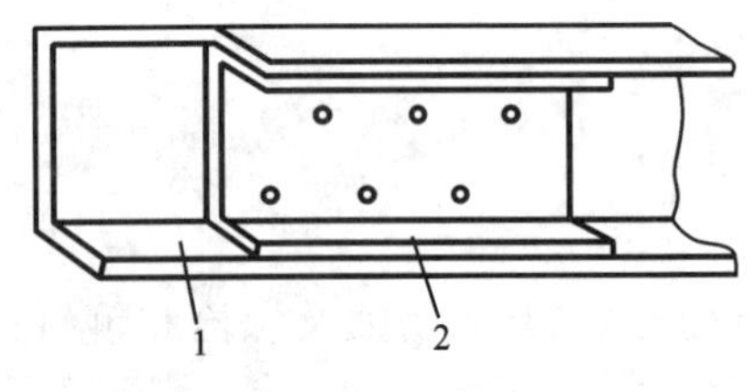

图 3-8　用槽形腹板加强

1—纵梁；2—槽形腹板

如果裂纹已扩展至整个断面，或虽未扩展至整个断面但裂纹在受力较大的部位时，应先对裂纹进行焊修，然后再用三角形或槽形腹板进行加强，如图 3-8 所示。加强腹板在车架上的固定可以采用铆接、焊接或铆焊结合的方法。采用铆接方法时，铆钉孔应上下交错排列。采用铆焊结合的方法时，应先铆后焊，以免降低铆焊质量。采用焊接方法时，应尽量减少焊接部位的应力集中。

三、车桥的功能、类型与结构

1. 车桥的功能与类型

车桥位于悬架与车轮之间，其两端安装车轮，通过悬架与车架（或车身）相连，其功能是传递车架（或车身）与车轮之间各种载荷的作用。

按悬架结构，车桥分为整体式和断开式两种，如图 3-9 所示。整体式车桥的中部是刚性实心梁或空心梁，与非独立悬架配用；断开式车桥为活动关节式结构，与独立悬架配用。

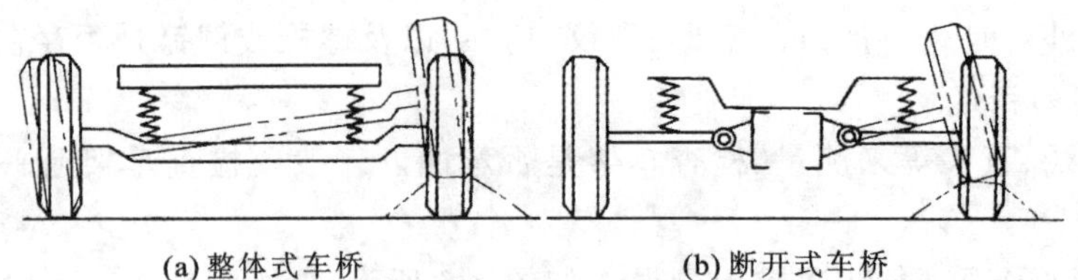

(a) 整体式车桥　　(b) 断开式车桥

图 3-9　整体式和断开式车桥

按车桥上车轮的作用，车桥分为转向桥、驱动桥、转向驱动桥和支持桥四种类型。其中转向桥和支持桥都属于从动桥。

在后轮驱动的汽车中，前桥不仅起承载作用，而且起转向作用，称为转向桥；后桥不仅起承载作用，而且起驱动作用，称为驱动桥。

越野汽车和前轮驱动汽车的前桥，除了起承载和转向作用外，还兼起驱动作用，所以称为转向驱动桥。

只起支承作用的车桥称为支持桥。挂车的车桥就是支持桥。支持桥除不能转向外，其他功能和结构与转向桥的相同。

2. 转向桥的功能与结构

转向桥通常位于汽车前部，能使装在其两端的车轮偏转一定的角度，以实现汽车转向；同时，还要承受车架与车轮的作用力等。

各种车型的转向桥结构基本相同。图 3-10 所示为转向桥分解图。

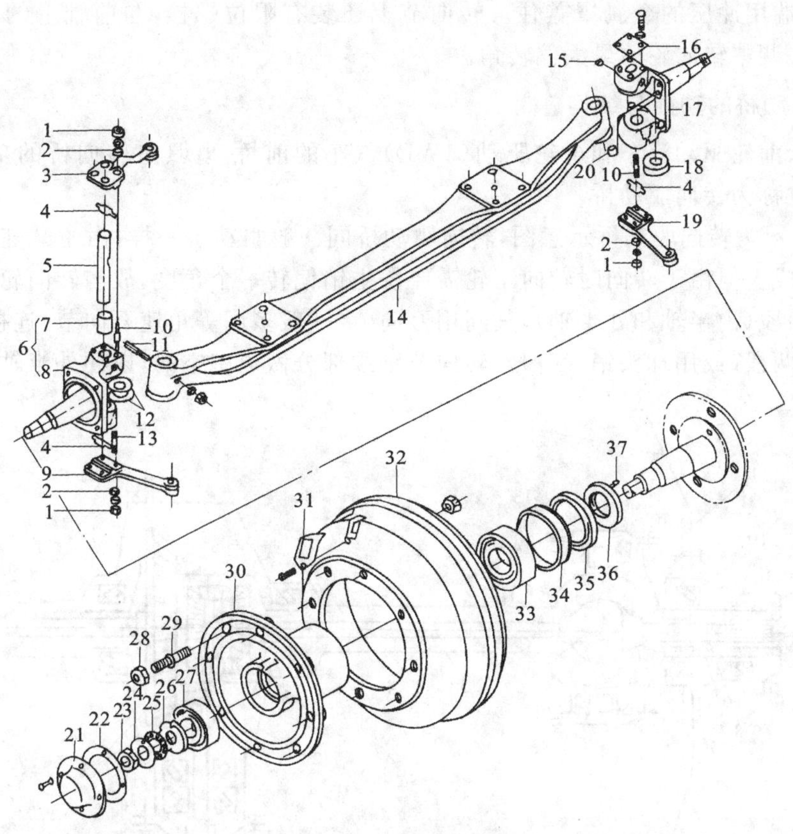

图 3-10 转向桥分解图

1—紧固螺母；2—锥套；3—转向节臂；4—密封垫；5—主销；6—左转向节总成；7—衬套；8—左转向节；9—左转向梯形臂；10、13—双头螺柱；11—楔形锁销；12—调整垫片；14—前轴；15—油嘴；16—右转向节上盖；17—右转向节；18—止推轴承；19—右转向梯形臂；20—限位螺栓；21—轮毂盖；22—衬垫；23—锁紧螺母；24—止动垫圈；25—锁紧垫圈；26—调整螺母；27—前轮毂外轴承；28—螺母；29—螺栓；30—车轮轮毂；31—检查孔堵塞；32—制动鼓；33—前轮毂内轴承；34—轮毂油封外圈；35—轮毂油封总成；36—轮毂油封内圈；37—定位销

前轴是转向桥的主体，一般由中碳钢经模锻而成。其端面采用工字形断面以提高抗弯强度；接近两端逐渐过渡为方形，以提高抗扭刚度。中部加工出两处用以支承钢板弹簧的弹簧座(图上未画出)，其上钻有四个安装U形螺栓(俗称骑马螺栓)的通孔和一个位于中心的钢板弹簧定位的凹坑。中部向下弯曲，使发动机位置得以降低，从而降低汽车质心，扩展驾驶员的视野，并减小传动轴与变速器输出轴之间的夹角。前轴两端各有一个加粗部分，呈拳形，称为拳部，其中有通孔，主销即装入此孔内。用带有螺纹的楔形锁销将主销固定在拳部孔内，使之不能转动。

转向节是一个叉形部件。上、下两叉制有同轴销孔，通过主销与前轴的拳部相连，使前轮可以绕主销偏转一定角度而使汽车转向。为了减小磨损，转向节销孔内压入青铜衬套，衬套上的润滑油槽在上面端部是切通的，用装在转向节上的油嘴注入润滑脂润滑。为使转向灵活轻便，在转向节下耳与前轴拳部之间装有滚子推力轴承。在转向节上耳与拳部之间装有调整垫片，以调整其间的缝隙。在左转向节的上耳装有与转向节臂制成一体的凸缘，在下耳则装有与转向梯形臂制成一体的凸缘，此两凸缘上均制有一矩形键，因此在左转向节的上、下耳都有与之配合的键槽。转向节即通过矩形键及带有锥形套的双头螺栓与转向节臂及梯形臂相连。

车轮轮毂通过两个圆锥滚子轴承支承在转向节轴颈上。轴承的松紧度可用调整螺母加以调整。轮毂外端用冲压的金属罩盖住。转向节上还装有限位螺栓，与前轴上的限位凸台相配合，可以限制并调整转向轮的最大偏转角。

3. 转向驱动桥的功能与结构

越野汽车、前轮驱动汽车和全轮驱动（4WD）汽车的前桥，既具有转向桥的功能，又具有驱动桥的功能，故称为转向驱动桥。

图 3-11 所示为转向驱动桥示意图，转向驱动桥同一般驱动桥一样，由主减速器、差速器、半轴和桥壳等组成。但由于转向时转向车轮需要绕主销偏转一个角度，故与转向轮相连的半轴必须分成内、外两段（内半轴和外半轴），其间用万向节（一般多用等角速万向节）连接，同时主销也因此而分制成两段（或用球头销代替）。转向节轴颈部分做成中空的，以便外半轴穿过其中。

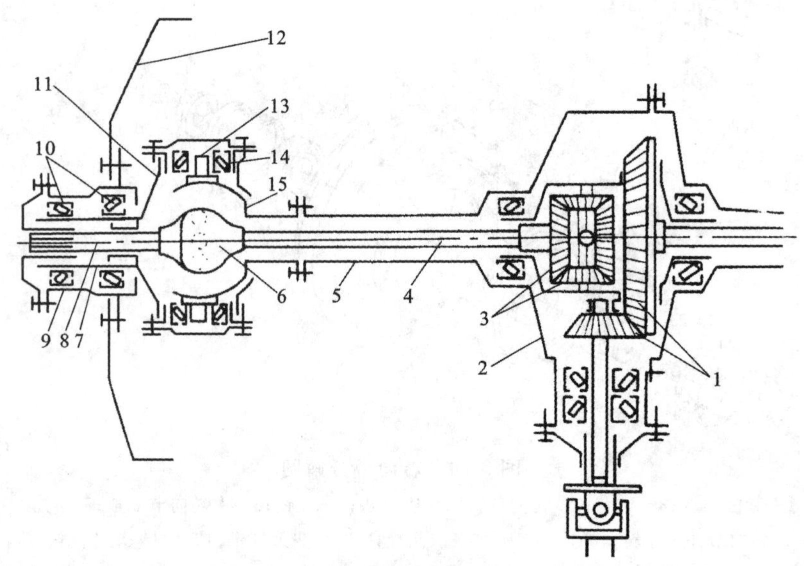

图 3-11　转向驱动桥示意图

1—主减速器；2—主减速器壳；3—差速器；4—内半轴；5—半轴套管；6—万向节；7—转向节轴颈；8—外半轴；9—轮毂；10—轮毂轴承；11—转向节壳体；12—车轮；13—主销；14—主销轴承；15—球形支座

目前，许多轿车采用了发动机前置前驱动的布置形式，其前桥既是转向桥又是驱动桥。该类型转向驱动桥多与麦逊式独立悬架配合使用，因其前轮内侧空间较大，便于布置，具有良好的接近性和维修方便性。

图 3-12 所示为上海桑塔纳轿车转向驱动桥。主减速器和差速器在图中未画出。其动力经主减速器、差速器传至左右内半轴及左右（半轴）传动轴 3、9 和左右内等角速万向节，并经球笼式左右外等角速万向节及左右外半轴凸缘传到左右两轮毂，使驱动车轮旋转。

当转动转向盘时，通过齿轮齿条式转向器 14 和横拉杆 16 而使前轮偏转，以实现转向。捷达、奥迪、红旗 CA7220 型等轿车的前桥均是转向驱动桥，其构造与上述结构类似。

四、车桥的检修

1. 前轴的检修

1）前轴的磨损

（1）当钢板弹簧座平面磨损大于 2 mm，定位孔磨损大于 1 mm 时，应堆焊后加工修复或更换新件。

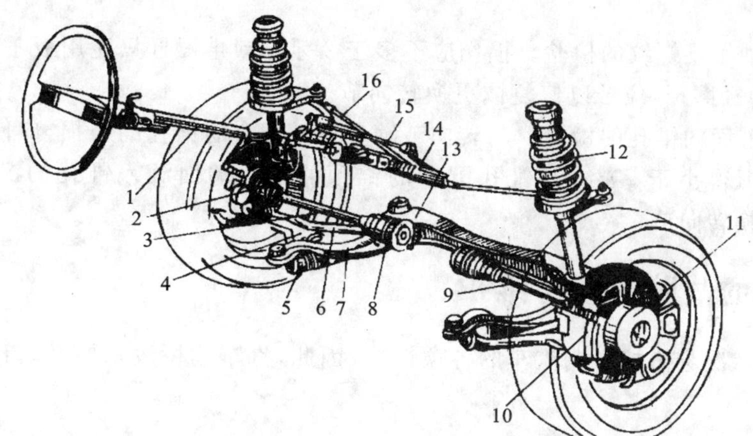

图 3-12 上海桑塔纳轿车转向驱动桥

1—车向柱；2—外等角速万向节；3—左(半轴)传动轴；4—悬架摆臂；5—悬架臂后端的橡胶金属轴；6—横向稳定杆；7—发动机悬置；8—内等角速万向节；9—右(半轴)传动轴；10—制动钳；11—外半轴凸缘；12—减速器支柱；13—橡胶金属支架；14—齿轮齿条式转向器；15—转向减振器；16—横拉杆

(2) 主销、承孔的磨损。承孔与主销的配合间隙，轿车不大于 0.10 mm，载货汽车不大于 0.20 mm。当磨损超过极限值时，可采用镶套法修复。

2) 前轴变形的检修

(1) 前轴变形的检验。常用的检验方法是如图 3-13 所示的角尺检验法。通过测量 a、b 值可以判断前轴是否有弯曲和扭转变形。

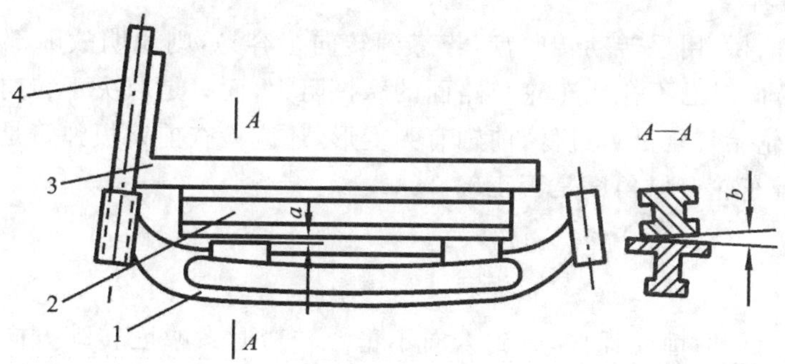

图 3-13 角尺检验法

1—前轴；2—工字形平尺；3—专用角尺；4—心轴

(2) 前轴变形的校正。前轴变形校正必须在钢板弹簧座和定位孔、主销、承孔磨损修复后进行，以便减少检验、校正的积累误差，提高效率。前轴变形一般采用冷压校正法来校正。

2. 转向节的检修

1) 隐伤的检验

转向节的油封轴颈处，因其断面急剧变化，应力集中，是一个典型的危险断面，容易产生疲劳裂纹，以致造成转向节轴疲劳断裂，酿成重大的交通事故。因此，二级维护和修理时必须对转向节轴进行隐伤检验，一旦发现转向节轴存在疲劳裂纹，只能更换，不得焊修。

2) 磨损的检修

(1) 转向节轴磨损的检修。轴颈与轴承的配合间隙：轴颈直径不大于 40 mm 时，配合间隙为0.040 mm；轴颈直径大于 40 mm 时，配合间隙为 0.055 mm。转向节轴的轴颈磨损超标后应更换新件。

(2) 转向节轴锁止螺纹的检验。损伤应不多于2牙。锁止螺母只能用扳手拧入，若能用手拧入，说明螺纹中径磨损，应予以修复或更换转向节。

(3) 转向节上面的锥孔的检验。与转向节臂等杆件配合的锥孔的磨损，应使用塞规进行检验，其接触面积不得小于70%，与锥孔配合的锥颈的推力端面沉入锥孔的沉入量不得小于2 mm，否则应更换转向节。

五、车桥的故障诊断与维护

车桥的技术状况会直接影响汽车的各项性能，因此，汽车车桥故障要及时诊断、排除，并按规定进行维护。

1. 转向沉重

1) 现象

汽车转向时，转动方向盘感到沉重费力，并且没有回正感。

2) 原因

(1) 转向节臂变形。

(2) 转向节止推轴承缺油或损坏。

(3) 转向节主销与衬套间隙过小或缺油。

(4) 前轴或车架变形引起前轮定位失准。

(5) 轮胎气压不足。

3) 故障诊断与排除

诊断时先支起前桥，用手转动转向盘，若感到转向很容易，则说明故障部位在前桥与车轮。因为支起前桥后，转向时已不存在车轮与路面的摩擦阻力，而只是取决于转向器等的工作状况。此时应仔细检查前轮胎气压是否过低、前轴有无变形，还应检查前钢板弹簧是否良好、车架有无变形。必要时，检查车轮定位角度是否正确。

2. 低速摆头

1) 现象

汽车低速直线行驶时前轮摇摆，感到方向不稳。转弯时大幅度转动方向盘，才能控制汽车的行驶方向。

2) 原因

(1) 转向节臂装置松动。

(2) 转向节主销与衬套磨损、松旷。

(3) 轮毂轴承间隙过大。

(4) 前束过大。

(5) 轮毂螺栓松动或数量不全。

3) 故障诊断与排除

前轮低速摆头和转向盘自由行程大，一般是各部分间隙过大或有连接松动现象，诊断时应采用分段区分的方法进行检查。可支起前桥，并用手沿转向节轴轴向推拉前轮，凭感觉判断是否松旷。若松旷，则说明转向节主销与衬套的配合间隙过大或前轴主销孔与主销配合间隙过大。若此处不松旷，则说明前轮毂轴承松旷，应重新调整轴承的预紧度。若非上述原因，则应检查前轮定位是否正确、前轴是否变形。如果前轮轮胎异常磨损，则应检查前束是否正确。

3. 高速摆振

1）现象

随着车速的提高，摆振程度逐渐加重，或在某一较高车速范围内出现摆振，出现行驶不稳，甚至还会造成方向盘抖动。

2）原因

（1）轮毂轴承松旷，使车轮歪斜，在运行时摇摆。

（2）轮盘不正或制动鼓磨损过度而失圆，歪斜失正。

（3）使用翻新轮胎。

（4）转向节主销或止推轴承磨损、松旷。

（5）横、直拉杆弯曲。

（6）前轮定位值调整不当。前束失调，两前轮主销后倾角或内倾角不一致等，汽车向前行驶时，前轮摇摆晃动。

（7）车轮不平衡。

（8）转向节弯曲。

（9）前钢板弹簧刚度不一致。

3）故障诊断与排除

（1）在进行高速摆振故障的诊断时，应先检查前桥、转向器以及转向传动机构连接是否松动，悬架弹簧是否固定可靠。

（2）支起驱动桥，用楔块固定非驱动轮，启动发动机并逐步换入高速挡，使驱动轮达到产生摆振的转速。若这时转向盘出现抖动，则说明摆振现象是传动轴不平衡引起的，应拆下传动轴进行检查；若此时未出现明显抖动，则说明摆振原因在汽车转向桥部分。

（3）怀疑摆振的原因在前桥部分时，应架起前桥试转车轮，检查车轮是否晃动、静平衡是否良好，以及车轮轮辋是否偏摆过大。

（4）检查车架是否变形、铆钉有无松动以及前轴是否变形。另外，还需检查前钢板弹簧的刚度。

（5）检查前轮定位是否正确。

（6）检查高速摆振的故障，有时还需借助一定的测试工具。当缺少必要的测试工具时，也可以采用替换法。例如，怀疑某车轮有动不平衡时，可以另换一车轮试验，或者将可能引起的高速摆振的车轮拆装到不发生摆振的车辆上进行对比试验。

4. 行驶跑偏

1）现象

汽车在直线行驶时必须紧握方向盘，方能保持直线行驶。若稍放松方向盘，则汽车会自动偏向一边行驶。

2）原因

（1）前轮定位值不正确，前束调整不当。

（2）左、右前轮主销后倾角或车轮外倾角不相等。

（3）制动鼓与制动蹄摩擦片间隙调整不均匀，一边过紧，一边过松。

（4）钢板弹簧一边折断，造成两边弹力不等。

(5) 转向节或转向节臂弯曲、变形。

(6) 前轴或车架弯曲、扭转。

(7) 左、右两边轮胎气压不相等。

(8) 前轮毂轴承调整不当,左、右轮毂轴承松紧度不一致。

3) 故障诊断与排除

(1) 检查左、右前轮轮胎气压是否一致;如果是在换上新轮胎后出现跑偏现象的,则还应检查左、右轮胎规格以及轮胎花纹是否一致。

(2) 用手触摸跑偏一侧的制动鼓和轮毂轴承部位是否发热。若发热,则说明制动拖滞或车轮轮毂轴承调整过紧,造成一边紧一边松的现象。

(3) 测量左右轴距是否相等。

(4) 检查前钢板弹簧有无折断,前轴是否变形。

(5) 若以上均属正常,则应对前轮定位进行检查、调整。

【实训活动】

实训条件:多媒体教学设备和课件、网络教学资源、维修资料、实训车、举升机、千斤顶、汽车维修基本工具。

实训车状态:一辆别克凯越(1.6 L)轿车,转向时有明显异响。经检查确认为转向节球头损坏。

1. 实训准备

(1) 实训车:别克凯越轿车。

(2) 实训工具及器材:常用手动工具、检测仪器及设备、千斤顶、举升机等。

(3) 掌握本次实训课所用仪器及设备的使用方法。

(4) 牢记实训中的安全注意事项。

2. 实训流程

汽车车架与车桥常见故障:有异响、轮胎偏磨等症状。实训教师可根据实训条件对车桥进行检测,然后设置一些车桥常见故障。在实训教师的监督下,学生独立完成故障的诊断与排除。最后由教师充当客户模拟一个或几个故障场景,让学生分别扮演维修工向客户说明故障诊断结果。

(1) 学生分析并说出检查步骤和方法。

① 车架类型识别。

② 转向桥异响检查。

(2) 学生思考下列问题,并向教师陈述答案。

① 根据检查情况,分析出可能导致上述故障的原因。

② 如何确定上述故障?

③ 对检查结果进行理论分析。

3. 实训记录

① 回答教师的现场提问,接受教师的技能考核。

② 完成实训任务后,对实训过程进行自我评价和小组互评,听取教师的点评。

③ 清洁实训场所,清点、维护工具及设备,完成任务交接。

学习任务3 车轮、轮胎的结构与检修

一、车轮的功能和结构

1. 车轮的功能

车轮是介于轮胎和车桥之间承受负荷的旋转组件，其功能是安装轮胎，承受轮胎与车桥的各种载荷的作用。

汽车车轮总成如图 3-14 所示，由车轮和轮胎两大部分组成，是汽车行驶系统的重要部件。其主要功能如下：①支承整车质量；②缓和由路面传递来的冲击载荷；③通过轮胎和路面之间的附着作用为汽车提供驱动力、制动力；④产生平衡汽车转向离心力的侧向力，以便顺利转向，并通过轮胎产生的自动回正力矩，使车轮具有保持直线行驶的能力。

此外，车轮和轮胎（特别是轿车轮胎）还是汽车重要的安全件。几乎所有的汽车行驶性能都与轮胎有关。

2. 车轮的结构

车轮一般由轮毂、轮辋和轮辐组成，如图 3-15 所示。轮毂通过圆锥滚子轴承装在车桥或转向节轴径上，用于连接车轮与车桥。轮辋用于安装和固定轮胎。轮辐用于将轮毂和轮辋连接起来，并通过螺栓与轮毂连接起来。

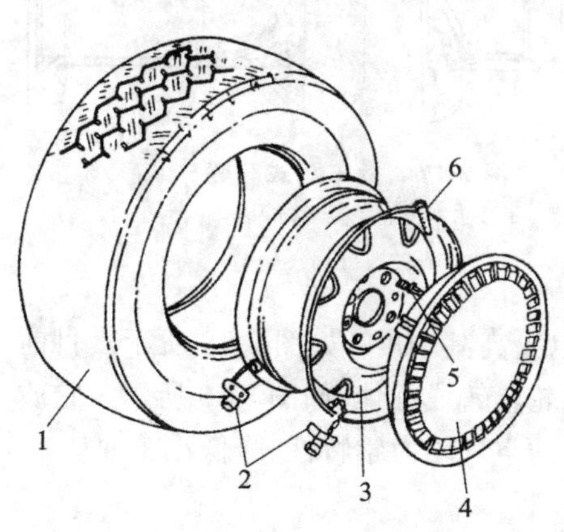

图 3-14 车轮总成

1—轮胎；2—平衡块；3—车轮；4—装饰罩；5—螺栓；6—气门嘴伸出口

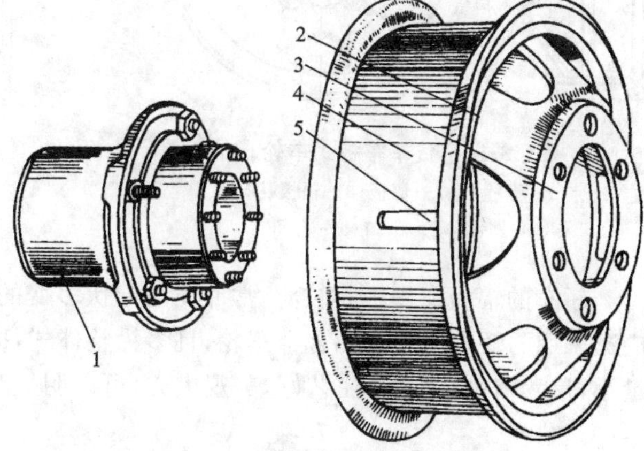

图 3-15 车轮的结构

1—轮毂；2—挡圈；3—轮辐（辐板式）；4—轮辋；5—气门嘴伸出口

1）轮辐

按轮辐结构，车轮可以分为辐板式车轮和辐条式车轮两种形式。

（1）辐板式车轮 目前，普通轿车和小、中型货车普遍采用辐板式车轮，这种车轮由挡圈、轮辋、辐板和气门嘴伸出口组成。车轮中用于连接轮毂和轮辋的钢质圆盘称为辐板，大多是冲压制成的，少数与轮毂铸成一体，后者主要用于重型汽车。

货车辐板式车轮如图 3-16 所示。辐板与轮辋通过焊接或铆接的方式固定成为一个整体，辐板通过螺栓安装在轮毂上，辐板上的孔可以减小质量，有利于制动鼓散热，方便于接近气门嘴，同时可作为安装时的把手处。六个孔加工成锥形,以便在用螺栓把辐板固定在轮毂上时对正中心。

货车后桥负荷比前桥大得多,为使后轮轮胎不致过载,后桥一般装用双式车轮,在同一轮毂上安装了两套辐板和轮辋,如图 3-17 所示。为了防止汽车在行驶中固定辐板的螺母自行松脱,汽车两侧车轮上的辐板固定螺栓一般采用旋向不同的螺纹,左侧用左旋螺纹,右侧用右旋螺纹。目前在一些载货汽车上(如黄河 JNl150D 型汽车),采用了球面弹簧垫圈,可以防止螺母自行松脱,故汽车左右车轮上固定辐板的螺栓均可用右旋螺纹,从而减少了零件。

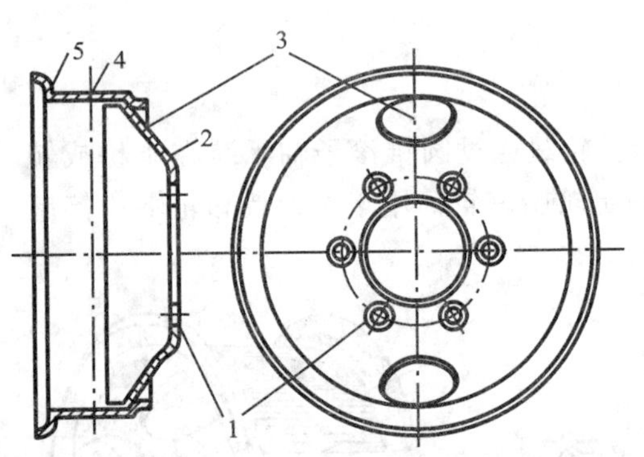

图 3-16 货车辐板式车轮

1—螺栓孔;2—辐板;3—辐板孔;4—气门嘴伸出口;5—轮辋

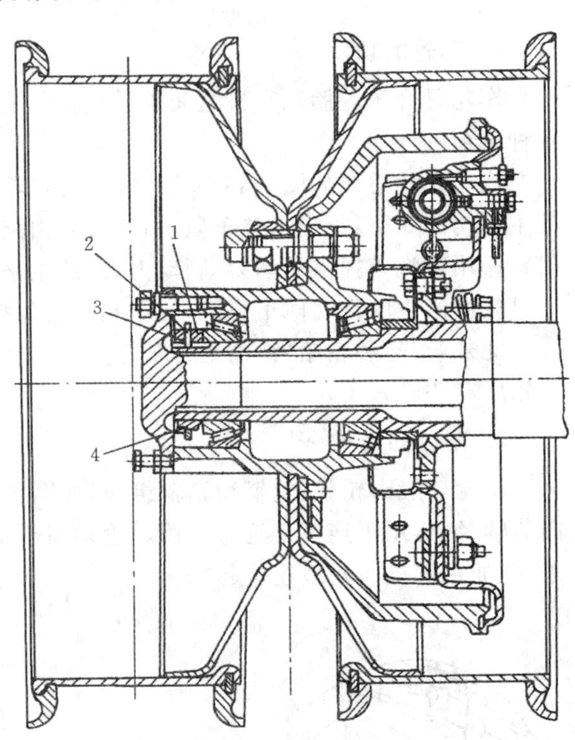

图 3-17 货车双式车轮

1—调整螺母;2—锁止垫片;3—锁紧螺母;4—销钉

轿车的辐板所用板料较薄,常冲压成起伏多变的形状,以提高其刚度,如图 3-18 所示。目前广泛采用的轿车车轮为铝合金车轮,且多为整体式,即轮辋和轮辐铸成一体,如图 3-19 所示。它质量小,尺寸精度高,生产工艺好,美观大方,可以明显改善车轮的空气动力学特性,降低汽车油耗。

图 3-18 轿车辐板式车轮

图 3-19 轿车铝合金车轮

（2）辐条式车轮　按辐条结构，辐条式车轮又分为钢丝辐条式车轮和铸造辐条式车轮，如图 3-20 所示。钢丝辐条式车轮的结构与自行车车轮的结构完全一样，由于其价格昂贵、维修安装不便，故仅用于赛车和某些高级轿车上。铸造辐条式车轮常用于重型货车上，辐条与轮毂铸成一体，轮辋用螺栓和特殊形状的衬块固定在辐条上，为了使轮辋和辐条很好地对中，在轮辋和辐条上都加工出配合锥面。另外，辐条式车轮不能与无内胎轮胎组合使用。

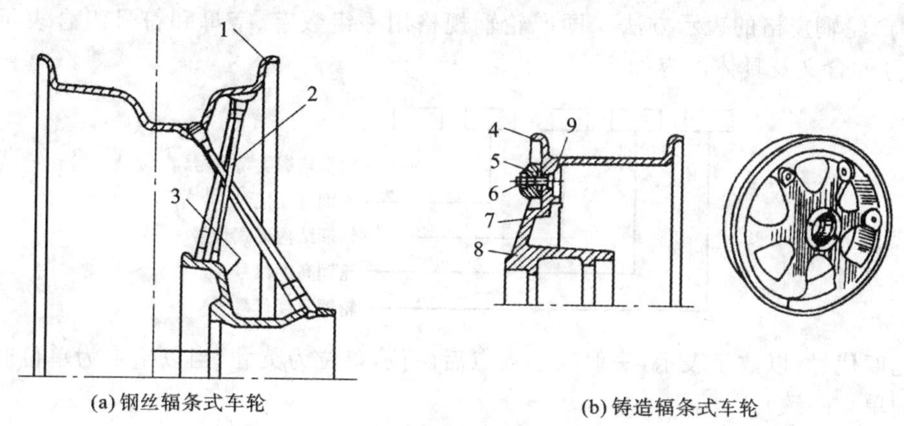

(a) 钢丝辐条式车轮　(b) 铸造辐条式车轮

图 3-20　辐条式车轮

1、4—轮辋；2、7—辐条；3、8—轮毂；5—衬块；6—螺栓；9—配合锥面

2）轮辋

（1）轮辋的类型和结构　轮辋用于安装和固定轮胎。常见轮辋有深槽轮辋、平底轮辋和对开式轮辋，如图 3-21 所示。此外，还有半深槽轮辋、深槽宽轮辋、平底宽轮辋、全斜底轮辋等。

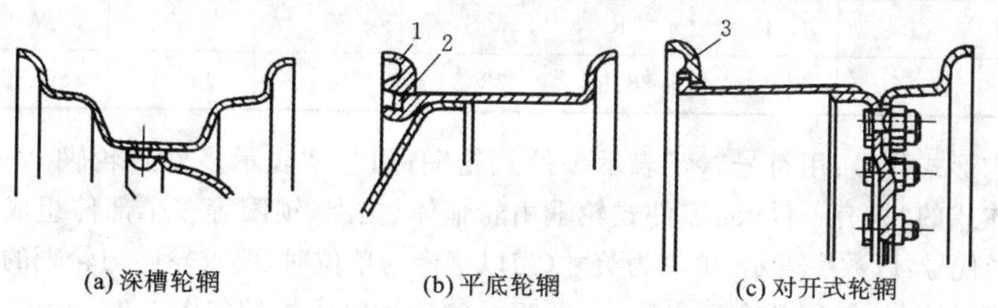

(a) 深槽轮辋　(b) 平底轮辋　(c) 对开式轮辋

图 3-21　轮辋的常见结构形式

1、3—挡圈；2—锁圈

深槽轮辋如图 3-21(a)所示，这种轮辋主要用于轿车及轻型越野车，适宜安装尺寸小、弹性较大的轮胎。因为尺寸较大、较硬的轮胎很难装进这样的整体轮辋内。深槽轮辋有带肩的凸缘，用于安放外胎的胎圈，其肩部通常略向中间倾斜，倾斜部分的最大直径被称为轮胎胎圈与轮辋的着合直径。为便于外胎的拆装，断面的中部制成深凹槽。深槽轮辋的结构简单，刚度高，质量较小。

平底轮辋如图 3-21(b)所示，多用于货车。其挡圈是整体的，且用一个开口锁圈来防止挡圈脱出。在安装轮胎时，先将轮胎套在轮辋上，而后套上挡圈，并将它向内推，直至越过轮辋上的环形槽，再将开口的弹性锁圈嵌入环形槽中。东风 EQ1090E 和解放 CA1091 型汽车均采用这种形式的轮辋。

对开式轮辋如图 3-21(c)所示。这种轮辋由内、外两部分组成，其内、外轮辋的宽度可以相等，也可以不相等，二者用螺栓连成一体。拆装轮胎时拆卸螺栓上的螺母即可。图 3-21 中所示挡圈是可拆的。有的无挡圈，而由与内轮辋制成一体的轮缘代替挡圈，内轮辋与辐板焊接在一起。这种轮辋主要用于载重量较大的重型货车和大型客车。

近几年来，为了适应提高轮胎负荷能力的需要，国内外均朝宽轮辋的方向发展，如美国的货车已全部采用宽轮辋，欧洲各国也在积极普及宽轮辋，我国汽车也在进行由窄轮辋向宽轮辋的过渡。实验表明，采用宽轮辋可以提高轮胎的使用寿命，并可改善汽车的通过性和行驶稳定性。

（2）国产轮辋规格的表示方法　国产轮辋规格用一组数字、字母和符号组合表示，分为五部分，各部分的含义及具体内容如下。

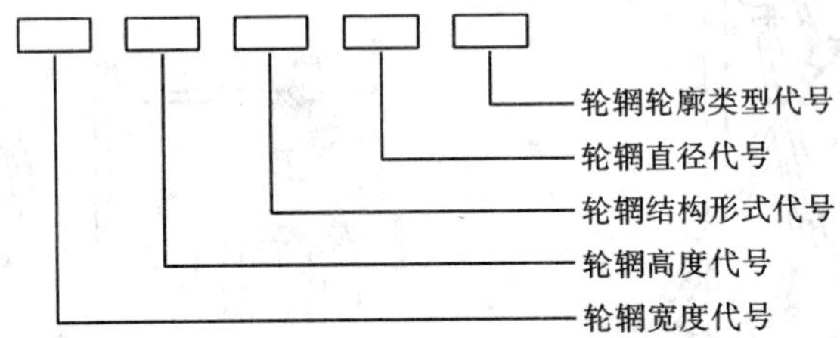

轮辋宽度代号：以数字表示，一般取小数点后两位，单位为英寸（当以毫米为单位时，要求轮胎与轮辋的单位一致）。

轮辋高度代号：用一个或几个拉丁字母表示，如 C、D、E、F、J、K、L、V 等。常用代号及相应高度（mm）如表 3-1 所示。

表 3-1　轮辋的高度代号及高度

高度代号	C	D	E	F	G	H	J	K
高度/mm	15.88	17.45	19.81	22.23	27.94	33.73	17.27	19.26
高度代号	L	P	R	S	T	V	W	
高度/mm	21.59	25.40	28.58	33.33	38.10	44.45	50.80	

轮辋结构形式代号：用符号“×”表示一件式轮辋；用“—”表示多件式轮辋。一件式轮辋是指轮辋为整体式的，只有一件，而多件式轮辋由轮辋体、挡圈、锁圈等多个部件组成。

轮辋直径代号：以数字表示，单位为英寸（当以毫米为单位时，要求轮胎与轮辋的单位一致）。

轮辋轮廓类型代号：用几个字母表示，所表示的轮辋轮廓类型如图 3-22 所示。

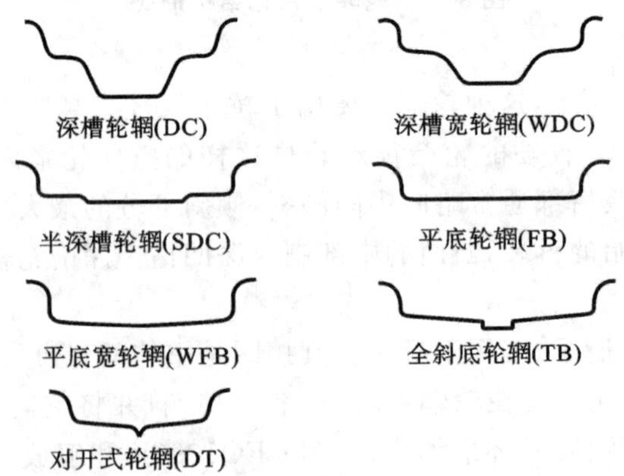

图 3-22　轮辋轮廓类型代号

对于不同形式的轮辋，以上代号不一定同时出现。例如：解放 CA1092 型汽车轮辋的规格为 6.5-20，表明该轮辋宽度为 6.5 英寸，轮辋直径为 20 英寸，属于多件式轮辋；上海桑塔纳轿车轮辋的规格为 5.5 J×13，表明其轮辋宽度为 5.5 英寸，轮辋高度为 17.27 mm，轮辋直径为 13 英寸，属于一件式轮辋；上海桑塔纳 2000GSi 轿车轮辋的规格为 6J×14，表明其轮辋宽度为 6 英寸，轮辋高度为 17.27 mm，轮辋直径为 14 英寸，属于一件式轮辋。

二、车轮的拆装与检修

1. 车轮总成的拆卸

(1) 停稳车辆，用三角木掩住各车轮。

(2) 取下车轮上的装饰罩，弄清汽车左、右侧车轮与轮毂连接螺栓的螺旋方向，使用车轮螺母拆装机或用套筒扳手初步拧松各连接螺母，如图 3-23 所示。

(3) 用千斤顶顶在指定的位置，使被拆车轮稍离地面。也可将车辆停在举升架上，升起车辆，使车轮稍离开地面。

(4) 拧下车轮与轮毂连接的全部螺母，取下垫圈，并摆放整齐。

(5) 边向外拉边左右晃动车轮，从车轴上取下车轮总成。

2. 车轮总成的安装

(1) 顶起车桥，套上车轮，将螺母初步拧在螺柱上。

(2) 放下车轮并在车轮前后用三角木掩住，用扭力扳手或车轮螺母拆装机，按对角线顺序(见图 3-24)分 2～3 次拧紧车轮螺母，最后一次要按规定力矩拧紧。

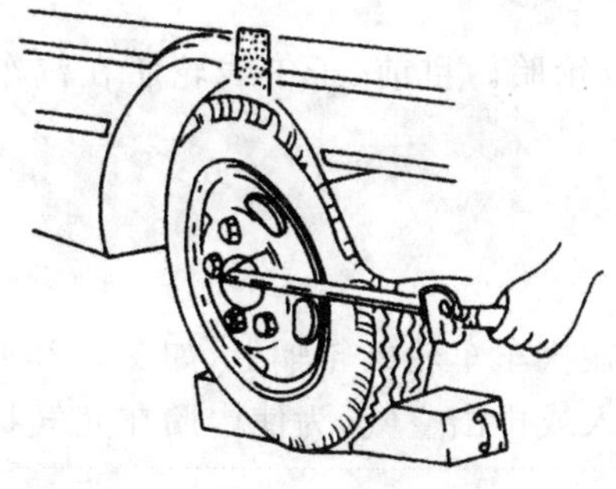

图 3-23 拆卸车轮

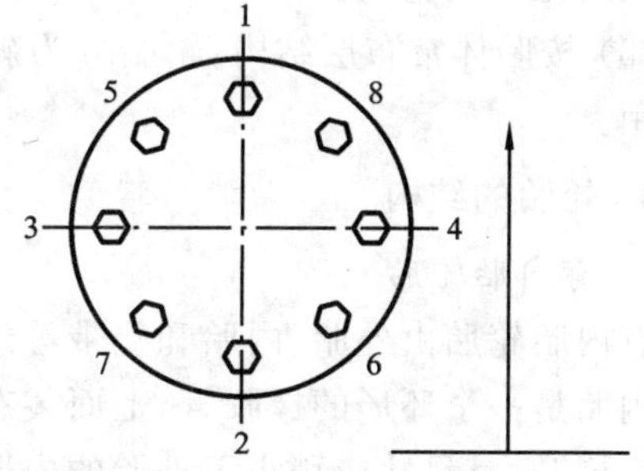

图 3-24 车轮螺母紧固顺序

(3) 安装后轮双胎时，要先拧紧内侧车轮的内螺母，再装外侧轮胎。在安装过程中，应用千斤顶分两次顶起车桥，分别安装内、外两个车轮。双轮胎高低搭配要合适，一般较低的胎装于内侧，较高的胎装于外侧。应注意内侧轮胎和外侧轮胎的气门嘴应互成 180°。

3. 车轮的检修

1) 轮辋变形的检查

轮辋变形的检查方法如图 3-25 所示。一般平式轮辋边缘 20 mm 内的圆跳动公差为 2.50 mm，轿车深式轮辋中线上的圆跳动公差与边缘附近的圆跳动公差为 2.00 mm，如有变形应更换，以保证车轮滚动时的平稳性能，并减轻轮胎的磨损。检查时可参阅具体车型的维修手册。

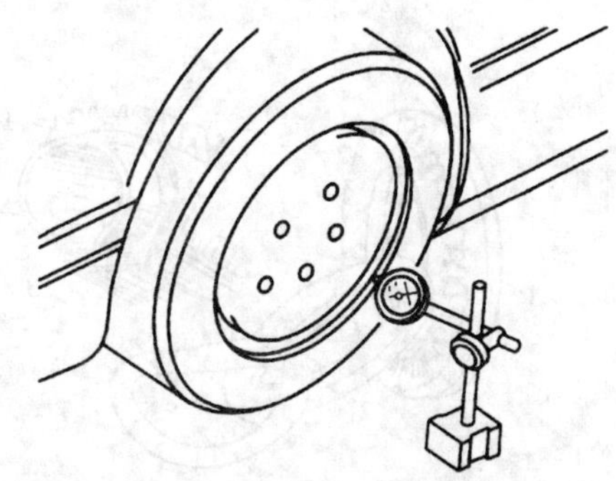

图 3-25 轮辋变形的检查方法

平式轮辋的锁圈在自由状态下，对口重叠长度不得短于 45 mm；否则，说明锁圈的收缩弹性已经衰退，在气压下有崩脱的隐患，所以必须更换。严禁用压扁的方法增加对口重叠量。当轮胎螺栓孔磨损大于0.20 mm时,应修理或更换轮辋。

2) 轮辋组件的平衡

更换车轮总成中任一部件后均应重新进行动平衡检验。拆装中,原平衡块不得拆除或移位。

三、轮胎的功能、类型与结构

1. 功能

现代汽车都采用充气式轮胎,轮胎安装在轮辋上,直接与路面接触,它的功能如下。

(1) 支承汽车的质量,承受路面传来的各种载荷的作用。

(2) 与汽车悬架共同来缓和汽车行驶中所受到的冲击,并衰减由此而产生的振动,以保证汽车有良好的乘坐舒适性和行驶平稳性。

(3) 保证车轮和路面有良好的附着性,以提高汽车的动力性、制动性和通过性。

2. 类型

(1) 按轮胎内空气压力的大小,轮胎分为高压胎(0.5～0.7 MPa)、低压胎(0.2～0.5 MPa)和超低压胎(0.2 MPa以下)三种。低压胎弹性好,减振性能好,散热性好,与地面接触面积大,附着性好,因而广泛用于轿车。超低压胎在松软路面上具有良好的通过能力,多用于越野汽车及部分高级轿车。

(2) 按轮胎有无内胎,轮胎分为有内胎轮胎和无内胎轮胎(俗称真空胎)两种。目前轿车上普遍采用无内胎轮胎。

(3) 按胎体帘布层结构,轮胎分为斜交轮胎和子午线轮胎。目前,子午线轮胎在汽车上广泛应用。

3. 轮胎的结构

1) 有内胎轮胎

有内胎轮胎由外胎、内胎和垫带等组成,使用时安装在汽车车轮的轮辋上,如图3-26所示。

内胎是一个环形的橡胶管,上面装有气门嘴,以便充入或排出空气,为使内胎在充气状态下不产生褶皱,其尺寸应稍小于外胎的内壁尺寸。

垫带是一个环形的橡胶带,它垫在内胎与轮辋之间,以保护内胎不被轮辋和胎圈磨伤。

2) 无内胎轮胎

无内胎轮胎,在外观上与普通轮胎相似,但是没有内胎及垫带。它的气门嘴用橡胶垫圈和螺母直接固定在轮辋上,空气直接充入外胎中,其密封性由外胎和轮辋来保证,如图3-27所示。

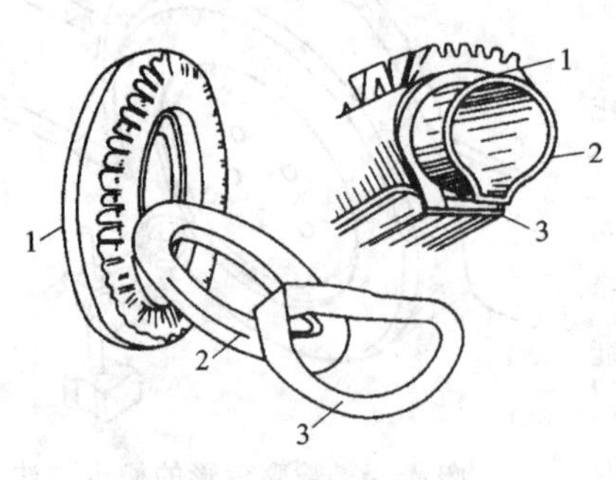

图3-26 有内胎轮胎

1—外胎;2—内胎;3—垫带

图3-27 无内胎轮胎

无内胎轮胎的内壁有一层橡胶密封层，有的在该层下面还有一层自黏层，能自行将刺穿的孔黏合。在胎圈外侧也有一层橡胶密封层，用于加强胎圈与轮辋之间的气密性。无内胎轮胎一旦被刺破，穿孔不会扩大，故漏气缓慢，胎压不会急剧下降，仍能继续行驶一定距离，可消除爆胎的危险。因无内胎，摩擦生热少，散热快，适用于高速行驶；此外，结构简单，质量较小，维修也方便。但密封层和自黏层易漏气，途中修理也较困难。无内胎轮胎必须配用深槽轮辋，故目前在轿车上应用较多。

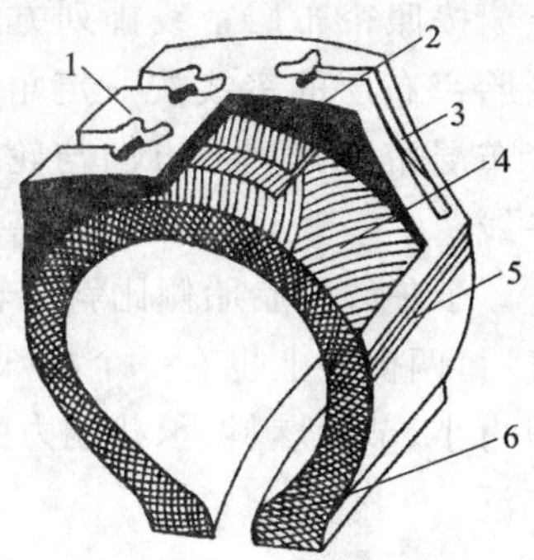

图 3-28 外胎的结构

1—胎冠；2—缓冲层；3—胎肩；4—帘布层；5—胎侧；6—胎圈

3）外胎的结构

外胎由胎面、帘布层、缓冲层和胎圈组成，如图 3-28 所示。

（1）胎面 胎面是轮胎的外表面，可分为胎冠、胎肩和胎侧三部分。

胎冠与路面直接接触，并产生附着力，使车辆行驶和制动。为使轮胎与地面有良好的附着性能，防止纵、横向滑移，在胎面上制有各种形状的花纹，主要有普通花纹、组合花纹、越野花纹等，如图 3-29 所示。普通花纹中的纵向折线花纹最适合于在较好的硬路面上高速行驶，广泛用于轿车、客车及货车等各种车辆；横向花纹仅用于货车。组合花纹由纵向折线花纹和横向花纹组合而成，在路况好的路面和不良的路面上都可提供稳定的驾驶性能，广泛用于客车和货车的轮胎。越野花纹的凹部深而粗，在软路面上与地面附着性好，越野能力强，适用于矿山、建筑工地及其他一些在松软路面上使用的越野汽车轮胎。

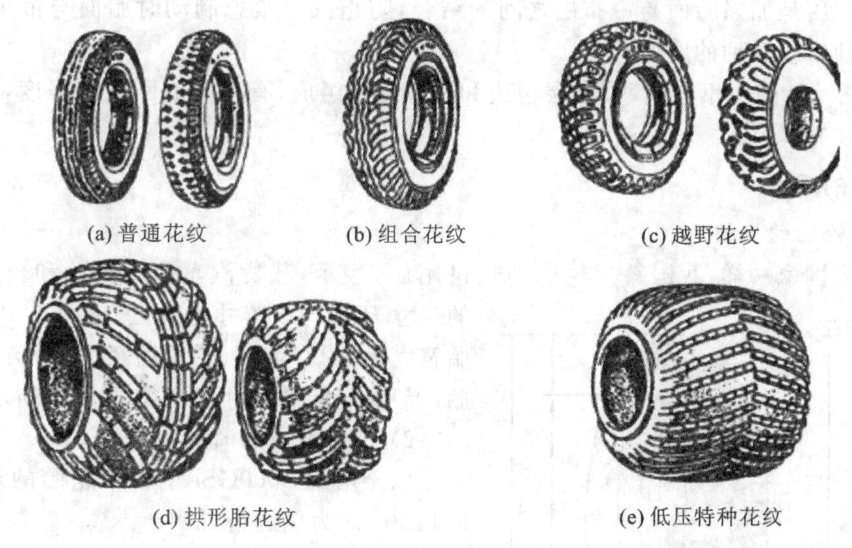
(a) 普通花纹 (b) 组合花纹 (c) 越野花纹 (d) 拱形胎花纹 (e) 低压特种花纹

图 3-29 胎面花纹

胎肩是较厚的胎冠和较薄的胎侧间的过渡部分，一般也制有各种花纹，以提高该部位的散热性能。

胎侧又称胎壁，它由数层橡胶构成，覆盖轮胎两侧，保护内胎免受外部损坏。胎侧在行驶过程中，不断地在载荷作用下挠曲变形。胎侧上标有厂家名称、轮胎尺寸及其他资料。

（2）帘布层 帘布层是外胎的骨架，主要用于承受载荷，保持外胎的形状和尺寸，并使其具有足够的强度。帘布层通常由成双数的多层帘布用橡胶贴合而成，相邻层的帘线交叉排列。帘布层数越多，轮胎的强度越高，但弹性下降。帘线可以是棉线、人造丝、尼龙和钢丝等。

按照帘布层帘线排列方式，外胎可以分为斜交轮胎和子午线轮胎，如图 3-30 所示。斜交轮胎帘布层的帘线按一定角度交叉排列，帘线与轮胎横断面的交角通常为 50°。子午线轮胎帘布层帘线排列的方向与轮胎横断面一致，即垂直于轮胎胎面中心线，类似于地球仪上的子午线。

子午线轮胎胎侧比斜交轮胎软，在径向上容易变形，可以增加轮胎的接地面积，即使在充足气后，两侧壁上也有一个特殊的凸起部，如图 3-31(b)所示。子午线轮胎具有行驶里程长、滚动阻力小、节约燃料、承载能力强、减振性能好、附着性能好、不易爆胎等优势，目前在汽车上应用广泛。

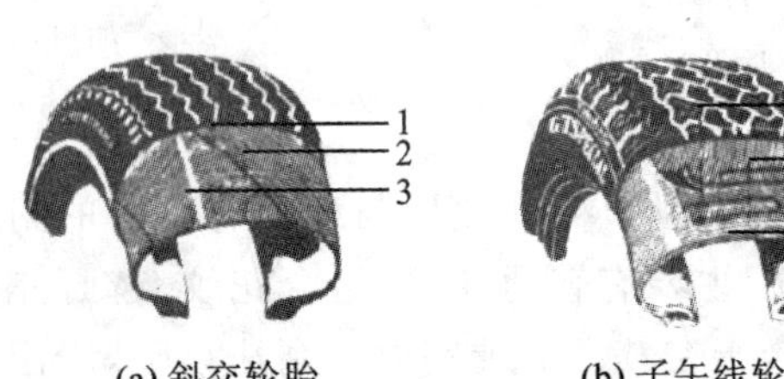

图 3-30 外胎的类型

1—胎冠；2—带束层；3—帘布层

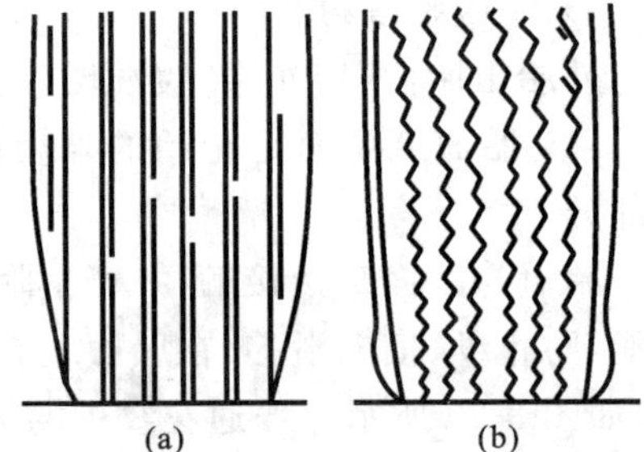

图 3-31 子午线轮胎与斜交轮胎胎侧比较

(3) 缓冲层　缓冲层夹在胎面和帘布层之间，由两层或数层较稀疏的帘布和橡胶制成，弹性较大。其作用是加强胎面与帘布层之间的结合，防止汽车紧急制动时胎面与帘布层脱离，并缓和汽车行驶时所受到的路面冲击。

(4) 胎圈　胎圈由钢丝圈、帘布层包边和胎圈包布组成，有很大的刚度和强度，可以使外胎牢固地安装在轮辋上。

4. 轮胎的规格

1) 斜交轮胎的规格

与大多数国家一样，我国斜交轮胎的规格用 B-d 表示，载货汽车斜交轮胎和轿车斜交轮胎的尺寸 B、d 均以英寸为单位，例如，9.00-20 表示轮胎宽度为 9.00 英寸、轮胎内径为 20 英寸的斜交轮胎。斜交轮胎的尺寸标注如图 3-32 所示。

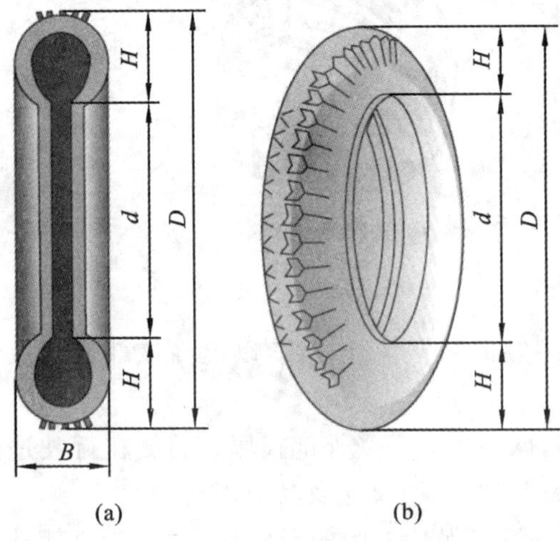

图 3-32 斜交轮胎的尺寸标注

D—轮胎外径；d—轮胎内径或轮辋直径；B—轮胎宽；H—轮胎高度

2) 子午线轮胎的规格

以桑塔纳 2000GSi 型轿车轮胎的规格 195/60 R 14 85 H 为例进行说明。

(1) 195 表示轮胎宽度为 195 mm。货车子午线轮胎的宽度一般以英寸为单位。

(2) 60 表示扁平比为 60%，扁平比为轮胎高度 H 与宽度 B 之比，有 60、65、70、75、80 五个级别。

(3) R 表示子午线轮胎，即 RADIAL。

(4) 14 表示轮胎内径为 14 英寸。

(5) 85 表示荷重等级，即最大载荷质量。荷重等级为 85 的轮胎的最大载荷质量为 515 kg。常见的荷重等级及对应的最大载荷质量如表 3-2 所示。

表 3-2 荷重等级及对应的最大载荷质量

荷重等级	最大载荷质量/kg	荷重等级	最大载荷质量/kg
71	345	99	775
72	355	100	800
73	365	101	825
74	375	102	850
75	387	103	875
76	400	104	900
77	412	105	925
78	425	106	950
79	437	107	975
80	450	108	1 000
81	462	109	1 030
82	475	110	1 060
83	487	111	1 095
84	500	112	1 129
85	515	113	1 164
86	530	114	1 200
87	545	115	1 237
88	560	116	1 275
89	580	117	1 315
90	600	118	1 355
91	615	119	1 397
92	630	120	1 440
93	650	121	1 485
94	670	122	1 531
95	690	123	1 578
96	710	124	1 627
97	730	125	1 677
98	750		

(6) H 表示速度等级,表明轮胎能行驶的最高车速。常见的速度等级及对应的最高车速如表 3-3 所示。

表 3-3 速度等级及对应的最高车速

速度等级	最高车速/(km/h)	速度等级	最高车速/(km/h)
L	120	T	190
M	130	U	200
N	140	H	210
P	150	V	240
Q	160	Z	240 以上
R	170	W	270 以下
S	180	Y	300 以下

另外，在轮胎规格前加“P”表示轿车轮胎；在胎侧标有“REINFORCED”表示经强化处理，“RADIAL”表示子午线轮胎，“TUBELESS”（或 TL）表示无内胎（真空胎），“M＋S”（mud and snow）表示适于泥地和雪地，“→”表示轮胎旋向，不可装反。

四、轮胎的拆装与检修

1. 轮胎的拆装

目前轿车几乎都采用无内胎的子午线轮胎，最常见的拆装轮胎专用设备是轮胎拆装机。

(1) 拆装轮胎要在清洁、干燥、无油污的地面上进行。

(2) 拆装轮胎要用专用工具，不允许用大锤敲击或其他尖锐的用具拆胎。

(3) 外胎、内胎、垫带、轮辋必须符合规格要求，才能组装。要特别注意子午线轮胎胎圈部分的完好。

(4) 内胎装入外胎前，须紧固气门嘴，以防漏气，并在外胎内部和垫带上涂上滑石粉。

(5) 气门嘴的位置应装在轮辋气门嘴孔中。胎侧有平衡标记（彩色胶片）的，标记应在与气门嘴相对的位置上，以便于平衡。轮辋上有平衡块的，应用动平衡机进行平衡调整。

(6) 安装有向花纹的轮胎，应注意滚动方向的标记。拆装子午线轮胎应做记号，使安装后的子午线轮胎滚动方向保持不变。

2. 轮胎的检查

轮胎的检查主要是检查轮胎的磨损程度和轮胎气压，轮胎磨损程度的检查包括胎面花纹深度的检查和轮胎异常磨损的检查。

轮胎磨损过甚，花纹过浅，是行车主要的不安全因素。过度磨损的轮胎，除容易爆破外，还会使汽车操纵稳定性变差。汽车在雨中高速行驶时，由于不能把水全部从胎下排出，轮胎将会出现水滑现象，致使汽车失控。花纹越浅，水滑的倾向越严重。而轮胎（包括备胎）气压的检查对于行车也是非常重要的。轮胎气压不足，会导致轮胎过热，并因轮胎的接地面积不均匀，而产生不均匀磨损或胎肩和胎侧快速磨损，缩短轮胎的使用寿命，同时会增加滚动阻力、加大耗油，而且影响车辆的操控，严重时甚至引发交通事故；轮胎气压过高，则使车身重量集中在胎面中心上，导致胎面中心快速磨损，不但缩短轮胎的使用寿命，而且降低车辆的舒适性。所以，日常维护和各级维护时，对于轮胎的检查是非常必要的。

1) 胎面花纹深度的检查

《机动车运行安全技术条件》(GB 7258—2012)规定，轿车轮胎胎冠上花纹磨损至花纹深度小于 1.6 mm（磨损标志），载货汽车转向轮胎冠上的花纹深度小于 3.2 mm，其余轮胎胎冠花纹深度小于 1.6 mm 时，应停止使用。

轮胎花纹深度可用深度尺进行测量，如图 3-33(a)所示。胎面磨耗标志位于胎面花纹沟底部，当胎面磨损到此处时，花纹沟断开，表明轮胎必须停止使用并送去翻新。为便于用户找到磨耗标志所在的位置，通常在磨耗标志对应的胎肩处标出“TWI”或者“△”等符号，如图 3-33(b)所示。这种磨耗标志按国家标准《载重汽车轮胎》(GB 9744—2015)的规定，每个轮胎应沿周向等距离地设置不少于四个。

2) 轮胎异常磨损的检查

检查轮胎的异常磨损，可以发现故障的早期征兆和原因，以便及时排除影响轮胎寿命的不良因素。具体内容见下面的轮胎常见故障诊断。

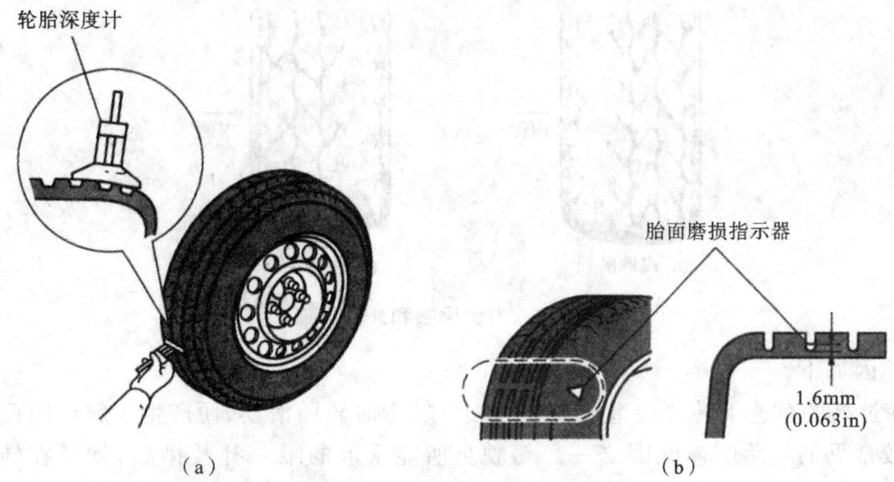

图 3-33 轮胎花纹深度检查

3）轮胎气压的检查

轮胎气压可用气压表进行检查。不同的车辆，轮胎的气压值也许不同，检查时应参看相应车辆的维修手册。一般桑塔纳 2000 轿车前轮的胎压为 0.18 MPa，后轮的胎压为 0.22 MPa。

五、轮胎的故障诊断与排除

轮胎的常见故障是轮胎的异常磨损。

1. 胎肩和胎面中间磨损

如图 3-34 所示，轮胎的胎肩和胎面出现了磨损。

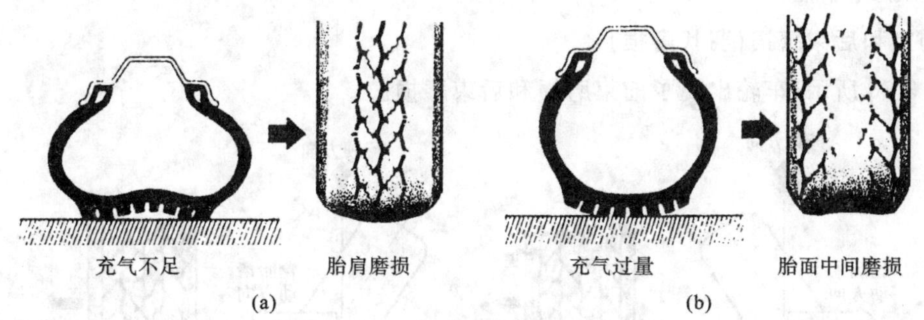

图 3-34 胎肩和胎面中间磨损

集中在胎肩上或胎面中间的磨损，主要是由于未能正确保持充气压力所致。如果轮胎充气不足，轮胎的中间便会凹入，将载荷转移到胎肩上，使胎肩磨损快于胎面中间。另一方面，如果充气过量，轮胎中间便会凸出，承受较大的载荷，使轮胎中间磨损快于胎肩。

故障排除步骤如下。

(1) 检查是否超载。

(2) 检查充气压力，如果充气过量或充气不足，则应调整充气压力。

(3) 调换轮胎位置。

2. 内侧和外侧磨损

图 3-35 所示为轮胎的内侧磨损和外侧磨损。

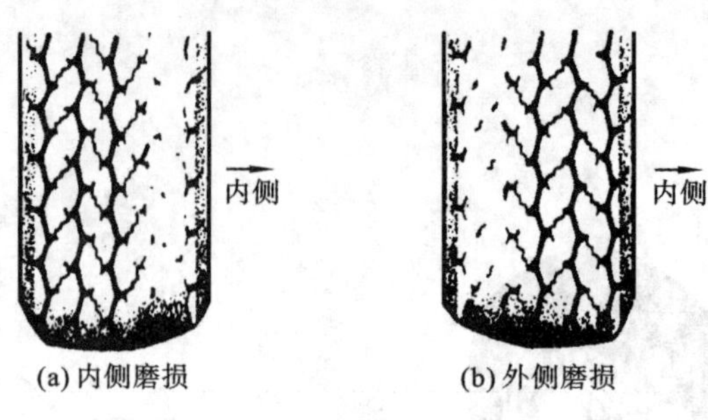

图 3-35　内侧磨损和外侧磨损

故障原因如下。

(1) 在过高的车速下转弯会造成转弯磨损。转弯时轮胎滑动，便产生了斜形磨损。

这是较常见的轮胎磨损原因之一。驾驶员所能采取的唯一补救措施，就是在转弯时降低车速。

(2) 悬架部件变形或间隙过大，会影响前轮定位，造成不正常的轮胎磨损。

(3) 轮胎面某一侧的磨损快于另一侧的磨损，其主要原因可能是外倾角不正确。由于轮胎与路面接触面积的大小因载荷而异，对具有正外倾角的轮胎而言，其外侧直径要小于其内侧直径。因此，胎面必须在路面上滑动，以便其转动距离与胎面的内侧相等。这种滑动便造成了外侧胎面的过量磨损。反之，具有负外倾角的轮胎，其内侧胎面磨损较快。

故障排除步骤如下。

(1) 询问驾驶员是否高速转弯，如果是，则要避免。

(2) 检查悬架部件。如松动，则将其紧固；如变形和磨损，则应修理或更换。

(3) 检查外倾角。如不正常，则应校正。

(4) 调换轮胎位置。

3. 前束和后束磨损(羽状磨损)

如图 3-36 所示，车轮出现了前束磨损和后束磨损。

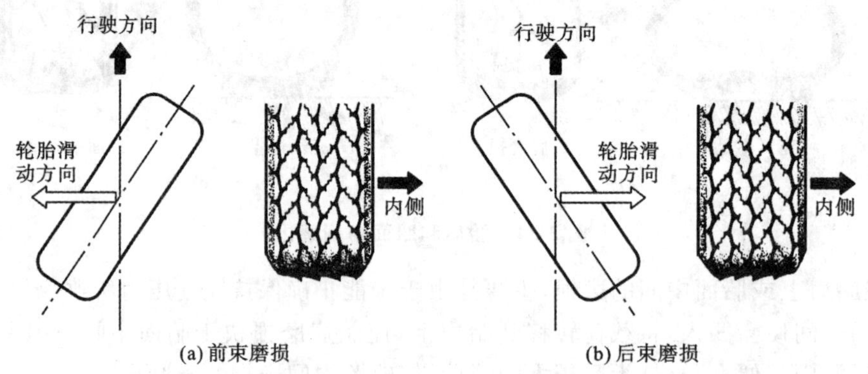

图 3-36　前束磨损和后束磨损

胎面的羽状磨损，主要由前束调节不当所致，过量的前束，会迫使轮胎向外滑动，并使胎面的接触面在路面上朝内拖动，造成前束磨损。如图 3-36 所示，胎面呈明显的羽毛形。用手指从轮胎的内侧至外侧划过胎面，便可加以辨别。另一方面，过量的后束会将轮胎向内拉动，并使胎面的接触面在路面上朝外拖动，造成图 3-36(b)所示的后束磨损。

故障排除步骤如下。

（1）检查前束和后束，如果前束过量或后束过量，则应该加以调整。

（2）调换轮胎位置。

4. 前端和后端磨损

图 3-37 所示为前端磨损和后端磨损。

故障原因如下。

（1）前端磨损和后端磨损是一种局部磨损，常常出现在具有横向花纹和区间花纹的轮胎上，胎面上的区间发生斜向磨损（与鞋跟的磨损方式相同），最终变成锯齿状。

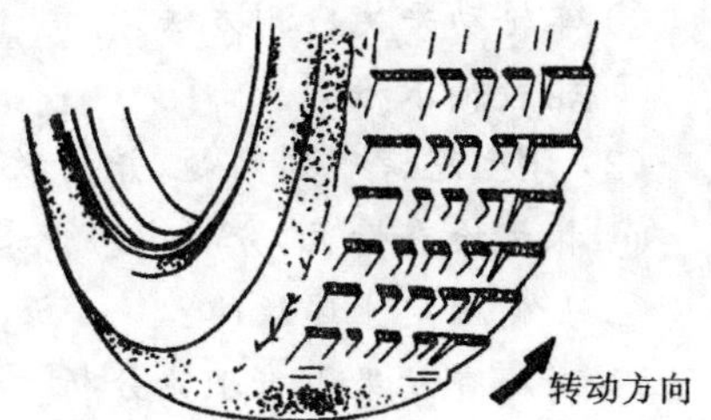

图 3-37　前端磨损和后端磨损

（2）具有纵向折线花纹的胎面，磨损时会产生波状花纹。

（3）非驱动轮的轮胎只受制动力的影响，而不受驱动力的影响，因此往往会有前后端形式的磨损，如反复使用和放开制动器，便会使轮胎每次发生短距离滑动而磨损，前后端磨损的形式便与这种磨损相似。

（4）如果是驱动轮的轮胎，则驱动力所造成的磨损，会在制动力所造成的磨损的相反的方向上出现，所以驱动轮轮胎极少出现前后端磨损。客车和大货车由于制动时产生了大得多的摩擦力，故具有横向花纹的轮胎，便会出现与非驱动轮相似的前后端磨损。

故障排除步骤如下。

（1）检查充气压力，如果充气不足，就将其充至规定值。

（2）检查车轮轴承，如果磨损或松动，则应更换或调整。

（3）检查外倾角和前束，如果不正确，则应加以调整。

（4）检查轴颈或悬架部件，如果损坏，则应修理或更换。

（5）调换轮胎位置。

【实训活动】

实训条件：多媒体教学设备和课件、网络教学资源、维修资料、实训车、举升机、千斤顶、汽车维修基本工具。

实训车状态：一辆别克凯越(1.6 L)轿车，在路边小店补过轮胎后，高速行驶时有车身振动现象，舒适性差。

1. 实训准备

（1）实训车：别克凯越轿车。

（2）实训工具及器材：常用手动工具、检测仪器及设备、千斤顶、举升机、轮胎动平衡机、四轮定位仪等。

（3）掌握本次实训课所用仪器及设备的使用方法。

（4）牢记实训中的安全注意事项。

2. 实训流程

汽车轮胎故障常见的有气压不正常、轮胎偏磨、轮毂轴承损坏、轮毂变形、动不平衡等症状。实训教师可根据实训条件对车轮进行检测，然后设置一些车轮常见故障。在实训教师的监督下，学生独立完成故障的诊断与排除。最后由教师充当客户模拟一个或几个故障场景，让学生分别扮演维修工向客户说明故障诊断结果。

（1）学生分析并说出检查步骤和方法。

① 轮胎气压检测。

② 车轮拆装。

③ 车轮动平衡检测方法。

④ 轮毂轴承检测。

(2) 学生思考下列问题,并向教师陈述答案。

① 根据检查情况,分析出可能导致上述故障的原因。

② 如何确定上述故障?

③ 对检查结果进行理论分析。

3. 实训记录

(1) 回答教师的现场提问,接受教师的技能考核。

(2) 完成实训任务后,对实训过程进行自我评价和小组互评,听取教师的点评。

(3) 清洁实训场所,清点、维护工具及设备,完成任务交接。

学习任务4　悬架的结构与检修

一、悬架的组成与功能

1. 悬架的组成

悬架是车架(或车身)与车桥(或车轮)之间一切传力连接装置的总称。现代汽车的悬架虽有不同的结构形式,但一般都由弹性元件、减振器、导向机构等组成,轿车一般还有横向稳定器。悬架的组成如图 3-38 所示。

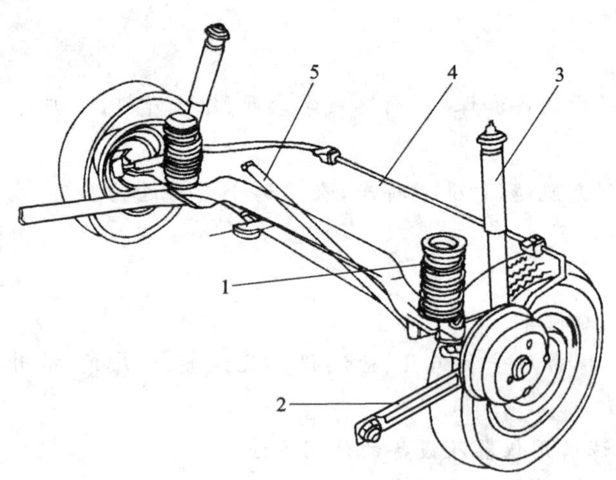

图 3-38　悬架的组成

1—弹性元件(螺旋弹簧);2—纵向推力杆;3—减振器;4—横向稳定器;5—横向推力杆

弹性元件在车架(或车身)与车桥(或车轮)之间作弹性连接,可以缓和由于不平路面带来的冲击,并承受和传递垂直载荷。减振器可以衰减由于路面冲击产生的振动,使振动的振幅迅速减小。

导向机构包括纵向推力杆和横向推力杆,用于传递纵向载荷和横向载荷,并保证车轮相对于车架(或车身)的运动关系。

横向稳定器可以防止车身在转向等情况下发生过大的横向倾斜。

2. 悬架的功能

从悬架的组成,可以总结出悬架具有如下的功能。

(1) 连接车架(或车身)和车轮,把路面作用到车轮的各种力传给车架(或车身)。

(2) 缓和冲击、衰减振动,使乘坐舒适,具有良好的平顺性。

(3) 保证汽车具有良好的操纵稳定性。

第(2)项、第(3)项功能与弹性元件和减振器的性能有关,具体来说是与弹性元件的刚度和减振器的阻尼力有关。只有悬架系统的软、硬合适,才能使车辆乘坐舒适、操纵稳定。

二、悬架的类型

如图3-39所示,汽车悬架有非独立悬架和独立悬架两种类型。非独立悬架的结构特点是两侧车轮安装在一根整体式车桥上,车轮和车桥一起通过弹性悬架悬挂在车架(或车身)下面,所以一侧车轮发生位置变化后会导致另一侧车轮的位置也发生变化。独立悬架的结构特点是两侧车轮分别独立地与车架(或车身)弹性相连,与其配用的车桥为断开式车桥,所以两侧车轮的运动是相对独立、互不影响的。

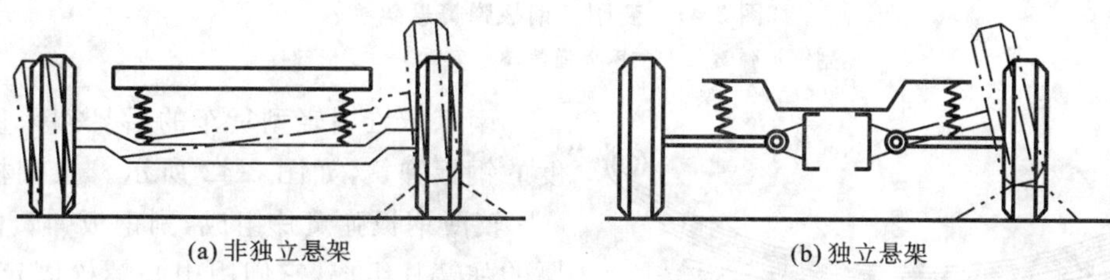

图3-39 非独立悬架与独立悬架的示意图

1. 非独立悬架

非独立悬架广泛应用于货车的前、后悬架和轿车的后悬架。按照采用的弹性元件,非独立悬架可以分为钢板弹簧式非独立悬架和螺旋弹簧式非独立悬架。

1) 钢板弹簧式非独立悬架

这种悬架的钢板弹簧一般纵向布置,所以也称为纵置板簧式非独立悬架。

图3-40所示为解放CA1092型汽车的前悬架。钢板弹簧中部通过U形螺栓(骑马螺栓)固定在前桥上。钢板弹簧的前端卷耳用弹簧销与前支架相连,形成固定式铰链支点,起传力和导向作用;而后端卷耳则用吊耳销与可在车架上摆动的吊耳相连,形成摆动式铰链支点,从而保证了弹簧变形时两卷耳中心线间的距离有改变的可能。

减振器的上吊环和下吊环通过橡胶衬套和连接销,分别与车架上的上支架和车桥上的下支架相连接。盖板上装有橡胶缓冲块,以限制弹簧的最大变形,并防止弹簧直接碰撞车架。

如图3-41所示,某中型货车后悬架由主、副钢板弹簧叠合而成,其刚度是可变的,以适应装载质量的不同。

当汽车空载或实际装载质量不大时,副钢板弹簧不承受载荷而由主钢板弹簧单独工作。在重载或满载情况下,车架相对车桥下移,使车架上副钢板弹簧滑板式支座与副钢板弹簧接触,主、副钢板弹簧共同参加工作,一起承受载荷而使悬架刚度增大,以保证车身振动频率不致因载荷增大而变化过大。

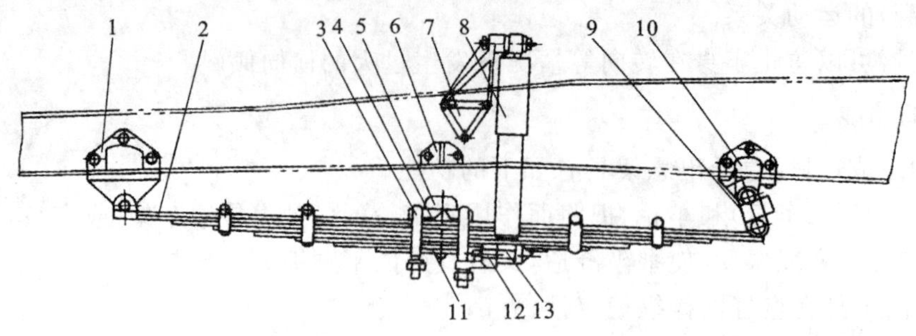

图 3-40 解放 CA1092 型汽车的前悬架

1—钢板弹簧前支架；2—前钢板弹簧；3—U 形螺栓(骑马螺栓)；4—盖板；5—缓冲块；6—限位块；7—减振器上支架；8—减振器；9—吊耳；10—吊耳支架；11—中心螺栓；12—减振器下支架；13—减振器连接销

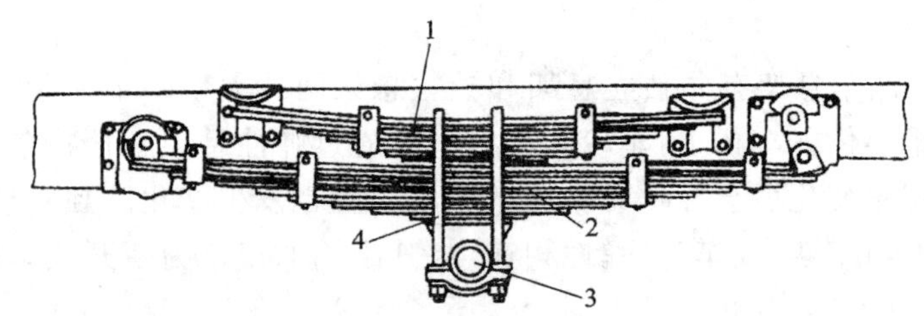

图 3-41 变刚度钢板弹簧悬架

1—副钢板弹簧；2—主钢板弹簧；3—车桥；4—U 形螺栓

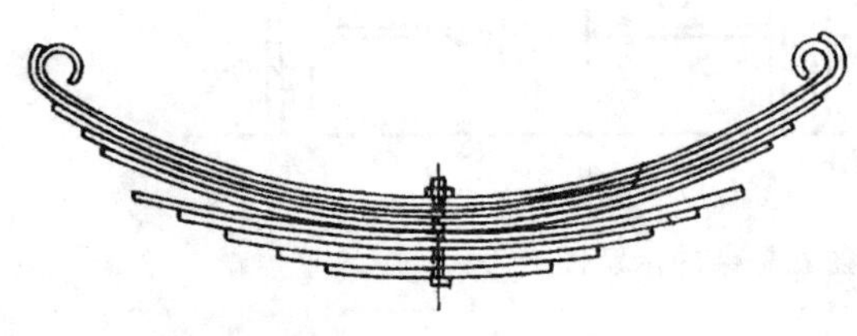

图 3-42 渐变刚度钢板弹簧悬架

南京依维柯轻型货车的后悬架采用渐变刚度的钢板弹簧，如图 3-42 所示。主钢板弹簧由 5 片较薄钢板弹簧片组成，副钢板弹簧由 5 片较厚的弹簧片组成，它们用中心螺栓固定在一起，主钢板弹簧在上，副钢板弹簧在下。

当载荷较小时，仅主钢板弹簧起作用，而当载荷增大到一定值时，副钢板弹簧开始与主钢板弹簧接触，悬架刚度随之相应提高，弹簧特性变为非线性。副钢板弹簧全部接触后，弹簧特性又变为线性的。这种渐变刚度钢板弹簧的特点使副钢板弹簧逐渐地起作用，因此悬架刚度的变化比较平稳，从而改善了汽车行驶平顺性。

2）螺旋弹簧式非独立悬架

螺旋弹簧式非独立悬架一般只用于轿车的后悬架。图 3-43 所示为桑塔纳 2000 后悬架。两根纵向推力杆的中部与后桥焊接为一体，前端通过带橡胶的支承座与车身做铰链连接，后端与轮毂相连接。纵向推力杆用于传递纵向力及其力矩。整个后桥、纵向推力杆及车轮可以绕支承座的铰支点连线相对于车身做上、下纵向摆动。螺旋弹簧的上端装在弹簧上座中，下端则支承在减振器外壳上的弹簧下座上，它只承受垂直力。减振器的上端与弹簧上座一起装在车身底部的悬架支座中，下端则与纵向推力杆相连接。非独立悬架广泛应用于货车的前、后悬架和轿车的后悬架。

2. 独立悬架

现代汽车，特别是轿车，广泛采用独立悬架。独立悬架能使两侧车轮各自独立地与车架或车身弹性连接，具有以下优点。

由于左、右车轮的运动相对独立、互不影响，可以减少行驶时车架或车身的振动，同时可以

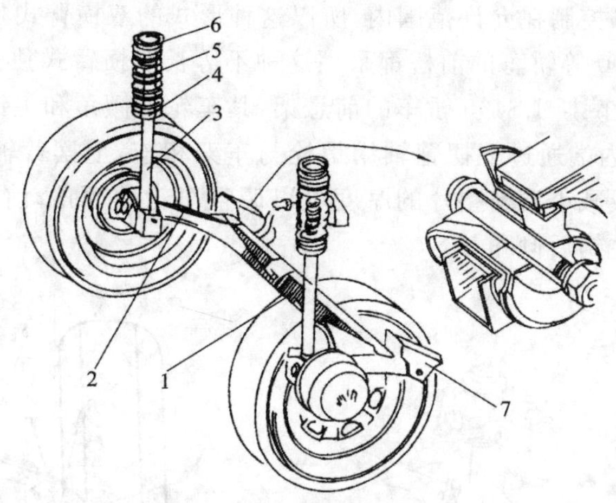

图 3-43 螺旋弹簧式非独立悬架(桑塔纳 2000 后悬架)

1—后桥;2—纵向推力杆;3—减振器;4—弹簧下座;5—螺旋弹簧;6—弹簧上座;7—支承座

减弱转向轮的偏摆。

独立悬架的非簧载质量小,可以减小来自路面的冲击和振动,提高了行驶的平顺性。簧载质量是指汽车上由弹性元件支承的质量;而非簧载质量是指弹性元件下吊挂的质量。对于非独立悬架,整个车桥和车轮都属于非簧载质量,而对于独立悬架,只有部分车桥是非簧载质量,而主减速器、差速器、壳体等都装在车架或车身上,成了簧载质量,所以独立悬架的非簧载质量要比非独立悬架的小。

独立悬架与断开式车桥配用,可以降低汽车的重心,提高汽车行驶的平顺性。

独立悬架的结构类型很多,一般可按车轮的运动方式分为三类。

横臂式独立悬架:车轮在汽车横向平面内摆动的悬架,如图 3-44(a)所示。

纵臂式独立悬架:车轮在汽车纵向平面内摆动的悬架,如图 3-44(b)所示。

车轮沿主销移动的独立悬架:烛式独立悬架和麦弗逊式独立悬架,分别如图 3-44(c)、(d)所示。

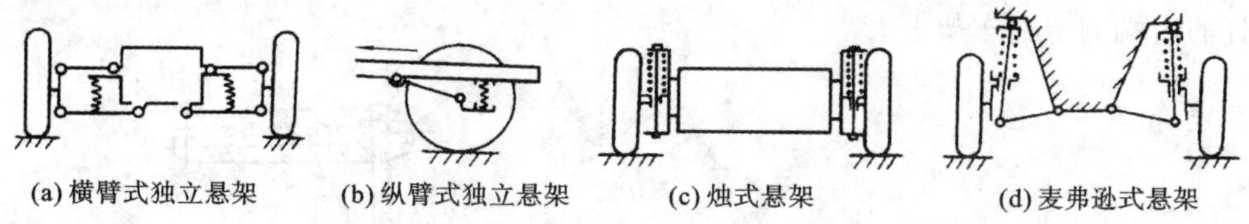

图 3-44 独立悬架的类型示意图

1)横臂式独立悬架

横臂式独立悬架分为单横臂式和双横臂式两种。目前单横臂式独立悬架应用较少,下面仅介绍双横臂式独立悬架。

双横臂式独立悬架如图 3-45 所示,其两个横摆臂有等长的[见图 3-45(a)]和不等长的[见图 3-45(b)]两种。当车轮上下跳动时摆臂等长的独立悬架,虽然车轮平面不倾斜,主销轴线的方向也不发生变化,但轮距发生较大的变化,这将引起车轮的侧滑和轮胎的磨损。而当车轮上下跳动时摆臂不等长的独立悬架,虽然车轮平面、主销轴线、轮

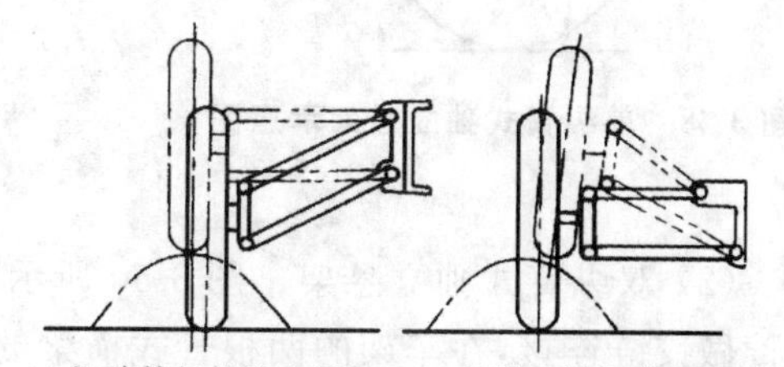

图 3-45 双横臂式独立悬架示意图

距都发生变化，但都可以控制在允许范围内，所以这种形式的双横臂式独立悬架应用较多，红旗CA7560、雷克萨斯LS400等轿车的前桥都采用这种不等长双横臂式独立悬架。

图3-46所示为雷克萨斯LS400轿车的前悬架，其车轮外倾角和主销后倾角是可以调整的。如图3-47所示，上摆臂内端通过上摆臂轴用螺栓与车架相连，上摆臂轴与车架之间夹有前、后调整垫片。同时，增加或减小调整垫片的厚度可以调整车轮外倾角；前、后垫片厚度一处增加、另一处减小，可以调整主销后倾角。

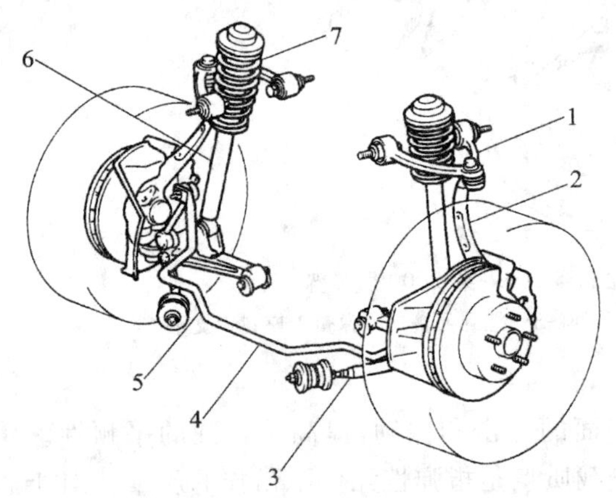

图3-46　雷克萨斯LS400轿车的前悬架

1—上臂；2—转向节；3—支承杆；4—稳定杆；5—下臂；6—减振器；7—螺旋弹簧

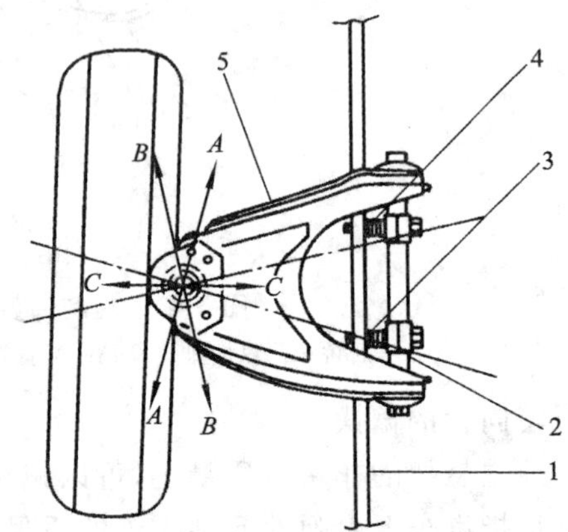

图3-47　车轮外倾角和主销后倾角的调整

1—车架；2—上摆臂轴；3—后调整垫片；4—前调整垫片；5—上摆臂

2）纵臂式独立悬架

纵臂式独立悬架也分为单纵臂式和双纵臂式两种。

（1）单纵臂式独立悬架　单纵臂式独立悬架如果用于前轮，车轮上下跳动时会使主销后倾角变化很大，如图3-48所示。所以，单纵臂式独立悬架都用于后轮，如图3-49所示。纵摆臂是一片宽而薄的钢板，一端与半轴套管铰接，另一端带有套筒，套筒通过花键与扭杆弹簧的外端相连，扭杆的内端固定在车架上。

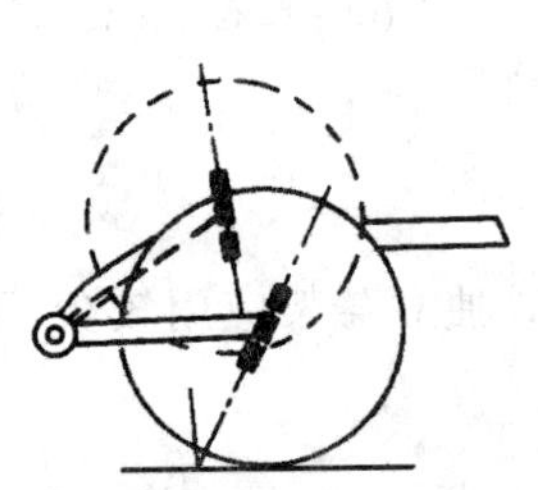

图3-48　单纵臂式独立悬架示意图

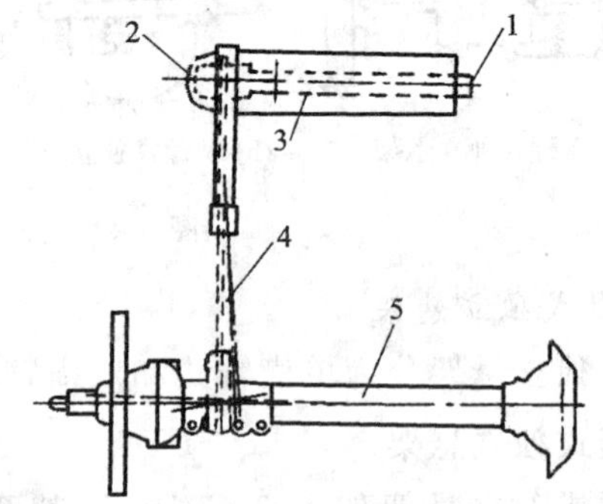

图3-49　用于后轮的单纵臂式独立悬架

1—扭杆弹簧；2—套筒；3—套管；4—纵摆臂；5—半轴套管

（2）双纵臂式独立悬架　图3-50所示为用于前轮的双纵臂式独立悬架。转向节和两个纵摆臂做铰链连接，在车架的两根管式横梁的内部装有由若干层矩形端面的薄弹簧钢片叠成的扭杆弹簧。两根扭杆弹簧的内端用螺栓固定在横梁中部，而外端则插入纵臂轴的矩形孔中。纵臂轴用衬套支承在管式横梁内，轴和纵臂刚性地连接。

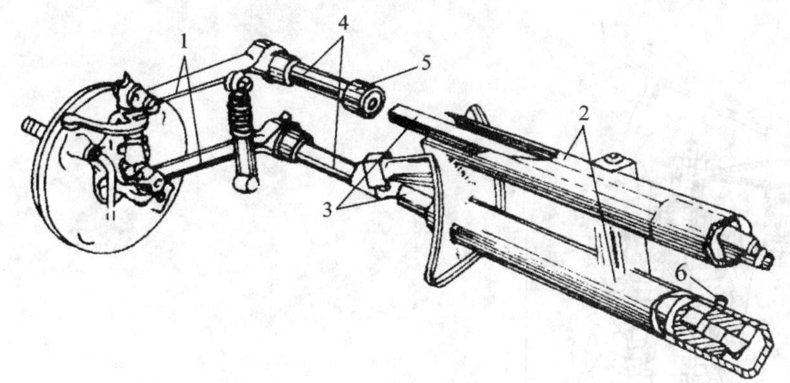

图 3-50 用于前轮的双纵臂式独立悬架

1—纵臂;2—横梁;3—扭杆弹簧;4—摆臂轴;5—衬套;6—螺钉

当车轮上下跳动时,在这种悬架中车轮外倾角、轮距和主销后倾角都不发生变化,所以适用于前轮。

3) 车轮沿主销移动的独立悬架

车轮沿主销移动的独立悬架可以分为两种形式,一种是车轮沿固定不动的主销移动的烛式独立悬架,另一种是车轮沿摆动的主销轴线移动的麦弗逊式独立悬架。

(1) 烛式独立悬架　图 3-51 所示为烛式独立悬架,主销的上、下两端刚性地固定在车架上。套在主销上的套管固定在转向节上。套管的中部固定装着螺旋弹簧的下支座。筒式减振器的下端与转向节相连,上端与车架相连。悬架的摩擦部分套着防尘罩。通气管与防尘罩内腔相通,以免罩中空气被密封而影响悬架的弹性。

汽车在不平路面上行驶时,车轮、转向节一起沿主销的轴线移动。螺旋弹簧只承受垂直载荷,而车轮上所受的纵向力、侧向力及其力矩则由转向节、套筒经主销传给车架,使得套筒与主销之间的磨损严重。

(2) 麦弗逊式独立悬架　麦弗逊式独立悬架目前在轿车中应用很广泛,其结构示意图如图 3-52 所示。它由减振器、螺旋弹簧、横摆臂、横向稳定杆(图中未画出)等组成。减振器与套在它外面的螺旋弹簧合为一体,构成悬架的弹性支柱,支柱上端与车身挠性连接,支柱下端与转向节刚性连接。横摆臂的外端通过球头销与转向节的下部连接,内端与车身铰接。

麦弗逊式独立悬架没有传统的主销实体,转向轴线为上、下铰接中心的连线 AB(一般与弹性支柱的轴线重合)。当车轮上下跳动时,B 点随横摆臂摆动,因而主销轴线 AB 随之摆动(弹性支柱也摆动)。这说明车轮沿着摆动的主销轴线而运动。

麦弗逊式独立悬架结构较简单,布置紧凑,用于前悬架时能增大两前轮内侧的空间,故多用于发动机前置前轮驱动的轿车上。

前轮采用麦弗逊式独立悬架时,前轮定位各参数的变化较小,除前束可调整外,其他参数有的车型规定不可调整,有的车型则规定可以调整。常见的调整部位及调整方法如下。

① 改变转向节与横摆臂外端的位置。如图 3-53(a)所示,松开转向节球头销与横摆臂的连接螺栓,左右横向移动球头销及转向节,可以改变车轮外倾角。桑塔纳轿车即采用这种结构形式。

② 改变弹性支柱上支座的位置。如图 3-53(a)所示,悬架的弹性支柱上支座用螺栓固定在车身上,松开螺栓,左右横向移动上支座,可以调整车轮外倾角。一汽奥迪 100 型轿车即采用这种结构形式。

③ 改变转向节上端的位置。如图 3-53(b)所示,由减振器和螺旋弹簧组成的弹性支柱下端通过上、下两个螺栓与转向节上端固定,其中上螺栓经偏心凸轮将两者连接在一起。转动上螺栓可使偏心凸轮转动,从而带动转向节上端左右横向(A 向)移动,进而改变车轮外倾角。丰田

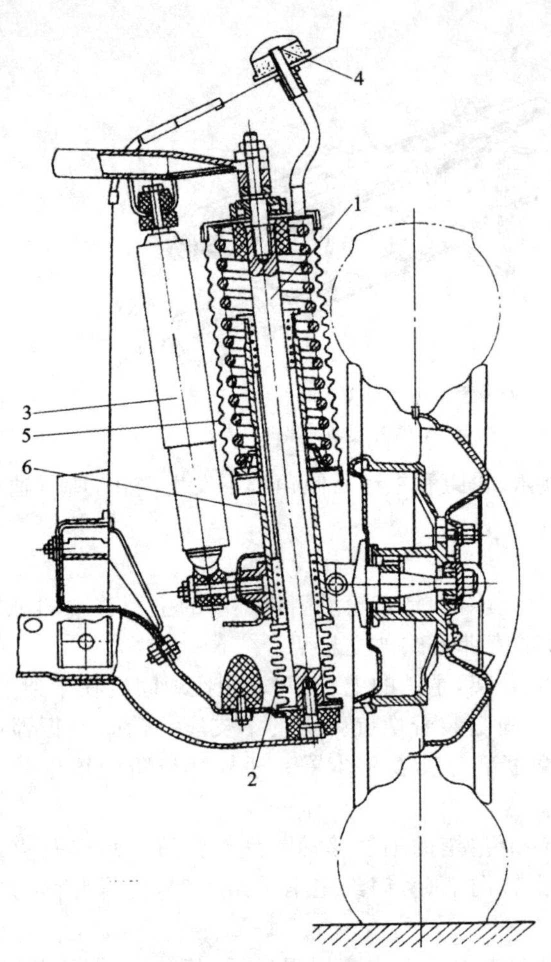

图 3-51 烛式独立悬架

1—主销；2、4—防尘罩；3—套筒；5—减振器；6—通气管

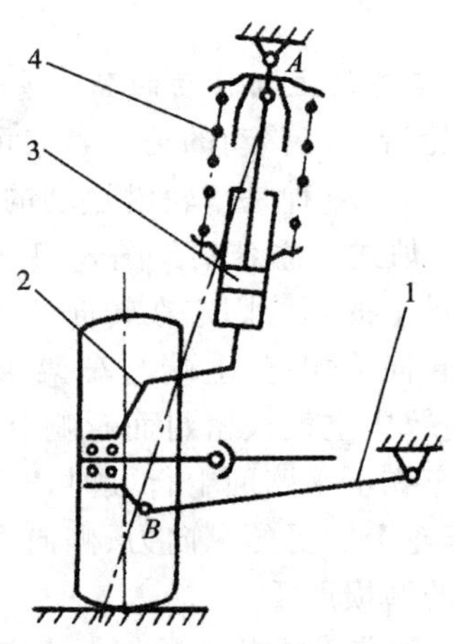

图 3-52 麦弗逊式独立悬架

1—横摆臂；2—转向节；3—减振器；4—螺旋弹簧

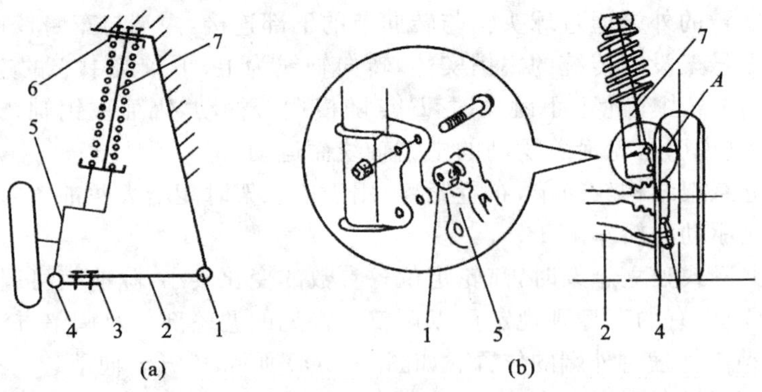

图 3-53 麦弗逊式独立悬架前轮定位调整示意图

1—偏心轴销；2—横摆臂；3—螺栓；4—球头销；5—转向节；6—上支座；7—减振器

花冠轿车即采用这种结构形式。

三、弹性元件

汽车上常用的弹性元件包括钢板弹簧、螺旋弹簧、扭杆弹簧和气体弹簧等。

1. 钢板弹簧

钢板弹簧广泛应用于汽车的非独立悬架中，其构造如图 3-54 所示。

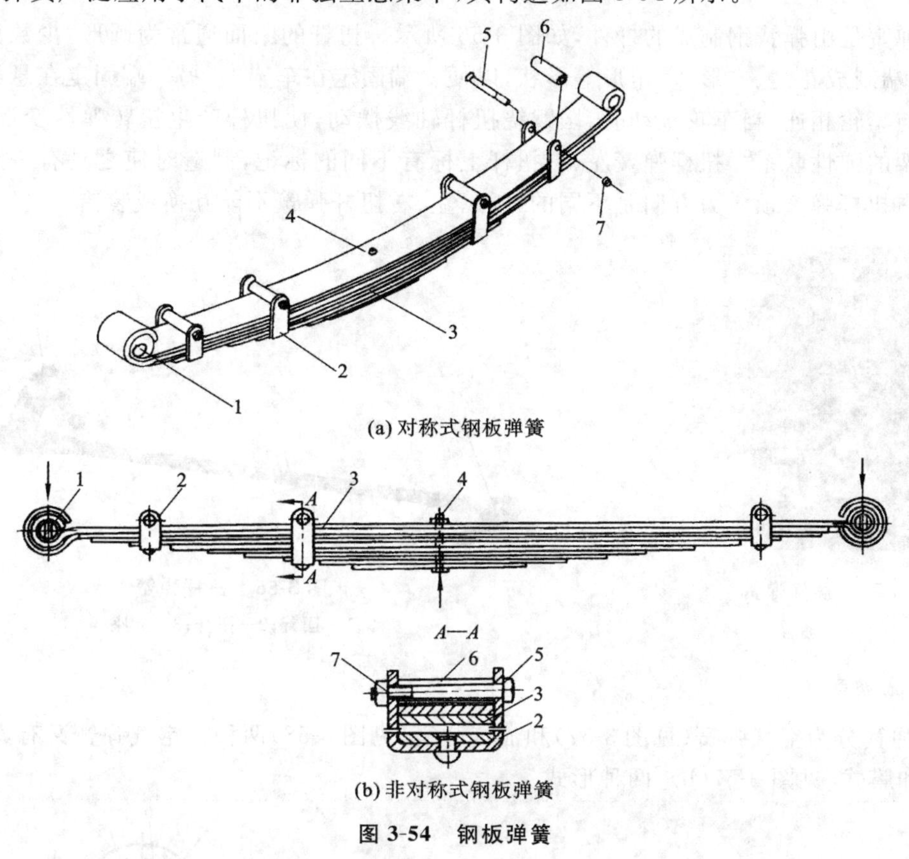

图 3-54 钢板弹簧

1—卷耳；2—弹簧夹；3—钢板弹簧；4—中心螺栓；5—螺栓；6—套管；7—螺母

钢板弹簧由若干片长度不等的合金弹簧钢片叠加而成，构成一根近似等强度的弹性梁。最长的一片称为主片，其两端卷成卷耳，内装衬套，以便用弹簧销与固定在车架上的支架或吊耳作铰链连接。

各弹簧片用中心螺栓连接，并保证各片的相对位置。中心螺栓距两端卷耳中心的距离可以是相等的，称为对称式钢板弹簧，如图 3-54(a)所示；也可以是不相等的，称为非对称式钢板弹簧，如图 3-54(b)所示。

为了防止汽车在行驶过程中各弹簧片分开，在钢板弹簧上装有若干弹簧夹，以免主片独自承载。弹簧夹通过铆钉与最下面一片弹簧片相连，弹簧夹两边通过螺栓相连，螺栓上有套管，装配时要求螺母朝向轮胎，以免螺栓脱落时刮伤轮胎，甚至伤人。

钢板弹簧在载荷作用下变形时，各片之间会相对滑动而产生摩擦，这可以衰减车架的振动。但摩擦会加速弹簧片的磨损，所以在装配钢板弹簧时，各片之间要涂抹石墨润滑脂或装有塑料垫片以减磨。

2. 螺旋弹簧

螺旋弹簧广泛应用于独立悬架，有些轿车的后轮非独立悬架也以螺旋弹簧作为弹性元件。螺旋弹簧只能承受垂直载荷，且变形时不产生摩擦力，所以悬架中必须装有减振器和导向机构。螺旋弹簧如图 3-55 所示，由特殊的弹簧钢棒卷制而成，可以制成圆柱形或圆锥形，也可以制成等螺距或不等螺距形式。圆柱形等螺距螺旋弹簧的刚度是不变的，圆锥形或不等螺距螺旋弹簧的刚度是可变的。

3. 扭杆弹簧

扭杆弹簧是由弹簧钢制成的杆件，如图 3-56 所示。扭杆的断面通常为圆形，少数为矩形或管形，其两端制成花键、方形、六角形等形状，以便一端固定在车架上，另一端固定在悬架的摆臂上。摆臂与车轮相连，当车轮跳动时，摆臂绕扭杆轴线摆动，使扭杆产生扭转弹性变形，以保证车轮与车架的弹性联系。扭杆弹簧左、右扭杆上标有不同的标记，制造时使之具有一定的预应力，且左、右扭杆弹簧预应力方向是不同的，所以左、右扭杆弹簧不能互换或装错。

图 3-55　螺旋弹簧

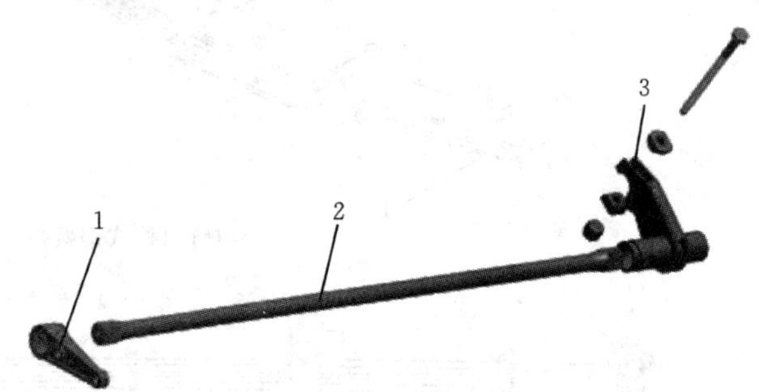

图 3-56　扭杆弹簧

1—摆臂；2—扭杆；3—支座

4. 气体弹簧

气体弹簧分为空气弹簧(见图 3-57)和油气弹簧(见图 3-58)两种。空气弹簧又有囊式[见图 3-57(a)]和膜式[见图 3-57(b)]两种形式。

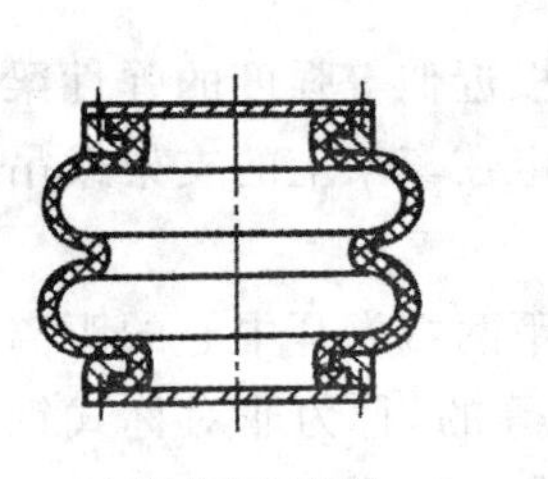

(a) 囊式空气弹簧

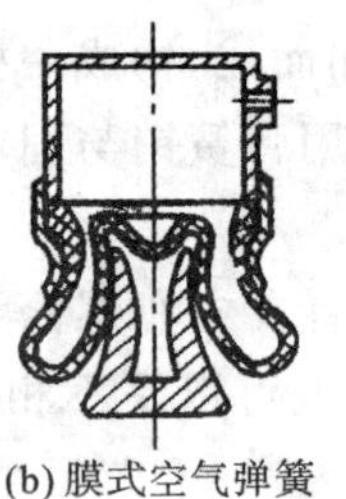

(b) 膜式空气弹簧

图 3-57　空气弹簧

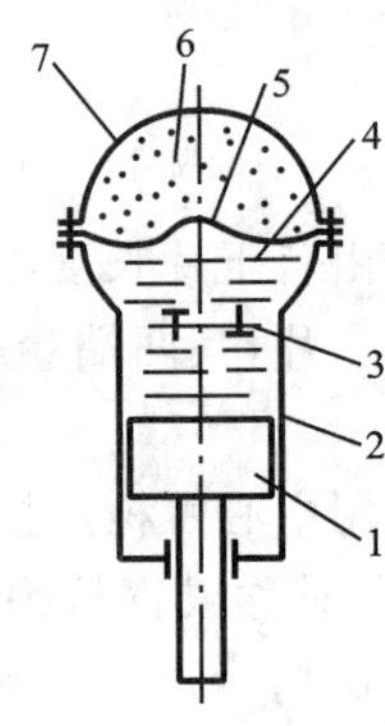

图 3-58　油气弹簧

1—活塞；2—工作缸；3—阻尼阀；4—油液；5—隔膜；6—气体；7—球形室

空气弹簧的结构、原理都很简单，下面仅介绍油气弹簧的结构、原理。如图 3-58 所示，油气弹簧的球形室固定在工作缸上，室的内腔用橡胶油气隔膜隔开，充入高压氮气的一侧为气室，与工作缸相通并充满油液的一侧为油室。工作缸内装有活塞、阻尼阀及其阀座。

当载荷增大且车架与车桥相互靠近时，活塞上移，使工作缸内容积减小，油压增大，油液顶开阻尼阀进入球形室，推动隔膜向气室方向移动，使气室容积减小，氮气压力增大，油气弹簧的刚度提高。当载荷减小时，在高压氮气的作用下隔膜向油室方向移动，室内油液经阻尼阀流回工作缸，推动活塞下移，这时气室容积增大，氮气压力减小，弹簧刚度降低。当氮气压力通过油液传递作用在活塞上的力与载荷平衡时，活塞便停止移动。随着载荷的变化，气室内氮气也随之变化，相应的活塞处于工作缸中不同位置。可见，油气弹簧具有变刚度的特性。

四、减振器

目前，汽车中广泛使用液压减振器，其基本原理如图3-59所示，当车架与车桥做往复相对运动时，减振器中的油液反复经过活塞上的阀孔，由于阀孔的节流作用及油液分子间的内摩擦力便形成了衰减振动的阻尼力，使振动的能量转变为热能，并由油液和减振器壳体吸收，然后散到大气中。

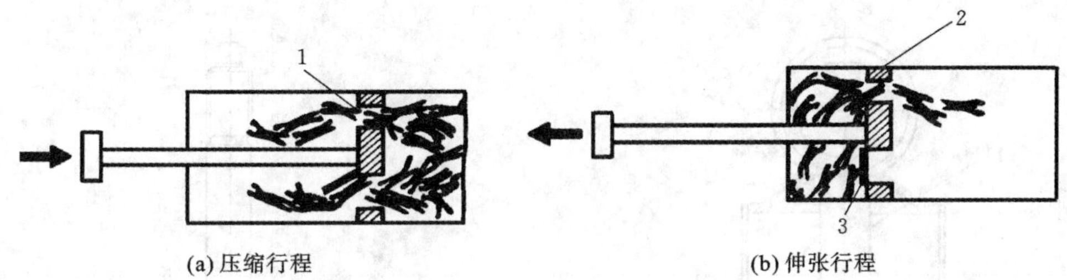

图3-59 液压减振器的基本原理

1—阀孔；2—活塞；3—阀门

阀门越大，阻尼力越小，反之亦然。相对运动速度越大，阻尼力越大，反之亦然。

阻尼力越大，振动的衰减越快，但悬架弹性元件的缓冲效果不能发挥，乘坐也不舒适，因此弹性元件的刚度与减振器的阻尼力要合理搭配，才能保证乘坐舒适性和操纵稳定性的要求。

目前汽车上应用较广泛的是双向作用筒式减振器，近年来，有的高级轿车采用充气式减振器。

1. 双向作用筒式减振器

双向作用筒式减振器的结构如图3-60所示，它有三个同心钢筒，外面的钢筒是防尘罩，其上部的吊耳与车架相连。中间是储油缸筒，内装有一定量的油液，其下端的吊耳与车桥相连。里面是工作缸筒，其内装满油液。它还有四个阀，即压缩阀、伸张阀、流通阀和补偿阀。流通阀和补偿阀是一般的单向阀，其弹簧弹力很小，当阀上的油压作用力与弹簧弹力同向时，阀处于关闭状态，完全不通油液；而当油压作用力与弹簧弹力反向时，只要很小的油压，阀便能开启。压缩阀和伸张阀是卸载阀，其弹簧刚度较高，预紧力较大，只有当油压增大到一定程度时，阀才能开启；而当油压减小到一定程度时，阀即自行关闭。双向作用筒式减振器的工作原理可用压缩和伸张两个行程加以说明。

1）压缩行程

当车桥移近车架（或车身）时，减振器受压缩，活塞下移，使其下方腔室容积减小，油压增大，具有一定压力的油液顶开流通阀进入活塞上方腔室。由于活塞杆占去上腔室的部分容积，使上腔室增大的容积小于下腔室减小的容积，因此还有一部分油液不能进入上腔室而只能压开压缩阀，流回储油缸筒。油液流经上述阀孔时，受到一定的节流阻力，为克服这种阻力而消耗了振动能量，使振动衰减。

2）伸张行程

当车桥相对远离车架（或车身）时，减振器受拉伸，活塞上移，使其上腔室油压增大，上腔室的油液便推开伸张阀流入下腔室。同样由于活塞杆的存在，上腔室减小的容积小于下腔室增大的容积，因而从上腔室流出来油液不足以充满下腔室所增大的容积，使下腔室产生一定的真空度，这时储油缸筒中的油液在真空度作用下推开补偿阀流进下腔室进行补充。

从上面的原理可以得知，这种减振器在压缩、伸张两个行程中都能起减振作用，因此称为双向作用减振器。

2. 充气式减振器

充气式减振器的结构如图 3-61 所示，其结构特点是在缸筒的下部装有一个浮动活塞，高压的氮气充在浮动活塞与缸筒一端形成的密闭气室里。在浮动活塞的上面是减振器油液。O 形密封圈把油和气完全分开，因此活塞也称为封气活塞。在工作活塞上装有压缩阀和伸张阀。这两个阀都由一组厚度相同、直径不等、由大到小排列的弹簧钢片组成。

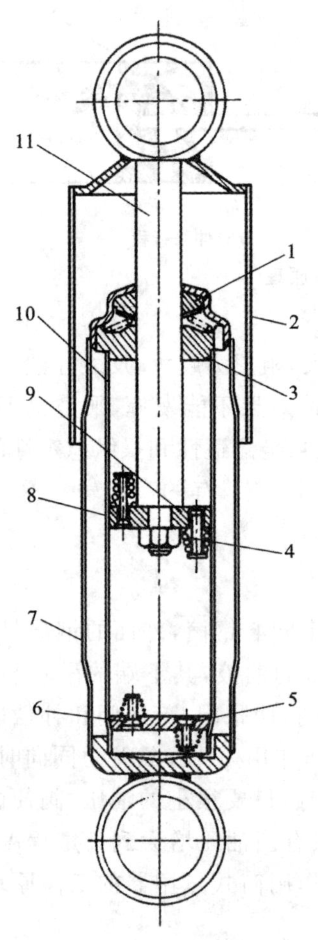

图 3-60 双向作用筒式减振器的结构

1—油封；2—防尘罩；3—导向座；4—流通阀；5—补偿阀；6—压缩阀；7—储油缸筒；8—伸张阀；9—活塞；10—工作缸筒；11—活塞杆

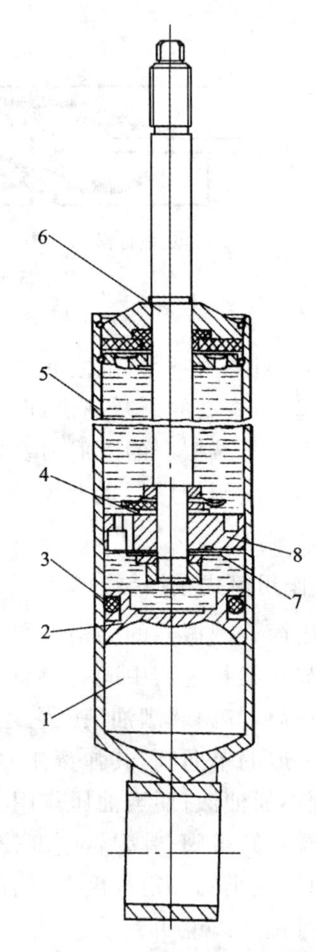

图 3-61 充气式减振器的结构

1—密封气室；2—浮动活塞；3—O 形密封圈；4—压缩阀；5—工作缸；6—活塞杆；7—伸张阀；8—工作活塞

当车轮上下跳动时，工作活塞在油液中做往复运动，使工作活塞的上、下腔之间产生油压差，压力油便推开压缩阀或伸张阀而来回流动。阀孔对压力油产生较大的阻尼力，使振动衰减。

五、独立悬架的检查

1. 减振器的检查

1）减振元件检查

如图 3-62 所示，检查时应固定住减振器 1，并当活塞杆 2 上下运动时应有一定阻力，而且向上比向下的阻力要大一些。若阻力过大，则应检查活塞杆 2 是否弯曲；若无阻力，则表示减振器 1 中的油已漏光或失效，必须更换。

车辆行驶时，有缺陷的减振器会发出冲击噪声，因此应更换减振器。减振器为免维护机构，减振器外面有少许油迹，不必更换减振器，如有大片油迹，则说明漏油，应更换减振器。

2）减振器悬架轴承与橡胶挡块的检查

如图 3-63 所示，一是检查减振器悬架轴承 1 的磨损与损坏情况，损坏时必须整体更换；二是检查橡胶挡块 2 的损坏与老化情况，如损坏，则应及时更换。

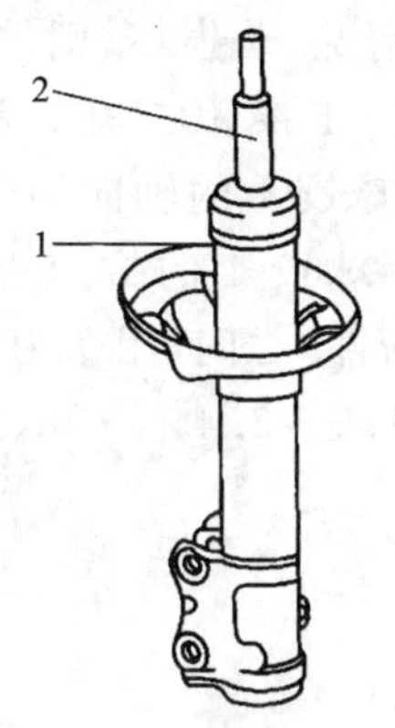

图 3-62 减振器的检查

1—减振器；2—活塞杆

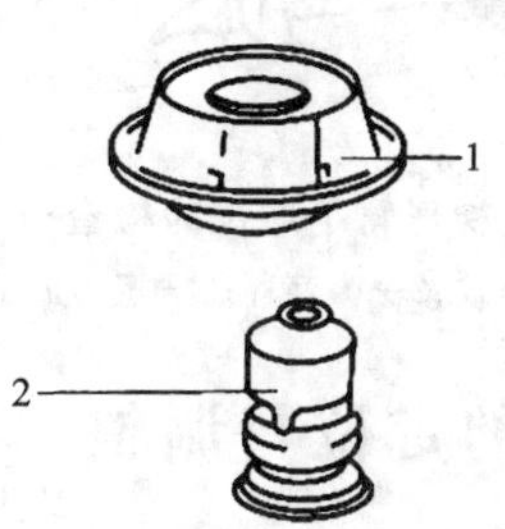

图 3-63 减振器悬架轴承

1—悬架轴承；2—橡胶挡块

3)减振器螺旋弹簧的检查

检查减振器螺旋弹簧（见图 3-64）有无损坏与变形，并测量螺旋弹簧的自由长度 A，若比标准弹簧长度减少 5%，则表示螺旋弹簧已产生永久变形，必须更换。更换时，必须同时更换左右两侧的两个弹簧，以保持车辆两侧高度相同。当螺旋弹簧上有裂纹时也要更换新件。

2. 前轮毂与转向节的检查

1）前轮毂与转向节的检查

检查转向节、前轮毂有无变形和裂纹，当存在问题时应及时更换或进行修整。

2）轮毂轴承的检查

轮毂轴承为双向内圈双列向心推力球轴承，并带有密封条，若内圈 2 或 3 和外圈 1 的滚道上发现麻坑或烧蚀，以及钢球 4 上有严重的损伤或明显磨痕，密封片 5 损坏，均需更换轴承。轴承必须整体更换，并在轴承内涂好润滑脂，如图 3-65 所示。

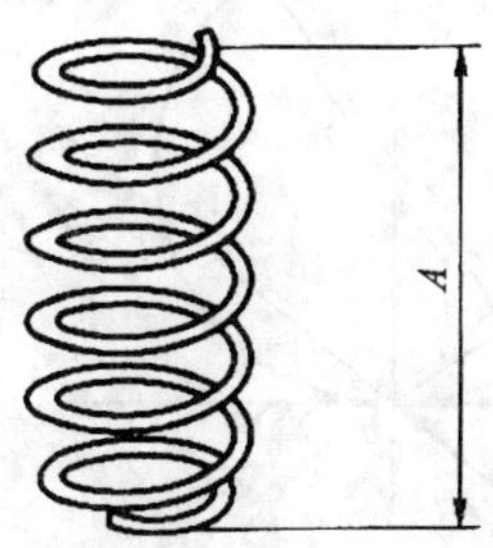

图 3-64 减振器螺旋弹簧

A—螺旋弹簧自由长度

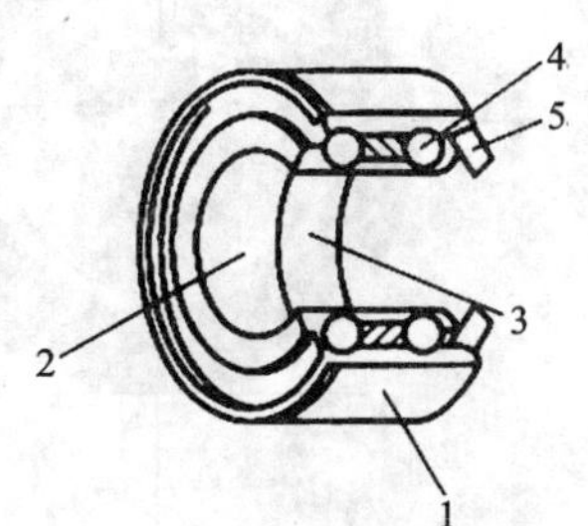

图 3-65 轮毂轴承检查

1—外圈；2、3—内圈；4—钢球；5—密封片

3. 副车架、横向稳定杆和梯形臂的检查

1）副车架（前托架）、横向稳定杆和梯形臂（下摆臂）的检查

首先检查副车架（前托架）、横向稳定杆和梯形臂（下摆臂）有无变形或裂纹。当存在变形或裂纹时，不允许在前悬架支承装置和导向装置部件上进行焊接和矫直修复，只能更换新件。另外，需要检查横向稳定杆的橡胶支座和橡胶衬套、梯形臂（下摆臂）的前衬套和后衬套的损坏、老化情况，若损坏，则需要及时更换。

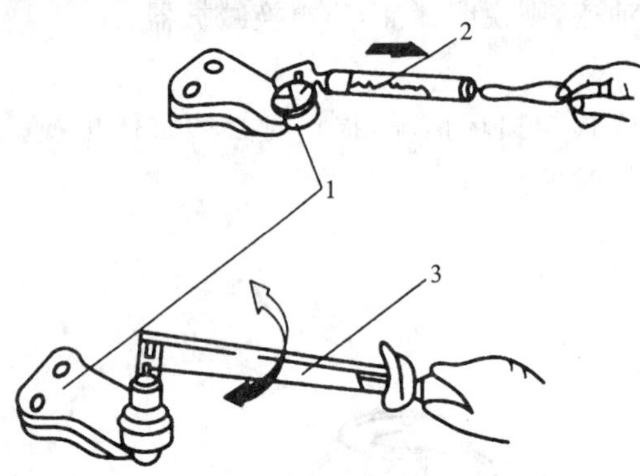

图 3-66　梯形臂下球铰的检查

1—梯形臂下球铰；2—弹簧秤；3—扭力扳手

2）梯形臂（下摆臂）下球铰的检查

梯形臂下球铰 1 的轴向间隙标准为 0，用弹簧秤 2 检查下球铰 1 的拉应力一般在 10.8～73.6 N·m（新件）之间，用扭力扳手检查下球铰的扭力，应在 1.5～3.4 N·m（新件）之间，如图 3-66 所示。

六、车轮的定位与调整

1. 车轮定位

要想保证汽车在行驶中的安全性与舒适性，保证汽车直线行驶的稳定性和操纵的轻便性，减少轮胎和其他机件的磨损，必须考虑许多因素来确定车轮、主销等部件与地面的角度，即车轮定位。

通常车轮定位主要指前轮定位（或称转向轮定位）。但现今轿车由于车速高，对行驶稳定性有更高的要求，除前轮定位外，还需要后轮定位，合称为四轮定位。

1）前轮定位参数

前轮定位参数包括主销后倾、主销内倾、前轮外倾和前轮前束四个参数。

(1) 主销后倾　主销安装在前轴上，其上端略向后倾斜，这种现象称为主销后倾。在垂直于汽车支承平面的纵向平面内，主销轴线与汽车支承平面垂线之间的夹角 γ 称为主销后倾角，如图 3-67 所示。

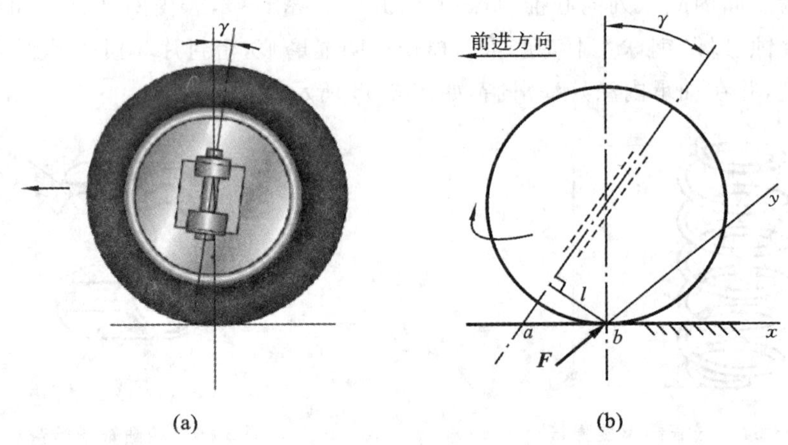

图 3-67　主销后倾

主销后倾的功能是形成回正力矩，保证汽车直线行驶的稳定性，并使汽车转向后回正操纵轻便。

主销后倾，使主销轴线的延长线与地面的交点 a 位于车轮与路面的接触点 b 之前，a、b 两点之间的距离称为主销后倾移距。设点 b 到主销轴线延长线之间的距离为 l，汽车直线行驶时，若转向轮偶然受到外力作用而偏转[图 3-67(b)中所示为向右偏转]，汽车将偏离行驶方向而右转弯。由于汽车本身离心力的作用，在轮胎与路面接触点 b 处将产生一个路面对车轮的侧向反作用力 $\boldsymbol{F}$，由于反作用力 $\boldsymbol{F}$ 没有通过主销轴线，因而形成了一个使车轮绕主销轴线旋转的力矩 $\boldsymbol{F} \cdot l$，其方向正好与车轮偏转方向相反。在力矩作用下，使车轮具有回复到原来中间位置的作用，从而保证了汽车直线行驶的稳定性。同理，在汽车转向后的回正过程中，此力矩具有帮助驾驶员使转向车轮回正的作用，使汽车转向后回正操纵轻便。

主销后倾角越大，车速越高，回正力矩越大，转向轮偏转后自动回正的能力也越强。但主销后倾角也不宜过大，一般不超过 3°，否则在转向时为了克服此力矩，驾驶员需在转向盘上施加较大的力。

(2) 主销内倾　主销安装在前轴上，其上端略向内侧倾斜，这种现象称为主销内倾。在垂直于汽车支承平面的横向平面内，主销轴线与汽车支承平面垂线之间的夹角 β 称为主销内倾角，如图 3-68 所示。

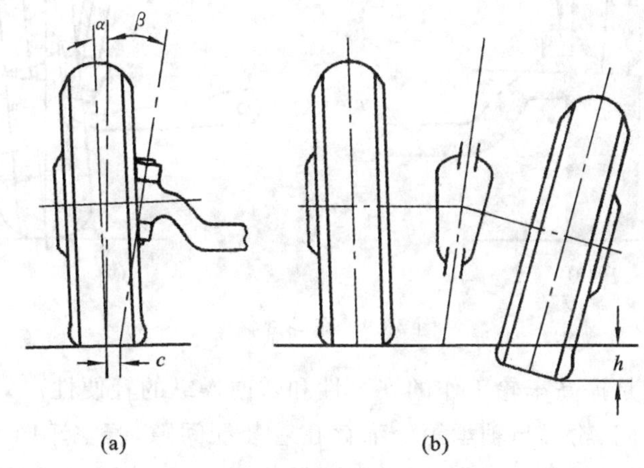

图 3-68　主销内倾

主销内倾的功能是使转向轮自动回正，并使转向操纵轻便。

主销内倾具有使转向轮转向操纵轻便的作用，如图 3-68(a)所示。主销内倾使主销轴线的延长线与地面的交点至车轮中心平面与地面交点之间的距离 c 缩短(在有些维修资料中将距离 c 称为偏置或磨胎半径)，转向时，路面作用在转向轮上的阻力对主销轴线产生的力矩减小，从而可减小转向时驾驶员施加在转向盘上的力，使转向操纵轻便。同时，还可以减小因路面不平而从转向轮传到转向盘上的冲击力。

主销内倾具有使转向轮自动回正的作用，如图 3-68(b)所示。当转向轮在外力作用下绕主销旋转[为了解释方便，假设旋转 180°，即由图 3-68(b)中左边位置转到右边位置]而偏离中间位置时，由于主销内倾，车轮的最低点将陷入路面以下 h 处，即车轮必须将路面压低距离 h 后才能旋转过来，但实际上路面不可能被压低，车轮下边缘不可能陷入路面之下，而是车轮连同整个汽车前部被向上抬起相应高度。一旦外力消失，转向轮就会在汽车前部重力作用下力图自动回正到旋转前的中间位置。主销内倾角越大，转向轮偏转角越大，汽车前部就抬起得越高，转向轮自动回正的作用就越大。

主销内倾角既不宜过大，也不宜太小。主销内倾角过大（偏置 c 减小），转向时，车轮在滚动的同时将与路面产生较大的滑动，增加轮胎与路面的摩擦阻力，这不仅使转向沉重，而且会加速轮胎的磨损；主销内倾角过小（偏置增大），汽车的行驶稳定性和制动稳定性将变差。在一些发动机前置前轮驱动的轿车上，为了使汽车具有良好的行驶稳定性，特别是制动稳定性，其主销内倾角均较大。

（3）车轮外倾　转向轮安装在转向节上时，其旋转平面上端向外倾斜，这种现象称为转向车轮外倾。车轮旋转平面与垂直于车辆支承面的纵向平面之间的夹角 α 称为车轮外倾角，如图 3-69 所示。

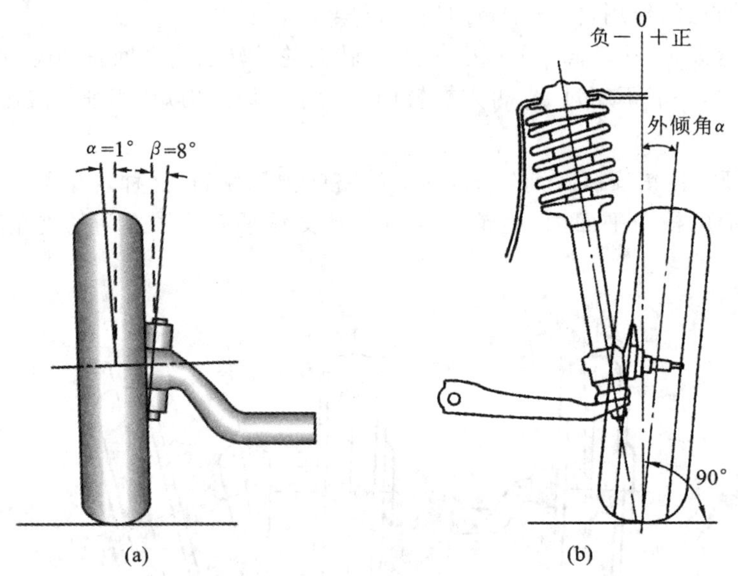

图 3-69　车轮外倾

车轮外倾角的功能是提高车轮工作的安全性和转向操纵的轻便性。

由于主销与衬套之间、轮毂与轴承等处都存在着装配间隙，若空车时车轮的安装正好垂直于路面，则满载时上述间隙将发生变化，车桥也因承载而变形，从而引起车轮向内倾斜。车轮内倾将使路面对车轮的垂直反作用力的轴向分力压向轮毂外端的小轴承，使该轴承及其锁紧螺母等件承受的载荷增大，缩短了它们的使用寿命，严重时会损坏锁紧螺母而使车轮脱落。为此，安装车轮时预先留有一定的外倾角，以防止上述不良影响。车轮外倾与主销内倾相配合可进一步缩短距离 c［见图 3-68(a)］，使汽车转向轻便。此外，车轮有一定的外倾角也可以与拱形路面相适应。但车轮外倾角不宜过大，否则会使轮胎产生偏磨损。一般前轮外倾角约为 1°。

有的汽车其前轮外倾角为负值，这样在汽车转向时可避免车身过分倾斜。

（4）前轮前束　车轮安装在车桥上，两前车轮的中心平面不平行，其前端略向内侧收束，这种现象称为前轮前束。两前轮后端距离 A 大于前端距离 B，其差值 $A-B$ 称为前轮前束值，如图 3-70 所示。

前轮前束的功能是消除因车轮外倾所造成的不良后果，保证车轮不向外滚动，防止车轮侧滑和减轻轮胎的磨损。

由于车轮外倾，汽车行驶时，两个车轮的滚动类似于两个锥体的滚动，其轨迹不再是直线而是逐渐向各自的外侧滚开，如图 3-71 所示。但因受车桥和转向横拉杆的约束，两侧车轮不可能向外滚开，这样，车轮在路面上滚动行驶的同时又被强制拉向内侧，产生向内的侧滑，从而加剧轮胎的磨损。有了前束，车轮滚动的轨迹是向内侧偏斜的，只要前束值与车轮外倾角配合适当，车轮向内、外侧滚动的偏斜量就会相互抵消，使车轮每一瞬间的滚动方向都朝着正前方，从而消除了侧滑，减轻了轮胎的磨损。

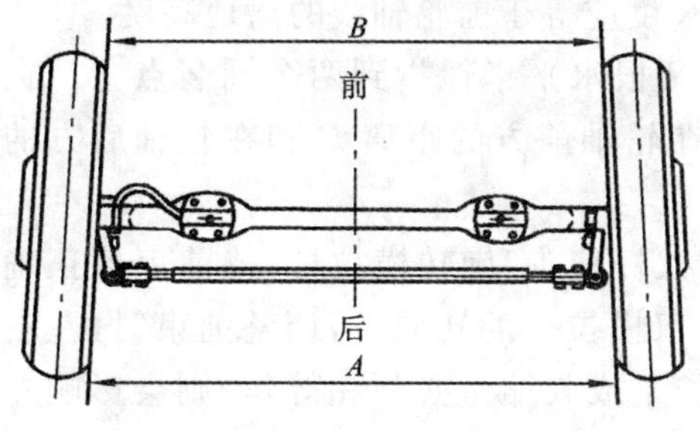

图 3-70 前束

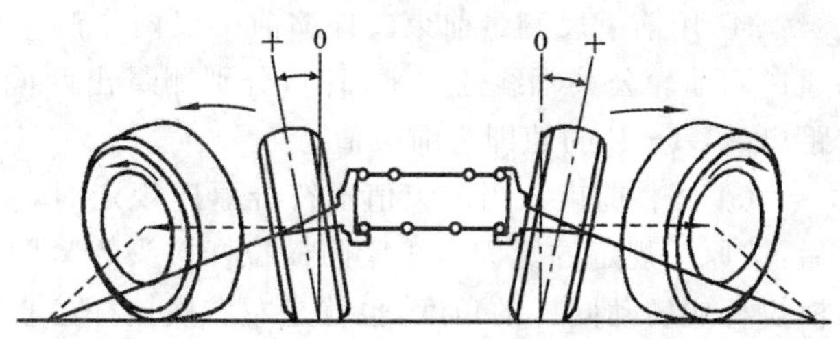

图 3-71 车轮外倾产生的车轮运动示意图

前轮前束值可以通过改变转向横拉杆的长度来调整，一般前束值为 0～12 mm。

2）后轮定位参数

（1）后轮外倾角　与前轮外倾角一样，后轮外倾角也对车轮轮胎磨损和操纵性有影响。理想状态是四个车轮的运动外倾角均为零，这样轮胎和路面接触良好，从而得到最佳的牵引性能和操纵性能。

车轮外倾角不是静态的，它随悬架的上下移动而变化，车辆加载后悬架下沉，就会引起车轮外倾角改变。为了对载荷和悬架机构的磨损进行补偿，后悬架采用独立悬架的大多数车辆常有一个较小的正后轮外倾角。

（2）后轮前束　如同前轮前束一样，后轮前束也是后轮定位的一个重要参数。如果后轮前束不当，后轮轮胎也会产生磨损，其影响程度与前轮前束相同。

前束测量值在规定范围内，并不意味着车轮定位一定正确，尤其对后轮前束测量值来说更是如此。如果一侧后轮前端向内偏斜量与另一侧后轮前端向外偏斜量相等，那么前束值将在规定的范围内。但由于后轮与纵轴线不平行，车辆不会跑偏。

2. 前轮定位的检测与调整

1）非独立悬架式转向桥前束的调整

（1）前束调整前的准备。

非独立悬架前桥前轮定位中的主销内倾、前轮外倾完全由前桥结构来保证，是不可调的。而主销后倾多数由前钢板弹簧在空载状态下的弧度或由钢板弹簧与前轴间的楔形垫铁保证，一般情况下也是不能调整的，只有前束可以通过改变横拉杆的长度进行调整。前桥和转向系统各部位配合间隙、两前轮轮胎的气压、主销后倾、主销内倾、前轮外倾的准确程度都会影响前束值或前束的作用。因此，调整前束之前应做好以下工作。

① 检查调整好前轮、转向系统各配合间隙。

② 两侧前轮轮胎气压、气压差以及平衡性能应符合原厂规定。

③ 主销后倾、主销内倾和前轮外倾值应符合原厂规定；否则，应进行修理。修复后方能准确地调整前轮前束。

④ 调整前束前，应按技术文件的规定，紧固相关部位，确保连接可靠。

（2）前束的调整方法。

① 确定两前轮上的同名点。检查前束时，必须测量两前轮上对称的两个点之间的距离，两

个点称为“同名点”。同名点选择必须符合原厂规定，多数制造厂规定同名点在轮胎的中线上；也有少数厂家规定的同名点处在两轮胎内侧胎体或外侧胎体上；还有的规定同名点在轮辋内侧边缘上。

② 将汽车置于水平地面上并支起前桥。

③ 调整前束尺。调整前束尺两条链条的长度，这一长度应等于前轮轴线的离地高度。

④ 用前束尺测量前束。伸缩前束尺两个测量管，使两根水平指针指到两个同名点上。在通过两前轮公共轴线的水平面内，分别测量出两同名点在轮轴前方的距离 B 和在轮轴后方的距离 A，$A-B$ 的值即为前束值。

⑤ 调整前束。当前束值不符合原厂规定时，松开横拉杆接头，旋转横拉杆，待前束值正确后，按原厂规定的紧固力矩紧固横拉杆接头的紧固螺栓（双横拉杆的转向桥，调整前束时，左右横拉杆应转动同样的角度，也就是左右横拉杆各自的伸长量或收缩量必须相等，否则会影响左右最大转角的正确性）。图 3-72 所示为前束的检查与调整示意图。

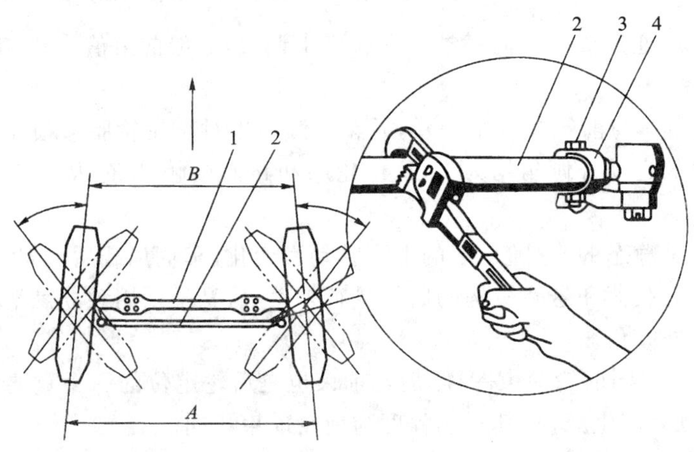

图 3-72　前束的检查与调整示意图

1—前支持桥；2—横拉杆；3—夹紧弹簧螺栓；4—横拉杆连接头

第一步：轮胎按规定充足气压，轮毂轴承间隙调整到规定值，将车辆停放在水平路面上并处于直线行驶位置。

第二步：在左右轮胎正前方的胎面中心或轮辋上做“+”记号，用前束尺测量出 B 值；转动车轮（或推动汽车）180°，将记号转到正后方测得 A 值，$A-B$ 的值即前束值。如果该值不符合规定，则应进行调整。

第三步：调整时，松开横拉杆上的夹紧螺栓，用管钳转动横拉杆，使横拉杆两端的距离伸长或缩短；调整后拧紧夹紧弹簧螺母。

2）独立悬架汽车前轮定位的调整

独立悬架的主销后倾角可通过移动上摆臂在摆臂轴上的纵向位置来调整。增减套在摆臂轴上位于上摆臂与摇臂上的承孔端面间的垫片的总厚度，使上摆臂纵向位移改变主销后倾角。前轮外倾角调整时，增减上摆臂与固定支架间的垫片厚度，使上摆臂以下摆臂为支点横向位移来改变车轮外倾角，主销内倾和前轮外倾已由转向节的结构确定，不能单独调整。主销后倾和前轮外倾调整合格后，如果主销内倾仍不在原厂规定值之内，则说明转向节已经变形。

前束是通过左、右横拉杆来调整的，前轮定位调整合格后，通过转向节上的最大转向角限位螺栓来分别调整左、右轮最大转向角。有些出厂汽车的使用说明书中，还给出了前轮定位调整坐标图，方便检修人员参照坐标图增减垫片。麦弗逊式独立悬架转向桥的前轮外倾、主销内倾以及主销后倾一般由结构来保证，不需要也不能进行调整。但桑塔纳轿车的前轮外倾是可以调整的，调整时，先松开下悬架臂与前轮的连接螺栓的固定螺母，将专用前轮外倾调整杆插入调整孔中，横向移动球头销，使前轮下方做轴向移动，调整前轮外倾角达到规定值，且两侧前轮外倾角差不得大于规定值。插入专用调整杆时，右侧的调整杆从前方插入，左侧的调整杆从后方插入。调整完之后，再检查调整前束，前束的调整仍然靠调整横拉杆的长度来实现。待前束值调整合格后，紧固螺母。维护时，发现轮胎单侧磨损严重，则应尽早检查、调整前束。图3-73所示为独立悬架汽车前束检查与调整示意图。

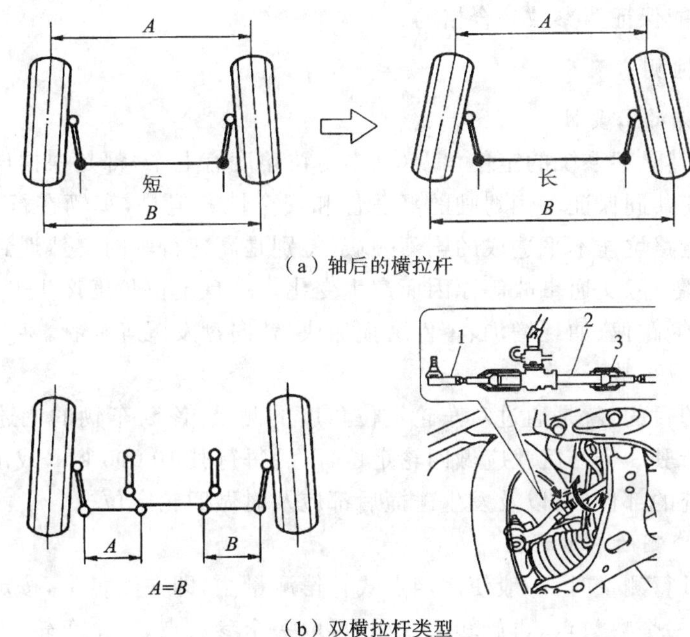

（a）轴后的横拉杆

（b）双横拉杆类型

图3-73 独立悬架汽车前束检查与调整

1—横拉杆接头；2—转向齿条壳；3—转向齿条端

（1）横拉杆在主销轴后面的车型中，增加横拉杆长度就是增加前束。横拉杆在主销轴前面的车型中，增加横拉杆长度就是增加后束。

（2）在双横拉杆车型中，当左、右横拉杆的长度被保持相等时进行前束调整。如果左、右横拉杆长度不同时，即使是正确的前束调整也会引起不正确的转向角调整。

3. 前轮侧滑的检测

转向轮前束的作用正好与前轮外倾的作用相反。因此，为保证汽车转向轮无横向滑移地直线滚动，要求车轮外倾角和车轮前束有适当配合，使两者的作用力互相抵消，保持车轮直线行驶。当车轮前束值与车轮外倾角匹配不当时，车轮就可能在直线行驶过程中不做纯滚动，产生侧向滑移现象，称为前轮侧滑。

当这种滑移现象过于严重时，将使轮胎处于边滚边滑的状态，它使汽车的操纵稳定性变差，增加油耗和加速轮胎的磨损。车轮侧滑量的大小与方向可用汽车车轮侧滑检验台来检测。当汽车在侧滑试验台上驶过一个可以在横向自由滑动的滑板时，由于前束与外倾的作用不能互相抵消，将使滑板产生侧向滑动。侧滑试验台可以将这一侧滑量在仪器上显示出来，通过测量汽车前轮的侧滑量，可以判断汽车前轮前束和外倾这两个参数配合是否恰当。

《机动车运行安全技术条件》(GB 7258—2012)规定：汽车转向轮的横向滑移量，用汽车侧滑台检测时应不大于 5 m/km。

在侧滑试验台上，滑板向外滑动的数值记为“＋”(或“IN”)，向内滑动记为“－”(或“OUT”)。当前束值过大或车轮外倾角过小时，前束的作用大于车轮外倾的作用，产生的作用力使滑板向外滑动，仪表显示数值的符号为“＋”。反之，当前束值过小或车轮外倾角过大时，车轮外倾的作用大于前束的作用，滑板向内滑动，显示数值的符号为“－”。因此，根据仪表上显示数值的正负号，即可知道如何调整前束。

侧滑是前束与外倾两个参数匹配的结果，因而当两参数都合格时，侧滑合格；但反之，当侧滑合格时，并不一定能保证两参数是合格的。

4. 四轮定位的检测

1) 四轮定位检测的必要性

车辆在出厂时，其悬架系统的定位角度(基本定位角度有七个)都是根据设计要求预先设定好的。这些定位角度共同保证车辆驾驶的舒适性和安全性。但是，车辆在行驶一段时间后，这些定位角度会由于道路坑洼不平造成的剧烈颠簸(特别是高速行驶时突然遇到不平路面)、底盘零件磨损、更换底盘零件、交通事故等原因而产生变化。一旦定位角度产生变化，就可能产生诸如轮胎异常磨损、车辆跑偏、油耗增加、零件磨损加快、转向盘发沉等症状，甚至导致高速行驶的车辆失去稳定性，造成事故。

四轮定位检测的目的，就是通过对车轮定位角度的测量，诊断车辆的上述故障原因并予以调整。一般新车在行驶 3 个月后就应做四轮定位，以后每行驶 10 000 km(或出厂规定的里程)，或拆检更换悬架系统的部件后，以及发生碰撞后都应及时做四轮定位。

2) 四轮定位仪检测的基本方法

在使用定位仪进行测量时，一般使用四点式补偿测量法，即在测量中，按定位仪上的提示将车轮旋转 1/4 周，取一个参数点，再旋转 1/4 周，再取一个参数点，一个车轮共取四个点(有些车轮定位仪补偿只需要摆动轮胎即可)。这样做的好处是比一般定位仪只取一个点的参数要准确得多。使用时按具体说明书操作。

3) 四轮定位前注意事项

在正常使用的情况下，平常没必要频繁检查和校正车轮定位。但是，如果出现轮胎磨损不均匀，转向不稳定或者悬架修理后，就必须对车轮定位进行检查和校正。

在车轮定位测量之前进行必要的检查。标准的车轮定位值是由制造厂在车辆处于其“正常”状态时确定的。因此，在检查车轮定位时，必须尽可能使车辆接近确定标准值的正常状态(有关标准值，参见具体车型维修手册)。在测量之前，对可能影响车轮校正的各种因素都必须进行检查并且要进行必要的矫正，检查项目有：

① 轮胎的充气压力(在标准条件内)。

② 轮胎的明显不均匀磨损或大小差异。

③ 轮胎偏摆。

④ 由于磨损，等速万向节出现的间隙。

⑤ 由于磨损，横拉杆出现的间隙。

⑥ 由于磨损，前轮轴承出现的间隙。

⑦ 左、右支撑杆长度存在的差异。

⑧ 左、右轴距之间存在的差异。

⑨ 转向传动机构部件的变形或磨损。

⑩ 与前悬架有关的部件的变形或磨损。

⑪ 横向车身倾斜(底盘、地面间隙)。

七、悬架的故障诊断与排除

1. 前悬架的故障及排除

1) 前悬架有噪声

现象:汽车在行驶过程中,特别是道路颠簸、突然制动、转弯时从前悬架部位发出噪声。

原因:前减振器、转向节、下摆臂(梯形臂)的连接螺栓松动;前减振器漏油严重或前减振器活塞杆与缸筒磨损严重;下摆臂(梯形臂)的前后橡胶衬套磨损、老化或损坏;螺旋弹簧失效或折断。

排除方法:如果前减振器、转向节、下摆臂(梯形臂)的连接螺栓松动,则重新紧固各松动螺栓;如果前减振器漏油严重或前减振器活塞杆与缸筒磨损严重,则需更换前减振器;如果下摆臂(梯形臂)的前后橡胶衬套磨损、老化或损坏,则需更换橡胶衬套;如果螺旋弹簧失效或折断,则需要更换螺旋弹簧。

2) 万向节传动轴有噪声

现象:行驶过程中,万向节传动轴有撞击声,车速变化时响声更加明显。

原因:传动轴上的振动缓冲器移位;传动轴上的支承轴承损坏;内等速万向节与变速器上的驱动凸缘(或称半轴)的连接螺栓松动;传动轴变形;球笼式万向节的球毂、钢球、保持架或外壳体磨损;三叉式万向节与万向节叉轴磨损。

排除方法:如果传动轴上的振动缓冲器发生移位,则需要将振动缓冲器复位;如果传动轴上的支承轴承损坏,则需要更换支承轴承;如果内等速万向节与变速器上的驱动凸缘(或称半轴)的连接螺栓松动,则需要重新紧固;如果传动轴变形,则需要进行校正;如果球笼式万向节的球毂、钢球、保持架或外壳体磨损,则需要更换球笼式万向节;若三叉式万向节与万向节叉轴磨损,则需要更换三叉式万向节。

3) 前轮自动跑偏

现象:汽车行驶时,不能保持直线行驶方向,而自动偏向一边。

原因:两前轮的气压不一致;两前轮轮胎磨损不一致;左右螺旋弹簧损坏或产生永久变形;左右前减振器损坏或变形;前轮定位角不正确;横向稳定杆橡胶套损坏或固定螺栓松动。

排除方法:若两前轮的气压不一致,导致跑偏,则将两前轮气压均冲至正常;若两前轮轮胎磨损不一致,则需要更换成色相同的轮胎;若左右螺旋弹簧损坏或产生永久变形,则需要两边一起更换螺旋弹簧。若左右前减振器损坏或变形,则需要更换前减振器。如果前轮定位角不正确,则需要重新检查和调整前轮定位角;若横向稳定杆橡胶套损坏或固定螺栓松动,则需要更换橡胶套并重新紧固螺栓。

4) 前轮摆动

现象:汽车行驶中,当达到某一速度时,出现转向盘发抖、摆振。

原因:轮辋的钢圈螺栓松动;前悬架的螺栓(螺母)松动;前轮毂轴承磨损;车轮轮辋产生偏摆;车轮不平衡;下摆臂(梯形臂)的球头销(球接头)磨损或松动;转向横拉杆球头销磨损或松动;前轮定位角不正确。

排除方法:如果轮辋的钢圈螺栓松动,则需要按规定力矩和顺序紧固钢圈螺栓;如果前悬架的螺栓(螺母)松动,则需要紧固转向节、前减振器及下摆臂(梯形臂)的紧固螺栓(螺母);如果前轮毂轴承磨损,则需要更换轴承;如果车轮轮辋产生偏摆,则需要更换轮辋;如果车轮不平衡,则需要用轮胎平衡仪进行车轮的平衡;如果下摆臂(梯形臂)的球头销(球接头)磨损或松动,则需要更换球头销(球接头);如果转向横拉杆球头销磨损或松动,则需要更换球头销;如果前轮定位角不正确,则需要校正前轮的前束和外倾角。

2. 后悬架的故障与排除方法

1) 后轮摆动

现象:汽车保持直线行驶时,达到某一速度后,感觉后轮有明显的左右摆动。

原因:后轮轮辋偏摆;后车轮不平衡;后摆臂上短轴变形;后轮毂轴承间隙过大;后轮毂轴承损坏;后桥体变形;后减振器失效;纵摆臂与后轴管支架总成间的滚针轴承损坏或磨损。

排除方法:如果后轮轮辋偏摆,则需更换后轮轮辋;如果后车轮不平衡,则需要进行后车轮平衡;如果后摆臂上短轴变形,则需要更换短轴;如果后轮毂轴承间隙过大,则需要进行后轮毂轴承间隙调整;如果后轮毂轴承损坏,则需要更换轴承;如果后桥体变形,则更换后桥体;如果后减振器失效,则更换后减振器;如果纵摆臂与后轴管支架总成间的滚针轴承损坏或磨损,则需要更换滚针轴承。

2) 后悬架噪声

现象:汽车在行驶过程中,特别是道路颠簸、突然加速、转弯时会从后悬架部位发出噪声。

原因:后减振器漏油或损坏;后减振器端缓冲套损坏;后轮毂轴承损坏;后悬架各紧固螺栓(螺母)松动;后桥体橡胶支承损坏;后减振器的螺旋弹簧损坏;纵摆臂与后轴管支架之间的滚针轴承损坏;扭杆与纵摆臂、后轴管支架总成的花键磨损。

排除方法:如果后减振器漏油或损坏,则更换后减振器;如果后减振器端缓冲套损坏,则更换缓冲套;如果后轮毂轴承损坏,则更换轴承;如果后悬架各紧固螺栓(螺母)松动,则紧固螺栓(螺母);如果后桥体橡胶支承损坏,则需要更换后桥体橡胶支承;如果后减振器的螺旋弹簧损坏,需要更换螺旋弹簧;如果纵摆臂与后轴管支架之间的滚针轴承损坏,需要更换滚针轴承;如果扭杆与纵摆臂、后轴管支架总成的花键磨损,则需要更换扭杆。

【实训活动】

实训条件:多媒体教学设备和课件、网络教学资源、维修资料、实训车、举升机、千斤顶、汽车维修基本工具。

实训车状态:一辆别克凯越(1.6 L)轿车,行驶100 000 km,出现过交通事故,高速行驶时有跑偏现象,车身振动,轮胎偏磨。

1. 实训准备

(1) 实训车:别克凯越轿车。

(2) 实训工具及器材:常用手动工具、检测仪器及设备、千斤顶、举升机、轮胎动平衡机、四轮定位仪等。

(3) 掌握本次实训课所用仪器及设备的使用方法。

(4) 牢记实训中的安全注意事项。

2. 实训流程

汽车悬架常见故障现象有轮胎异常磨损、车辆跑偏、油耗增加、零件磨损加快、转向盘发沉等，甚至导致高速行驶的车辆失去稳定性，造成事故。实训教师可根据实训条件对悬架、减振器等进行检测，然后设置一些悬架常见故障。在实训教师的监督下，学生独立完成故障的诊断与排除。最后由教师充当客户模拟一个或几个故障场景，让学生分别扮演维修工向客户说明故障诊断结果。

（1）学生分析并说出检查步骤和方法。

① 认识并正确区分悬架类型。

② 减振器性能检测。

③ 车轮动平衡检测方法。

④ 四轮定位方法。

（2）学生思考下列问题，并向教师陈述答案。

① 根据检查情况，分析出可能导致上述故障的原因。

② 如何确定上述故障？

③ 对检查结果进行理论分析。

3. 实训记录

（1）回答教师的现场提问，接受教师的技能考核。

（2）完成实训任务后，对实训过程进行自我评价和小组互评，听取教师的点评。

（3）清洁实训场所，清点、维护工具及设备，完成任务交接。

项目 4

汽车转向系统检修

知识目标

（1）熟悉机械转向系统和动力转向系统的结构。

（2）掌握转向系统工作原理和检修方法。

能力目标

（1）熟悉转向系统主要部件的位置、结构和原理。

（2）能对转向系统部件进行拆装和故障检修。

学习任务1　认识汽车转向系统

转向系统是指由驾驶员操纵，能实现转向轮偏转和回位的一套机构。当汽车需要改变行驶方向时，必须使转向轮绕主销轴线偏转一定角度，直到新的行驶方向符合驾驶员的要求时，再将转向轮恢复到直线行驶的位置。

一、转向系统的功能与类型

1. 功能

转向系统的功能是按照驾驶员的意愿改变汽车的行驶方向和保持汽车稳定地直线行驶。

2. 类型

转向系统按转向动力源，分为机械转向系统和动力转向系统两大类。

机械转向系统以驾驶员的体力作为转向动力源。动力转向系统除了以驾驶员的体力为转向动力源外，还以汽车的动力作为辅助转向动力源，动力转向系统又可以分为液压式、气压式和电动式。

二、转向系统的参数和转向理论

1. 转向系统角传动比

转向系统角传动比是指转向盘的转角与转向盘同侧的转向轮偏转角的比值，一般用 i_w 表示。转向系统角传动比是转向器角传动比 i_1 和转向传动机构角传动比 i_2 的乘积。转向器角传动比是转向盘转角和转向摇臂摆角之比。转向传动机构角传动比是转向摇臂摆角与同侧转向轮偏转角之比。

转向系统角传动比越大，增矩作用越大，转向操纵越轻便，但转向盘转的圈数过多，导致操纵灵敏性变差，所以转向系统角传动比不能过大。而转向系统角传动比太小又会导致转向沉重，所以转向系统角传动比既要保证转向轻便，又要保证转向灵敏。但机械转向系统很难做到这一点，所以越来越多的车辆采用动力转向系统。

2. 转向盘的自由行程

转向盘的自由行程是指转向盘在空转阶段的角行程，这主要是由转向系统各传动件之间的装配间隙和弹性变形所引起的。由于转向系统各传动件之间都存在着装配间隙，而且这些间隙将随零件的磨损而增大，因此在一定的范围内转动转向盘时，转向节并不马上同步转动，而是在消除这些间隙并克服机件的弹性变形后，才做相应的转动，即转向盘有一空转过程。

转向盘自由行程对缓和路面冲击及避免驾驶员过于紧张是有利的，但过大的自由行程会影响转向灵敏性，所以汽车维护中应定期检查转向盘自由行程。

3. 车轮的运动规律

汽车在转向行驶时，要求车轮相对于地面做纯滚动，否则车轮边滚边滑会导致转向行驶阻力增大，动力损耗，油耗增加，也会导致轮胎磨损增加。

汽车转向时，内侧车轮和外侧车轮滚过的距离是不等的。对于一般汽车而言，后桥左右两侧的驱动轮由于差速器的作用，能以不同的转速滚过不同的距离。但前桥左右两侧的转向轮要滚过不同的距离，保证车轮做纯滚动就要求所有车轮的轴线都交于一点。此交点称为汽车的转向中心。从转向中心到外侧转向轮与地面接触点的距离称为汽车转弯半径。转弯半径越小，则汽车转向所需要的场地就越小，汽车的机动性也就越好。当外侧转向轮偏转角达到最大值时，转弯半径最小。

学习任务 2　机械转向系统的结构与检修

一、机械转向系统的基本组成和工作原理

1. 基本组成

汽车机械转向系统由转向操纵机构、机械转向器和转向传动机构三大部分组成，其具体组成如图 4-1 所示。

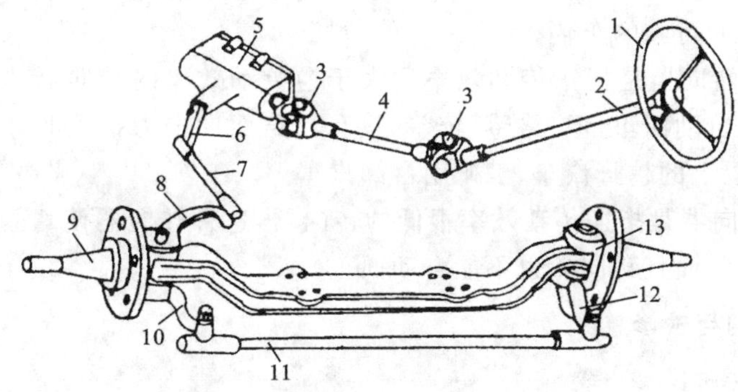

图 4-1　机械转向系统的结构

1—转向盘；2—转向轴；3—转向万向节；4—转向传动轴；5—转向器；6—转向摇臂；7—转向直拉杆；8—转向节臂；9—左转向节；10—左转向梯形臂；11—转向横拉杆；12—右转向梯形臂；13—右转向节

转向操纵机构包括转向盘、转向轴、万向节、转向传动轴；机械转向器有多种类型，轿车上常采用齿轮齿条转向器；转向传动机构包括转向摇(垂)臂、转向直(纵)拉杆、转向节臂、转向梯形臂、转向横拉杆等。

2. 工作原理

如图 4-1 所示，汽车转向时，驾驶员转动转向盘，通过转向轴、转向万向节和转向传动轴，将转向力矩输入转向器。转向器中有 1～2 级啮合传动副，具有降速增矩的作用。转向器输出的转矩经转向摇臂，再通过转向直拉杆传给固定在左转向节上的转向节臂，使左转向节及装于其上的左转向轮绕主销轴线偏转。左、右转向梯形臂的一端分别固定在左、右转向节上，另一端则与转向横拉杆连接。当左转向节偏转时经左转向梯形臂、转向横拉杆和右转向梯形臂的传递，右转向节及装于其上的右转向轮随之绕主销轴线同向偏转一定的角度。

左、右转向梯形臂和转向横拉杆构成转向梯形，其作用是当汽车转向时，使左、右转向轮按一定的规律进行偏转。

二、机械转向器

1. 转向器的功能

转向器是转向系统中的降速增矩传动装置，其功能是增大由转向盘传到转向节的力，并改变力的传动方向。

2. 转向器的类型

按转向器中的传动副的结构形式分类，转向器可分为循环球式、齿轮齿条式、蜗杆曲柄指销式、蜗杆滚轮式等几种。

3. 转向器的传动效率

转向器的传动效率是指转向器输出功率与输入功率之比。当功率由转向盘输入，从转向摇臂输出时，所求得的传动效率称为正传动效率；反之，转向摇臂受到道路冲击而传到转向盘的传动效率则称为逆传动效率。

按传动效率分类，转向器还可分为可逆式转向器、极限可逆式转向器和不可逆式转向器。

(1) 可逆式转向器是指正、逆传动效率都很高的转向器。这种转向器有利于汽车转向后转向轮的自动回正，转向盘“路感”很强，但也容易在不良路面上行驶时出现“打手”现象，所以主要应用于经常在良好路面行驶的车辆。

(2) 极限可逆式转向器是指正传动效率远大于逆传动效率的转向器。这种转向器能实现汽车转向后转向轮的自动回正，但“路感”较差，只有当路面冲击力很大时才能部分地传到转向盘，主要应用于中型以上的越野汽车、工矿用自卸汽车等。

(3) 不可逆式转向器是指逆传动效率很低的转向器，这种转向器使驾驶员不能得到路面的反馈信息，没有“路感”，而且转向轮也不能自动回正。

4. 转向器的结构与检修

1) 齿轮齿条式转向器

(1) 结构。

图 4-2 所示为齿轮齿条式转向器，它主要由转向器壳体 8、转向齿轮 9、转向齿条 5 等组成。转向器通过转向器壳体 8 的两端用螺栓固定在车身(车架)上。齿轮轴 6 通过球轴承 7、滚柱轴承 10 垂直安装在壳体中，其上端通过花键与转向轴上的万向节(图中未画出)相连，其下部分是与轴制成一体的转向齿轮 9。转向齿轮 9 是转向器的主动件，它与相啮合的从动件转向齿条 5 水平布置，齿条背面装有压簧垫块 4。在压簧 3 的作用下，压簧垫块 4 将齿条 5 压靠在齿轮 9 上，保证二者无间隙啮合。调整螺塞 1 可用来调整压簧的预紧力。压簧 3 不仅起消除啮合间隙的作用，而且作为一个弹性支承，起着吸收部分振动能量、缓和冲击的作用。

转向齿条 5 的中部(有的是齿条两端)通过拉杆支架 12 与左、右转向横拉杆 11 连接。转动转向盘时，转向齿轮 9 转动，与之相啮合的转向齿条 5 沿轴向移动，从而使左、右转向横拉杆带动转向节 13 转动，使转向轮偏转，实现汽车转向。

齿轮齿条式转向器结构简单，可靠性好，也便于独立悬架的布置；同时，由于齿轮齿条直接啮合，转向灵敏、轻便，因此在各类型汽车上的应用越来越多。

(2) 检修。

① 当零件出现裂纹时应更换新零件，转向横拉杆、转向齿条在总成修理时应进行隐伤检验。

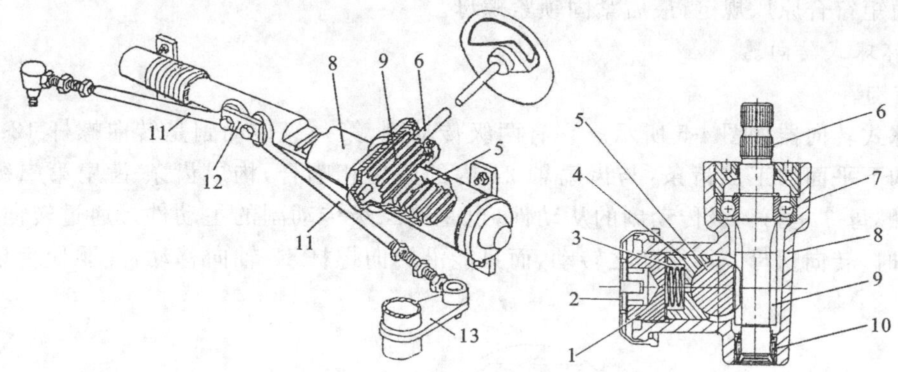

图 4-2 齿轮齿条式转向器

1—调整螺塞;2—罩盖;3—压簧;4—压簧垫块;5—转向齿条;6—齿轮轴;7—球轴承;
8—转向器壳体;9—转向齿轮;10—滚柱轴承;11—转向横拉杆;12—拉杆支架;13—转向节

② 转向齿条的直线度误差不得大于 0.30 mm。

③ 齿面上应无剥蚀及严重磨损现象,当出现左右大转角时转向沉重,且又无法调整时应更换。

(3) 调整。

齿轮齿条式转向器的调整是调整转向齿条与转向齿轮的啮合间隙,也称为调整转向齿条的预紧力。因结构的差异,调整方法也有所不同。但常用的有两种方法:一种方法是改变转向齿条导块与盖之间的垫片厚度来调整转向齿条与转向齿轮轮齿的啮合间隙,完成预紧力的调整,如图 4-3 所示;另一种方法是用盖上的调整螺塞来改变转向齿条导块与弹簧座之间的间隙,完成预紧力的调整,如图 4-4 所示。

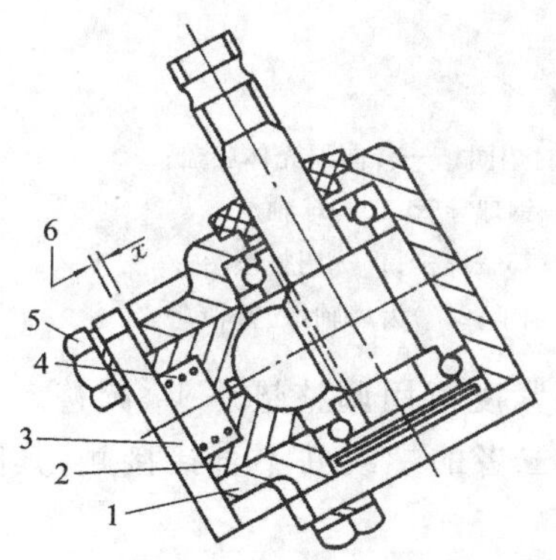

图 4-3 预紧力调整机构(一)

1—转向器壳体;2—导块;3—盖;
4—导块压紧弹簧;5—固定螺母;
6—盖与壳体间间隙

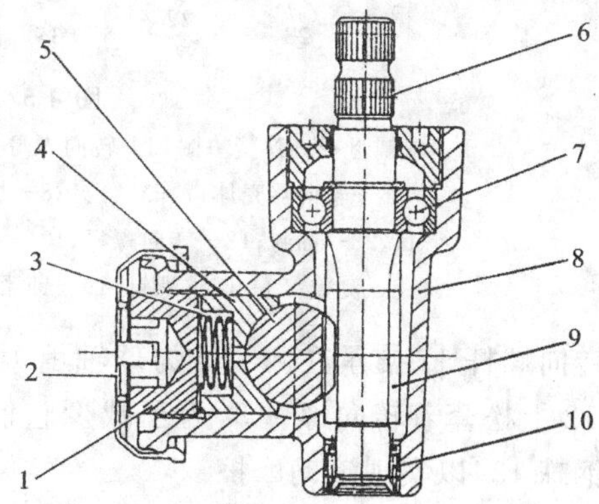

图 4-4 预紧力调整机构(二)

1—调整螺塞;2—罩盖;3—压簧;4—压簧垫块;
5—转向齿条;6—齿轮轴;7—球轴承;
8—转向器壳体;9—转向齿轮;10—滚柱轴承

对于预紧力调整机构(一),预紧力的调整步骤是:先不装弹簧以及盖之间的垫片,进行 x 值的调整,使转向齿轮轴上的转动力矩为 1～2 N · m;然后用厚薄规测量 x 值;在 x 值上加 0.05～0.13 mm,此值就是应加垫片的厚度,也就是转向齿条和转向齿轮合格的啮合间隙所要求的垫片厚度。

对于预紧力调整机构(二),预紧力的调整步骤是:先旋转盖上的调整螺塞,使弹簧座与导块接触,再将调整螺塞旋出 30°～60°之后,检查转向齿轮的转动力矩,如此重复操作,直至转向齿轮的转动力矩符合原厂规定，最后紧固锁紧螺母。

2）循环球式转向器

（1）结构。

循环球式转向器如图 4-5 所示。它有两级传动副，第一级传动副是转向螺杆 12-转向螺母 3；螺母 3 的下平面加工成齿条，与齿扇轴 21 内的齿扇相啮合，构成齿条-齿扇第二级传动副。显然，转向螺母 3 是第一级传动副的从动件，也是第二级传动副的主动件。通过转向盘转动转向螺杆 12 时，转向螺母 3 不能随之转动，而只能沿转向螺杆 12 轴向移动，并驱使齿扇轴（摇臂轴）21 转动。

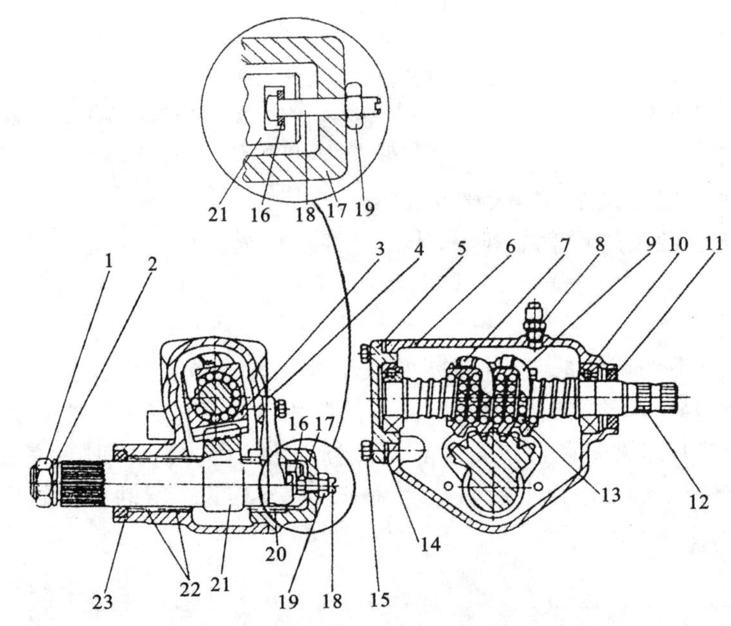

图 4-5　循环球式转向器

1—螺母；2—弹簧垫圈；3—转向螺母；4—转向器壳体密封垫圈；5—转向器壳体底盖；6—转向器壳体；7—导管夹；8—加油（通气）螺塞；9—钢球导管；10—球轴承；11、23—油封；12—转向螺杆；13—钢球；14—调整垫片；15—螺栓；16—调整垫圈；17—侧盖；18—调整螺钉；19—锁紧螺母；20、22—滚针轴承；21—齿扇轴（摇臂轴）

转向螺杆 12 支承在两个推力球轴承 10 上，轴承的预紧度可用调整垫片 14 调整。在转向螺杆 12 上松套着转向螺母 3，为了减少它们之间的摩擦，二者的螺纹并不直接接触，其间装有许多钢球 13，以实现滚动摩擦。

当转动转向螺杆时，通过钢球将力传给转向螺母，使螺母沿螺杆 12 轴向移动。随着螺母 3 沿螺杆 12 轴向移动，其齿条便带动齿扇绕着摇臂轴 21 做圆弧运动，从而使摇臂轴 21 连同摇臂产生摆动，通过转向传动机构使转向轮偏转，实现汽车转向。

转向螺母 3 下平面上加工出的齿条是倾斜的，与之相啮合的是变齿厚齿扇。只要使齿扇轴 21 相对于齿条做轴向移动，便可调整二者的啮合间隙。调整螺钉 18 旋装在侧盖 17 上。齿扇轴 21 靠近齿扇的端部切有 T 形槽，螺钉 18 的圆柱形端头嵌入此切槽中，端头与 T 形槽的间隙用调整垫圈 16 来调整。旋入螺钉 18，则齿条与齿扇的啮合间隙减小；旋出螺钉，则啮合间隙增大。调整好后用锁紧螺母 19 锁紧。

（2）调整。

循环球式转向器的调整主要是转向器啮合间隙的调整，方法如下。

① 使转向器的传动副处于中间位置(直线位置);

② 通过调整螺钉,调整转向器传动副的啮合间隙,在直线位置上应呈无间隙啮合;

③ 中间位置上,转向器转动力矩应为1.5～2.0 N·m。转向器转动力矩调整合格后,用规定力矩锁紧调整螺钉。

3) 蜗杆曲柄指销式转向器

(1) 结构。

东风EQ1090E型汽车的蜗杆曲柄指销式转向器如图4-6所示,它主要由转向器壳体、摇臂轴、上盖、下盖、调整螺塞和螺钉、侧盖等组成。

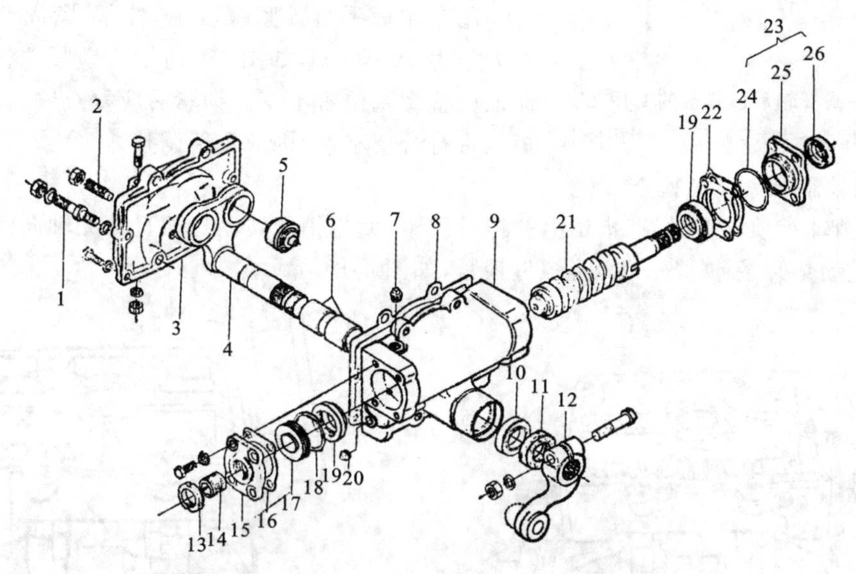

图4-6 东风EQ1090E型汽车的蜗杆曲柄指销式转向器

1—螺栓、螺母;2—摇臂轴调整螺钉及螺母;3—侧盖;4—摇臂轴;5—指销轴承总成;6—摇臂轴衬套;7—加油螺塞;8—侧盖衬垫;9—转向器壳体;10、11—油封;12—转向垂臂;13—螺母;14—蜗杆轴承调整螺塞;15—下盖;16—下盖衬垫;17—蜗杆轴承垫块;18、24—密封圈;19—蜗杆轴承;20—放油螺塞;21—蜗杆;22—调整垫片;23—上盖总成;25—上盖;26—蜗杆油封

转向器壳体固定在车架的转向器支架上。壳体内装有传动副,其主动件是转向蜗杆,从动件是装在摇臂曲柄端部的指销。具有梯形截面螺纹的转向蜗杆支承在转向器壳体两端的两个向心推力轴承上。转向器下盖上装有调整螺塞,用于调整向心推力轴承的预紧度,调整后用螺母紧固。

蜗杆与两个锥形的指销相啮合,构成传动副。两个指销均用双列圆锥滚子轴承支承在曲柄上,并可绕自身轴线转动,以减轻蜗杆与指销啮合传动时的磨损,提高传动效率。销颈上的螺母用来调整轴承的预紧度,以使指销能自由转动而无明显轴向间隙为宜,调整后用锁片(图中未示出)将螺母锁住。

安装指销和双排圆锥滚子轴承的曲柄制成叉形,与摇臂轴制成一体。摇臂轴用粉末冶金衬套支承在壳体中。转向器侧盖上装有调整螺钉,旋入(或旋出)调整螺钉可以改变摇臂轴的轴向位置,以调整指销与蜗杆的啮合间隙,从而调整转向盘的自由行程,调整后用螺母锁紧。摇臂轴伸出壳体的一端通过花键与转向摇臂连接。

汽车转向时,驾驶员通过转向盘转动转向蜗杆(主动件),与其相啮合的指销(从动件)一边自转,一边以曲柄长度为半径绕摇臂轴轴线在蜗杆的螺纹槽内做圆弧运动,从而带动曲柄、转向

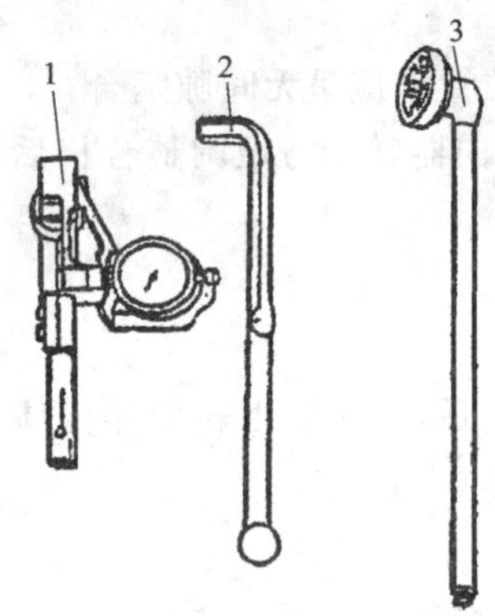

图 4-7　调整蜗杆轴承预紧度的专用工具

1—力矩检测仪；2—内六角扳手；3—专用扳手

摇臂摆动，实现汽车转向。

(2) 调整。

① 转向蜗杆轴承预紧度的检查、调整。

蜗杆轴承预紧度的检查和调整，应在摇臂轴未装入壳体之前进行。调整使用的专用工具如图 4-7 所示。

用内六角扳手把调整螺塞 14 拧到底，再退回 1/8～1/4 圈，使蜗杆轴在输入端具有 1.0～1.7 N·m 的预紧力矩，如图 4-8 所示。

用专用扳手将锁紧螺母 13 拧紧，紧固调整螺塞，拧紧力矩为 49 N·m，如图 4-9 所示。锁紧调整螺塞时，要保证调整螺塞位置不变。锁紧后应复查输入端的转动力矩是否符合要求，否则应重新调整。

② 指销轴承预紧度的检查、调整。

调整指销轴承预紧度时，把指销上的螺母拧紧，使指销能转动自如且并无轴向间隙为合适。调整后，将止动垫片翻起 1～2 齿，将螺母锁紧，如图 4-10 所示。

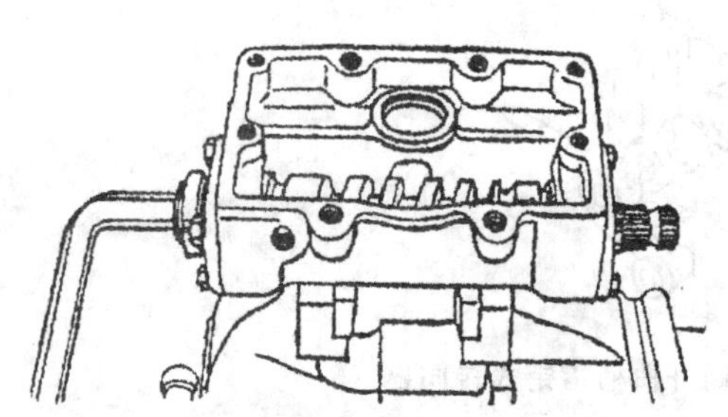

图 4-8　蜗杆轴承预紧度的调整(一)

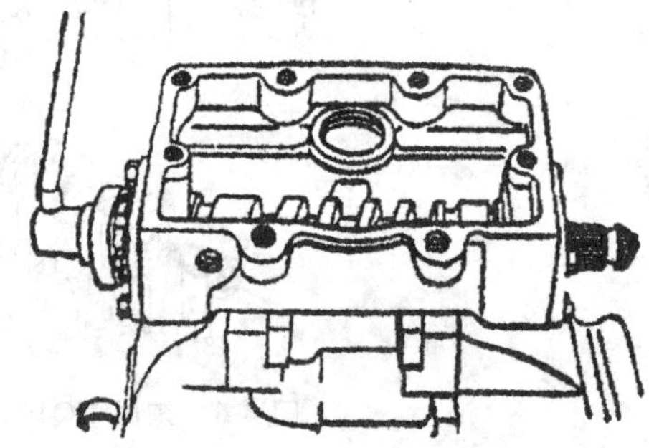

图 4-9　蜗杆轴承预紧度的调整(二)

③ 指销与蜗杆啮合间隙的调整。

松开摇臂轴调整螺钉的锁紧螺母。

转动蜗杆轴，直到转不动为止，再退回 3 圈左右，使指销处于蜗杆的中间位置，如图 4-11 所示。

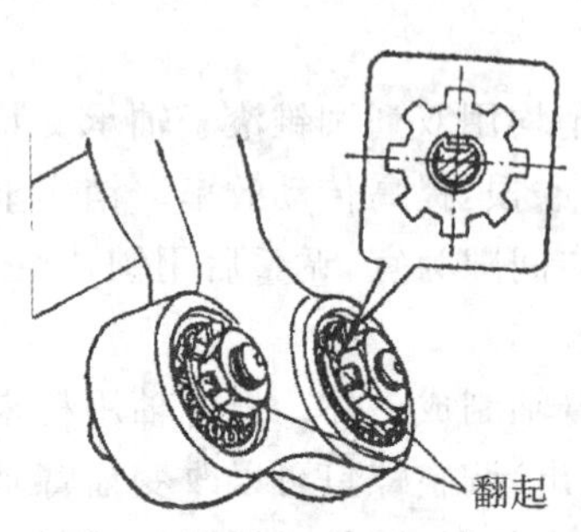

图 4-10　调整指销轴承的预紧度

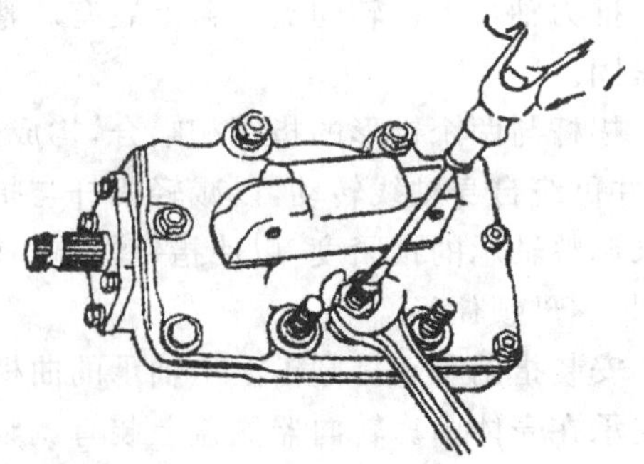

图 4-11　指销与蜗杆啮合间隙的调整

顺时针旋转调整螺钉 2，同时来回转动蜗杆，直到感觉有阻力为止。

在蜗杆的输入端检查转动力矩，转动力矩应不大于 2.7 N·m。

在调整螺钉的周围涂上密封胶，然后拧紧锁紧螺母，拧紧力矩不小于 49 N·m。

复查蜗杆输入端的转动力矩,如有变化则应重新调整,直到符合要求为止。

经验方法:指销处于蜗杆的中间位置,将调整螺钉拧到底,再退回 1/8 圈;轴向推拉摇臂轴,无明显间隙感觉;转动摇臂时,灵活自如且无卡滞现象为合适。

三、转向操纵机构

1. 转向操纵机构的功能

转向操纵机构要将驾驶员操纵转向盘的力传给转向器,同时为了驾驶员的舒适驾驶,还要求转向操纵机构可以进行调节,以满足不同驾驶员的需求;为了防止车辆撞击时驾驶员受伤,还要求转向操纵机构具有一定的安全保护装置。

2. 转向操纵机构的组成

解放 CA1091 型汽车转向操纵机构如图 4-12 所示,一般由转向盘总成 1、上转向轴 11、转向管柱 9、转向传动轴 27、转向万向节叉 20、转向万向节滑动叉 28 等组成。转向盘总成 1 由塑料制成,内有钢制骨架,通过花键将转向盘毂与上转向轴 11 相连,用螺母 18 固定,上转向轴上端支承在衬套 12 内,下端支承在轴承 13 中,由孔用弹性挡圈 14 和轴用钢丝挡圈 16 进行轴向定位。转向管柱 9 下端压配在下固定支架 8 中,并通过两个螺栓将下固定支架紧固在驾驶室地板上;上端通过橡胶套 3、盖板 2,由两个螺栓固定在驾驶室仪表板上。弹簧 41 可消除转向管柱与上转向轴间的轴向间隙。

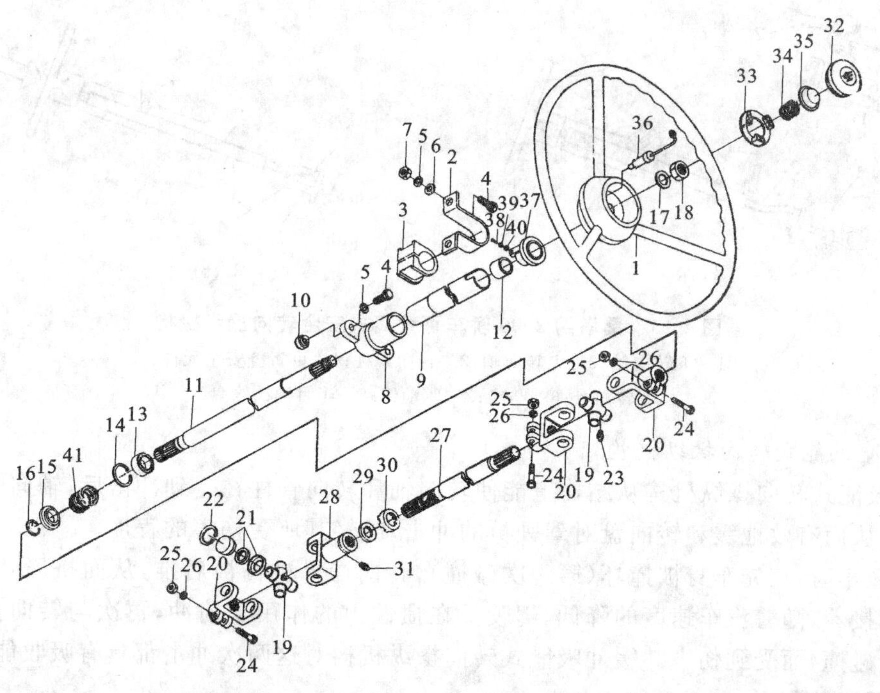

图 4-12 解放 CA1091 型汽车转向操纵机构

1—转向盘总成;2—盖板;3—橡胶套;4、24—螺栓;5、26、40—弹簧垫圈;6、39—垫圈;7、18、25—螺母;8—下固定支架;9—转向管柱;10—楔形螺母;11—上转向轴;12—衬套;13—轴承;14、22—孔用弹性挡圈;15—轴承挡圈;16—轴用钢丝挡圈;17—平垫圈;19—十字轴;20—转向万向节叉;21—滚针轴承总成;23、31—滑脂嘴总成;27—转向传动轴;28—转向万向节滑动叉;29—油封;30—防尘套;32—喇叭按钮盖;33—搭铁接触板总成;34—接触弹簧;35—接触罩;36—电刷总成;37—集电环总成;38—螺钉;41—弹簧

下端的转向万向节叉 20 通过花键与转向器的转向螺杆相连接,滑动叉 28 通过内花键与转

向传动轴 27 的外花键相连，转向传动轴可轴向移动，以适应驾驶室与车架的相对位移。滑动叉一端焊有塞片，另一端装油封 29、防尘套 30，并由滑脂嘴总成 31 对滑动叉与转向传动轴的花键进行润滑。

十字轴 19 有两个，上装滑脂嘴总成 23，润滑四个滚针轴承总成 21，由弹性挡圈 22 固定在万向节叉上。万向节叉的结构与滑动叉基本相同，只是多一锁紧螺栓与上端的万向节叉和上转向轴相连。

3. 安全式转向柱

安全式转向柱有可分离式安全转向操纵机构和缓冲吸能式转向操纵机构。

1）可分离式安全转向操纵机构

桑塔纳 2000 轿车采用了可分离式安全转向操纵机构，图 4-13(a)所示为转向操纵机构的正常工作位置。此类转向操纵机构的转向轴分为上下两段，用安全联轴节连接。上转向轴 2 下部弯曲并在端面上焊接有半月形凸缘盘 8，盘上装有两个驱动销 7，与下转向轴 1 上端凸缘 6 压装尼龙衬套和橡胶圈的孔相配合，形成安全联轴节。当发生撞车事故，驾驶员因惯性而以胸部扑向转向盘 5，迫使转向管柱 3 压缩位于上方的安全元件 4 而向下移动，使两个驱动销 7 迅速从下转向轴凸缘 6 的孔中退出，从而形成缓冲而减少对驾驶员的伤害。图 4-13(b)为转向盘受撞击时，安全元件被折叠、压缩和安全联轴节脱开使转向管柱产生轴向移动的情形。一汽红旗、奥迪轿车的转向操纵机构与此类似，如图 4-14 所示，只是无可折叠的安全元件。

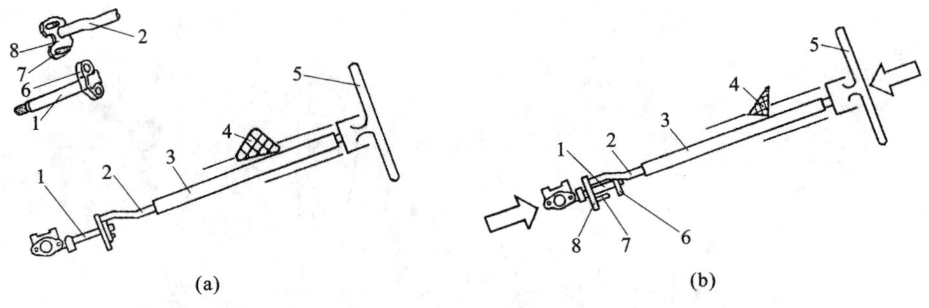

图 4-13　桑塔纳 2000 轿车可分离式安全转向操纵机构

1—下转向轴；2—上转向轴；3—转向管柱；4—可折叠安全元件；
5—转向盘；6—凸缘；7—驱动销；8—半月形凸缘盘

2）缓冲吸能式转向操纵机构

缓冲吸能式转向操纵机构从结构上能使转向轴和转向管柱在受到冲击后，轴向收缩并吸收冲击能量，从而有效地缓和转向盘对驾驶员的冲击，减轻其所受伤害的程度。

汽车撞车时，首先车身被撞坏(第一次碰撞)，转向操纵机构被后推，从而挤压驾驶员，使其受到伤害；接着，随着汽车速度的降低，驾驶员在惯性力的作用下前冲，再次与转向操纵机构接触(第二次碰撞)而受到伤害。缓冲吸能式转向操纵机构对这两次冲击都具有吸收能量、减轻驾驶员受伤程度的作用。

(1) 网状管柱变形式。

这种转向操纵机构的转向轴分为上下两段，如图 4-15(a)所示。上转向轴 2 套装在下转向轴 3 的内孔中，两者通过塑料销 1 结合在一起(也有采用细花键结合的)，并传递转向力矩。塑料销的传力能力受到严格限制，它既能可靠地传递转向力矩，又能在受到冲击时被剪断，因此，它起安全销的作用。

这种转向操纵机构的转向管柱 6 的部分管壁制成网格状，使其在受到压缩时很容易轴向变

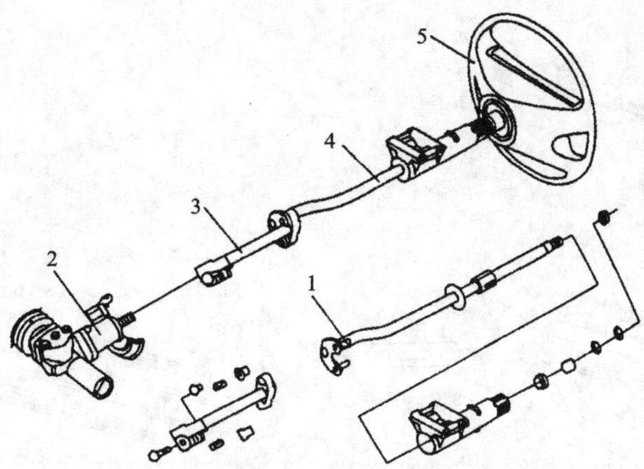

图 4-14 一汽红旗、奥迪轿车的转向操纵机构

1—驱动销;2—转向器;3—下转向轴;4—上转向轴;5—转向盘

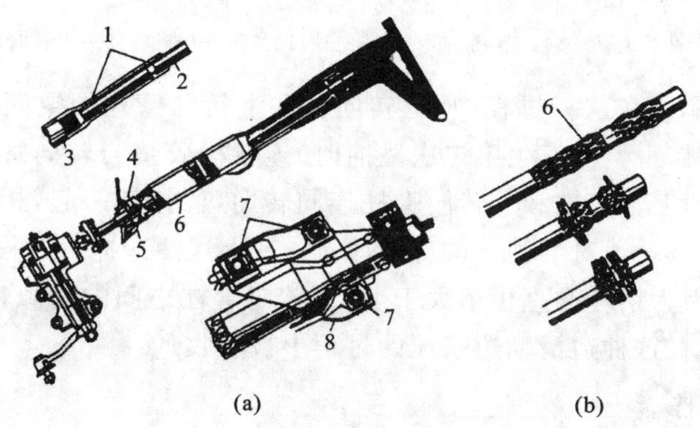

图 4-15 网状管柱变形式转向操纵机构

1—塑料销;2—上转向轴;3—下转向轴;4—凸缘盘;5—下托架;
6—转向管柱;7—塑料安全销;8—上托架

形,并消耗一定的变形能量,如图 4-15(b)所示。另外,车身上固定管柱的上托架 8 也是通过两个塑料安全销 7 与管柱连接的。这两个塑料安全销被剪断后,整个管柱就能前后自由移动。

当发生第一次碰撞时,首先,塑料销 1 被剪断,上转向轴 2 将沿下转向轴 3 的内孔滑动伸缩;其次,转向管柱上的网格部分被压缩而变形,这两个过程都会消耗一部分冲击能量,从而阻止转向管柱整体向上移动,避免转向盘对驾驶员的挤压伤害。当发生第二次碰撞时,固定转向管柱的塑料安全销 7 被剪断,使转向管柱和转向轴的上端能自由移动。同时,转向管柱受到来自上端的冲击力后,会再次被轴向压缩变形并消耗冲击能量,由转向系统引起的对驾驶员的冲击和伤害被大大降低了。

(2) 钢球滚压变形式。

图 4-16(a)所示为钢球滚压变形式转向管柱。转向轴分为上转向轴和套在轴上的下转向轴两部分,二者用塑料销连成一体。转向管柱也分为上转向管柱和下转向管柱两部分,上转向管柱和下转向管柱之间装有钢球,下转向管柱的外径与上转向管柱的内径之间的间隙比钢球直径稍小。上转向管柱和下转向管柱连同转向管柱托架通过特制橡胶垫固定在车身上,橡胶垫则利用塑料销与托架连接。

当发生第一次碰撞时,将连接上、下转向轴的塑料销切断,下转向轴便套在上转向轴上向上

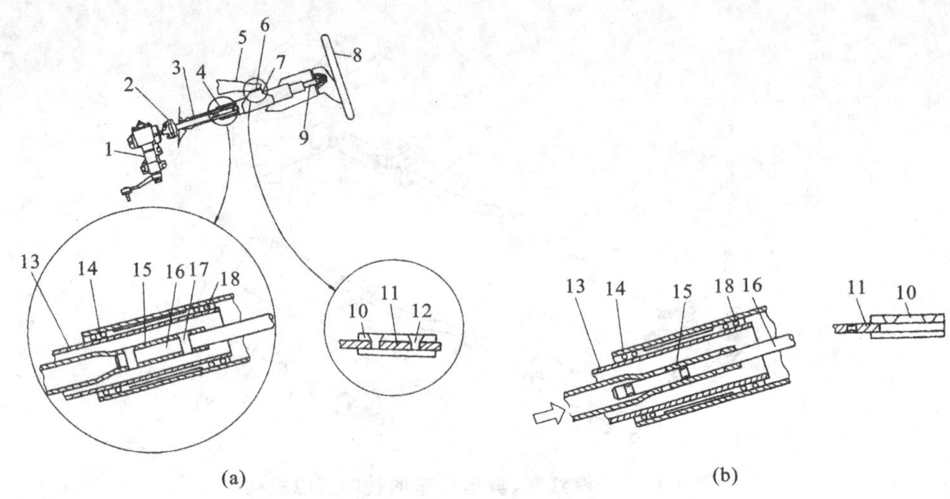

图 4-16 钢球滚压变形式转向管柱

1—转向器总成；2—挠性联轴节；3、13—下转向管柱；4、14—上转向管柱；5—车身；6、10—橡胶垫；7、11—转向管柱托架；8—转向盘；9、16—上转向轴；12、17—塑料销；15—下转向轴；18—钢球

滑动，如图 4-16(b)所示。在这一过程中，上转向轴和上转向管柱的空间位置没有因冲击而上移，故可使驾驶员免受伤害。当发生第二次碰撞时，连接橡胶垫与转向管柱托架的塑料销被切断，托架脱离橡胶垫，即上转向轴和上转向管柱连同转向盘、托架一起，相对于下转向轴和下转向管柱向下滑动，从而减缓了对驾驶员胸部的冲击。在上述两次冲击过程中，上、下转向管柱之间均产生相对滑动。因为钢球的直径稍大于上、下转向管柱之间的间隙，所以滑动中带有对钢球的挤压，冲击能量就在这种边滑动边挤压的过程中被吸收。

4. 可调节式转向柱

转向柱调节的形式分为倾斜角度调节和轴向位置调节两种。图 4-17 所示为转向轴倾斜角度调整机构。转向管柱 2 的上段和下段分别通过倾斜调整支架 7、下托架 6 与车身相连，而且

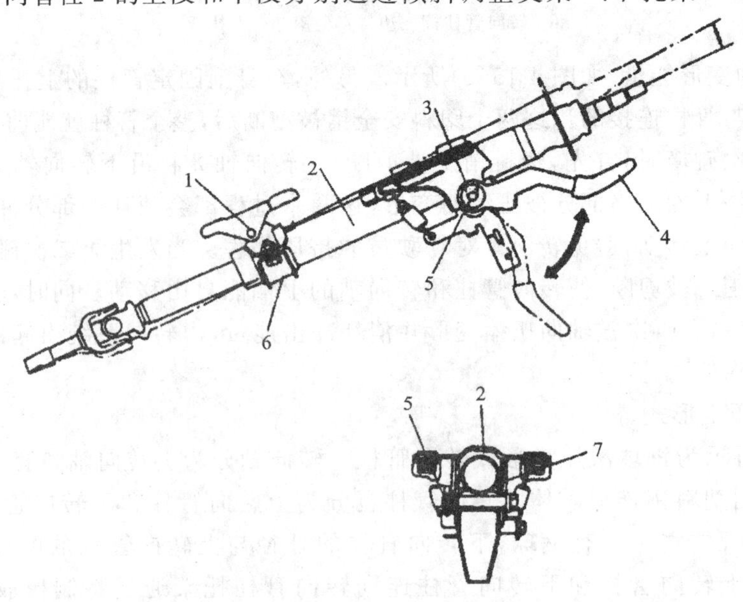

图 4-17 转向轴倾斜角度调整机构

1—枢轴；2—转向管柱；3—长孔；4—调整手柄；5—锁紧螺栓；6—下托架；7—倾斜调整支架

转向管柱由倾斜调整支架夹持并固定。倾斜调整用锁紧螺栓 5 穿过倾斜调整支架 7 上的长孔 3 和转向管柱，螺栓的左端为左旋螺纹，调整手柄 4 即拧在该螺纹上。当向下扳动手柄时，锁紧螺栓的螺纹放松，转向管柱即可以下托架上的枢轴 1 为中心在装有螺栓的支架长孔范围内上下移动。确定了转向管柱的合适位置后，向上扳动调整手柄，从而将转向管柱固定。

图 4-18(a)所示为转向轴伸缩机构。转向轴分为上、下两段，二者通过花键连接。上转向轴 2 由调节螺栓 4 通过楔状限位块 5 夹紧定位。调节螺栓的一端拧有调节手柄 3。当需要调整转向轴的轴向位置时，先向下推调节手柄 3，使限位块松开，再轴向移动转向盘，调到合适的位置后，向上拉调节手柄，将上转向轴锁紧。富康轿车的转向盘高度调节机构如图 4-18(b)所示，其工作原理与上述转向轴伸缩机构的类似。

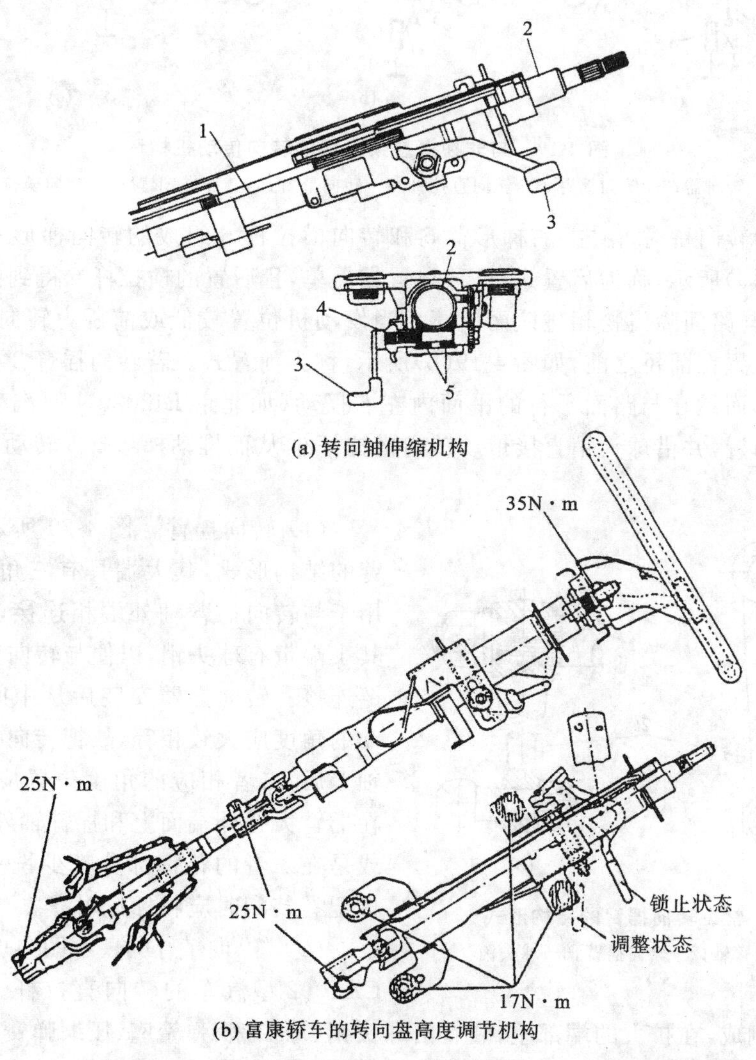

(a) 转向轴伸缩机构

(b) 富康轿车的转向盘高度调节机构

图 4-18 转向轴伸缩机构

1—下转向轴；2—上转向轴；3—调节手柄；4—调节螺栓；5—楔状限位块

四、转向传动机构

1. 转向传动机构的功能

转向传动机构的功能是将转向器输出的力和运动传给转向轮，使两侧转向轮偏转以实现汽车转向，并保证左右转向轮的偏转角按一定关系变化。

2. 转向传动机构的类型与结构

1) 与非独立悬架配用的转向传动机构

与非独立悬架配用的转向传动机构如图 4-19 所示，它一般由转向摇臂 2、转向直拉杆 3、转向节臂 4、转向梯形臂 5 和转向横拉杆 6 等组成。各杆件之间都采用球形铰链连接，并设有防止松动、缓冲吸振、自动消除磨损后的间隙等的结构。

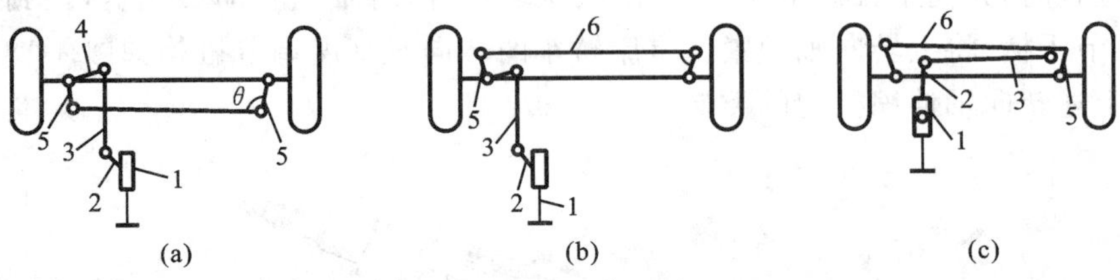

图 4-19　与非独立悬架配用的转向传动机构

1—转向器；2—转向摇臂；3—转向直拉杆；4—转向节臂；5—转向梯形臂；6—转向横拉杆

当前桥仅为转向桥时，由左、右梯形臂 5 和转向横拉杆 6 组成的转向梯形一般布置在前桥之后，如图 4-19(a)所示，称为后置式；这种布置较简单，且后置的横拉杆 6 得到前面的车桥的保护，可避免直接与路面障碍物相碰撞而损坏。当发动机位置较低或前桥为转向驱动桥时，往往将转向梯形臂布置在前桥之前，如图 4-19(b)所示，称为前置式。若转向摇臂 2 不是在汽车纵向平面内前后摆动而是在与路面平行的平面内左右摆动(如北京 BJ2020N 型汽车)，则可将转向直拉杆 3 横向布置，并借球头销直接带动转向横拉杆 6，从而推动梯形臂 5 转动，如图 4-19(c)所示。

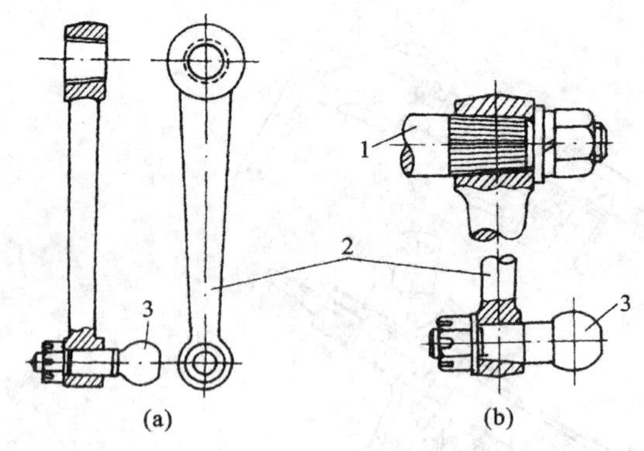

图 4-20　常见转向摇臂的结构形式

1—转向摇臂轴；2—转向摇臂；3—球头销

(1) 转向摇臂　图 4-20 所示为常见转向摇臂的结构形式，其大端具有三角细花键锥形孔，用于与转向摇臂轴外端相连接，并用螺母固定；其小端带有球头销，以便与转向直拉杆做空间铰链连接。转向摇臂安装后从中间位置向两边摆动的角度应大致相等，故把转向摇臂安装到摇臂轴上后，二者相应的角度位置应正确。为此，常在摇臂大孔外端面上和摇臂轴外端面上刻短线，或是在二者的花键部分都少铣一个齿作为装配标记。装配时应将标记对齐。

(2) 转向直拉杆　图 4-21 所示为解放 CA1092 型汽车的转向直拉杆。直拉杆体由两端扩大的钢管制成，在扩大的端部里，装有由球头销、球头座、弹簧座、压缩弹簧和螺塞等组成的球铰链。球头销的锥形部分与转向摇臂连接，并用螺母固定；其球头部分的两侧与两个球头座配合，前球头座靠在端部螺塞上，后球头座在弹簧的作用下压靠在球头上，这样，两个球头座就将球头紧紧夹持住。为保证球头与座的润滑，可从油嘴注入润滑脂。拆装时，供球头出入的直拉杆体上的孔口用油封垫护套盖住，以防止润滑脂流出和污物侵入。

压缩弹簧能自动消除因球头与座磨损而产生的间隙，弹簧座的小端与球头座之间留有不大的间隙，作为弹簧缓冲的余地，并可限制缓冲时弹簧的压缩量(防止弹簧过载)。此外，当弹簧折断时此间隙可保证球头销不致从管孔中脱出。端部螺塞可以调整此间隙，调整间隙的同时也调

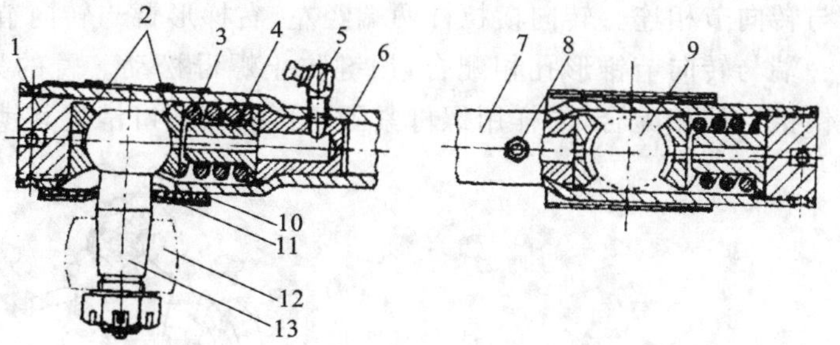

图 4-21 解放 CA1092 型汽车的转向直拉杆

1—端部螺塞；2—球头座；3—压缩弹簧；4—弹簧座；5、8—油嘴；6—座塞；7—直拉杆体；
9—转向节臂球头销；10—油封垫；11—油封垫护套；12—转向摇臂；13—球头销

整了前弹簧的预紧度，调好后用开口销固定螺塞的位置，以防松动。

(3) 转向横拉杆　图 4-22 所示为解放 CA1092 型汽车转向横拉杆，横拉杆体用钢管制成，其两端切有螺纹，一端为右旋，一端为左旋，与横拉杆接头旋装连接。两端接头结构相同，如图 4-22(b)所示。接头的螺纹孔壁上开有轴向切口，故具有弹性，旋装到杆体上后可用螺栓夹紧。旋松夹紧螺栓以后，转动横拉杆体，可改变转向横拉杆的总长度，从而调整转向轮前束。

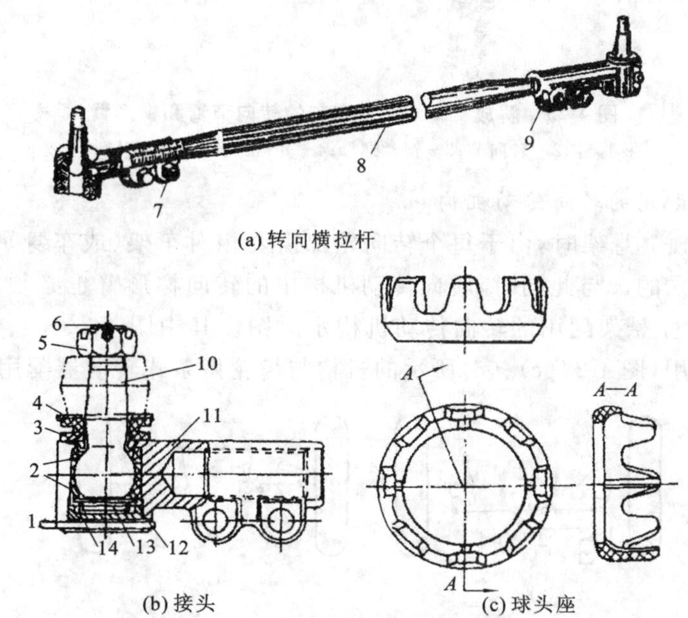

(a) 转向横拉杆

(b) 接头　(c) 球头座

图 4-22 解放 CA1092 型汽车转向横拉杆

1—限位销；2—球头座；3—防尘罩；4—防尘垫；5—螺母；6—开口销；7—夹紧螺栓；
8—横拉杆体；9、11—横拉杆接头；10—球头销；12—弹簧座；13—弹簧；14—螺塞

在横拉杆两端的接头上都装有球头销等零件组成的球形铰链。球头销的球头部分被夹在上、下球头座内，球头座用聚甲醛制成，有较好的耐磨性。球头座的形状如图 4-22(c)所示。装配时上、下球头座凹凸部分互相嵌合。弹簧通过弹簧座压向球头座，以保证两球头座与球头紧密接触，当球头和球头座磨损时能自动消除间隙，同时还起缓冲作用。弹簧的预紧力由螺塞调整。球铰上部有防尘罩，以防止尘土侵入。球头销的尾部锥形柱与转向梯形臂连接，并用螺母固定、开口销锁紧。

(4) 转向节臂和梯形臂　解放 CA1092 型汽车的转向节臂和梯形臂如图 4-23 所示，转向横

拉杆通过转向节臂与转向节相连。转向横拉杆两端经左、右梯形臂与转向节相连。转向节臂和梯形臂带锥形柱的一端与转向节锥形孔相配合，用键防止螺母松动。臂的另一端带有锥形孔，与相应的拉杆球头销锥形柱相配合，同样用螺母紧固后再插入开口销将其锁住。

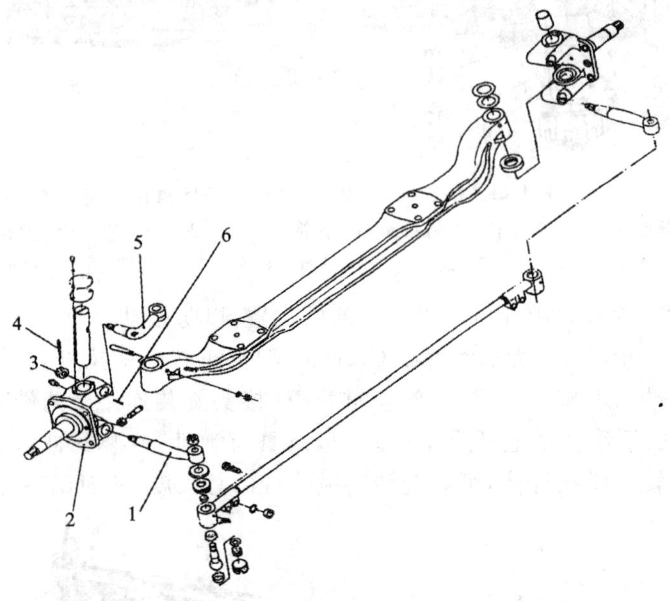

图 4-23 解放 CA1092 型汽车的转向节臂和梯形臂

1—梯形臂；2—转向节；3—锁紧螺母；4—开口销；5—转向节臂；6—键

2）与独立悬架配用的转向传动机构

当转向轮采用独立悬架时，由于每个转向轮都需要相对车架（或车身）做独立运动，因此转向桥必须是断开式的。与此同时，转向传动机构中的转向梯形臂也必须分成两段或三段。图 4-24 所示为与独立悬架配用的转向传动机构示意图。其中图 4-24(a)、(b)所示的机构与循环球式转向器配用，图 4-24(c)、(d)所示的机构与齿轮齿条式转向器配用。

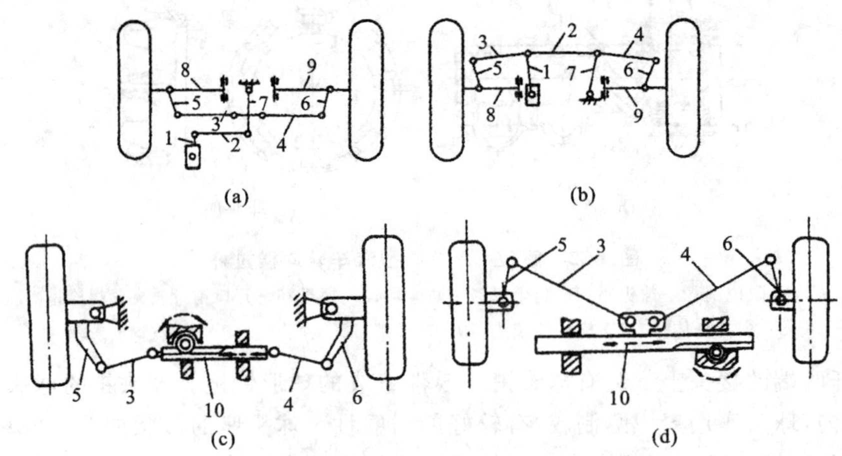

图 4-24 与独立悬架配用的转向传动机构示意图

1—转向摇臂；2—转向直拉杆；3—左转向横拉杆；4—右转向横拉杆；5—左梯形臂；6—右梯形臂；7—摇杆；8—悬架左摆臂；9—悬架右摆臂；10—齿轮齿条式转向器

桑塔纳轿车的转向传动机构如图 4-25 所示。转向齿条一端输出动力，齿条输出端 8 上铣有平面并钻孔，用两个螺栓与转向支架 17 连接。转向支架 17 下端的两个孔分别与左横拉杆总成 15、右横拉杆总成 12 的内端相连。横拉杆外端的球头销 16、13 分别与左、右转向节臂连接。通过调节杆 A、B 可以改变两根横拉杆总成的长度，以调整前束。

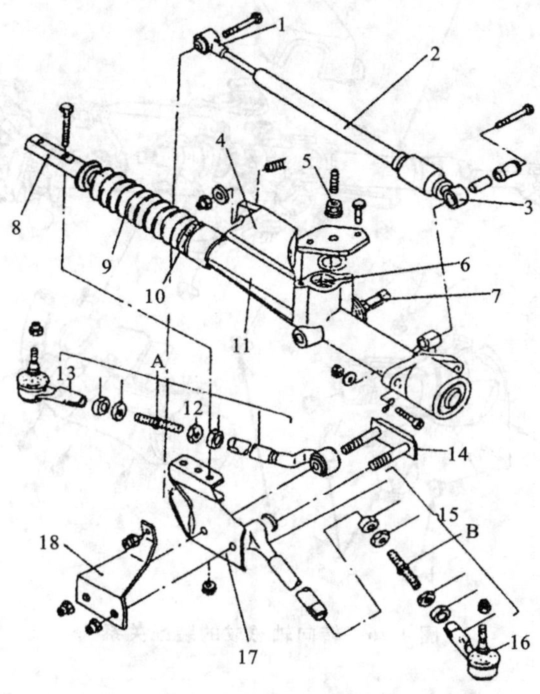

图 4-25 桑塔纳轿车的转向传动机构

1—转向减振器活塞杆端；2—转向减振器；3—转向减振器缸筒端；4—转向器壳体凸台；5—锁紧螺母与调整螺栓；6—补偿弹簧；7—转向齿轮轴；8—齿条输出端；9—防尘罩；10—卡箍；11—转向器壳体；12—右横拉杆总成；13—右横拉杆球头销；14—连接件；15—左横拉杆总成；16—左横拉杆球头销；17—转向支架（齿条与横拉杆连接件）；18—转向减振器支架；A、B—调节杆

为了避免转向轮摆振，减缓传至转向盘上的冲击和振动，转向器上还装有转向减振器 2。转向减振器缸筒端 3 固定在转向器壳体 11 上；其转向减振器活塞杆端 1 经转向减振器支架 18 与转向齿条连接。

五、转向系统的检查与检修

1. 转向轴总成的装配关系

转向轴总成主要由转向轴、转向轴上下盖和转向节等组成，转向轴总成的装配关系如图 4-26 所示。特别提醒：转向轴总成中安装有安全气囊系统的有关部件，所以在对转向轴总成进行检修时，务必参阅安全气囊系统的有关注意事项，以免造成伤害或经济损失。

2. 转向器的拆卸与安装

1）转向器的拆卸

拆卸转向器的基本步骤和注意事项如下：

(1) 固定转向盘，或用安全带穿过转向盘，将转向盘固定，以免气囊螺旋拉索折断。

(2) 拆掉中间轴（转向管柱）。拆下之前，在转向齿轮和转向中间轴上做标记。

(3) 拆卸转向器总成。用专用工具支承发动机与变速器总成，拆下万向节螺栓、防尘套、副车架螺栓，从转向节臂上拆下横拉杆，然后从后端取出转向器总成。

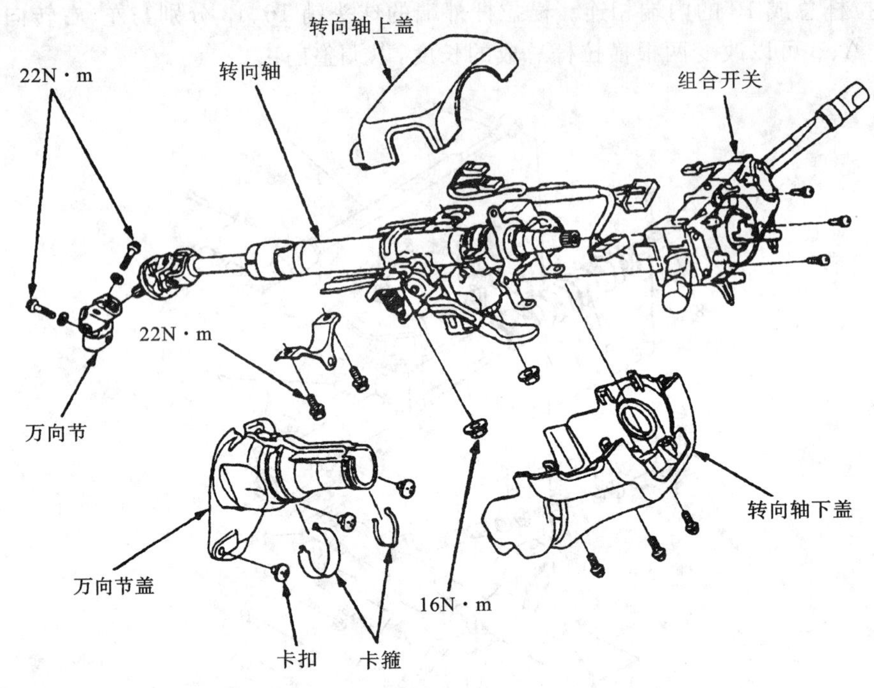

图 4-26　转向轴总成的装配关系

2）转向器的安装

安装转向器时，应使前轮处于正前方位置，转向盘处于正中位置，转向器转到中间位置。然后按转向器和转向中间轴上的标记，连接转向器和中间轴。再安装其他附件，调整前轮前束。

3. 转向系统的检查

1）转向操纵机构的检查

（1）转向盘自由行程的检查。由于转向系统各传动件之间都存在着装配间隙，而且这些间隙将随零件的磨损而增大，因此，在一定的范围内转动转向盘时，转向节并不随即同步转动，而是在消除这些间隙并克服机件的弹性变形后，才做相应的转动，即转向盘有一空转过程。转向盘为消除间隙、克服弹性变形所空转过的角度称为转向盘自由行程。转向盘自由行程对缓和路面冲击及避免驾驶员过度紧张是有利的，但过大的自由行程会影响转向灵敏性。通常通过调整转向器传动副的啮合间隙来调整转向盘自由行程。

汽车每行驶 12 000 km 左右（或按出厂维护规程要求），应检查转向盘的自由行程，检查方法是：

① 启动发动机（机械转向系统无须启动发动机）。

② 转动转向盘使前轮处于直线行驶位置。

③ 轻轻移动转向盘（或使用弹簧扭力计拉动转向盘），当转向轮要开始移动时（即感觉到有阻力时），测量转向盘外缘转过的角度，该角度应符合规定要求，如果不符合要求，则应该检查转向器间隙、调整转向球头销等。

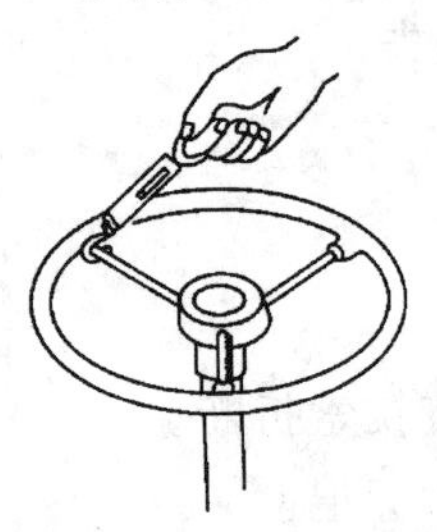

图 4-27　转向盘转动阻力检查

（2）转向盘转动阻力检查。转向盘转动阻力可用图 4-27 所示的弹簧秤拉动转向盘边缘进行测量。

（3）转向盘锁止功能的检查。

① 将点火开关转至LOCK位置，轻轻转动转向盘，此时转向盘应该为锁止状态，不能转动。

② 将点火开关转至ACC位置，转向盘应能自由转动。

(4) 转向操纵机构松动、摆动检查。用双手握住转向盘，在轴向和径向用力摇动，观察此时转向盘是否移位。由此了解转向盘与转向轴的安装情况、轴承是否松旷等。如有松旷等情况，则应及时调整。

2) 转向器的维护

通过转向盘自由行程和转向盘转动阻力的检查，可以判断转向器轴承预紧度和转向器传动副配合间隙大小，当转向器轴承预紧度和转向器传动副配合间隙不符合要求时，应对其进行调整。

3) 转向传动机构的维护

(1) 目视检查。

① 目视检查转向传动机构是否弯曲、损坏，防尘罩是否有裂纹或破损，如有，则应及时检修。

② 目视检查润滑油是否存在泄漏现象，如存在泄漏现象，则应及时检修。

(2) 松动、摆动检查。用手摇晃转向传动机构，检查其是否存在松动或摆动现象，如有松旷等情况，则应及时调整。

4. 转向器主要零件的检修

1) 齿轮齿条式机械转向器的检修

(1) 零件出现裂纹应更换。

(2) 转向齿条的直线度误差不得大于0.30 mm。

(3) 齿面上无剥落及严重的磨损现象；否则，应更换。

(4) 更换转向齿轮轴承。

2) 循环球机械转向器的检修

(1) 转向器壳体的检修。

① 壳体、侧盖产生裂纹应更换，二者接合面的平面度公差一般为0.10 mm。

② 壳体变形。壳体变形的特点是摇臂轴轴承承孔的公共轴线对于转向螺杆两轴承承孔公共轴线的垂直度误差逾限(公差为0.04～0.06 mm)，两轴线的轴心距变大(公差为0.10 mm)。这样不但会引起转向沉重的故障，而且减少了转向器传动副传动间隙可调整的次数，缩短了转向器的使用寿命。

针对上述故障，目前一些维修店一般会更换总成。

(2) 转向螺杆与转向螺母的检修。

① 转向螺杆与转向螺母的钢球滚道应无磨损、划痕等损伤，钢球与滚道的配合间隙不得大于0.10 mm。检验钢球与滚道配合间隙的方法有两种。一种方法是把转向螺母夹持固定后，把转向螺杆旋转到一端止点，然后检验转向螺杆另一端的摆动量，其摆动量不得大于0.10 mm，转向螺杆的轴向窜动量也不得大于0.10 mm。另一种方法是将转向螺杆和转向螺母配合副清洗干净后，把转向螺杆垂直提起，如转向螺母在重力作用下，能平稳地旋转下落，则说明配合副的传动间隙合格。当无其他损伤时，传动副组件一般不进行拆检。

② 总成修理时，应检查转向螺杆的隐伤，若存在隐伤、滚道疲劳剥落现象，三角键有台阶形磨损或扭曲，则应更换。

③ 转向螺杆的支承轴颈若产生疲劳磨损，则会引起明显的转向盘沉重、转向迟钝。可按原厂规定进行修复。

(3) 摇臂轴的检修。

① 总成大修时，必须进行隐伤检验，如有裂纹，则应更换，不得焊修。

② 当轴端花键出现台阶形磨损、扭曲变形时，应更换。

③ 支承轴颈磨损逾限，但无其他损伤，可进行刷镀修复或喷焊修复。

六、机械转向系统的故障诊断与排除

机械转向系统在使用过程中由于维护调整不当、磨损、碰撞变形等，会使转向器过紧、转向传动机构和转向操纵机构松旷、变形、发卡等，从而造成转向沉重、行驶跑偏、单边转向不足、低速摆头、高速摆头等故障。

1. 转向沉重

1）故障现象

汽车在行驶中，转动转向盘时费力，转弯后又不能及时回正方向。

2）故障原因

（1）转向器。

① 转向器缺乏润滑油。

② 转向轴弯曲或转向轴管凹陷碰擦，有时会发出“吱吱”的摩擦声。

③ 转向摇臂与衬套配合间隙过小或无间隙。

④ 转向器输入轴上下轴承调整过紧，或轴承损坏受阻。

⑤ 转向器啮合间隙调整过小。

（2）转向传动机构。

① 各处球销缺乏润滑油。

② 转向直拉杆和横拉杆上的球销调整过紧，压紧弹簧过硬或折断。

③ 转向直拉杆或横拉杆弯曲变形。

④ 转向节主销与衬套配合间隙过小，或衬套转动使油道堵塞，润滑油无法进入，使衬套与转向节主销烧蚀。

⑤ 转向节止推轴承调整过紧或缺少润滑油或损坏。

⑥ 转向节臂变形。

（3）前桥（转向桥）和车轮。

① 前轴变形、扭转，引起前轮定位失准。

② 轮胎气压偏低。

③ 前轮轮毂轴承调整过紧。

④ 转向桥或驱动桥超载。

（4）其他部位。

① 车架弯曲、扭转变形。

② 前钢板弹簧或前悬架变形。

③ 前轮定位不正确。

3）故障诊断与排除

（1）顶起前桥，转动转向盘，若感到转向盘变轻，则说明故障部位在前桥、车轮或其他部位。此时应首先检查轮胎气压，如气压偏低，则应充气使之达到正常值，接下来应用前轮定位仪检查前轮定位，尤其应注意后倾角和前束值，如果是由前束过大造成的转向沉重，则能发现轮胎有严重的磨损。

(2) 顶起前桥，转动转向盘，若仍感到转向盘沉重，则说明故障在转向器或转向传动机构，可进一步拆下转向摇臂与直拉杆的连接，此时若感到转向盘变轻，则说明故障在转向传动机构，应检查各球头销是否装配过紧或止推轴承是否缺油损坏，各拉杆是否弯曲变形等。通常检查时，可用手扳动两个车轮左右转动察看各传动部分，并转动车轮，检查车轮轴承的松紧度。

(3) 拆下转向摇臂后，若转向仍沉重，则说明转向器本身有故障，可检查转向器是否缺油，转动转向盘时倾听有无转向轴与管柱的碰擦声，检查、调整转向器主动轴的上下轴承预紧度和啮合间隙，转向摇臂轴转动是否发卡等，如不能解决这些故障，就将转向器解体，检查其内部有无部件损坏。

(4) 经过上述检查，若转动转向盘仍感沉重，可检查车桥、车架或下控制臂(独立悬架式)与转向节臂，看其有无变形，如发现变形，则应予修整或更换。同时检查前弹簧(板簧或螺旋弹簧)，看其是否折断，如折断，则应更换。

2. 低速摆头

1) 故障现象

汽车低速行驶时，感到方向不稳，产生前轮摆振。

2) 故障原因

(1) 转向器传动副啮合间隙过大。

(2) 转向传动机构的横、直拉杆各球头销磨损松旷及弹簧折断或调整过松。

(3) 转向节主销与衬套的配合间隙过大或前轴主销孔与主销配合间隙过大。

(4) 前轮轮毂轴承装配过松或紧固螺母松动。

(5) 后轮胎气压过低。

(6) 车辆装载货物超长，使前轮承载过小。

(7) 前悬架弹簧错位、折断或固定不良。

3) 故障诊断与排除

(1) 外观检查。

① 检查车辆是否装载货物超长，而引起前轮承载过小。

② 检查后轮胎气压是否过低，若轮胎气压过低，则应充气使之达到规定值。

③ 检查前悬架弹簧是否错位、折断或固定不良，若错位则应拆卸并修复，若折断则应更换新件，若固定不良则应按规定力矩拧紧。

(2) 检查转向盘自由行程。

① 由一人握紧转向摇臂，另一人转动转向盘，若自由行程过大，则说明转向器的啮合传动副间隙过大，应调整。

② 放开转向摇臂，一人转动转向盘，另一人在车下观察转向拉杆球头销，若有松旷现象，则说明球头销或球碗磨损过甚及弹簧折断或调整过松，应先更换损坏的零件，再进行调整。

(3) 若以上检查均正常，则可支起前桥，并用手沿转向节轴轴向推拉前轮，凭感觉判断是否松旷。若有松旷感觉，则可由另一人观察前轴与转向节连接部位。

① 此处松旷，说明转向节主销与衬套的配合间隙过大，或前轴主销孔与主销的配合间隙过大，应更换主销及衬套。

② 此处不松旷，说明前轮毂的轴承松旷，应重新调整轴承的预紧度。

3. 高速摆头

1) 故障现象

汽车行驶中出现转向盘发抖，车头在横向平面内左右摆动、行驶不稳等。当达到某一高速转速时出现故障现象;转速越高,上述现象越严重。

2)故障原因

(1)转向轮动不平衡。

(2)前轮定位不正确。

(3)车轮偏摆量大。

(4)转向传动机构运动干涉。

(5)车架、车桥变形。

(6)悬架装置出现故障:左右悬架刚度不等、弹簧折断及减振器失效、导向装置失效等。

3)故障诊断与排除

(1)外观检查。

① 检查减振器是否漏油或失效,若漏油或失效,则应更换。

② 检查左右悬架弹簧是否折断、刚度是否一致,若有折断或弹力减小,则应更换。

③ 检查悬架弹簧是否固定可靠,转向传动机构有无运动干涉等,若有则应排除。

(2)支起驱动桥,用三脚架塞住非驱动轮,启动发动机并逐步使汽车转入高速挡,使驱动轮达到车身摆振的车速。

① 若此时车身和转向盘出现抖动,则说明传动轴严重弯曲或松旷,转向轮动不平衡或偏摆量大(前驱动)。

② 若此时车身和转向盘不抖动,则说明故障为车架、车桥变形或前轮定位不正确。

(3)检查前轮是否偏摆。

① 支起前桥,在前轮轮辋边上放一划针,慢慢地转动车轮,察看轮辋是否偏摆过大,若轮辋偏摆过大,则应更换。

② 拆下前轮,在车轮动平衡仪上检查前轮的动平衡情况,若严重不平衡,则应加装平衡块予以平衡。

(4)若上述检查结果均正常,则应检查车架、车桥是否变形,并用前轮定位仪检查、调整前轮定位。

4. 行驶跑偏

1)故障现象

汽车直线行驶时,转向盘不居中间位置;必须紧握转向盘,预先校正一角度后,汽车才能保持直线行驶,稍放松转向盘,汽车会自动向一侧跑偏。

2)故障原因

(1)左右前轮气压不相等或轮胎直径不等。

(2)两前轮的定位角不等。

(3)两前轮轮毂轴承的松紧度不等。

(4)前束过大或过小。

(5)前桥(整轴式)弯曲变形或下控制臂(独立悬架式)安装位置不一致。

(6)前后车轴不平行。

(7)车架变形或左右轮距相差太大。

(8)一边车轮制动拖滞。

(9)转向轴两侧悬架弹簧弹力不等。

3)诊断与排除

(1)外观检查。

① 检查左、右两前轮轮胎气压是否一致,若不一致,则应按规定充气,使两前轮轮胎气压保

持一致。

② 检查左、右两前轮轮胎的磨损程度，若磨损程度不一致，则应更换磨损严重的轮胎。

③ 检查左、右两前轮轮胎的花纹是否一致，若花纹不一致，则应更换轮胎，使花纹一致。

④ 将汽车停放在平坦的地面上，察看汽车前部高度是否一致，若高度不一致，则说明悬架弹簧折断或弹力不一致，应更换。

(2) 用手触摸跑偏一方的车轮制动鼓和轮毂轴承部位，感觉温度情况。

① 若感觉车轮制动鼓特别热，则说明该轮制动器间隙过小或制动回位不彻底，应检查、调整。

② 若感觉轮毂特别热，则说明该轮轴承过紧，应重新调整轴承预紧度。

(3) 测量前后桥左右两端中心的距离是否相等，若不相等，则说明轴距短的一边钢板弹簧错位，车轴或半轴套管弯曲等，应检查、维修。

(4) 用前轮定位仪检查前轮定位是否正确，若不正确，则应调整。

5. 单边转向不足

1) 故障现象

汽车转弯时，有时会出现转向盘左右转动量或车轮转角不等。

2) 故障原因

(1) 转向摇臂安装位置不对。

(2) 转向角限位螺钉调整不当。

(3) 前钢板弹簧、骑马螺栓松动，或中心螺栓松动。

(4) 直拉杆弯曲变形。

(5) 钢板弹簧安装时位置不正，或是中心不对称的前钢板弹簧装反。

3) 故障诊断与排除

诊断这类故障，主要根据使用维修情况。

(1) 若汽车转向原来良好，由于行驶中的碰撞而造成转向角不足或一边大一边小，则应检查直拉杆、前轴、前钢板弹簧有无变形和中心螺栓是否折断等。

(2) 若维修后出现转向角不足，则可架起前桥，检查转向摇臂安装是否正确。将转向盘从左边极限位置转到右边极限位置，记住总圈数，再回转总圈数的一半，察看转向轮是否处于直线行驶位置，如不是，则应重新安装转向摇臂。

① 若左右转向角不等，则应相应调整。

② 当前轮转向已靠到转向限位螺栓时，最大转向角还不够，说明转向限位螺栓过长，应予调整或更换。

③ 如前钢板弹簧中心不对称，则应检查是否装反。

【实训活动】

实训条件：多媒体教学设备和课件、网络教学资源、维修资料、实训车、举升机、千斤顶、汽车维修基本工具。

实训车状态：一辆别克凯越自动挡轿车，该车转向时方向盘自由行程明显过大，需要对转向系统进行检修。

1. 实训准备

(1) 实训车：别克凯越轿车。

(2) 实训工具及器材：组合工具、百分表、转向助力液、测隙规、游标卡尺、弹簧扭力计等。

(3) 掌握本次实训课所用仪器及设备的使用方法。

(4) 牢记实训中的安全注意事项。

2. 实训流程

机械转向系统在使用过程中,由于维护、调整不当,磨损,碰撞变形等,会使转向器过紧及转向传动机构和转向操纵机构松旷、变形、发卡等,从而造成转向沉重、行驶跑偏、单边转向不足、低速摆头、高速摆头等故障。实训教师可根据实训条件对汽车转向系统进行检测,然后设置一些转向系统常见故障。在实训教师的监督下,学生独立完成故障的诊断与排除。最后由教师充当客户模拟一个或几个故障场景,让学生分别扮演维修工向客户说明故障诊断结果。

(1) 学生分析并说出检查步骤和方法。

① 检查方向盘自由行程。

② 检测转向柱万向节。

③ 检查转向齿轮齿条、机械传动装置。

(2) 学生思考下列问题,并向教师陈述答案。

① 根据检查情况,分析出可能导致上述故障的原因。

② 如何确定上述故障?

③ 对检查结果进行理论分析。

3. 实训记录

(1) 回答教师的现场提问,接受教师的技能考核。

(2) 完成实训任务后,对实训过程进行自我评价和小组互评,听取教师的点评。

(3) 清洁实训场所,清点、维护工具及设备,完成任务交接。

学习任务 3　动力转向系统的结构与检修

一、动力转向系统的功能和类型

动力转向系统是利用一定的动力助力方式,对转向器施加作用力以减小驾驶员转动转向盘的操纵力、减轻驾驶疲劳的转向系统。

动力转向系统按动力介质分为气压动力转向系统、液压动力转向系统和电动动力转向系统三类。

气压动力转向系统主要用于采用气压制动系统的货车和客车。对于装载质量过大的货车,因为其气压制动系统的工作压力较低,使得部件结构复杂、尺寸过于庞大、消耗功率大、易产生泄漏,而且转向力也不能有效控制,这种助力系统不宜用于大型货车和小型轿车。电动动力转向系统通常需要微机控制。液压动力转向系统工作灵敏度高,结构紧凑,外廓尺寸较小,工作时无噪声,工作滞后时间短,而且能吸收来自不平路面的冲击。因此,液压动力转向系统在各类汽车上得到了广泛的应用。液压动力转向系统按液流形式可以分为常流式和常压式;按转向控制阀的运动方式又可以分为滑阀式和转阀式。

二、液压动力转向系统的组成与原理

1. 液压常流滑阀式动力转向装置

图 4-28 所示为液压常流滑阀式动力转向装置,主要包括转向储油罐、转向油泵、转向控制

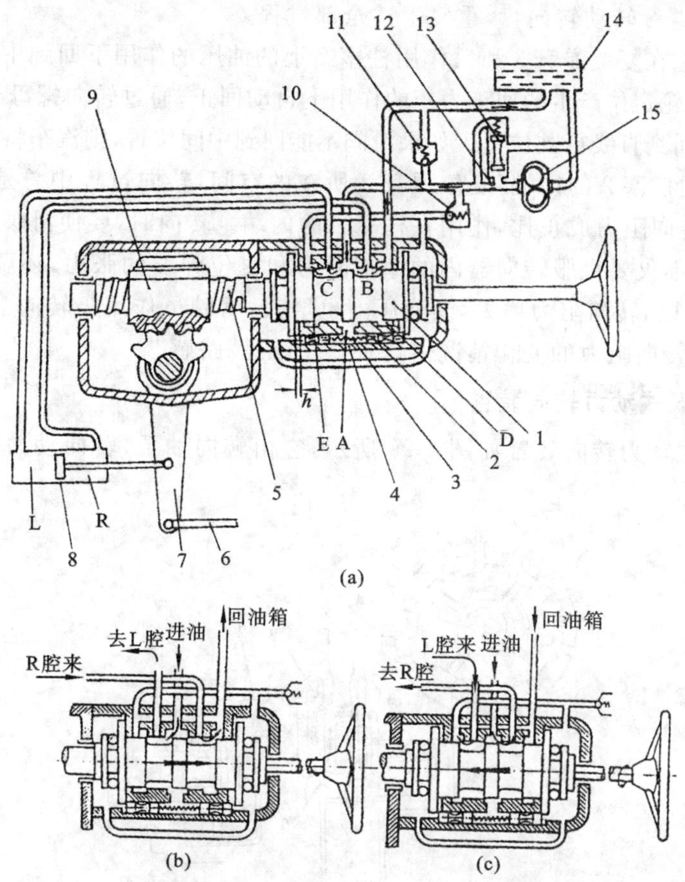

图 4-28　液压常流滑阀式动力转向装置

1—滑阀；2—反作用柱塞；3—滑阀复位弹簧；4—阀体；5—转向螺杆；6—转向直拉杆；7—转向摇臂；8—转向动力缸；9—转向螺母；10—单向阀；11—安全阀；12—节流孔；13—溢流阀；14—转向储油罐；15—转向油泵

阀、转向动力缸等。

汽车直线行驶时，如图 4-28(a)所示，滑阀 1 在复位弹簧 3 的作用下保持在中间位置。转向控制阀内各环槽相通，自油泵 15 输送出来的油液进入阀体环槽 A 之后，经环槽 B 和 C 分别流入动力缸 8 的 R 腔和 L 腔，同时又经环槽 D 和 E 进入回油管道流回油罐 14。这时，滑阀与阀体各环槽槽肩之间的间隙大小相等，油路畅通，动力缸 8 因左右腔油压相等而不起加力作用。

汽车右转向时，驾驶员通过转向盘使转向螺杆 5 向右转动(顺时针)。开始时，转向螺母暂时不动，具有左旋螺纹的螺杆 5 在螺母 9 的推动下向右轴向移动，带动滑阀 1 压缩弹簧 3 向右移动，消除左端间隙 h，如图 4-28(b)所示。此时环槽 C 与 E 之间、A 与 B 之间的油路通道被滑阀和阀体相应的槽肩封闭，而环槽 A 与 C 之间的油路通道增大，油泵送来的油液自 A 经 C 流入动力缸的 L 腔，L 腔成为高压油区。R 腔油液经环槽 B、D 及回油管流回储油罐 14，动力缸 8 的活塞右移，使转向摇臂 7 逆时针转动，动力缸起加力作用。

只要转向盘和转向螺杆 5 继续转动，加力作用就一直存在。当转向盘转过一定角度保持不动时，转向螺杆 5 作用于转向螺母 9 的力消失，但动力缸活塞仍继续右移，转向摇臂 7 继续逆时针方向转动，其上端拨动转向螺母 9，带动转向螺杆 5 及滑阀 1 一起向左移动，直到滑阀 1 恢复到中间稍偏右的位置。此时 L 腔的油压仍高于 R 腔的油压。此压力差在动力缸活塞上的作用力用来克服转向轮的回正力矩，使转向轮的偏转角维持不变，这就是转向的维持过程。如转向轮进一步偏转，则需继续转动转向盘，重复上述全部过程。

松开转向盘，滑阀在复位弹簧3和反作用柱塞2上的油压的作用下回到中间位置，动力缸停止工作。转向轮在前轮定位产生的回正力矩的作用下自动回正，通过转向螺母9带动转向螺杆5反向转动，使转向盘回到直线行驶位置。如果滑阀不能回到中间位置，则汽车将在行驶中跑偏。

在对装的反作用柱塞2的内端，复位弹簧3所在的空间，转向过程中总是与动力缸高压油腔相通。此油压与转向阻力成正比，作用在柱塞2的内端。转向时，要使滑阀1移动，驾驶员作用在转向盘上的力，不仅要克服转向器内的摩擦阻力和复位弹簧的张力，还要克服作用在柱塞2上的油液压力。所以，转向阻力增大，油液压力也增大，驾驶员作用于转向盘上的力也必须增大，使驾驶员感觉到转向阻力的变化情况。这种作用就是"路感"。

2. 液压常流转阀式动力转向装置

液压常流转阀式动力转向装置如图4-29所示，它由转向油泵、转向动力缸、转向控制阀等组成。

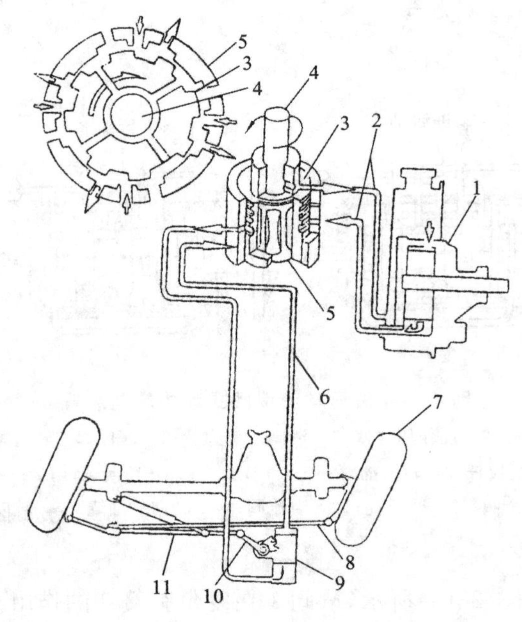

图4-29　液压常流转阀式动力转向装置

1—转向油泵；2—油管；3—阀体；4—阀芯；5—阀座；6—油管；7—车轮；
8—转向拉杆；9—转向动力缸；10—转向摇臂；11—转向横拉杆

当汽车直线行驶时，转阀处于中间位置，如图4-30(a)所示。工作油液从转向器壳体的进油孔B流到阀体的中间油环槽中，经过其槽底的通孔进入阀体和阀芯之间，此时阀芯处于中间位置。进入的油液分别通过阀体和阀芯纵槽和槽肩形成的两边相等的间隙，再通过阀芯的纵槽以及阀体的径向孔流向阀体外圆上、下油环槽，通过壳体油道流到动力缸的左转向动力腔L和右转向动力腔R。流入阀体内腔的油液在通过阀芯纵槽流向阀体上油环槽的同时，通过阀芯槽肩上的径向油孔流到转向螺杆和输入轴之间的空隙中，从回油口经油管回到油罐中去，形成常流式油液循环。此时，上、下腔油压相等且很小，齿条-活塞既没有受到转向螺杆的轴向推力，也没有受到上、下腔因压力差造成的轴向推力。齿条-活塞处于中间位置，动力转向器不工作。

左转向时(右转向与此正相反)，转动转向盘，短轴逆时针转动，通过下端轴销带动阀芯同步转动，同时弹性扭杆也通过轴盖、阀体上的销子带动阀体转动，阀体通过缺口和销子带动螺杆旋转，但由于转向阻力的存在，促使扭杆发生弹性扭转，造成阀体转动角度小于阀芯的转动角度，

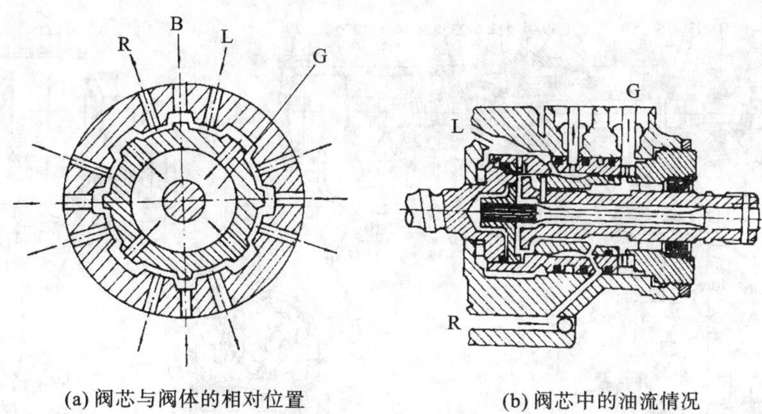

(a) 阀芯与阀体的相对位置

(b) 阀芯中的油流情况

图 4-30　汽车直线行驶时转阀的工作情况

R—接右转向动力缸；L—接左转向动力缸；B—接转向油泵；C—接转向油罐

两者产生相对角位移，如图 4-30(b)所示。造成通下腔的进油缝隙减小（或关闭），回油缝隙增大，油压降低；上腔正相反，油压升高，上、下动力腔产生油压差，齿条-活塞在油压差的作用下移动，产生助力作用。

转向盘转动后停在某一位置，阀体随转向螺杆在液力和扭杆弹力的作用下，沿转向盘转动方向旋转一个角度，使之与滑阀的相对角位移量减小，上、下动力缸油压差减小，但仍有一定的助力作用，使助力转矩与车轮的回正力矩相平衡，车轮维持在某一转角位置上。

在转向过程中，若转向盘转动的速度快，则阀体与阀芯的相对角位移量也大，上、下动力腔的油压差也相应加大，前轮偏转的速度也加快；若转向盘转动得慢，则前轮偏转得也慢；若转向盘转到某一位置上不动，则前轮也偏转到某一位置上不动。此即“快转快助，大转大助，不转不助”原理。

转向后需回正时，驾驶员放松转向盘，阀芯在弹性扭杆作用下回到中间位置，失去了助力作用，转向轮在回正力矩的作用下自动回位。若驾驶员同时回转转向盘，则转向助力器助力，帮助车轮回正。

当汽车直线行驶偶遇外界阻力使转向轮发生偏转时，阻力矩通过转向传动机构、转向螺杆、螺杆与阀体的锁定销作用在阀体上，使之与阀芯之间产生相对角位移，动力缸上、下腔油压不等，产生与转向轮转向相反的助力作用。转向轮迅速回正，保证了汽车直线行驶的稳定性。

液压动力转向装置失效后，失去方向控制是非常危险的，所以，一旦液压动力转向装置失效，该动力转向器将变成机械转向器。动力传递路线与机械转向系统的完全一致。

三、动力转向器

1. 滑阀整体式动力转向器

黄河 N1181C13 型汽车滑阀整体式动力转向器如图 4-31 所示，它由机械转向器、转向动力缸和转向限止阀等组成。

机械转向器为循环球-齿条齿扇式，由转向螺杆 26、转向螺母 37、动力缸活塞 27(齿条)和齿扇轴 30 组成。齿条与齿扇的啮合间隙用调整螺钉 44 调节。

转向动力缸由转向动力缸的缸体(转向器壳体 28)、动力缸活塞 27 组成。

转向限止阀位于转向螺母下方，二者轴线互相垂直，阀体 55 借紧定螺钉 36 限制其轴向和轴向位置，滑阀 54 的轴向位置由转向螺母下部的板状凸缘控制，其中立位置由复位弹簧 56 保

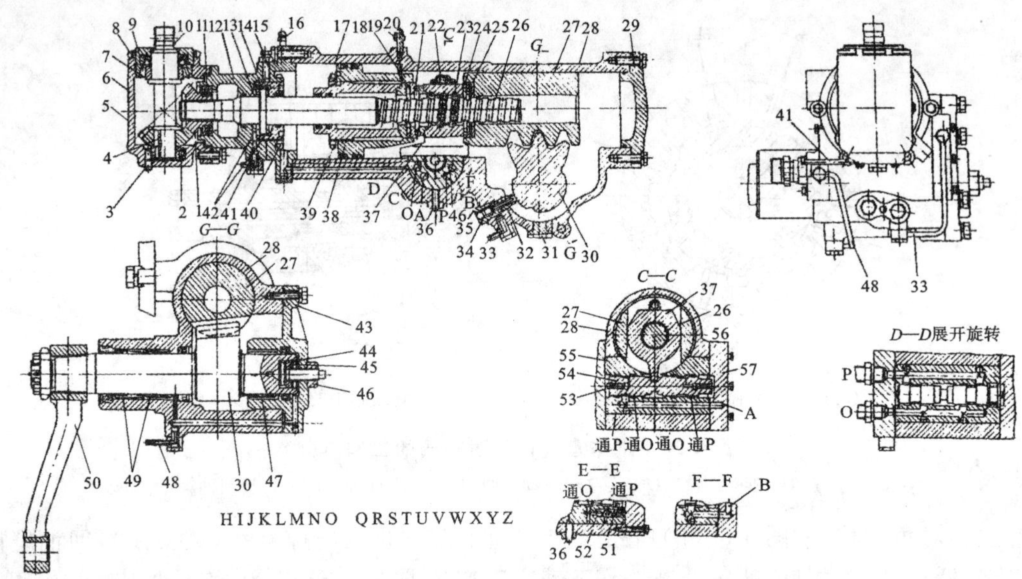

图 4-31　黄河 N1181C13 型汽车滑阀整体式动力转向器

1—从动圆锥齿轮；2—圆锥滚子轴承；3—齿轮箱放油螺塞；4—平键；5—主动圆锥齿轮；6—齿轮箱壳体；7—圆锥滚子轴承；8—锁紧螺母；9—调整螺塞；10—输入轴；11—向心球轴承；12—转向器前盖；3—锥面垫圈；14—向心滚针轴承；15—调整座；16—动力缸前腔放气阀；17—锁紧螺母；18—球面垫圈；19—碟形弹簧；20—动力缸后腔放气阀；21—径向推力球轴承；22—钢球导管；23—钢球；24—推力滚子轴承；25—碟形弹簧；26—转向螺杆；27—转向动力缸活塞；28—转向器壳体(动力缸缸体)；29—转向器后盖；30—齿扇轴；31—放油螺塞；32—转向限止阀柱塞；33—通动力缸前腔的油管；34—转向限止阀弹簧；35—转向限止阀体；36—紧定螺钉；37—转向螺母；38—调整垫片；39—锁片；40—锁紧螺母；41、48—润滑油管；42—推力滚子轴承；43—转向器后侧盖；44—调整螺钉；45—垫圈；46—固定螺母；47、49—向心滚针轴承；50—转向摇臂；51—单向阀弹簧；52—单向阀；53—反作用柱塞；54—滑阀；55—转向控制阀体；56—滑阀复位弹簧；57—转向器前侧盖；P—转向控制阀进油道；O—转向控制阀回油道；A—控制阀通动力缸前腔油道；B—控制阀通动力缸后腔油道

证，滑阀两端各有一个由反作用柱塞 53 密封的反作用孔腔，分别与动力缸前、后腔连通。

当通过转向盘转动螺杆时，由于转向螺杆的轴向位置已被推力滚子轴承 42 限止，动力缸活塞也因受齿扇轴传来的路面阻力而暂时不能运动。螺母两端碟形弹簧的预紧力又使得转向螺母不可能相对于活塞轴向移动。结果只能使转向螺母随转向螺杆转动一个不大的角度，将滑阀拨到相应的工作位置。于是动力缸的一腔通进油道 P，另一腔通回油道 O。在动力缸活塞上的液压作用力与转向螺母的轴向力共同作用下，带动齿扇轴 30 和转向摇臂 50 转动。

2. 转阀整体式动力转向器

图 4-32 所示为北京切诺基汽车转阀整体式动力转向器，它由机械转向器、转向动力缸和旋转式转向控制阀等组成。

机械转向器为循环球式，有两级传动副，第一级是螺杆螺母(活塞-齿条)传动副，第二级是齿条-齿扇传动副。转向器壳体侧盖上的调整螺钉 27 及锁紧螺母 26，用来调整齿条和齿扇的啮合间隙。

转向限止阀用于控制压力油的流动方向，主要由输入轴组件(见图 4-33)、阀体(阀套)、阀芯(见图 4-34)及密封件等组成。扭杆 1 的一端同阀体 3 连接在转向轴上，另一端通过定位销与阀芯 4 相连。阀体 3 和阀芯 4 上开有相对应的油道，动力缸左腔和右腔分别与阀体上相对两油道相连，阀上还开有回油道。

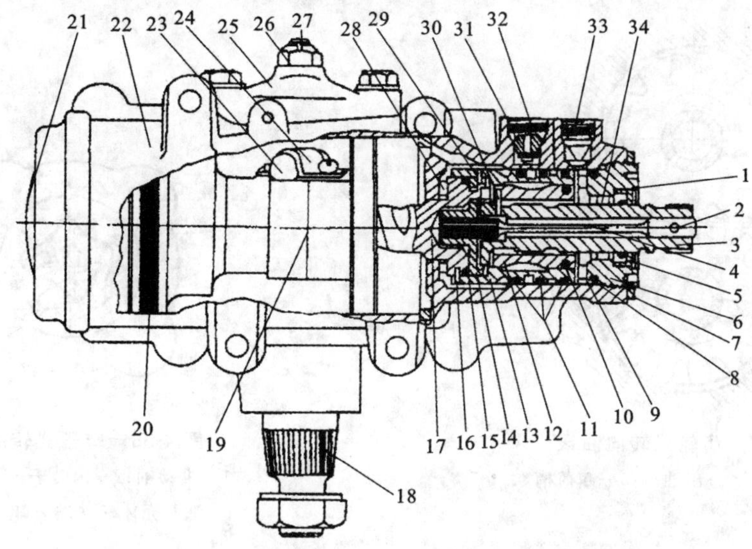

图 4-32　北京切诺基汽车转阀整体式动力转向器

1—卡环；2、16、30—锁销；3—短轴；4—扭杆；5—骨架油封；6—调整螺塞；7—锁母；8、10、11、15、20—O形密封圈；9、28—推力滚针轴承；12—阀芯；13—阀体；14—下端轴盖；17—转向螺杆；18—转向摇臂轴；19—转向螺母(齿轮-齿条)；21—转向器端盖；22—壳体；23—循环球导管；24—导管压紧板；25—侧盖；26—锁紧螺母；27—调整螺钉；29—定位销；31—止回阀；32—进油口；33—出油口；34—滚针轴承

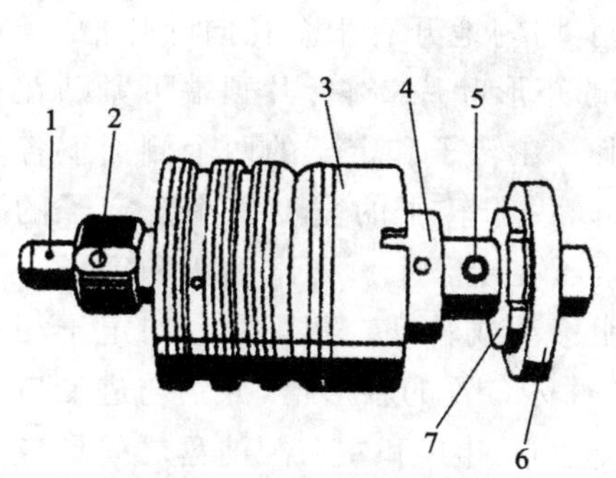

图 4-33　输入轴组件

1—扭杆；2、5—锁销；3—阀体(阀套)；4—阀芯；6—轴盖；7—短轴

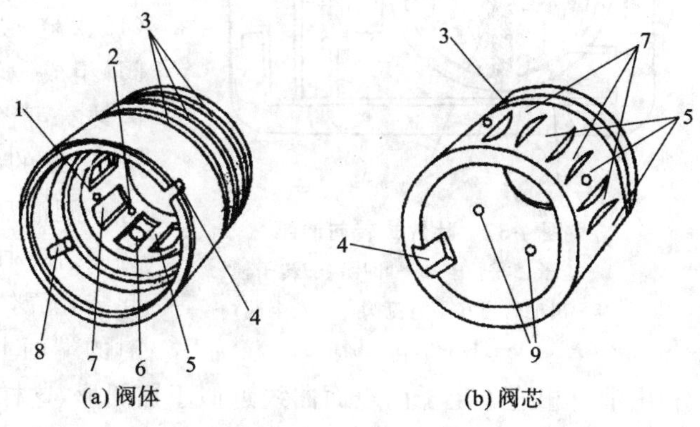

图 4-34　阀体及阀芯

1—小孔(通动力缸前腔)；2—小孔(通动力缸后腔)；3—环槽；4—缺口；5—槽肩；6—孔(通进油口)；7—纵槽；8—锁销；9—孔(通回油孔)

转向动力缸为双向作用型，其作用是利用油压来扩大传送到转向传动机构上的转向力。动力缸缸体即转向器壳体，动力缸活塞即齿条活塞。

四、转向油泵

1. 作用与类型

转向油泵是动力转向装置的动力源，其功用是将发动机的机械能变为驱动转向动力缸工作的液压能，转向动力缸输出的转向力能驱动转向车轮转向。

转向油泵的结构类型有多种，常见的有齿轮式、转子式和叶片式，分别如图 4-35、图 4-36 和图 4-37 所示。

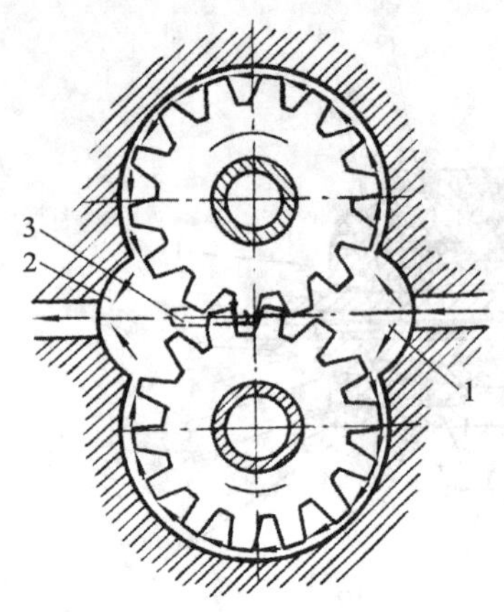

图 4-35　齿轮式转向油泵

1—进油口；2—出油口；3—卸荷槽

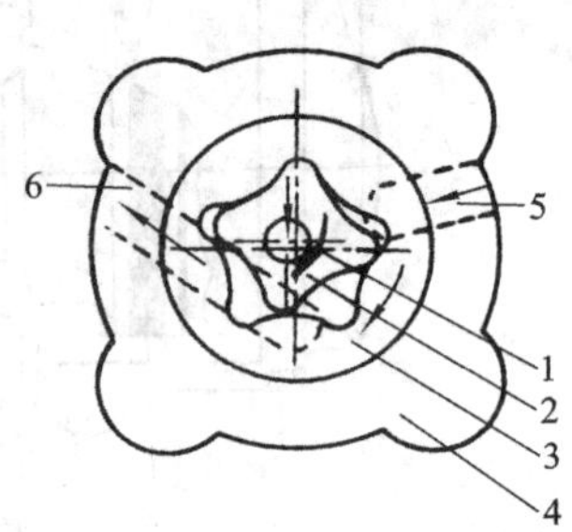

图 4-36　转子式转向油泵

1—主动轴；2—内转子；3—外转子；4—油泵壳体；5—进油口；6—出油口

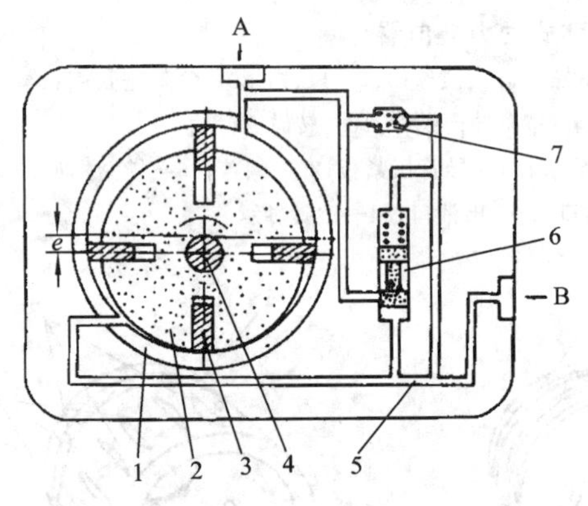

图 4-37　叶片式转向油泵

1—定子；2—转子；3—叶片；4—转子轴；5—出油管道；6—溢流阀；7—安全阀；A—进油孔；B—出油孔

2. 双作用叶片式转向油泵

1）结构

双作用叶片式转向油泵如图 4-38 所示。驱动轴 14 上压有一个皮带轮并由曲轴上皮带轮通过皮带驱动转向油泵。油泵主要由转子 27、定子 21、配油盘（19、23）、壳体 1、驱动轴 14 及组合阀（溢流阀和安全阀）组成。转子 27 上均匀地开有十个径向叶片槽，槽内装有可径向滑动的矩形叶片 28，叶片顶端可紧贴在定子 21 的内表面上。在转子和定子的两个侧面上各有一配油盘（19、23），由于转子的宽度稍小于定子的宽度，使两配油盘紧压在定子上。两配油盘和定子一起装在壳体内，不能移动或转动。两配油盘与定子相对的端面上各开有对称布置的腰形槽，分别与进油口和出油口相连。定子内表面曲线近似于椭圆形，这样在转子、定子、叶片和左右配油盘之间形成若干个密封的工作室。工作室容积大小随转子旋转实现“由小变大，由大变小，再由小变大”循环变化。

2）原理

双作用叶片式转向油泵如图 4-39 所示。当发动机带动油泵逆时针旋转时，叶片在离心力的作用下紧贴在定子的内表面上，工作容积开始由小变大，从进油口吸进油液，而后工作容积由大变小，压缩油液，经排油口向外供油。再转 180°，又完成一次吸压油过程。

双作用叶片式转向油泵有两个工作腔，转子每转一周，每个工作腔都各自吸压油一次。

溢流阀、安全阀如图 4-40 所示。

溢流阀用于限定转向油泵的最大输出流量。当输出油量过大时，节流孔处油液的流速很高，但该处的压力很小，此压力经横向油道传到溢流阀右侧，使节流阀左右两侧的压差增大，在压差的作用下，节流阀压缩弹簧右移，使进油道和出油道相同，部分油液在泵内循环流动，减少了出油量。安全阀用于限定转向油泵输出油液的最高压力。当输出压力过高时，这个压力传到溢流阀右侧，使安全阀开启，高压油流回进油腔，降低了输出油压。当这两个阀出现弹簧弹力过小或弹簧折断，或密封不严时，将会导致油泵油压降低和油量小而出现故障。

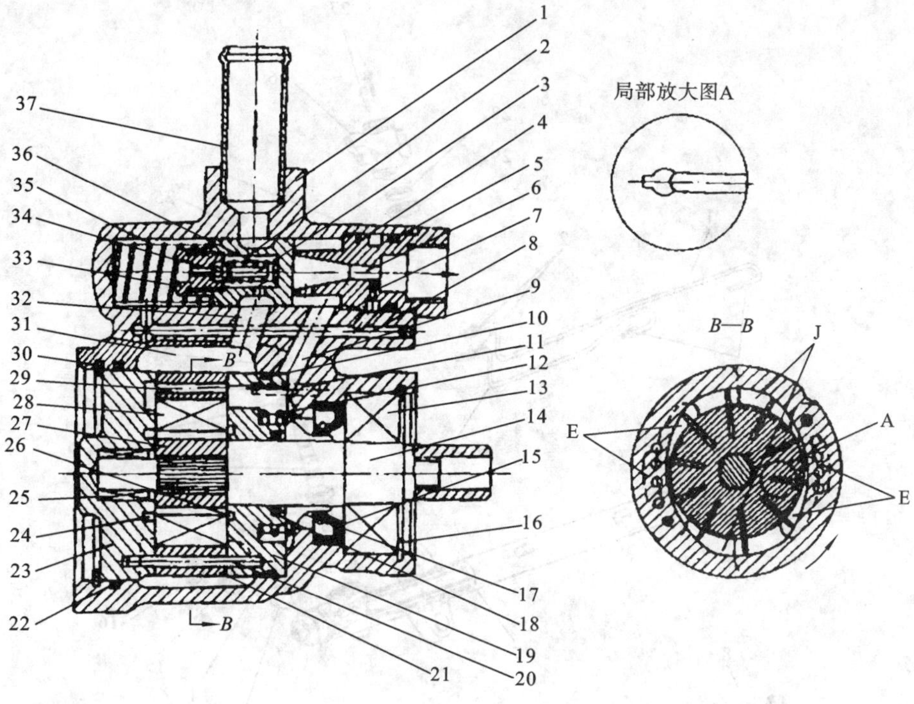

图 4-38 双作用叶片式转向油泵

1—壳体;2—溢流阀;3—安全阀弹簧;4—出油管接头;5、10、18、22—O形密封圈;6—节流孔;7—感压小孔;8—横向油道;9—出油道;11、20—定位销;12—配油盘压紧弹簧;13—轴承;14—驱动轴;15—骨架油封;16—卡圈;17—隔套;19—右配油盘;21—定子;23—左配油盘;24、26—环形油槽;25—滚针轴承;27—转子;28—叶片;29—定子轴向通孔;30—挡圈;31—进油腔;32—进油槽;33—螺塞;34—钢球;35—溢流阀弹簧;36—安全阀弹簧;37—进油道;J—吸油凹槽;E—压油凹槽

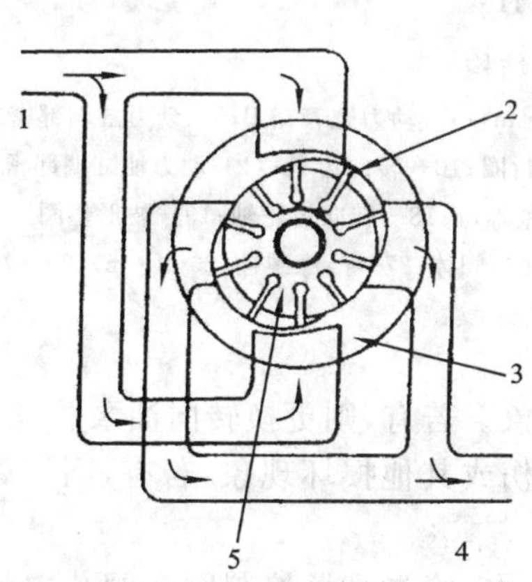

图 4-39 双作用叶片式转向油泵

1—进油口;2—叶片;3—定子;4—排油口;5—转子

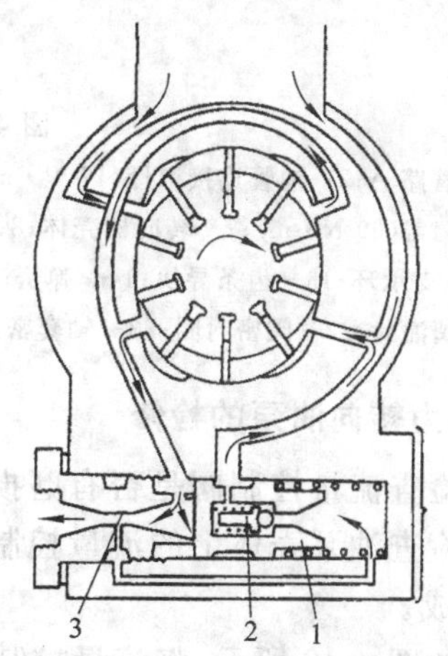

图 4-40 溢流阀、安全阀

1—溢流阀活塞(溢流阀);2—安全阀;3—节流孔

五、动力转向系统的检修与维护

下面以雅阁轿车为例,介绍动力转向系统的检修与维护。

1. 动力转向器的结构

动力转向器为转阀整体式,它由齿轮齿条式转向器、转向动力缸和旋转式转向控制阀等组成。动力转向器的分解结构如图 4-41 所示。

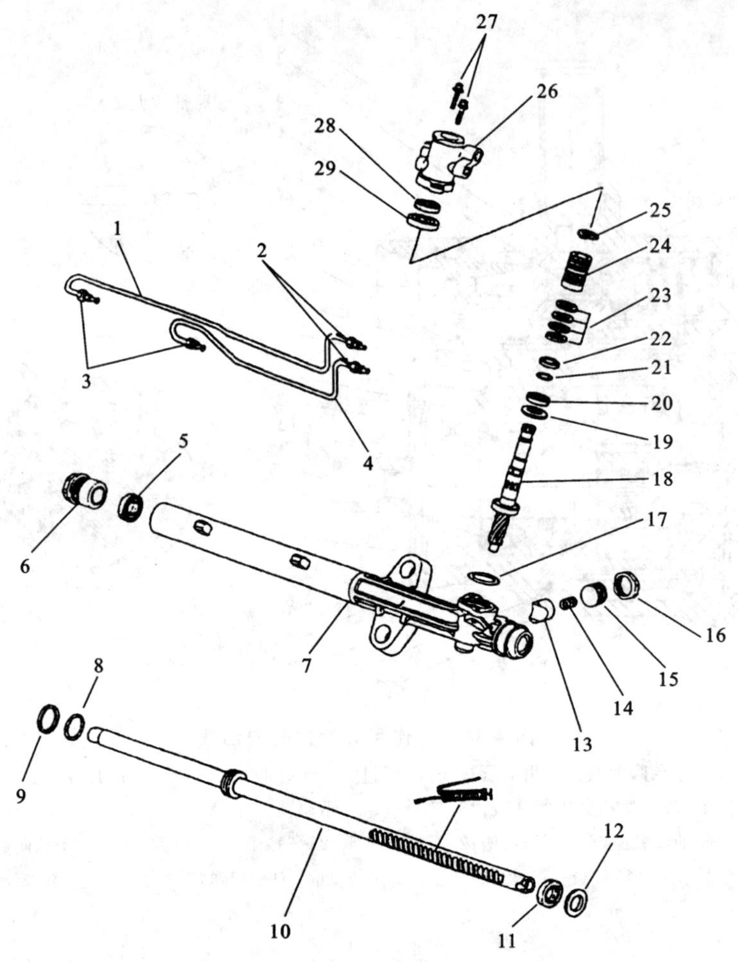

图 4-41　动力转向器的分解结构

1—动力缸管路 A；2—油管连接螺母(17 N·m)；3—油管连接螺母(26 N·m)；4—动力缸管路 B；5—动力缸端部密封件；6—动力缸端盖(69 N·m)；7—转向器壳体；8、17、21—O 形圈；9—活塞密封圈；10—转向齿条；11—动力油缸端部密封件；12—支承环；13—齿条导块；14—弹簧；15—齿条导向螺塞；16—锁紧螺母；18—转向齿轮轴；19—波形垫圈；20、28—阀油封；22—阀密封圈；23—轴套密封圈；24—轴套；25—簧环；26—阀体；27—凸缘螺栓(20 N·m)；29—衬套

2. 动力转向油泵的检修

(1) 检查流量控制阀是否有磨损、毛刺或其他损坏现象。若有，则更换转向油泵总成。

(2) 检查油泵壳体上的流量控制阀阀孔有无磨损、刮伤或其他损坏现象，若有，则需更换转向油泵总成。

(3) 如图 4-42 所示，将流量控制阀装入油泵壳体阀孔内，检查流量控制阀在阀孔内是否移动自如。若存在问题，则更换转向油泵总成(流量控制阀不能单独供货)。

(4) 检查安全阀的工作压力，如图 4-43 所示。在安全阀座端连接一合适的软管，再将流量控制阀（连同安全阀)浸入盛有转向油或溶剂的容器中，然后给软管通以压缩空气，观察从阀体中冒出气泡时压缩空气的压力值。若上述检测压力低于 98 kPa，则应更换转向油泵总成。

(5) 检查滚珠轴承有无磨损或转动不自如的现象。若有，则应予更换。更换时，应如图 4-44 所示，使用压力机将其从油泵传动轴上拆下。

3. 动力转向器的拆卸

(1) 排放动力转向油。

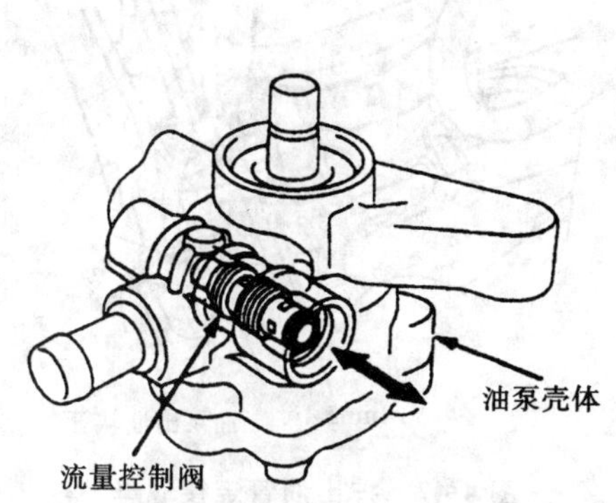

图 4-42 检查流量控制阀在阀孔内是否移动自如

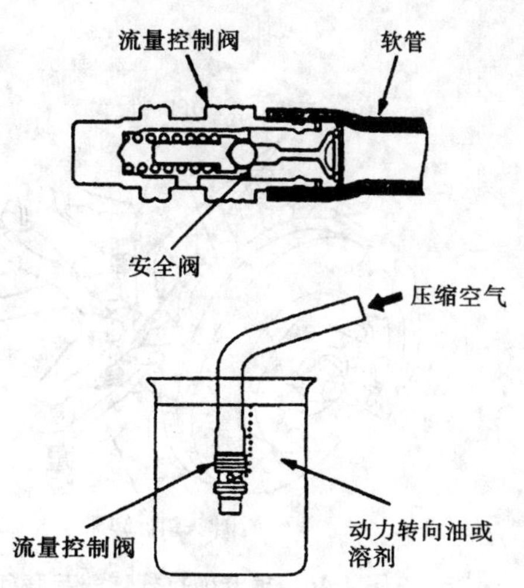

图 4-43 检查安全阀的工作压力

(2) 举升车辆，拆下两前轮。

(3) 拆下驾驶席侧安全气囊总成。

(4) 先拆下转向盘，再拆下转向轴万向节盖，图 4-45 所示。特别提醒：必须先拆下转向盘，后拆卸转向轴万向节盖，否则将会损坏安全气囊螺旋导线线盘。

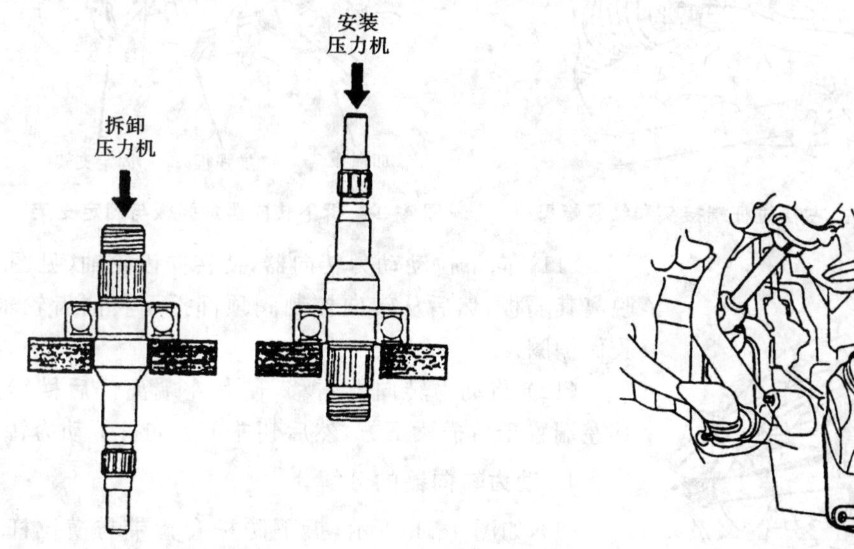

图 4-44 使用压力机将滚珠轴承从油泵传动轴上拆下

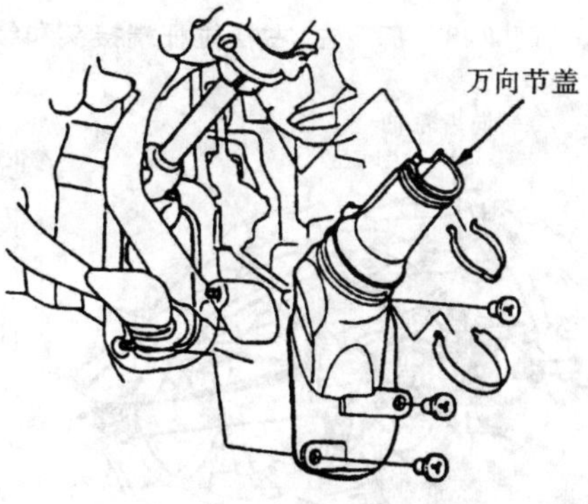

图 4-45 拆下转向轴万向节盖

(5) 拆下转向万向节螺栓，将万向节叉向转向轴方向移动，然后拆下转向轴万向节。

(6) 从球头销防护套螺母上拆下开口销并拆下该螺母，然后如图 4-46 所示使用专用工具球头销拆卸器拆开横拉杆球头与转向节。

(7) 分别拧出图 4-47 所示的 14 mm 螺母和 17 mm 螺母，依次拆下油泵出油软管与回油管路，然后用胶带封闭软管与管路的管口。

(8) 握住右横拉杆并向右拉动齿条，然后拆下图 4-48 所示的左、右横拉杆端接头和锁紧螺母。

(9) 拆下三效催化转化器和变速器换挡拉索。

(10) 如图 4-49 所示，拆下转向器加强板与固定支架。

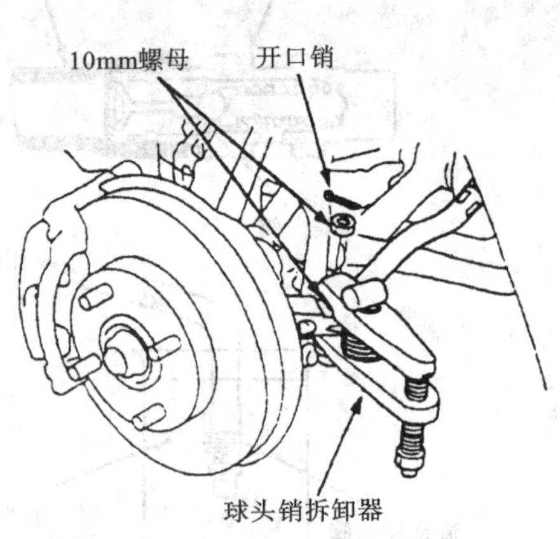

图 4-46　拆开横拉杆球头与转向节

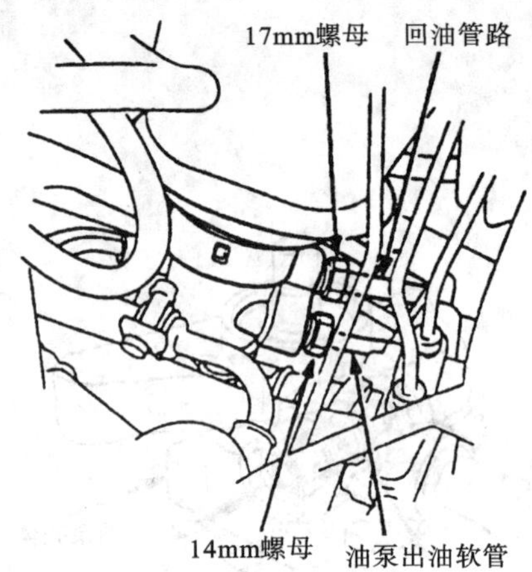

图 4-47　拧出油管连接螺母

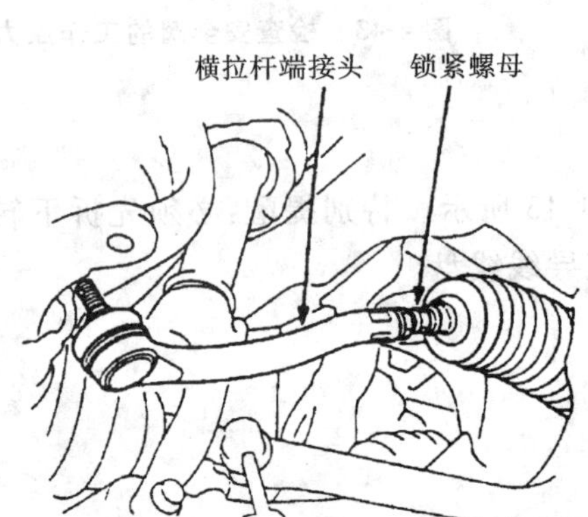

图 4-48　拆下左、右横拉杆端接头和锁紧螺母

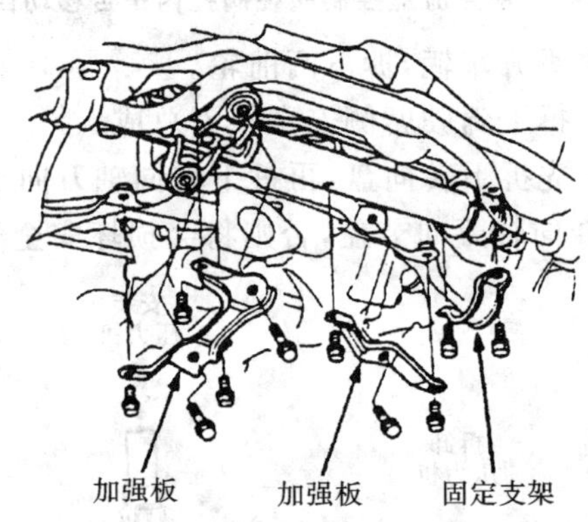

图 4-49　拆下转向器加强板与固定支架

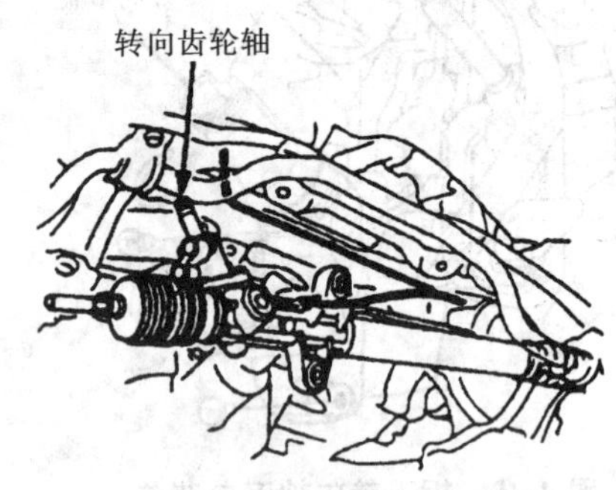

图 4-50　转向齿轮轴

(11) 向下拉动动力转向器，使转向齿轮轴(见图 4-50)脱离其隔板，然后从转向控制阀顶部拆下转向齿轮轴的橡胶保护圈。

(12) 将动力转向器右移，使其左端离开后横梁，并将其左端置于后横梁下方，然后朝左下方向拆下动力转向器。

4. 动力转向器的分解

(1) 如图 4-51 所示，拆下防护套箍带与横拉杆卡环，再从转向器端部拆下防护套。

(2) 如图 4-52 所示，使用两把扳手拆下转向齿条端连接件，然后拆下锁紧垫圈与限位垫圈。

(3) 如图 4-53 所示，拧出齿条导向螺塞的锁紧螺母，依次拆下齿条导向螺塞、弹簧和齿条导块。

(4) 如图 4-54 所示，拆下动力缸管路 A 和 B。

(5) 慢慢地左右移动转向齿条，使动力转向油从动力缸接头处排出。

(6) 如图 4-55 所示，拆下转向控制阀的固定螺栓，拆下转向控制阀总成。

(7) 在图 4-56 所示动力缸标示点处钻出一直径为 3 mm，深度为 2.5～3.0 mm 的小孔。特别提醒：切勿让金属屑进入动力缸内，并且在拆下动力缸端盖后，去除小孔周围的毛刺。

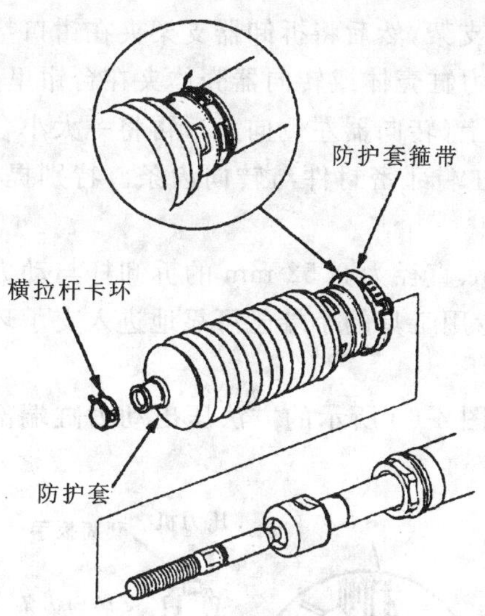

图 4-51 拆下防护套

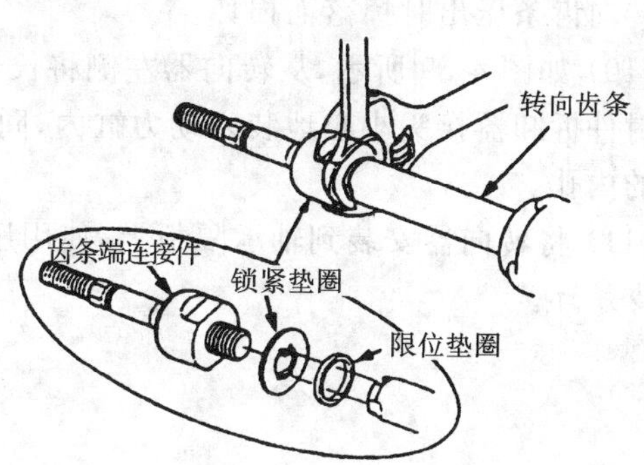

图 4-52 拆下锁紧垫圈与限位垫圈

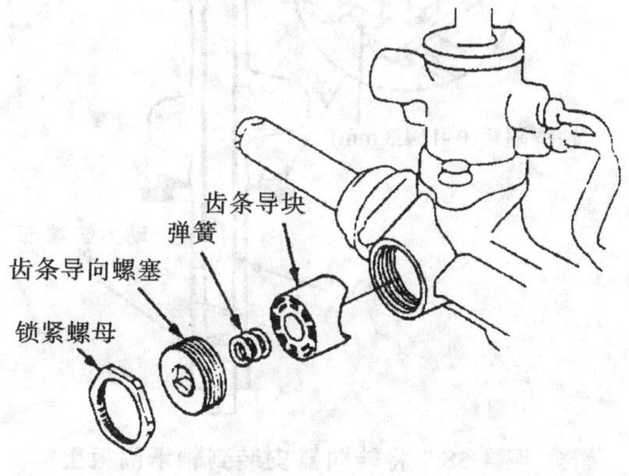

图 4-53 拆下齿条导向螺塞、弹簧和齿条导块

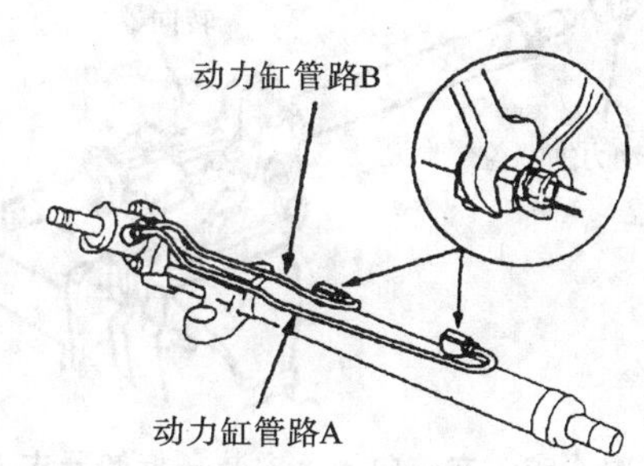

图 4-54 拆下动力缸管路 A 和 B

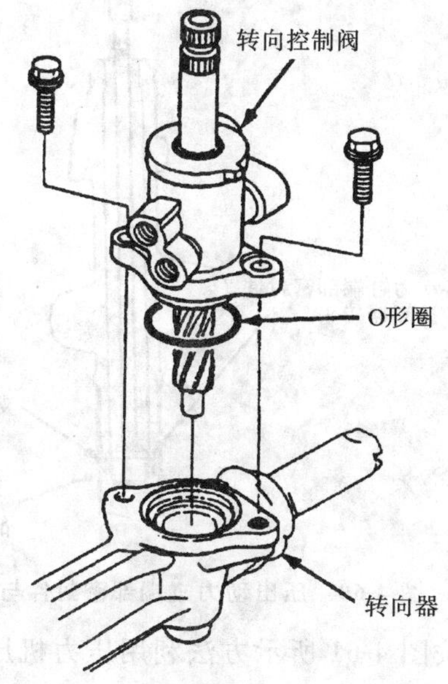

图 4-55 拆下转向控制阀总成

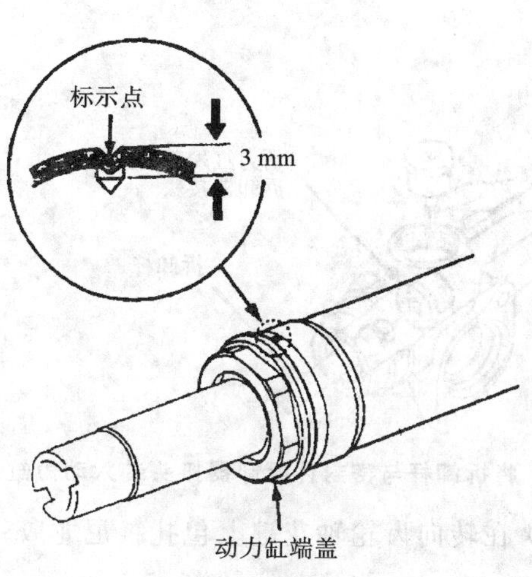

图 4-56 在动力缸标示点处钻小孔

(8) 按图 4-57 所示方法在转向器上安装一拆卸器支架，然后将拆卸器支架夹在钳口垫有软垫的台钳上，并拆下动力缸端盖。特别提醒：切勿将动力缸壳体或转向器壳体夹在台钳里。

(9) 按图 4-58 所示方法将转向器安装到轴承隔板上(转向器左侧向上)，再将一大小合适的套筒扳手垫在转向齿条上，然后利用压力机压出动力缸端部密封件与转向齿条。特别提醒：要谨防转向齿条压出时掉落而损坏。

(10) 如图 4-59 所示，从转向器左侧将长 60.96 cm、直径为 9.52 mm 的拆卸杆与动力缸端部密封件拆卸器接头小心地装入动力缸内，同时确认专用工具的小端已可靠地进入支承环与密封件的内孔。

(11) 将转向器安装到轴承隔板上，使用压力机按图 4-60 所示的方法压出动力缸端部密封件与支承环。

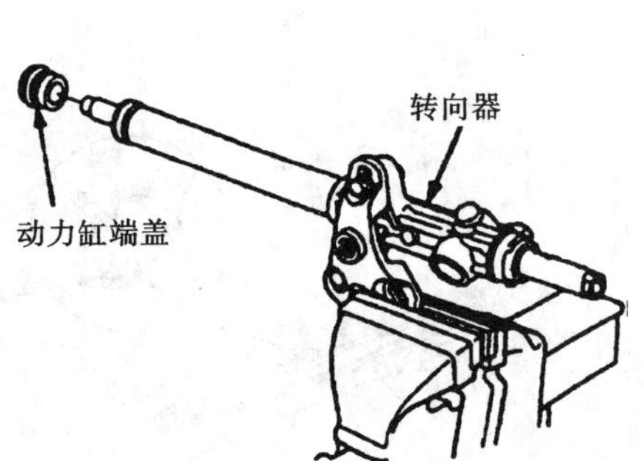

图 4-57 在转向器上安装一拆卸器支架

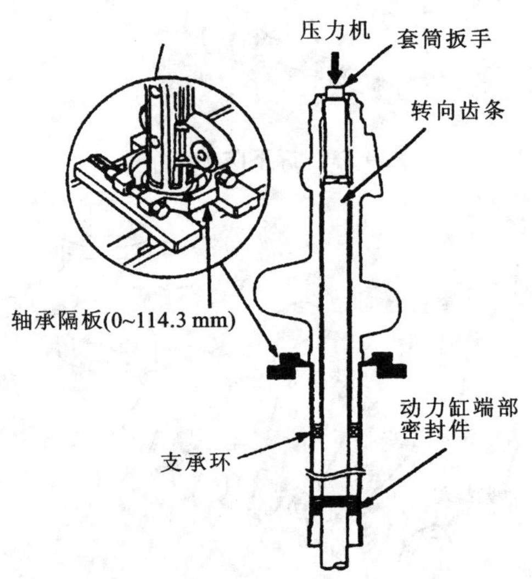

图 4-58 将转向器安装到轴承隔板上

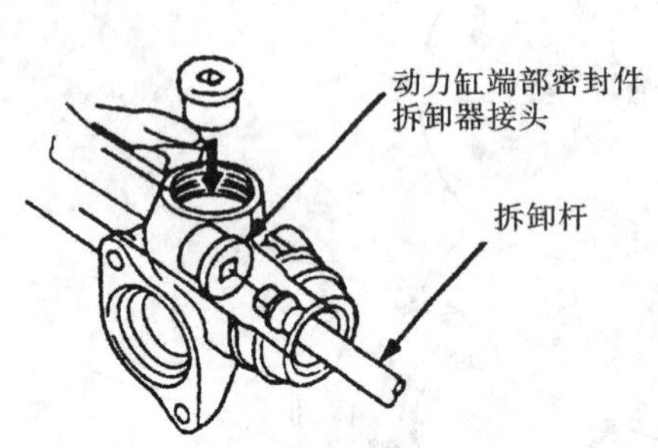

图 4-59 将拆卸杆与密封件拆卸器接头装入动力缸

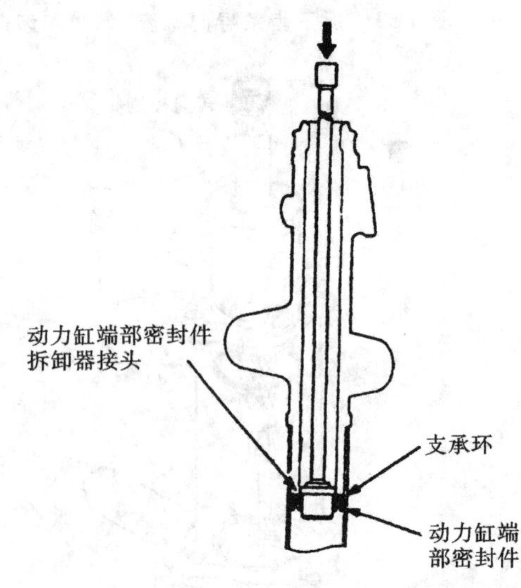

图 4-60 压出动力缸端部密封件与支承环

(12) 在转向齿轮轴花键上包扎维尼龙胶带，然后按图 4-61 所示方法利用压力机压出转向齿轮轴。

(13) 如图 4-62 所示，从转向齿轮轴上拆下卡环、阀芯。

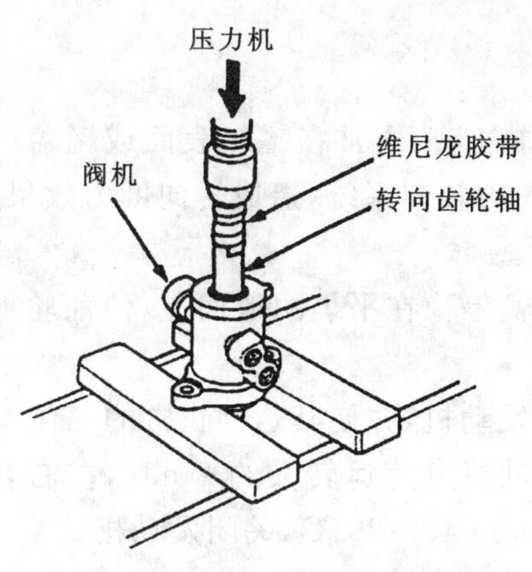

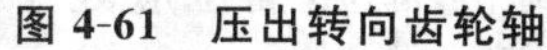

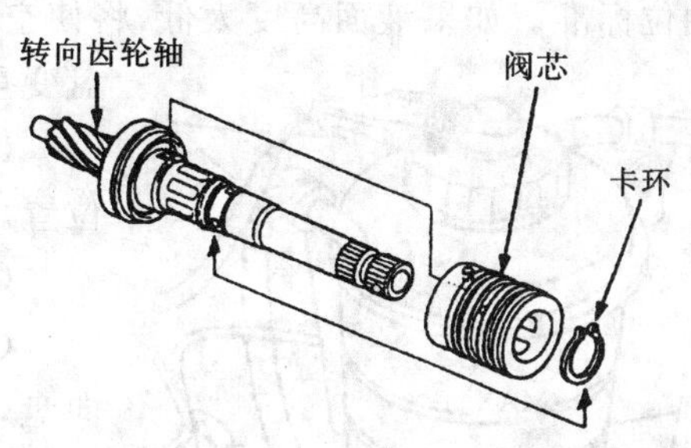

图 4-61　压出转向齿轮轴

图 4-62　从转向齿轮轴上拆下卡环、阀芯

(14) 使用刀具切断图 4-63 所示的阀芯的四个密封圈并将其从阀芯上拆下。特别提醒：使用刀具时，切勿伤及阀芯。

(15) 使用刀具从图 4-64 所示转向齿轮轴上的狭槽部位切断 O 形圈与密封圈，然后将它们小心地拆下。

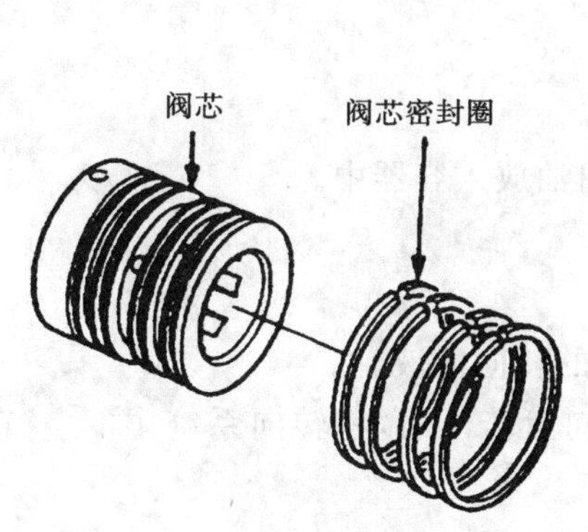

图 4-63　阀芯的四个密封圈

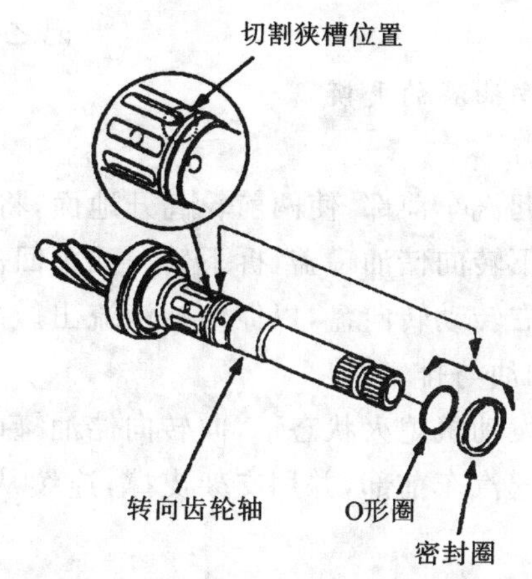

图 4-64　从转向齿轮轴上的狭槽部位切断 O 形圈与密封圈

(16) 如图 4-65 所示，从转向齿轮轴上拆下油封与波形垫圈。

(17) 如图 4-66 所示，使用压力机和专用工具导套，将阀油封和衬套从阀体中压出。

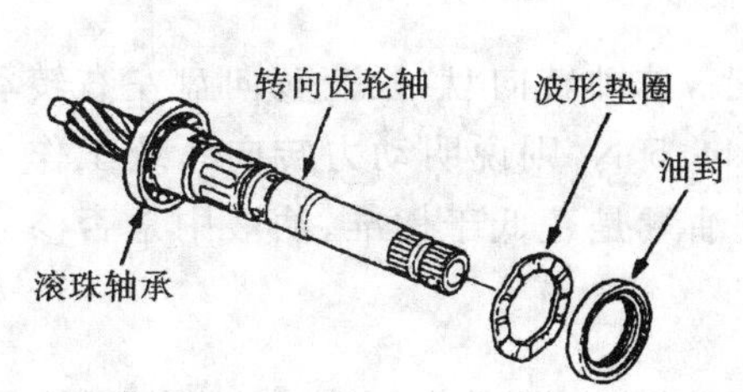

图 4-65　从转向齿轮轴上拆下油封与波形垫圈

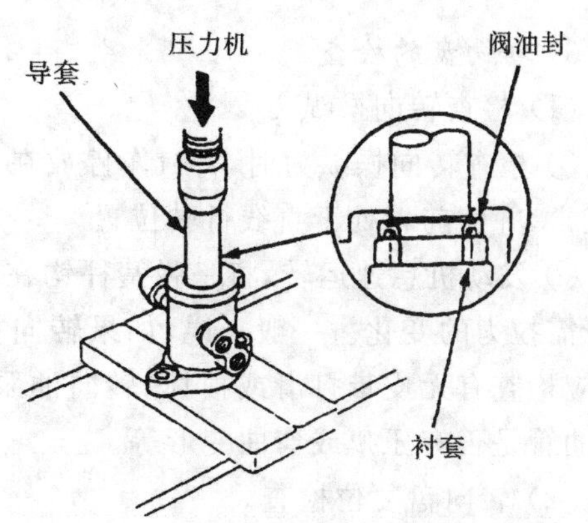

图 4-66　将阀油封和衬套从阀体中压出

5. 动力转向系统的维护

1）转向储油罐油位的检查

转向储油罐的功用是储存、冷却动力转向系统工作油液，通常在罐体表面或罐盖中的油尺上标有油位标准。如果液面高度太低，将使空气进入动力转向系统，造成转向助力效果差、转向盘变重等故障。

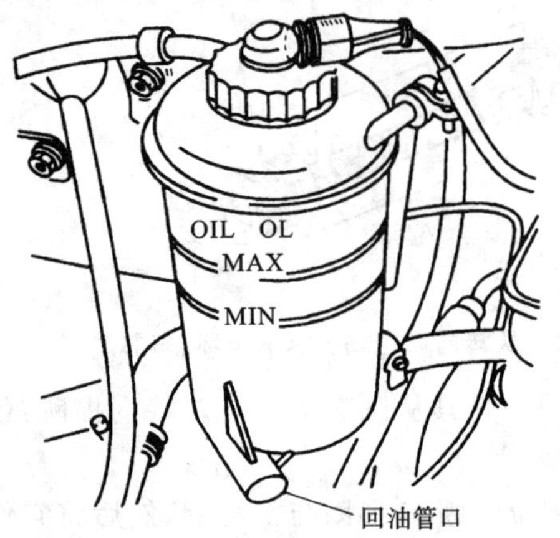

图 4-67 储油罐油位检查

（1）将车辆停稳在平坦的地面上，使前轮处于直行位置。

（2）启动发动机，并使其达到正常的工作温度。

（3）使发动机怠速运转大约 2 min，左右转几次转向盘，使油温达到 40～80 ℃，关闭发动机。

（4）观察储油罐的油位，油位应处于 MAX（上限）与 MIN（下限）标记之间，当油位低于 MIN 标记时，应加注油液，如图 4-67 所示。

（5）对于用油尺检查的汽车。拧下带油尺的封盖，用布将油尺擦净，将带油尺的封盖插入储油罐内，拧好，然后重新拧出，观察油尺，油位应处于 MAX 与 MIN 标记之间。

2）转向油液的更换

（1）放油。

① 支起汽车前部，使两前轮离开地面，将发动机熄火。

② 拧下转向储油罐盖，拆下转向油泵回油管，然后将转向油放入容器中。

③ 左右转动转向盘，以促使油液流出。

（2）加油与排气。

① 在发动机熄火状态下，向转向储油罐内加注符合规定的转向油液。

② 支起汽车前部，并用支架支撑，连续从左到右转动转向盘若干次，将转向系统中的空气排出。

③ 检查转向储油罐油位。

④ 降下汽车前部，启动发动机怠速运转，连续转动转向盘，注意油位的变化，当油位下降时就应不断加注转向油液，直到油位在 MAX 标记处，并在转动转向盘后，储油罐中不再出现气泡为止。

3）转向盘的检查

（1）检查转向操纵力。

① 检查转向操纵力时，将汽车停放在水平干燥的路面上，油液温度达到 40～80 ℃，轮胎气压正常，并使前轮处于直线行驶位置。

② 发动机怠速运转，将一弹簧秤钩在转向盘边缘上，拉动转向盘，检查转向盘左右转动一圈所需拉力的变化。一般来说，如果转向操纵力超过 44.5 N，则说明动力转向系统工作不正常，应检查有无皮带打滑或损坏、转向油泵输出油压或油量是否低于标准、油液中是否渗入空气、油管是否有压瘪或弯曲变形等。

（2）转向盘复位检查。

① 选择合适的场地，缓慢或迅速转动转向盘，检查两种情况下的转向盘操纵力有无明显的

差别，并检查转向盘能否回到中间位置。正常情况下，转动转向盘应是慢转慢回，快转快回，汽车能够回到直线行驶位置；否则，应查明故障原因并予以排除。

② 选择合适的场地，使汽车以约 3.5 km/h 的速度行驶，将转向盘顺时针或逆时针转动 90°，然后放开手 1～2 s，如果转向盘能自动回转 70°以上，则说明工作正常；否则，应查明故障原因并予以排除。

4）系统压力的检查

（1）如图 4-68 所示，接好压力表和节流阀。

（2）将节流阀打开，启动发动机并以怠速运转，使转向盘向左、右旋转到极限位置，同时读出压力表上的压力，额定值为 6.8～8.2 MPa。

（3）如果额定值达不到要求，就要修理转向油泵或更换总成。

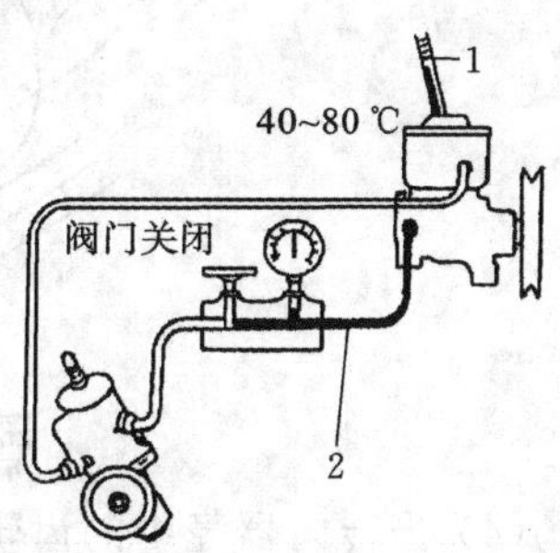

图 4-68 系统压力的检查

6. 动力转向系统的检修

1）转向器的检修

转向器分解后应对控制阀组件、支座组件、滚珠轴承、管道组件、转向横拉杆、转向器壳体、压力密封垫和弹簧、齿条组件、防尘套进行检查，如有明显损伤，则应更换。

2）齿轮齿条式动力油缸密封性的检修

转向系统密封性的检查，应在热车时进行，其常见的泄漏点如图 4-69 和图 4-70 所示。检查方法如下。

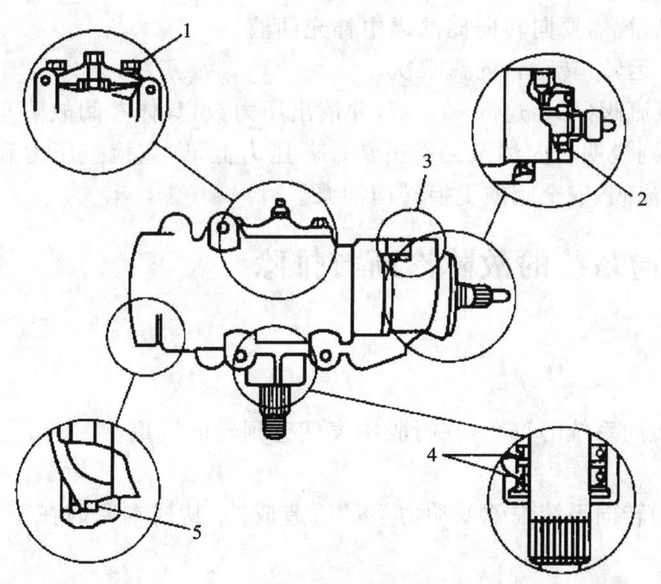

图 4-69 循环球式动力转向器常见泄漏点

1—侧盖泄漏；2—调整螺母油封泄漏；3—压力软管接头螺栓泄漏；4—转向摇臂轴油封泄漏；5—端盖油封泄漏

（1）将转向盘快速向左、右两侧转至极限位置（注意在极限位置停留不得超过 5 s），检查转向控制阀、齿条密封（松开防尘罩夹箍，并推至一侧）情况，检查叶轮泵、油管接头是否有漏油现象，如有渗漏，则应更换密封件。

（2）如果发现储油罐中缺少油液，则应检查转向系统的密封性是否完好。

（3）当转向器主动齿轮不密封时，必须更换阀体中的密封环和中间盖板上的圆形绳环。

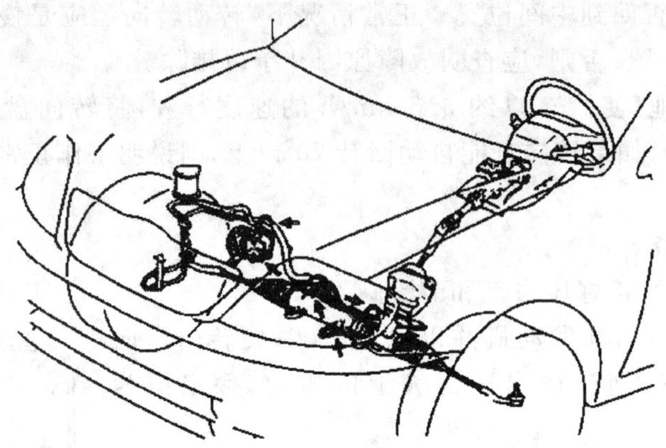

图 4-70 齿轮齿条式动力转向系统常见泄漏点

(4) 当转向器壳中的齿轮齿条密封件不密封时，转向动力油液可能流入其中。此时，应拆开转向机构，更换所有密封环。

(5) 如油管接头漏油，则应查找原因并重新接好。

3) 转向油泵的检修

转向油泵在使用中应定期检查皮带情况。除此之外，动力转向器出现故障时，应检查转向油泵泵油压力。若确认转向油泵的工作性能下降，则应整体更换。

转向油泵泵油压力的检查步骤如下：

(1) 将量程为 15 MPa 的压力表和节流阀串接到转向油泵和转向控制阀之间的管路中。

(2) 启动发动机，视需要向转向储油罐中补充油液。

(3) 发动机怠速运转，转动转向盘数次。

(4) 急速关闭节流阀(不超过 5～10 s)，并读出压力数，具体参阅故障车辆维修手册的性能参数。若压力正常，则说明转向油泵工作正常。若压力低，则应检查压力和流量限制阀是否完好，必要时应更换溢流阀、安全阀或更换转向油泵。

六、动力转向系统的故障诊断与排除

1. 转向沉重

1) 故障现象

装有液压动力转向系统的汽车，在行驶中突然感到转向沉重。

2) 故障原因

一般是液压动力转向系统失效或动力不足所造成的，其根本原因在于液压不足，主要原因如下。

(1) 转向油罐缺油或油位低于规定要求。

(2) 液压回路中渗入了空气。

(3) 油泵驱动皮带过松或打滑。

(4) 各油管接头处密封不良，有泄漏现象。

(5) 油路堵塞或滤清器污物太多。

(6) 油泵磨损、内部泄漏严重。

(7) 油泵安全阀、溢流阀泄漏，弹簧弹力减小或调整不当。

(8) 动力缸或转向控制阀密封损坏。

3）故障诊断与排除

（1）检查转向油泵驱动部分的情况。

① 用手压下转向油泵的驱动皮带，检查皮带的松紧度，若皮带过松，则应调整。

② 启动发动机，使发动机怠速运转，突然提高发动机的转速，检查转向油泵驱动皮带有无打滑现象，发现问题后应按规定更换性能不良的部件。

（2）检查转向油罐内的油液质量和油位，若油液变质，则应重新更换规定油液。若只是油位低于规定高度，则应加油使油位符合规定。

（3）检查转向油罐内的滤清器。

① 若发现滤网脏，则说明滤清器堵塞，应清洗。

② 若发现滤网破裂，则说明滤清器损坏，应更换。

（4）检查油路中是否渗入空气，如果发现油罐中的油液有气泡，则说明油路中有空气渗入，应检查各油管接头和接合面的螺栓是否松动，各密封件是否损坏，有无泄漏现象，油管是否破裂等。对出现故障的部位进行修整和更换，并进行排气操作，最后重新加入油液。

（5）检查各油管接头等处有无泄漏，油路中是否有堵塞，查明故障后按规定力矩拧紧有关接头，清除污物。

（6）对转向油泵进行输出油压检查，如果油泵输出压力不足，则说明油泵有故障，此时应分解油泵，检查油泵是否磨损或内部泄漏严重、安全阀、溢流阀是否泄漏或卡滞，弹簧弹力是否减小或调整不当，各轴承是否烧结或严重磨损等。对于叶片泵还应检查转子上的密封环或油封是否损坏，对于齿轮泵应检查齿轮间隙是否过大等，查明故障并予以修理，必要时更换油泵。

2. 异响

1）故障现象

汽车转向时，转向系统有过大的异响，并影响汽车的转向性能。

2）故障原因

（1）转向油罐中油位太低，油泵在工作时容易渗入空气。

（2）液压系统中渗入空气。

（3）油罐滤网堵塞，或液压回路中有过多的沉积物。

（4）油管接头松动或油管破裂。

（5）油泵严重磨损或损坏。

（6）转向控制阀性能不良。

3）故障诊断与排除

（1）当转向盘处于极限位置或原地慢慢转动转向盘时转向器发出“嘶嘶”声，如果声音很大，则故障原因可能为转向控制阀性能不良，应更换转向控制阀。

（2）当转向油泵发出“嘶嘶”声或尖叫声时，应进行以下检查。

① 检查油罐油位，油位低时应查明泄漏部位并修理，然后按规定加注油液。

② 检查转向油泵驱动皮带是否打滑，若打滑，则应查明原因，更换皮带或调整皮带松紧度。

③ 察看油液中有无泡沫，若有泡沫，则应查找漏气部位并予以修理，然后排除空气，若无漏气，则说明油路有堵塞处或油泵严重磨损及损坏，应予以修复或更换。

3. 左右转向轻重不同

1）故障现象

汽车行驶时，向左和向右转向所需的操纵力不相等。

2）故障原因

（1）转向控制阀阀芯（或滑阀）偏离中间位置，或虽然在中间位置但与阀体槽肩的缝隙大小不一致。

（2）控制阀内有污物阻滞，使左右转动阻力不同。

（3）液压系统中动力缸的某一油腔渗入空气。

（4）油路存在泄漏现象。

3）故障诊断与排除

这种故障多是油液脏污所致，应按规定更换新油后再进行检查。

（1）如果油质良好或更换新油后故障没有消除，则应对液压系统进行排气并检查系统有无油液泄漏现象，液压系统中出现泄漏现象时，应更换泄漏部位的零部件。

（2）如果故障仍不能排除，则可能是由控制阀定中不良造成的。如果滑阀位置调整后仍不见好转，则应拆检滑阀，测量其尺寸，当偏差较大时，应更换滑阀；对于转阀式转向控制阀必须通过分解检查来排除故障。

4. 直线行驶转向盘发飘或跑偏

1）故障现象

汽车直线行驶时，难以保持正前方向而总向一边跑偏。

2）故障原因

（1）油液脏污、转向控制阀回位弹簧折断或弹力变小，使转向控制阀不能及时回位。

（2）转向控制阀阀芯（或滑阀）偏离中间位置，或虽在中间位置但与阀体槽肩的缝隙大小不一致。

（3）流量控制阀卡滞使油泵流量过大或油压管路布置不合理，造成油压系统管路节流损失过大，使动力缸左右腔压力差过大。

3）故障诊断与排除

（1）检查油液是否脏污。对于新车或大修以后的车辆，应认真执行磨合期换油规定，否则油液脏污可能引起故障。

（2）对于使用时间较长的车辆，则可能是流量控制阀或转向控制阀回位弹簧失效所致，此时可在不启动发动机的情况下转动转向盘，凭手感判断控制阀是否开启运动自如。

（3）检查转向油泵流量控制阀是否卡滞和油压管路布置是否合理，对发现的故障予以修理。

5. 转向时转向盘发抖

1）故障现象

发动机工作时转向，尤其是在原地转向时滑阀共振，转向盘抖动。

2）故障原因

（1）油罐油位低。

（2）油路中渗入空气。

（3）转向油泵驱动皮带打滑。

（4）转向油泵输出压力不足。

（5）转向油泵流量控制阀卡滞。

3）故障诊断与排除

（1）检查油罐油位是否符合规定，否则按要求加注油液。

(2) 排放油路中渗入的空气。

(3) 检查转向油泵驱动皮带是否打滑或其他驱动形式的齿轮传动等有无损坏,按规定调整皮带松紧度,更换性能不良的部件。

(4) 对转向油泵输出压力进行检查。压力不足时应分解油泵,检查油泵是否磨损或内部泄漏严重、安全阀及流量控制阀是否有泄漏或卡滞、弹簧弹力是否减小或调整不当、各轴承是否烧结或严重磨损等。对于叶片式转向油泵还应检查转子上的密封环或油封是否损坏。对于齿轮式油泵应检查齿轮间隙是否过大等。查明故障原因并予以修理。必要时更换油泵。如果泵轴油封泄漏,则也应更换转向油泵。

【实训活动】

实训条件:多媒体教学设备和课件、网络教学资源、维修资料、实训车、举升机、千斤顶、汽车维修基本工具。

实训车状态:一辆别克凯越自动挡轿车,该车转向时明显沉重,且伴随有“嗡嗡”的声音,确定为动力转向系统故障,需要对转向系统进行检修。

1. 实训准备

(1) 实训车:别克凯越轿车。

(2) 实训工具及器材:组合工具、百分表、转向助力液、测隙规、游标卡尺等。

(3) 掌握本次实训课所用仪器及设备的使用方法。

(4) 牢记实训中的安全注意事项。

2. 实训流程

液压动力转向系统常见的故障现象有转向沉重、异响、左右转向轻重不同、直线行驶时转向盘发飘或跑偏、转向时转向盘发抖和转向盘回正不良等。实训教师可根据实训条件对汽车转向系统进行检测,设置一些转向系统常见故障。在实训教师的监督下,学生独立完成故障的诊断与排除,由教师充当客户模拟一个或几个故障场景,让学生分别扮演维修工向客户说明故障诊断结果。

(1) 学生分析并说出检查步骤和方法。

① 检查储油罐油位和油质。

② 检查转向助力泵。

③ 检查动力转向装置及其相关管路。

(2) 学生思考下列问题,并向教师陈述答案。

① 根据检查情况,分析可能导致上述故障的原因。

② 如何确定上述故障?

③ 对检查结果进行理论分析。

3. 实训记录

(1) 回答教师的现场提问,接受教师的技能考核。

(2) 完成实训任务后,对实训过程进行自我评价和小组互评,听取教师的点评。

(3) 清洁实训场所,清点、维护工具及设备,完成任务交接。

项目 5
汽车制动系统检修

知识目标

（1）熟悉制动系统的功用及组成元件结构，并能正确描述其工作原理。

（2）掌握不同类型制动器的结构和性能特点。

能力目标

（1）能在实车上正确指认制动系统的组成元件，并能说出它们的名称。

（2）能进行制动器、制动总泵的拆装和维修。

学习任务1　认识汽车制动系统

一、制动系统概述

制动系统是汽车的重要组成部分之一。其作用是根据驾驶员的需要,使行驶中的汽车减速直至停车,使下长坡行驶的汽车保持稳定的车速,使已停驶的汽车保持原地不动并实现可靠驻车。此外,在挂车意外脱挂时,使挂车迅速地自动停车。汽车良好的制动性能,对汽车的行驶安全性及动力性能的发挥都有着较大的影响。汽车只有具有良好的制动性能,才能保证在安全行驶的条件下提高车速,以获得较高的运输生产效率。

1. 组成

汽车上设置有彼此独立的制动系统,它们起作用的时刻不同,但它们的组成却是相似的。它们一般有以下四个组成部分。

(1) 供能装置,包括供给、调节制动所需能量以及改善传能介质状态的各种部件。如气压制动系统中的空气压缩机、液压制动系统中的液压装置。

(2) 控制装置,包括产生制动动作和控制制动效果的各种部件,如制动踏板等。

(3) 传动装置,将驾驶员或其他动力源的作用力传到制动器,同时控制制动器工作,从而获得所需的制动力矩。

(4) 制动器,产生阻碍车辆的运动或运动趋势的力的部件。

较为完善的制动系统还包括制动力调节装置以及报警装置、压力保护装置等。

为完成汽车制动系统的作用,现代汽车上一般设有以下几套独立的制动系统。

(1) 行车制动系统　行车制动系统用于使行驶中的汽车减速或停车,制动器安装在全部的车轮上,通常由驾驶员用脚操纵。

(2) 驻车制动系统　驻车制动系统用于使停驶的汽车驻留原地,通常由驾驶员用手操纵。

(3) 应急制动系统　应急制动系统是用独立的管路控制车轮的制动器作为备用系统,其作用是在行车制动装置失效的情况下保证汽车仍能实现减速或停车。

(4) 安全制动系统　安全制动系统是当制动气压不足时起制动作用,使车辆无法行驶。

(5) 辅助制动系统　辅助制动系统是为了下长坡时减轻行车制动器的磨损而设的,其中利用发动机排气制动应用最广。

2. 类型

(1) 按功能分类,制动系统可以分为行车制动系统、驻车制动系统以及应急制动系统、安全制动系统和辅助制动系统。

(2) 按制动能源分类,制动系统可以分为人力制动系统、动力制动系统和伺服制动系统。

(3) 按制动能量的传输方式分类,制动系统可以分为机械制动系统、液压制动系统、气压制动系统等。

3. 要求

为保证汽车能在安全的条件下发挥出高速行驶的能力,制动系统必须满足下列要求:①具有良好的制动效能;②操纵轻便;③制动稳定性好;④制动平顺性好;⑤散热性好;⑥对于挂车的制动系统,还要求挂车的制动作用略早于主车,挂车自行脱挂时能自动进行应急制动。

二、制动系统的工作原理

图 5-1 所示为行车制动系统结构，行车制动系统由车轮制动器和液压传动机构两部分组成。下面简要说明制动力是如何形成的。

制动鼓 8 是车轮制动器的旋转部分，固定于轮毂上，与车轮一起旋转。制动蹄 10 和制动底板 11 等是车轮制动器的固定部分。制动蹄上铆有摩擦片，其下端套在支承销上，上端用复位弹簧拉紧压靠在制动轮缸 6 内的活塞上。支承销和轮缸都固定在制动底板上，制动底板用螺钉与转向节凸缘(前桥)或桥壳凸缘(后桥)固定在一起。

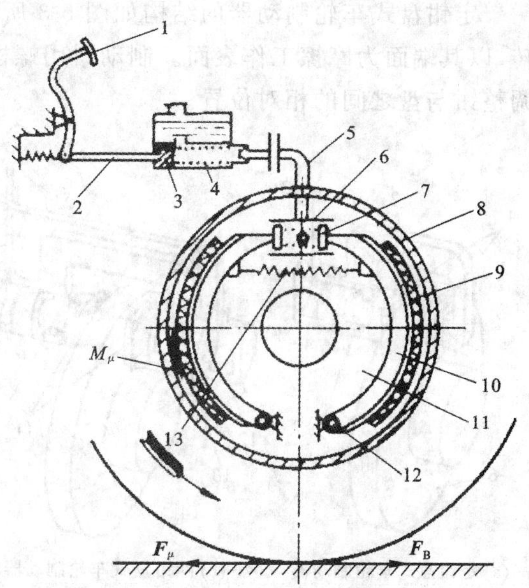

图 5-1 行车制动系统结构

1—制动踏板；2—主缸推杆；3—主缸活塞；4—制动主缸；5—油管；6—制动轮缸；7—轮缸活塞；8—制动鼓；9—摩擦片；10—制动蹄；11—制动底板；12—支承销；13—制动蹄复位弹簧

不制动时，制动鼓的内圆柱面与摩擦片之间保留一定间隙，制动鼓可以随车轮一起旋转。

制动时，驾驶员踩下制动踏板，主缸推杆便推动制动主缸内的活塞 7 前移，迫使制动液经管路进入轮缸，推动轮缸的活塞向外移动，使制动蹄克服复位弹簧的拉力绕支承销转动而张开，消除制动蹄与制动鼓之间的间隙后压紧在制动鼓上。此时，不旋转的制动蹄摩擦片对旋转的制动鼓就产生一个摩擦矩，其方向与车轮的旋转方向相反。制动鼓将此力矩传到车轮后，由于车轮与路面的附着作用，车轮即对路面作用一个向前的圆周力 $\boldsymbol{F}_\mu$，与此相反，路面会给车轮一个向后的反作用力，这个力就是车轮受到的制动力 $\boldsymbol{F}_B$。各车轮制动力的总和就是汽车受到的总的制动力。

放松制动踏板，在复位弹簧的作用下，制动蹄与制动鼓的间隙又得以恢复，从而解除制动。

学习任务 2 机械制动系统的结构与检修

一、车轮制动器

旋转元件固装在车轮或半轴上，将制动力矩直接分别作用于两侧车轮上的制动器称为车轮制动器。根据摩擦副中旋转元件的结构形式分类，汽车的车轮制动器可分为鼓式和盘式两种。它们的区别在于前者的摩擦副中旋转元件为制动鼓，其工作表面为圆柱面；后者的旋转元件则为圆盘状的制动盘，以端面为工作表面。

1. 盘式车轮制动器概述

1）类型

盘式车轮制动器根据其固定元件的结构形式可分为钳盘式制动器和全盘式制动器。

钳盘式制动器的固定元件为制动钳，制动钳中的制动块由工作面积不大的摩擦块与其金属背板组成。钳盘式制动器按制动钳固定在支架上的结构形式可分为定钳盘式和浮钳盘式，如图

5-2 所示。

全盘式制动器的固定元件的金属背板和摩擦片都做成圆盘形，因而其制动盘的全部工作面可同时与摩擦片接触。全盘式制动器由于制动钳的横向尺寸较大，主要应用在重型车上。

2）结构

定钳盘式车轮制动器的结构如图 5-3 所示，其旋转元件是制动盘，它和车轮固装在一起旋转，以其端面为摩擦工作表面。制动钳用螺栓与转向节或桥壳上的凸缘固装，并用调整垫片来调整钳与盘之间的相对位置。

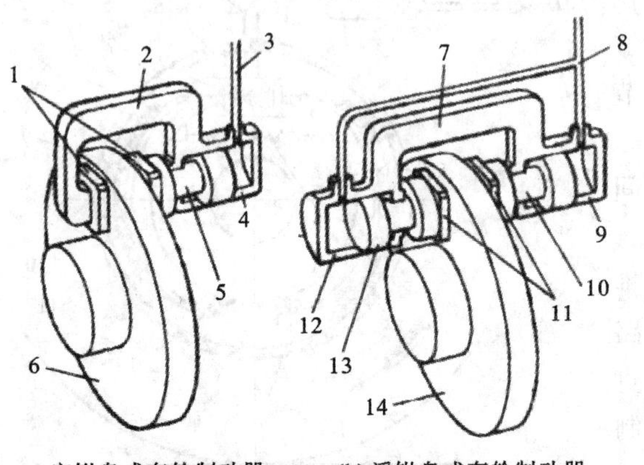

(a) 定钳盘式车轮制动器　　(b) 浮钳盘式车轮制动器

图 5-2　盘式制动器的类型

1、11—制动摩擦块；2—浮式制动钳；3、8—进油管；4、9、12—制动缸体；5、10、13—活塞；6、14—制动盘；7—定式制动钳

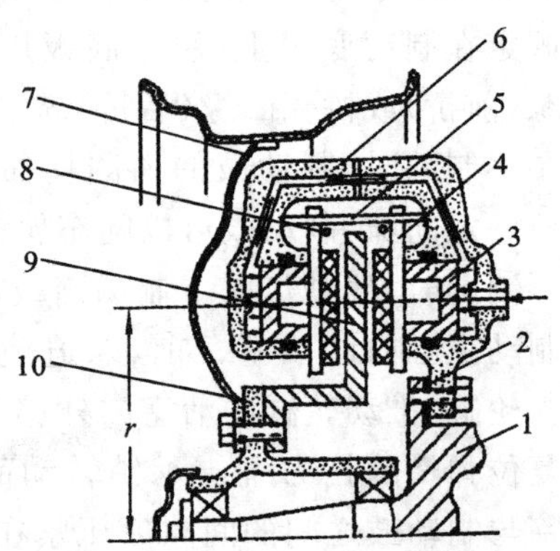

图 5-3　定钳盘式车轮制动器的结构

1—转向节或桥壳凸缘；2—调整垫片；3—活塞；4—制动块；5—导向支承销；6—钳体；7—轮辐；8—回位弹簧；9—制动盘；10—轮毂凸缘

3）工作原理

制动时，油液被压入内、外两轮缸中，经液压作用的活塞朝制动盘方向移动，推动制动块紧压制动盘，产生摩擦力矩而制动。在此过程中，轮缸槽内的矩形橡胶密封圈的刃边在摩擦力的作用下产生微量的弹性变形。

放松制动时，液压系统压力消除，密封圈恢复到其初始位置，活塞和制动块依靠密封圈的弹力和弹簧的弹力回位。由于矩形密封圈刃边的变形量很微小，在不制动时，摩擦片与盘之间的间隙每边只有 0.1 mm 左右，它足以保证制动的解除。

4）特点

(1) 优点。

① 散热能力强，热稳定性好。受热后，制动盘只在径向膨胀，不会影响制动间隙。

② 抗水衰退性能好。受水浸湿后，在离心力作用下被很快甩干，摩擦衬片上的剩水也由于压力高而容易挤出，一般仅需要一到两次制动即可恢复正常。

③ 制动时的平顺性好。

④ 结构简单，维修方便。

⑤ 制动间隙小，便于自动调节。

(2) 缺点。

① 制动时无助势作用，故要求管路液压较高。

② 防污性差，制动衬片磨损较快。

2. 典型盘式车轮制动器

下面以桑塔纳 2000 轿车前轮盘式车轮制动器为例进行介绍。

1）结构

图 5-4 所示为桑塔纳 2000 轿车的前轮盘式车轮制动器，该制动器为浮钳盘式车轮制动器。它由制动盘、内外摩擦块、制动钳壳体、制动钳支架、前制动轮缸等组成。浮钳盘式制动器工作原理如图 5-5 所示。

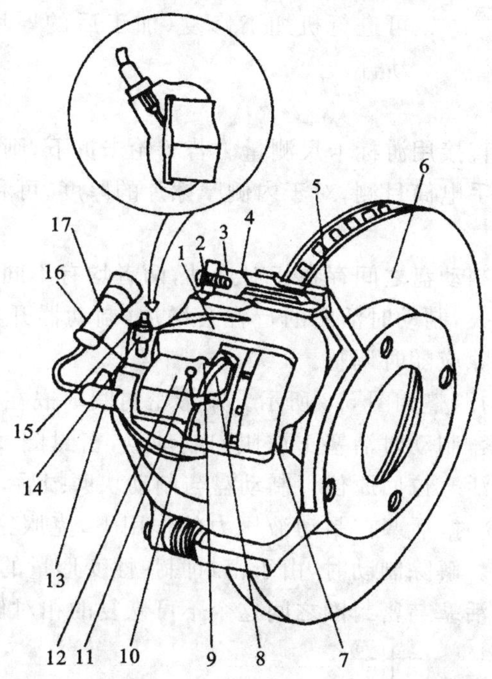

图 5-4　桑塔纳 2000 轿车前轮盘式车轮制动器

1—制动钳体；2—紧固螺栓；3—导向销；4—防护套；5—制动钳支架；6—制动盘；7—固定制动块；8—消声片；9—防尘套；10—活动制动块；11—密封圈；12—活塞；13—电线导向夹；14—放气螺钉；15—放气螺钉帽；16—报警开关；17—电线夹

制动盘固定在轮毂上，夹在内外摩擦衬块中间，与前轮一起转动。制动钳通过螺栓（兼作导向销）与制动钳支架相连（支架固定于转向节凸缘上），钳体可沿螺栓相对于制动盘做轴向移动。轮缸布置在制动钳的内侧。固定支架上有导轨，通过两根特制弹簧安装内、外制动块，内、外制动块可沿导轨做轴向移动。

2）检修

（1）制动盘厚度的检查。

检查制动盘厚度时，可用游标卡尺或千分尺直接测量，如图 5-6 所示。桑塔纳 2000 轿车前

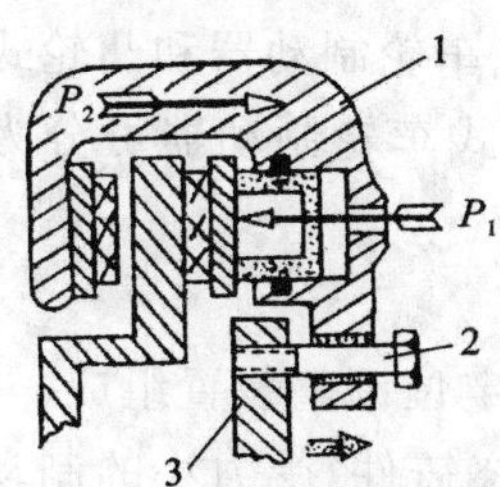

图 5-5　浮钳盘式制动器工作原理

1—制动钳体；2—导向销；3—制动盘

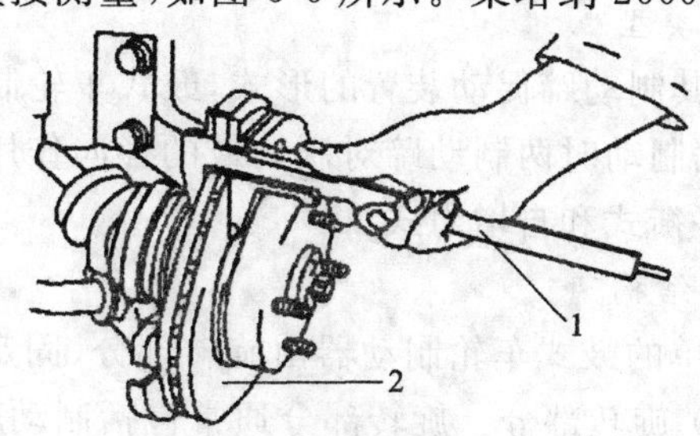

图 5-6　制动盘厚度的检查

1—游标卡尺；2—制动盘

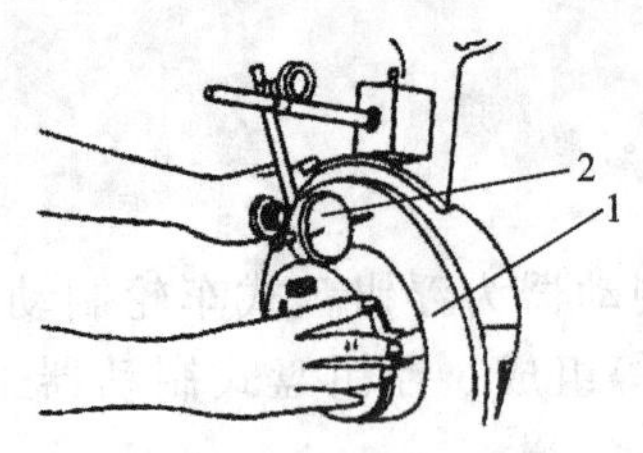

图 5-7　制动盘端面圆跳动的检查
1—制动盘；2—百分表

制动盘标准厚度为 10 mm，使用极限为 8 mm，超过极限尺寸时应予更换。

(2) 制动盘端面圆跳动的检查。

制动盘端面圆跳动过大会使制动踏板抖动或使制动衬片磨损不均匀。可用百分表检查制动盘端面圆跳动，如图 5-7 所示。轴向跳动量应不大于 0.06 mm。不符合要求时可进行机加工修复(加工后的厚度不得小于 8 mm)或更换新件。

(3) 制动块厚度的检查。

若制动块已拆下，则可直接用游标卡尺测量。若车轮未拆下，则对于外侧摩擦片的厚度，可通过轮辐上的检视孔，借助手电筒目测，对于内侧摩擦片的厚度，可利用反光镜进行目测。

(4) 制动器间隙的调整。

制动过程中，制动块与制动盘之间存在相对运动，两者均有不同程度的磨损。制动盘、制动块磨损后，制动器间隙会增大，制动时活塞的行程会增加，制动器开始起作用的时间会滞后，制动效果差。因此，制动器间隙应随时调整。

前轮盘式制动器间隙的调整如图 5-8 所示。矩形密封圈 3 嵌在制动轮缸的矩形槽内，密封圈内圆与活塞外圆配合较紧，制动时活塞 1 被压向制动盘，密封圈发生弹性变形；解除制动时，密封圈要恢复原状，于是将活塞拉回原位。制动盘与制动块磨损后，制动器的制动间隙增大，当间隙大于活塞的设置行程 δ 时，活塞在制动液压力的作用下，克服密封圈的摩擦阻力而继续前移，直到实现完全制动为止。解除制动时，由于密封圈弹性变形量的限制，密封圈将活塞拉回的距离小于活塞前移的距离，活塞与密封圈之间这个不可恢复的相对位移便补偿了过量的间隙。

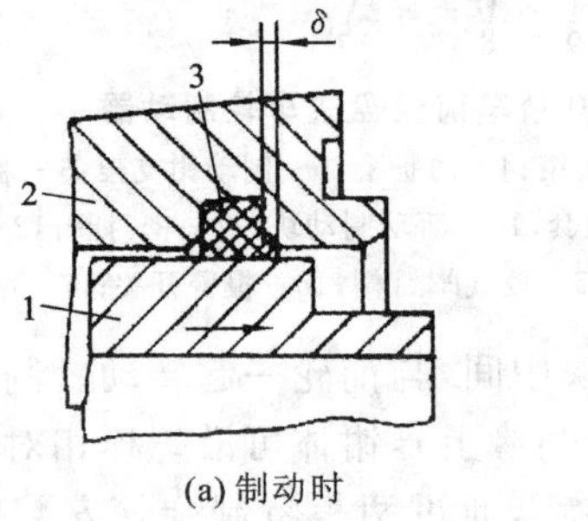

(a) 制动时

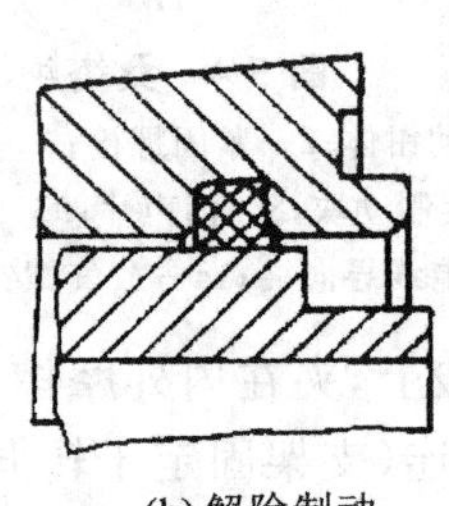
(b) 解除制动

图 5-8　前轮盘式制动器间隙的调整
1—活塞；2—制动钳；3—密封圈

3. 鼓式车轮制动器概述

1) 类型

按其制动蹄促动装置的形式，鼓式车轮制动器可分为轮缸式车轮制动器和凸轮式车轮制动器；根据制动时两制动蹄对制动鼓的径向作用力之间的关系，鼓式车轮制动器可分为简单非平衡式、平衡式和自增力式。

2) 结构

简单的鼓式车轮制动器由旋转部分、固定部分、促动装置和定位调整装置组成。

(1) 旋转部分　旋转部分通常包括制动鼓。制动鼓通常为浇铸件，受力小的制动鼓也可用钢板冲压而成。

(2) 固定部分　固定部分通常包括制动底板和制动蹄。制动底板固装在车桥的凸缘盘上，通过支承销与制动蹄相连。制动蹄常用钢板冲压后焊接而成，或由铸铁或轻合金浇铸而成，采用T形截面，以增大刚度，摩擦片采用粘接或铆接的方式固定于制动蹄上。

(3) 促动装置　促动装置的作用是对制动蹄施加力使其向外张开。常用的促动装置有制动凸轮和制动轮缸，如图5-9所示。

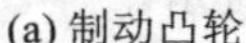
(a) 制动凸轮

(b) 制动轮缸

图5-9　促动装置

(4) 定位调整装置　制动蹄在不工作时，其摩擦片与制动鼓之间应有合适的间隙，此间隙一般在0.25～0.5 mm之间。间隙过小易造成制动解除不彻底，但间隙过大又将使制动踏板行程过大，以致驾驶员操作不便，同时也会推迟制动器起作用的时刻。但是在制动过程中，摩擦片的不断磨损必将导致此间隙逐渐增大。因此，各种形式的制动器均设有检查、调整此间隙的装置。定位调整装置的作用是保持和调整制动蹄、制动鼓间正确的相对位置。

3) 工作原理

汽车行驶中不需要制动时，制动踏板处于自由状态，制动主缸无制动液输出，制动蹄在复位弹簧的作用下压靠在轮缸活塞上，制动鼓的内圆柱面与摩擦片之间保留一定间隙，制动鼓可以随车轮一起旋转。

制动时，驾驶员踩下制动踏板，主缸推杆便推动制动主缸内的活塞前移，迫使制动液经管路进入制动轮缸，推动轮缸的活塞向外移动，使制动蹄克服复位弹簧的拉力绕支承销转动而张开，消除制动蹄与制动鼓之间的间隙后压紧在制动鼓上。此时，不旋转的制动蹄摩擦片对旋转的制动鼓就产生一个摩擦矩，其方向与车轮的旋转方向相反。

放松制动踏板，在复位弹簧的作用下，制动蹄与制动鼓的间隙又得以恢复，从而解除制动。

4. 典型鼓式车轮制动器

下面以桑塔纳2000轿车后轮鼓式车轮制动器为例进行介绍。

1) 结构

图5-10所示为桑塔纳2000轿车后轮鼓式车轮制动器，该制动器为非平衡式车轮制动器，它由制动鼓、制动蹄、制动底板总成等组成。

2) 工作原理

制动底板总成用螺栓固定在后桥轴端支承座上，制动轮缸用螺钉固定在制动底板上方，其形式为双活塞内张型液压轮缸。支架、止挡板用螺钉紧固在底板下方。复位弹簧使制动蹄的下

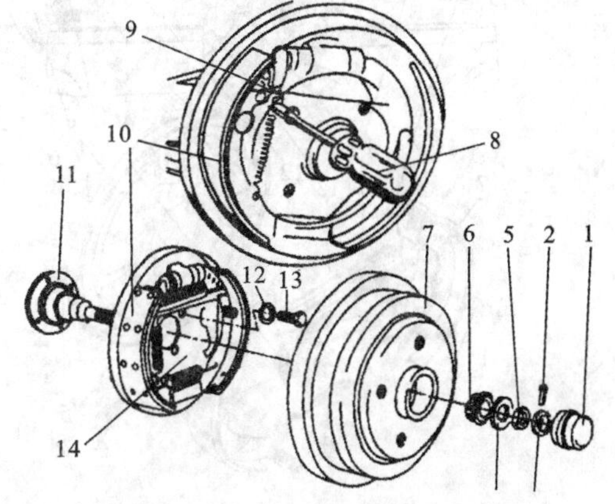

图5-10　桑塔纳2000轿车后轮鼓式车轮制动器

1—润滑脂盖；2—开口销；3—锁止环；4—止推垫圈；5—螺母；6—外圆锥滚子轴承内圈；7—制动鼓；8—螺丝刀；9—楔形调节板；10—制动蹄；11—短轴；12—碟形垫圈；13—螺栓；14—制动底板总成

端嵌入固定板的切槽中。复位弹簧使两制动蹄的上端压靠到压力杆上，楔形件在其拉簧作用下，向下拉紧，在制动蹄与压力杆之间。定位销、弹簧及弹簧座用于限制制动蹄的轴向移动，并保持蹄面与制动底板的垂直。

制动时，轮缸活塞在制动液压力的作用下向外推动制动蹄，制动力克服复位弹簧的弹力使制动蹄向外张开，压向制动鼓，产生制动力矩使汽车制动。

解除制动时，制动液压力消失，在复位弹簧的作用下制动蹄回位。

3）拆装

拆卸车轮制动器时，应先拆下制动鼓。先撬下润滑脂盖，取下开口销和锁止环，旋下螺母，取下止推垫圈和外圆锥滚子轴承内圈。将螺丝刀插入制动鼓上的小孔，向上压楔形调节板，使制动蹄外径缩小后，再取下制动鼓。

若要进一步分解，则可按以下步骤进行，如图 5-11 所示。

先从驻车制动器拉杆上摘下驻车制动器钢索，再用钳子压下弹簧座，转动 90°后，取下定位销钉、弹簧座和弹簧。从制动底板上取下制动片总成，并将其夹紧在虎钳上。依次拆下复位弹簧、楔形调整板的拉簧，从前制动蹄上摘下定位弹簧，取下推杆和楔形调整板。最后旋下螺栓，从制动底板上取下后制动分泵。

4）检修

汽车行驶一定里程或出现制动不良的故障时，应对车轮制动器进行必要的调整和检修。

（1）制动蹄摩擦片厚度的检查。

如图 5-12 所示，用游标卡尺测量制动蹄摩擦片的厚度。若未拆下车轮，则后制动蹄摩擦片的厚度可从制动底板 6 上的观察孔 4 中检查。

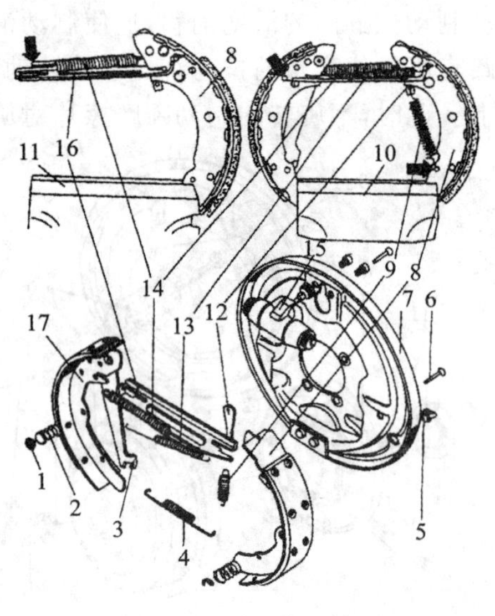

图 5-11　后车轮制动器的分解

1—弹簧座；2—弹簧；3—驻车制动器拉杆；4—下复位弹簧；5—检查孔盖；6—销钉；7—制动底板；8—前制动蹄；9—楔形调整板拉簧；10—螺栓；11—虎钳；12—楔形调整板；13—上复位弹簧；14—定位弹簧；15—后制动分泵；16—推杆；17—后制动器

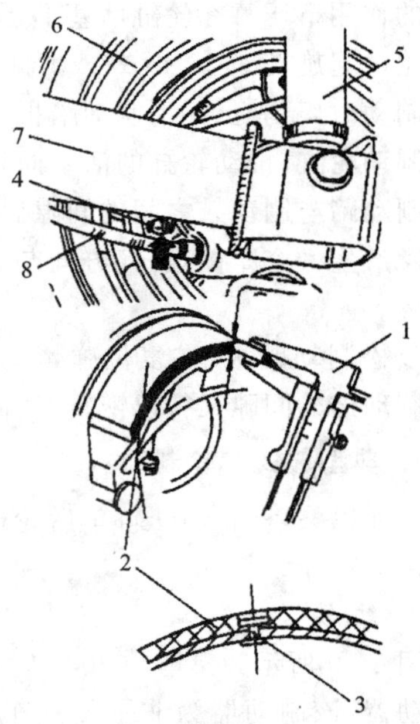

图 5-12　制动蹄摩擦片厚度的检查

1—卡尺；2—摩擦片；3—铆钉；4—观察孔；5—后减振器；6—制动底板；7—后桥体；8—驻车制动器

（2）制动鼓内孔磨损及尺寸的检查。

检查制动鼓内孔有无烧损、刮痕和凹陷，若不能修复，则应更换新件；测量制动鼓内孔尺寸及圆度误差。

（3）后制动蹄片与后制动鼓接触面积的检查。

如图5-13所示，将表面打磨干净的后制动蹄片1靠在后制动鼓2上，检查二者的接触面积，接触面积应不小于60%，否则应继续打磨后制动蹄片1的表面。

（4）后制动器定位弹簧及复位弹簧的检查。

如图5-14所示，若后制动器定位弹簧、上复位弹簧、下复位弹簧和楔形调整板拉簧的自由长度增长率达5%，则应更换新弹簧。

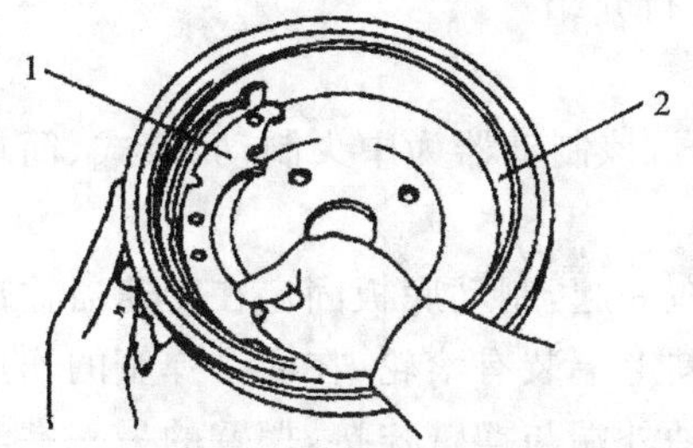

图5-13 后制动蹄片与后制动鼓接触面积的检查

1—后制动蹄片；2—制动鼓

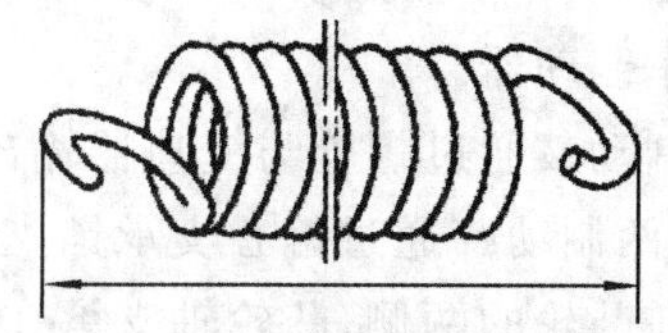

图5-14 后制动器定位弹簧的检查

5）调整

车轮制动器装配完毕后，为保证制动蹄片与制动鼓之间具有合适的间隙，应对其进行必要的调整，调整的方法有人工调整法和自动调整法。

桑塔纳2000轿车后轮制动器的间隙调整装置为在推力板上装楔杆的自调装置（见图5-15），其结构和工作情况如下。

楔杆的水平拉簧使楔杆与推力板间产生摩擦，防止楔杆下移，垂直拉簧随时力图拉动楔杆下移。当蹄鼓间隙正常时，楔杆静止于相对应位置；当蹄鼓间隙大于规定值时，制动蹄片张开的行程被加大，垂直拉簧的力 $\boldsymbol{F}_2$ 增大，$\boldsymbol{F}_2>\boldsymbol{F}_1$，楔杆下移，楔杆的下移使得水平拉簧的力也被加大，$\boldsymbol{F}_1$ 相应加大，则楔杆在新的位置静止。

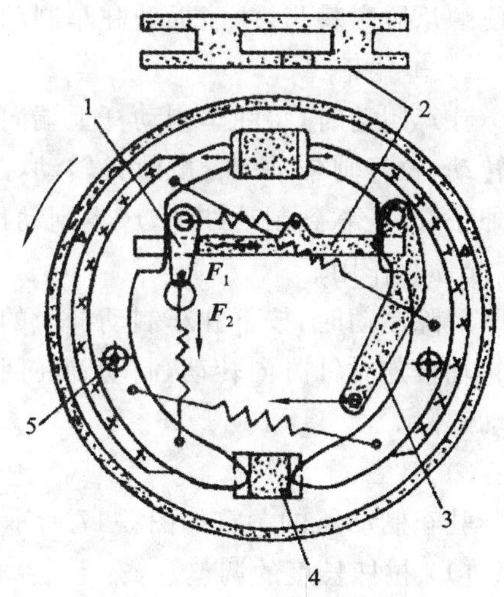

图5-15 在推力板上装楔杆的自调装置

1—楔杆；2—推力板；3—驻车制动杠杆；4—浮式支承座；5—定位件；$\boldsymbol{F}_1$—水平拉簧的力；$\boldsymbol{F}_2$—垂直拉簧的力

放松制动后，制动蹄在回位弹簧的作用下收拢。由于推力板已变长，只能被顶靠在新的位置，从而保持规定的制动间隙值。

此类自调装置属于一次性调准的结构，前进或倒车制动均能自调。

二、驻车制动器

1. 驻车制动器概述

1）功能

（1）车辆停驶后防止滑溜。

(2) 使车辆在坡道上能顺利起步。

(3) 行车制动系统失效后临时使用或配合行车制动器进行紧急制动。

2) 类型

驻车制动器按其安装位置可分为中央制动式和车轮制动式两种。中央制动式通常安装在变速器的后面,其制动力矩作用在传动轴上;车轮制动式通常与车轮制动器共用一个制动器总成,只是传动机构是相互独立的。

驻车制动器按其结构形式可分为鼓式、盘式、带式和弹簧作用式。

2. 典型驻车制动器

下面以东风 EQ1090E 型汽车驻车制动器为例进行介绍。

1) 结构

图 5-16 所示为东风 EQ1090E 型汽车驻车制动器,该制动器为中央制动、鼓式、简单非平衡式驻车制动器。

制动鼓通过螺栓与变速器输出轴的凸缘盘紧固在一起,制动底板固定在变速器输出轴轴承盖上,两制动蹄通过偏心支承销支承在制动底板上,其上端装有滚轮,在回位弹簧的作用下滚轮紧靠在凸轮的两侧,凸轮轴支承在制动底板的上部,轴外端与摆臂连接,摆臂的另一端与穿过压紧弹簧的拉杆相连,拉杆再通过摇臂、传动杆与驻车制动杆相连。驻车制动杆上连有棘爪,驻车制动器工作时,棘爪嵌入齿扇上的棘齿内,起锁止作用。解除制动时,需按下驻车制动杆上的按钮使棘爪脱离棘齿,才能扳动驻车制动杆。

2) 工作原理

驻车制动时,将驻车制动杆上端向后拉动,则制动杆的下端向前摆动,传动杆带动摇臂顺时针转动,拉杆则带动摆臂顺时针转动,凸轮轴也顺时针转动,凸轮则使两制动蹄以支承销为支点向外张开,压靠到制动鼓上,产生制动作用。当制动杆拉到制动位置时,棘爪嵌入齿扇上的棘齿内,起锁止作用。

解除制动时,按下驻车制动杆上的按钮使棘爪脱离棘齿,向前推动制动杆,则传动杆、拉杆、凸轮轴按逆时针方向转动,制动蹄在回位弹簧的作用下回位,制动蹄与制动鼓间恢复制动间隙,制动解除。

3) 调整

驻车制动器的调整如图 5-17 所示,其调整方法如下。

(1) 拉杆长度的调整。

当驻车制动器蹄鼓间隙过大时,可以将拉杆上的锁紧螺母松开,将制动操纵杆放松到最前端,然后,拧动拉杆上的调整螺母,即可实现制动间隙调整。将调整螺母拧紧,蹄鼓间隙减小;反之,则蹄鼓间隙增大。调整完毕后,将锁紧螺母锁紧。

(2) 摇臂与凸轮相互位置的调整。

通过拉杆长度的调整后,若操纵杆自由行程仍然偏大,则应调整摇臂与凸轮的相互位置。

将驻车制动杆向前放松至极限位置;将摇臂从凸轮轴上取下,逆时针方向错开一个或数个齿后,再将摇臂装于凸轮轴上,并将夹紧螺栓紧固;重新调整拉杆上的调整螺母,直到有合适的驻车制动拉杆行程为止。调好后,制动间隙应为 0.2～0.4 mm。

驻车制动器调好后,完全放松驻车制动杆时,制动器蹄鼓间隙为 0.2～0.4 mm。向后拉驻车制动杆时,应有两"响"的自由行程,从第三"响"时应开始产生制动,第五"响"时汽车应能在规定的坡道上停住。

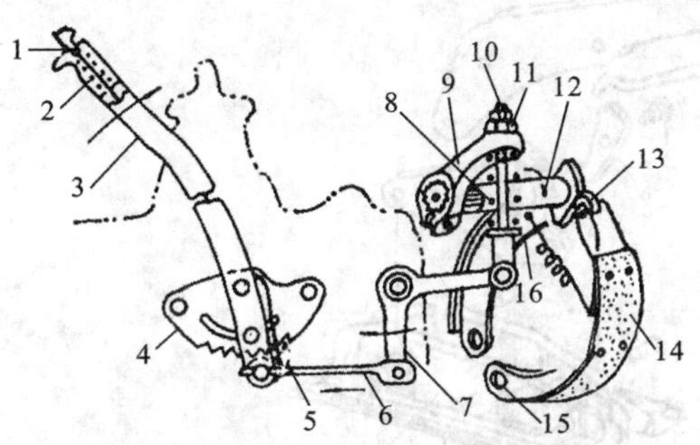

图 5-16 东风 EQ1090E 型汽车驻车制动器

1—按钮；2—拉杆弹簧；3—驻车制动杆；4—齿扇；5—锁止棘爪；6—传动杆；7—摇臂；8—压紧弹簧；9—摆臂；10—拉杆；11—调整螺母；12—凸轮轴；13—滚轮；14—制动蹄；15—偏心支承销孔；16—复位弹簧

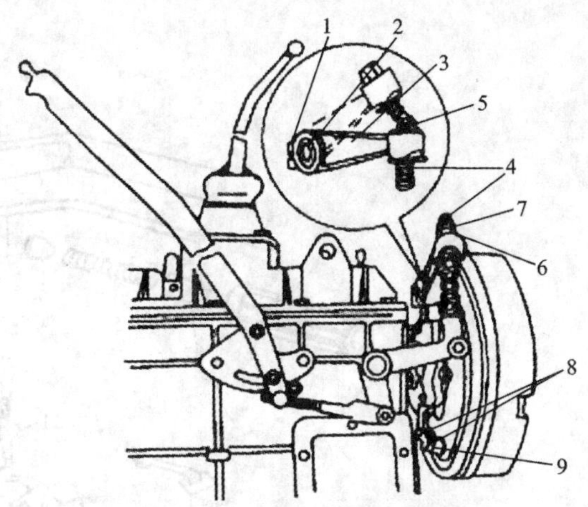

图 5-17 驻车制动器的调整

1—夹紧螺栓；2—凸轮轴；3—摇臂；4—拉杆；5—调整垫；6—调整螺母；7—锁紧螺母；8—驻车制动蹄支承；9—锁紧螺母

(3) 制动器的全面调整。

先拧松偏心支承轴的锁紧螺母，用扳手转动偏心支承轴。当用力转动摆臂张开凸轮时，两个制动蹄的中部同时与制动鼓接触。然后用扳手固定偏心支承销，同时拧紧偏心支承销的锁紧螺母。拧紧锁紧螺母时，偏心支承销不得转动。

4) 检查

汽车每行驶 12 000 km 左右时，应对驻车制动器的性能进行检查。驻车制动器应具有以下性能。

(1) 在空载状态下，驻车制动装置应能保证车辆在坡度为 20%(总质量为整备质量的 1.2 倍以下的车辆为 15%)、轮胎与路面间的附着系数不小于 0.7 的坡道上，正、反两个方向保持固定不动的时间应不小于 5 min。

(2) 拉紧驻车制动器，空车平地用二挡应不能起步。

(3) 驻车制动器操纵杆的工作行程不能超过全行程的 3/4。

(4) 放松驻车制动操纵杆，变速器处于空挡，支起一支驱动轮，制动鼓应能用手转动且无摩擦声。

3. 带驻车制动机构的鼓式制动器

桑塔纳 2000 型轿车的驻车制动器与行车制动器复合共用。如图 5-18 所示，驻车制动器主要由驻车制动杆、驻车制动器操作拉杆、制动拉索及后轮制动器中的驻车制动拉杆等组成，它作用于后轮，主要是在坡路或平路上停车时使用或在紧迫情况下做紧急制动。

4. 带驻车制动机构的盘式制动器

对于四个车轮采用盘式制动器的轿车来说，驻车用的小型鼓式驻车制动器内置于后轮盘式制动器中(即所谓的"盘中鼓"结构)，并通过拉索和连杆等机构固定在盘式制动器上，图 5-19 所示为盘鼓式驻车制动器，制动盘的外缘盘作为盘式制动器的制动盘，中间的鼓式制动装置作为驻车制动器。

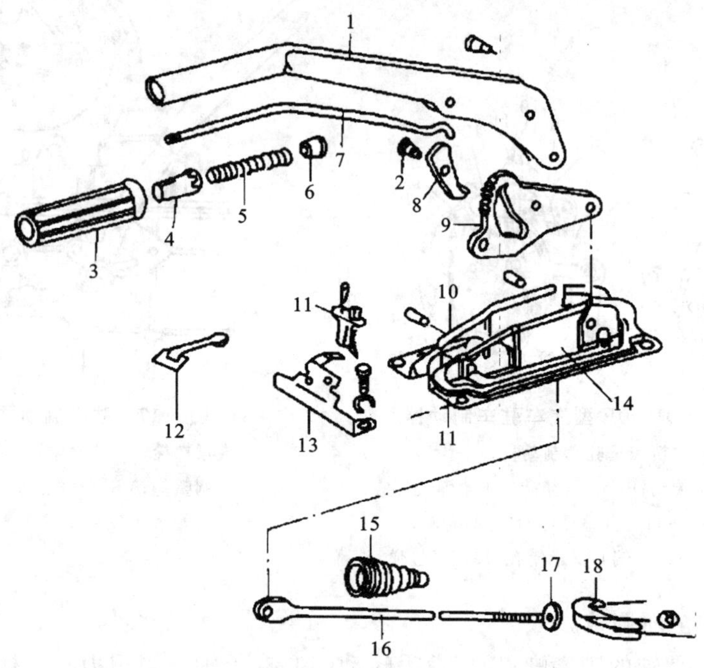

图 5-18 桑塔纳 2000 型轿车驻车制动器

1—驻车制动杆；2—螺栓；3—制动手柄套；4—旋钮；5—弹簧；6—弹簧套筒；7—棘轮杆；8—棘轮掣子；9—扇形齿；10—右轴承支架；11—驻车灯开关；12—凸轮；13—支架；14—左轴承支架；15—驻车制动拉杆底部橡皮防尘罩；16—驻车制动操作拉杆；17—限位板；18—驻车制动拉索调整杠杆

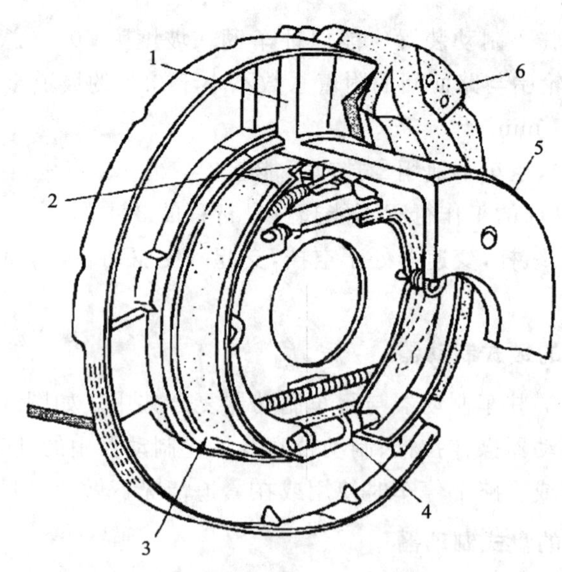

图 5-19 盘鼓式驻车制动器

1—制动盘；2—制动鼓；3—驻车制动器；4—调整器；5—冠部；6—制动钳

【实训活动】

实训条件：多媒体教学设备和课件、网络教学资源、维修资料、实训车、举升机、千斤顶、汽车维修基本工具。

实训车状态：行车制动时，车辆会自动向左侧跑偏，经检查该车辆四个车轮制动器摩擦片均存在不同程度的异常磨损，制动钳活塞有发卡现象，确定为制动系统故障。

1. 实训准备

(1) 实训车：别克凯越轿车。

(2) 实训工具及器材：组合工具、百分表、磁力座、V形块、螺旋测微器、制动液、测隙规、游标卡尺等。

(3) 掌握本次实训课所用仪器及设备的使用方法。

(4) 牢记实训中的安全注意事项。

2. 实训流程

常见的制动系统故障包括制动失效、制动不灵、制动跑偏、制动拖滞、手刹失灵等。实训教师可根据实训条件对汽车制动系统进行检测，设置一些制动系统常见故障。在实训教师的监督下，学生独立完成故障的诊断与排除。最后由教师充当客户模拟一个或几个故障场景，让学生分别扮演维修工向客户说明故障诊断结果。

(1) 学生分析并说出检查步骤和方法。

① 盘式制动器刹车片检测与更换。

② 制动盘检测。

③ 驻车制动器检修方法。

(2)学生思考下列问题，并向教师陈述答案。

① 根据检查情况，分析出可能导致上述故障的原因。

② 如何确定上述故障？

③ 对检查结果进行理论分析。

3. 实训记录

(1) 回答教师的现场提问，接受教师的技能考核。

(2) 完成实训任务后，对实训过程进行自我评价和小组互评，听取教师的点评。

(3) 清洁实训场所，清点、维护工具及设备，完成任务交接。

学习任务3 液压制动系统的结构与检修

一、制动传动装置

1. 功能

制动传动装置的功能是将驾驶员或其他动力源的作用传到制动器，同时控制制动器工作，从而获得所需要的制动力矩。

2. 类型

按传力介质，制动传动装置可分为液压式制动传动装置、气压式制动传动装置和气-液综合式制动传动装置;按制动管路的分布方式,制动传动装置可分为单管路制动传动装置和双管路制动传动装置。按照交通法规的要求,现代汽车的行车制动系统须采用双管路制动传动装置,因而单管路制动传动装置已被淘汰。

二、液压制动传动装置

液压制动传动装置是利用制动液将制动踏板力转换为制动液压力,通过管路传至车轮制动器,再将制动液压力转变为制动蹄张开的机械推力。

液力制动柔和、灵敏,结构简单,使用方便,不消耗发动机功率。但操纵较费力,制动力不是很大,制动液流动性差,高温易产生气阻,如有空气侵入或漏油,则会降低制动效能,甚至导致制动失效。

1. 基本组成

如图 5-20 所示,液压制动传动装置由制动踏板、主缸推杆、制动主缸、储液罐、制动轮缸、油管、制动灯开关、指示灯、比例阀等组成。

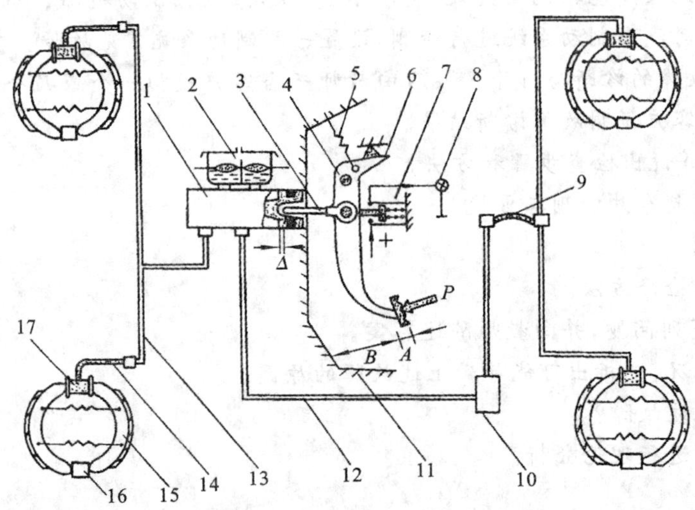

图 5-20　液压制动传动装置的组成

1—制动主缸;2—储液罐;3—主缸推杆;4—支承销;5—复位弹簧;6—制动踏板;7—制动灯开关;8—指示灯;9、14—软管;10—比例阀;11—地板;12—后桥油管;13—前桥油管;15—制动蹄;16—支承座;17—制动轮缸;Δ—自由间隙;A—自由行程;B—有效行程

2. 工作原理

如图 5-21 所示,液压制动传动装置以帕斯卡定律为基础,并且在传力过程中对驾驶员的踏板力进行了放大,使传递到制动轮缸及制动蹄上的制动力大于踏板力。

3. 布置形式

双管路液压制动传动装置是利用彼此独立的双腔制动主缸,通过两套独立管路,分别控制两桥或三桥的车轮制动器。其特点是若其中一套管路发生故障而失效时,另一套管路仍能继续起制动作用,从而提高汽车制动的可靠性和行车的安全性。

在不同型号汽车上双管路的布置方案有所不同,常见的有前后独立式和交叉式两种形式。

1) 前后独立式

如图 5-22 所示,前后独立式双管路液压制动传动装置由双腔制动主缸通过两套独立的管

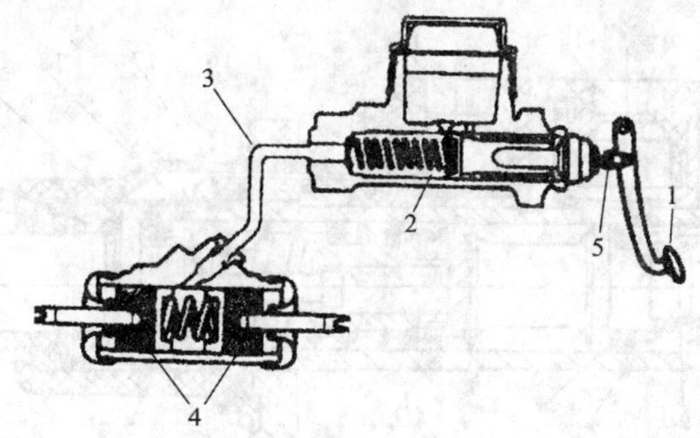

图 5-21 液压制动传动装置的工作原理

1—制动踏板；2—主缸活塞；3—制动管路及制动液；4—轮缸活塞；5—制动蹄推杆

路分别控制前桥和后桥的车轮制动器。这种布置方式结构简单，当其中一套管路损坏漏油时，另一套仍能起作用，只是会破坏前后桥制动力分配的比例。主要用于发动机前置后轮驱动的汽车，如南京依维柯等。

2）交叉式（也称为对角线式）

如图 5-23 所示，交叉式双管路液压制动传动装置由双腔制动主缸通过两套独立的管路分别控制前后桥对角线方向的两个车轮制动器。这种布置方式在任一管路失效的情况下，仍能保持一半的制动力，且前后桥制动力分配比例保持不变，有利于提高制动方向稳定性，主要用于发动机前置前轮驱动的轿车。

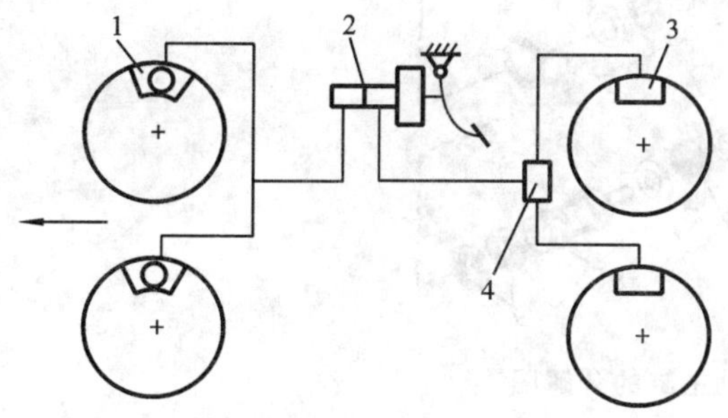

图 5-22 前后独立式的双管路液压制动传动装置

1—盘式制动器；2—双腔制动主缸；
3—鼓式制动器；4—制动力调节器

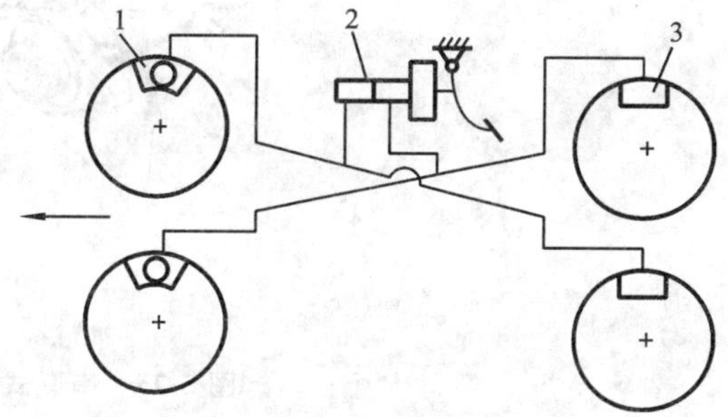

图 5-23 交叉式的双管路液压制动传动装置

1—盘式制动器；2—双腔制动主缸；
3—鼓式制动器

4. 制动主缸

制动主缸又称为制动总泵，它处于制动踏板与管路之间，其功用是将制动踏板输入的机械力转换成液压力。

1）结构

如图 5-24 和图 5-25 所示，串联式双腔制动主缸主要由储液罐、制动主缸外壳、前活塞、后活塞及前后活塞弹簧、推杆、皮碗等组成。

主缸的壳体内装有前活塞、后活塞及回位弹簧，前后活塞分别用皮碗密封，前活塞用限位螺钉保证其正确位置。储油罐分别与主缸的前、后腔相通，前出油口、后出油口分别与轮缸相通，前活塞靠后活塞的液力推动，而后活塞直接由推杆推动。

2）工作原理

不制动时，两活塞前部皮碗均遮盖不住其旁通孔，制动液由储液罐进入主缸。

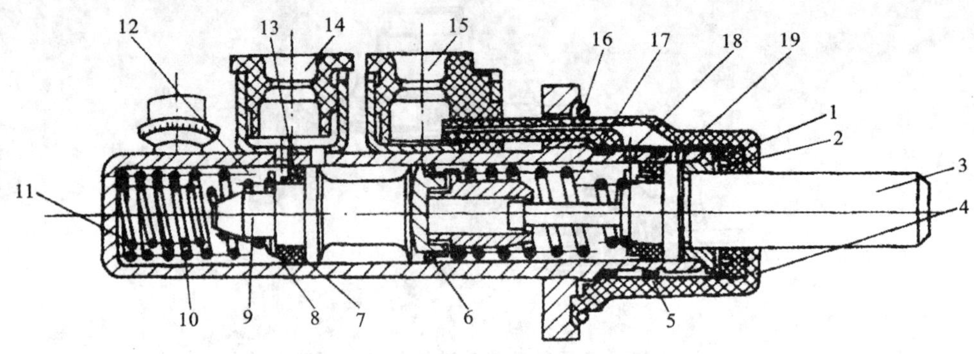

图 5-24　串联式双腔制动主缸

1—隔套；2、6、13—密封圈；3—后活塞(带推杆)；4—防尘罩；5—防动圈；7—垫圈；8—皮碗护圈；9—前活塞；10—前活塞弹簧；11—缸体；12—前腔；14、15—进油孔；16—定位圈；17—后腔；18—补偿孔；19—回油孔

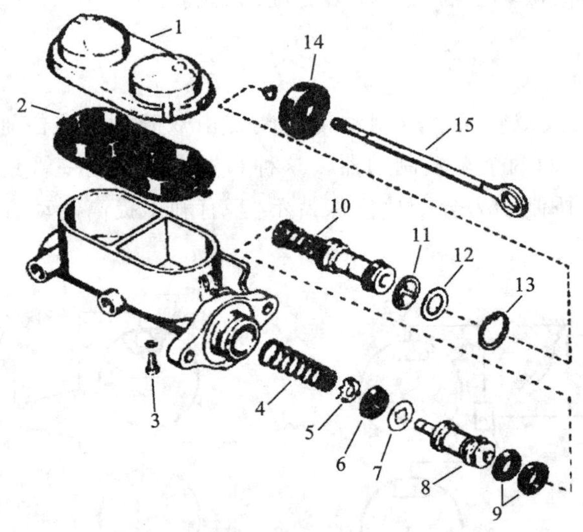

图 5-25　串联式双腔制动主缸的分解图

1—储液罐盖；2—膜片；3—限位螺钉；4—弹簧；5—皮碗护圈；6—前皮碗；7、12—垫圈；8—前活塞；9—后皮碗；10—后活塞；11—推杆座；13—锁圈；14—防尘套；15—推杆

正常状态下制动时，操纵制动踏板，经推杆推动后活塞左移，在其皮碗遮盖住旁通孔之后，后腔制动液压力升高，制动液一方面经出油阀流入制动管路，另一方面推动前活塞左移。在后腔制动液压力和弹簧弹力的作用下，前活塞向左移动，前腔制动液压力也随之升高，制动液推开出油阀流入管路。于是两制动管路在等压下对汽车制动。

解除制动时，抬起制动踏板，活塞在弹簧作用下复位，高压制动液自制动管路流回制动主缸。如活塞复位过快，工作腔容积迅速增大，而制动管路中的制动液由于管路阻力的影响，来不及充分流回工作腔，使工作腔内油压快速降低，便形成一定的真空度，于是储液罐中的油液便经补偿孔和活塞上的轴向小孔推开垫片及皮碗进入工作腔。当活塞完全复位时，旁通孔开放，制动管路中流回工作腔的多余油液经补偿孔流回储液罐。

若与前腔连接的制动管路损坏、漏油，则当踩下制动踏板时只有后腔中能建立液压，前腔中无压力。此时，在压力差的作用下，前活塞迅速移到其前端，顶到主缸缸体上。此后，后工作腔中液压方能升高到制动所需的值。

若与后腔连接的制动管路损坏、漏油，则当踩下制动踏板时，起先只是后活塞前移，而不能推动前活塞，因而在后腔中不能建立液压。但当后活塞直接顶触前活塞时，前活塞便前移，使前腔建立必要的液压而制动。

3）检修

（1）检查储液罐是否破损，出现破损应更换。

（2）如图5-26所示，检查泵体2内孔和活塞4表面，其表面不得有划伤和腐蚀痕迹；用内径表1检查泵体内孔的直径 B，用千分尺3检查活塞的外径 C，并计算出内孔与活塞之间的间隙值，当间隙超过规定值时应更换。

（3）检查制动主缸皮碗和密封圈是否老化、损坏与磨损，若存在问题，则应更换新件。

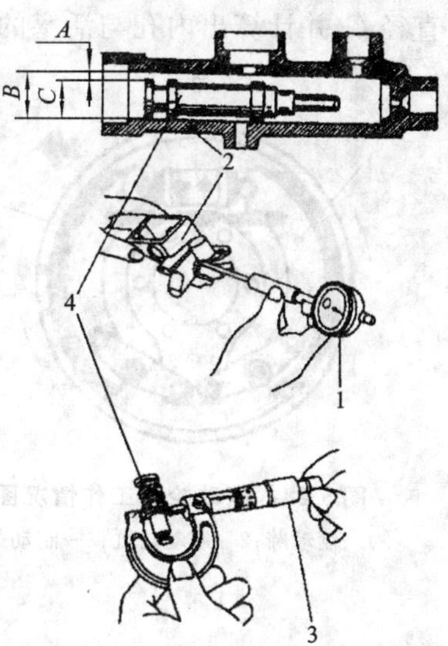

图5-26 制动主缸与活塞的检查

1—内径表；2—制动主缸泵体；3—千分尺；4—主缸活塞；A—泵体与活塞的间隙；B—泵体内孔的直径；C—活塞的外径

5. 制动轮缸

制动轮缸的作用是将制动主缸传来的液压力转变为使制动蹄张开的机械推力。

1）结构

如图5-27所示，制动轮缸由缸体、活塞、皮碗、弹簧和放气螺钉等组成。

制动轮缸的缸体通常用螺钉固装在制动底板上，位于两制动蹄之间。内装铝合金活塞，密封皮碗的刃口方向朝内，并由弹簧压靠在活塞上与其同步运动。活塞外端压有顶块并与蹄的上端相抵紧。在缸体的另一端装有防护罩，可防止其他物质侵入。缸体上方装有放气螺塞，以便放出液压系统中的空气。

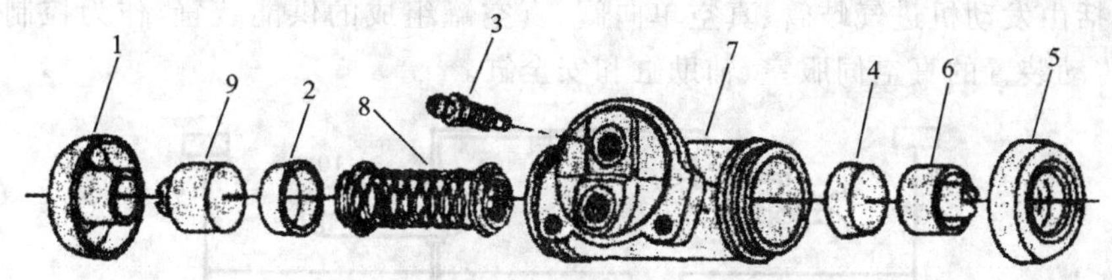

图5-27 双活塞制动轮缸的分解图

1、5—防尘罩；2、4—皮碗；3—放气螺钉；6、9—活塞；7—轮缸体；8—回位弹簧总成

2）类型

常见的制动轮缸类型有双活塞式、单活塞式、阶梯式等。

单活塞式制动轮缸多用于单向助势平衡式车轮制动器，目前趋于淘汰。阶梯式制动轮缸用于简单非平衡式车轮制动器，它的大端推动后制动蹄，小端推动前制动蹄，使前后蹄摩擦片均匀磨损。

3）工作原理

如图5-28所示，制动轮缸受到液压作用后，顶出活塞，使制动蹄扩张。松开制动踏板，液压力消失，制动蹄回位弹簧的弹力使活塞回位。

4）检修

制动轮缸分解后，用清洗液清洗轮缸零件。清洗后，检查制动轮缸1内孔与活塞2外圆表面的烧蚀、刮伤和磨损情况。如果轮缸内孔有轻微刮伤或腐蚀痕迹，可用细砂布磨光。磨光后的缸内孔应用清洗液清洗后，用无润滑油的压缩空气吹干。然后测出轮缸内孔孔径 B，活塞外圆直径 C，并计算出内孔与活塞的间隙值，如图 5-29 所示。

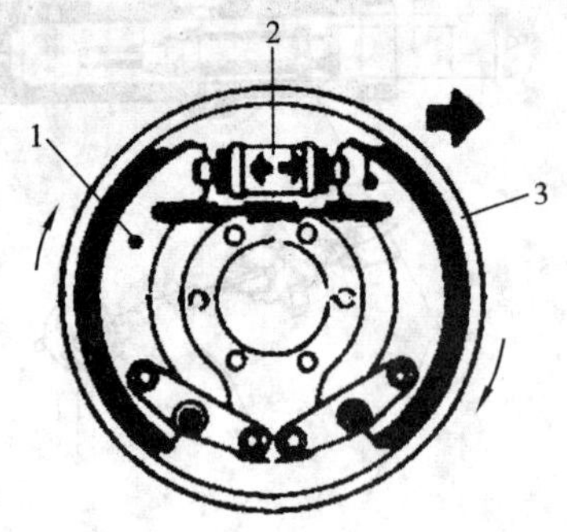

图 5-28 制动轮缸工作情况图

1—制动蹄；2—制动轮缸；3—制动鼓

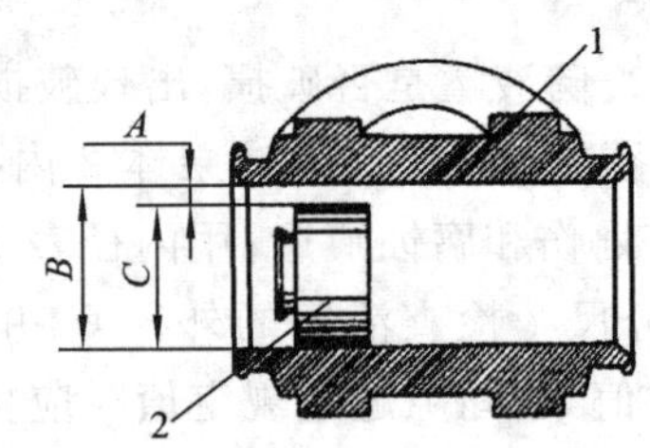

图 5-29 制动轮缸缸体与活塞的检查

1—制动轮缸缸体；2—制动轮缸活塞；

A—缸体与活塞的间隙；B—缸体内孔的直径；C—活塞的外径

三、真空液压制动传动装置

汽车高速化后，要求制动液压力升高（可达 10～20 MPa）方能产生与车速相适应的制动力矩，靠人力制动是难以实现的。特别是盘式制动系统，因制动器无助势作用，更需有较高的制动液压力。

1. 真空增压式液压制动传动装置

1）真空增压式液压制动传动装置的组成

图 5-30 所示为真空增压式液压制动传动装置。它在液压制动传动装置中加装了一套真空增压系统，包括由发动机进气歧管、真空单向阀、真空罐组成的供能装置，作为控制装置的控制阀以及作为传动装置的真空伺服室、辅助缸和安全缸。

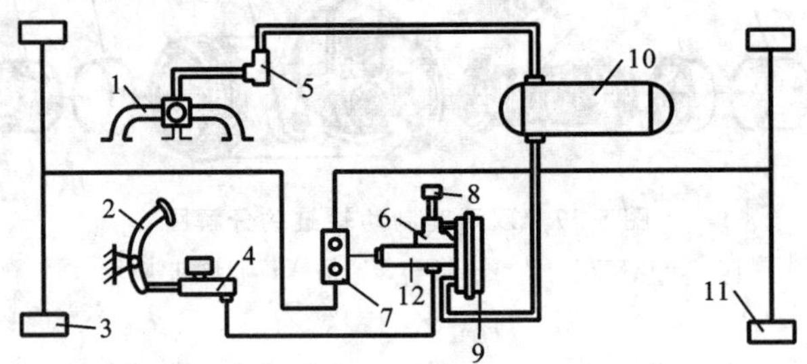

图 5-30 真空增压式液压制动传动装置

1—发动机进气管；2—制动踏板；3—前制动轮缸；4—制动主缸；5—真空单向阀；6—控制阀；7—安全缸；8—进气滤清器；9—真空伺服气室；10—真空罐；11—后制动轮缸；12—辅助缸

2）真空增压器的结构

真空增压器的作用是将发动机产生的真空度转变为机械推力，使从制动主缸输出的液压进行增压后再输入各轮缸，增大制动力。如图 5-31 所示，真空增压器由辅助缸、控制阀和伺服气室等组成。

3）真空增压器的工作原理

未制动时，空气阀关闭，真空阀开启。控制阀四个气室相通，且具有相等的真空度，推杆在回位弹簧的作用下处于最右端位置，推杆前部的球阀与阀座之间保持一定距离，辅助缸两腔相通。

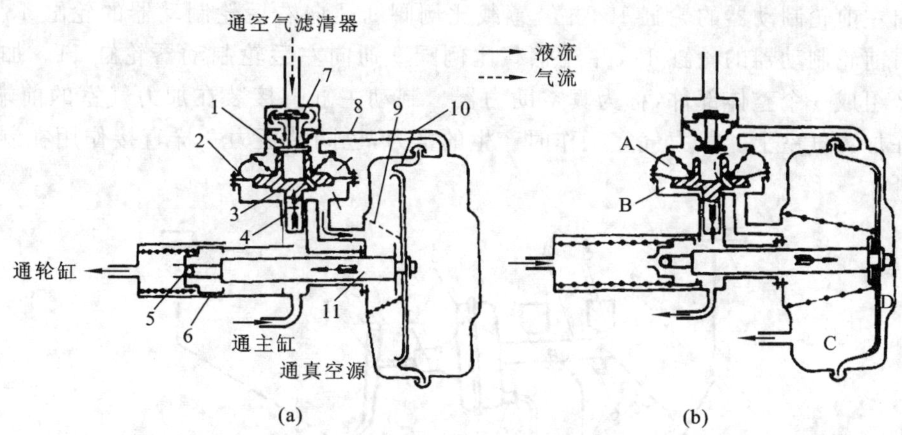

图 5-31 真空增压器的结构、原理

1—真空阀；2—控制阀膜片；3—膜片座；4—控制阀活塞；5—球阀；
6—辅助缸活塞；7—空气阀；8—空气管；9—回位弹簧；10—加力气室膜片；11—通真空源

制动时，踩下制动踏板，制动主缸的制动油液输入到辅助缸体中，一部分油液经活塞中间的小孔进入各制动轮缸，轮缸液压即等于主缸液压。与此同时，液压还作用在控制阀活塞上，当油液压力升到一定值时，活塞连同膜片上移，首先关闭真空阀，同时关闭C、D腔通道，膜片座继续上移将空气阀打开，于是空气经空气阀进入A腔并到D腔。此时，气室B、C的真空度仍保持不变，这样D、C两腔产生压力差，推动膜片使推杆左移，球阀关闭辅助缸活塞中孔，制动主缸与辅助缸左腔隔绝。此时在辅助缸活塞上作用着两个力：主缸液压作用力和伺服气室输出的推杆力。因此，辅助缸左腔及各轮缸压力高于主缸压力。

维持制动时，制动踏板踩到某一位置并保持不动，制动主缸不再向辅助缸输送制动油液，作用在辅助缸活塞和控制阀活塞上的力为一定值。但随着进入空气室空气量的增加，A和B气室的压力差加大，对控制阀膜片产生向下的作用力，因而使膜片座及活塞向下移动，空气阀、真空阀开度逐渐减小，直至落座关闭。此时处于"双阀关闭"状态。油压对控制活塞向上的压力与气室A、B压力差造成的向下压力相平衡。气室D、C压力差作用在膜片上的总推力与控制油压作用在辅助缸活塞右端的总推力之和，与高压油液作用在辅助缸左端的总阻力互相平衡，辅助缸活塞即保持相对稳定状态，维持了一定的制动强度。这一稳定值的大小取决于控制活塞下面的液压（主缸油压），即取决于踏板力和踏板行程。

放松制动踏板后，控制油压降低，控制活塞连同膜片座下移，空气阀仍处于关闭状态，而真空阀开启。于是D、A两气室的空气经B、C两气室被吸出，从而A、B、C、D各气室均具有一定的真空度。推杆、膜片及辅助缸活塞在弹簧的作用下各自回位，轮缸油液从辅助缸活塞的小孔流回，从而解除制动。

4）真空增压器的试验

仪表试验包括：①不工作情况下真空增压器的气密性试验；②油密性试验；③单向阀气密性试验；④伺服气室的气密性试验。

真空增压器工作性能将直接影响制动系统的制动效能，行驶中使用行车制动器时，如果感到制动踏板较以前硬，且制动效能差，则应检查真空增压器的工作性能。

2. 真空助力式液压制动传动装置

1）真空助力式液压制动传动装置的组成

图5-32所示为奥迪100型轿车双管路真空助力式液压制动传动装置。串联双腔制动主缸

的前腔通向左前轮制动器的轮缸 10,并经感载比例阀 9 通向右后轮制动器的轮缸 13。主缸的后腔通向右前轮制动器的轮缸 12,并经感载比例阀 9 通向左后轮制动器轮缸 11。加力气室 3 和控制阀 2 组成一个整体部件,称为真空助力器。制动主缸直接装在加力气室的前端,真空单向阀 7 装在加力气室上。加力气室工作时产生的推力,也同踏板力一样直接作用在制动主缸 4 的活塞推杆上。

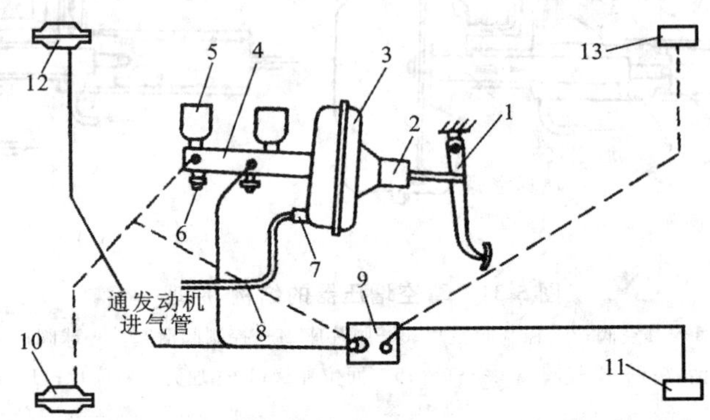

图 5-32　奥迪 100 型轿车双管路真空助力式液压制动传动装置

1—制动踏板机构;2—控制阀;3—加力气室;4—制动主缸;
5—储液罐;6—制动信号灯液压开关;7—真空单向阀;8—真空供能管路;
9—感载比例阀;10—左前轮缸;11—左后轮缸;12—右前轮缸;13—右后轮缸

2）真空助力器的结构

图 5-33 所示为真空助力器的结构。真空助力器和制动主缸用四个螺钉固定在车身前围上,借推杆与制动踏板连接。伺服气室由前、后壳体组成,其间夹装有膜片和阀座,它的前腔经单向阀通进气歧管或真空罐,后腔膜片座毂筒中装有控制阀,空气阀 2 与推杆 6 固接,橡胶阀门 8 与在膜片座上加工出来的阀座组成真空阀。

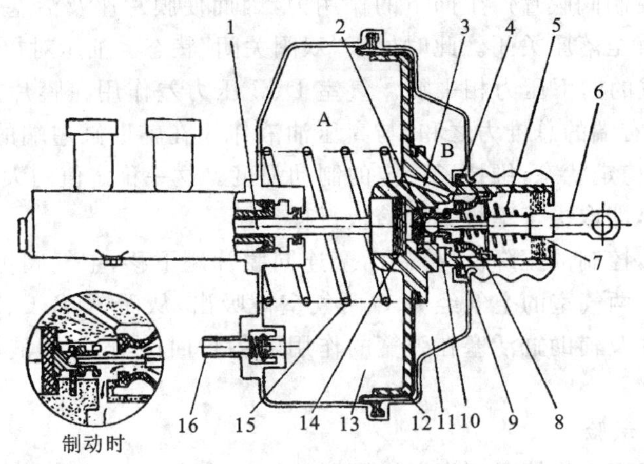

图 5-33　真空助力器的结构

1—推杆;2—空气阀;3—真空通道;4—真空阀座;5—回位弹簧;6—制动踏板推杆;
7—空气滤芯;8—橡胶阀门;9—空气阀座;10—通气道;11—加力气室后腔;12—膜片座;
13—加力气室前腔;14—橡胶反作用盘;15—膜片回位弹簧;16—真空口和单向阀

3）真空助力器的工作原理

不制动时,未踩下制动踏板,控制阀处于非工作状态。回位弹簧 5 将推杆 6 连同空气阀 2 推至右极限位置,空气阀 2 紧压阀座 9 而关闭;橡胶阀门 8 被压缩离开阀座 4 而开启。真空通道3开启，伺服气室A、B两腔相通，并与大气隔绝。发动机运转后，真空单向阀被吸开，A、B两腔内均具有一定的真空度。

制动时，推杆6连同空气阀2向左移动，消除了与橡胶反作用盘14的间隙后，压缩橡胶反作用中心部分产生压凹变形，并推动推杆1向左移动，使制动主缸油压升高。与此同时，推杆6通过弹簧先将橡胶阀门8压向阀座4而关闭，使A腔与B腔隔绝。进而空气阀2与阀座9分离而开启，外界空气经空气滤芯7、空气阀的开口和通气道10进入B腔。随着空气的进入，在加力气室膜片的两侧出现压力差而产生推力，此推力通过膜片座12、橡胶反作用盘14推动推杆1左移。此时，推杆1上的作用力为踏板力和伺服气室推力之和，但伺服气室推力较踏板力大得多，从而使制动主缸输出的液压成数倍的增高。总之，制动时，真空阀关，空气阀开。

维持制动时，踏板踩到某一位置并保持不动，推杆6和空气阀2推压橡胶反作用盘14的推力不再增大，膜片两边压力差使橡胶反作用盘中心部分的凹陷变形恢复到平滑状态，空气阀重新落座而关闭，出现“双阀关闭”的平衡状态。

放松制动时，回位弹簧5使推杆6和空气阀2后移，橡胶阀门8离开阀座4，伺服气室A、B相通，成为真空状态。膜片和膜片座在回位弹簧15的作用下回位，制动解除。真空助力器失效时，推杆6将通过空气阀2直接推动膜片座和推杆1移动，使主缸产生制动液压，但踏板力要大得多。

4）真空助力器的试验

（1）就车检查真空助力器。

如图5-34所示，将发动机熄火，首先用力踩几次制动踏板，以消除真空助力器中残余的真空度，用适当的力踩住制动踏板，并保持在一定位置，然后启动发动机，使真空系统重新建立起真空，并观察踏板。

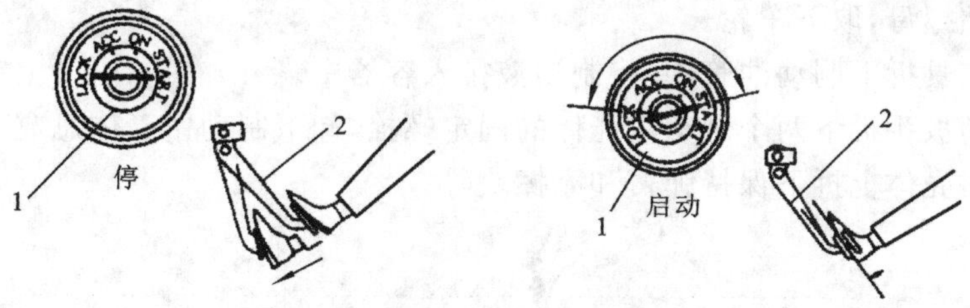

图5-34 就车检查真空助力器

1—点火开关；2—制动踏板

若踏板位置有所下降，则说明真空助力器正常；若踏板位置保持不动，则说明助力器或真空单向阀损坏。

（2）真空助力器就车真空试验。

① 将T形管、真空表、软管及卡紧装置等按图5-35所示连接好。

② 启动发动机，怠速运转1 min。

③ 卡紧与进气歧管相连的真空管上的卡紧装置，切断助力器单向阀与进气歧管之间的通路。

④ 将发动机熄火，观察真空表的变化。如果在规定时间内真空度下降过多(BJ2020型汽车规定在15 s内真空度下降不大于3386.35 Pa)，则说明助力器膜片或真空阀损坏。

（3）真空助力器单向阀试验。

如图5-36所示，拆下与单向阀相连的真空管，将手动真空泵软管与单向阀真空源接口相连。扳动手动真空泵手柄给单向阀加上50.80～67.70 kPa的真空度，在正常情况下，真空度应保持稳定，如果真空泵指示表上显示真空度下降，则表明单向阀损坏。

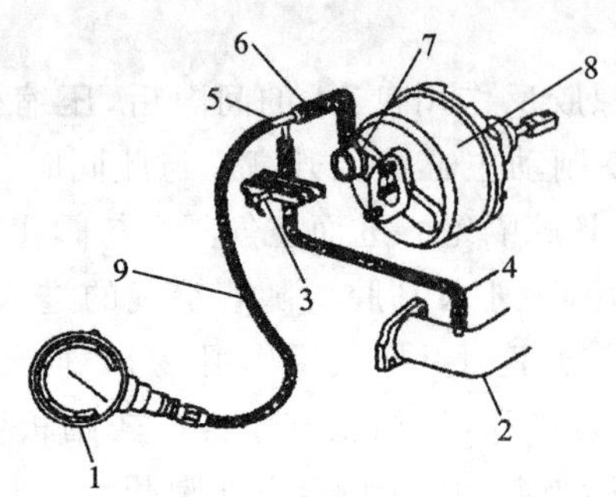

图 5-35　真空助力器的就车真空试验

1—真空表；2—进气歧管；3—卡紧工具；
4、6、9—软管；5—三通接头；
7—单向阀；8—真空助力器

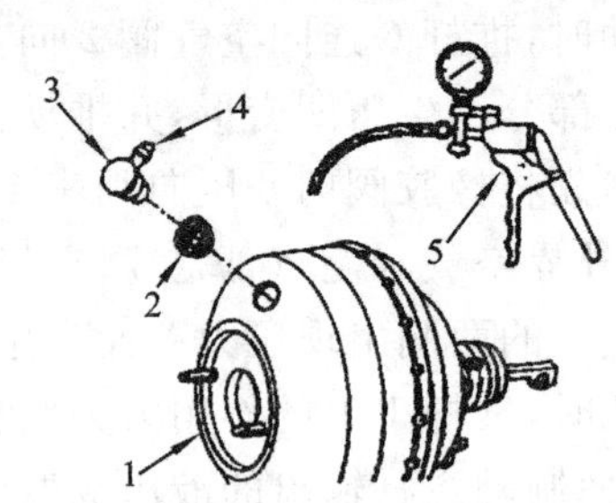

图 5-36　真空助力器的单向阀试验

1—真空表；2—单向阀密封圈；
3—真空助力器单向阀；4—单向阀真空源接口；
5—手动真空泵

四、液压制动系统的拆装

下面以桑塔纳 2000 轿车为例，介绍液压制动系统的拆装。

1. 车轮制动器的拆装

1）钳盘式车轮制动器的分解

图 5-37 所示为桑塔纳 2000 轿车钳盘式车轮制动器的分解图。

(1) 取下车轮装饰罩，拧松轮胎螺栓。

(2) 将汽车支起。

(3) 拆下轮胎螺母，取下车轮。

(4) 用专用工具拆下制动油管，并将制动液排入容器中。

(5) 用内六角扳手拆下两个制动钳壳体的固定螺栓，卸下制动钳壳体总成。

(6) 从制动钳壳体上拆下保持弹簧和摩擦块等。

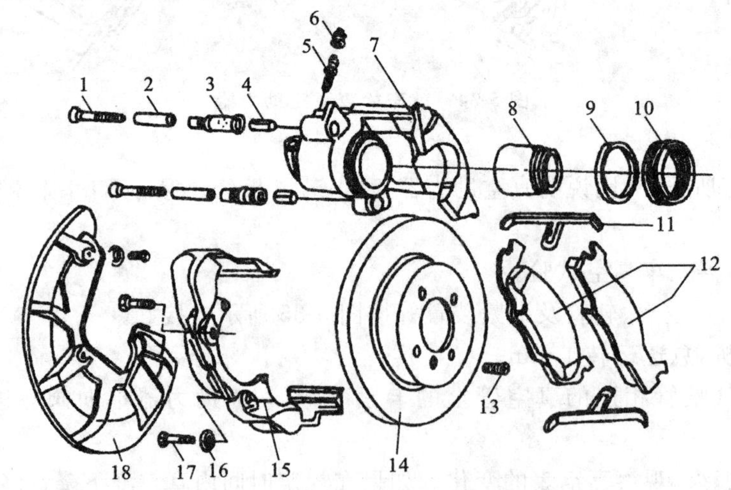

图 5-37　桑塔纳 2000 轿车钳盘式车轮制动器的分解图

1、17—螺栓；2—导向钢套；3—橡胶衬套；4—塑料套；5—放气螺塞；6、10—防尘罩；
7—制动钳壳体；8—活塞；9—密封圈；11—保持弹簧；12—摩擦块；
13—制动盘固定螺钉；14—制动盘；15—制动钳支架；16—弹簧垫圈；18—防溅盘

(7) 取下活塞防尘罩。

(8) 用压缩空气对进油口吹气,取出活塞及密封圈。

(9) 拆下制动钳支架固定螺栓,取下制动钳支架。

(10) 拆下制动盘固定螺钉,取下制动盘。

(11) 拆下防溅盘。

2) 钳盘式车轮制动器的装复

(1) 装上防溅盘。

(2) 装上制动盘,拧紧制动盘固定螺钉。

(3) 装上制动钳支架,拧紧支架固定螺栓。

(4) 分别在活塞、密封圈及活塞承孔中涂上制动液,并用专用工具将活塞装入制动钳壳体的承孔中。

(5) 装上活塞防尘罩。

(6) 装复制动油管。

(7) 装上摩擦块及保持弹簧。

(8) 装上制动钳壳体(注意:活塞要压到底),并拧紧两个固定螺栓。

(9) 排除制动管路中的空气。

(10) 装上车轮,以 110 N·m 的力矩拧紧轮胎螺栓。

(11) 降下举升器,使车轮落地。

(12) 装上车轮装饰罩。

2. 后轮制动器的拆装

1) 后轮制动器的分解

图 5-38 所示为后轮制动器的分解图。

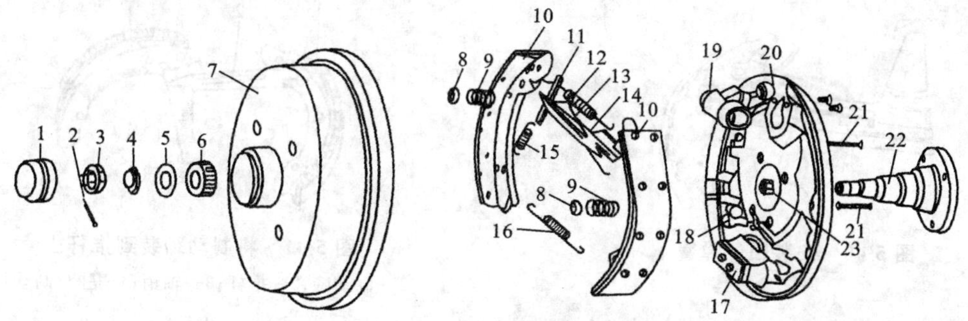

图 5-38 后轮制动器的分解图

1—轮毂盖;2—开口销;3—开槽垫圈;4—调整螺母;5—止推垫圈;6—轴承;7—制动鼓;8—弹簧座;9—保持弹簧;10—制动蹄片;11—楔形件;12—回位弹簧;13—上回位弹簧;14—推杆;15—楔形件回位弹簧;16—下回位弹簧;17—固定板;18—螺栓;19—制动分泵;20—制动底板;21—定位销;22—后轮支承轴;23—观察孔橡皮塞

(1) 用千斤顶支起后轮,松开车轮螺母,拆下车轮(也可与轮毂一起拆下)。

(2) 用专用工具撬下轮毂盖,取下开口销和开槽垫圈,旋下调整螺母,取出止推垫圈。

(3) 通过车轮螺栓孔向上拨动调整楔形块,使制动蹄摩擦片与制动鼓的间隙增大。

(4) 拉出制动毂,用尖嘴钳拆下制动蹄保持弹簧、弹簧座圈和定位销。

(5) 用旋具、撬棒或用手从下部的支架上提起制动蹄,取出下回位弹簧。

(6) 用钳子拆下制动杆上的驻车制动拉索。

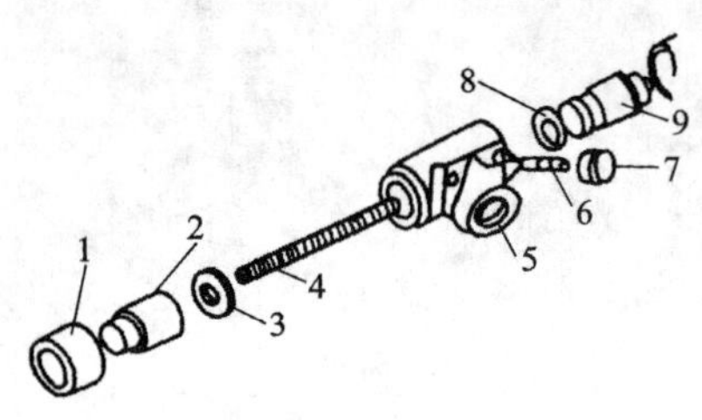

图 5-39　制动分泵的分解图

1、7—防尘罩；2、9—活塞；3、8—密封圈；4—弹簧；5—泵体；6—放气螺栓

(7) 用钳子取下楔形调整块弹簧和上回位弹簧。

(8) 拆下制动蹄。

(9) 将带推杆的制动蹄夹紧在台钳上，拆下回位弹簧，取下制动蹄。

(10) 从制动底板上拆下制动分泵。

(11) 图 5-39 所示为制动分泵的分解图，分解步骤如下：

① 拆下泵体两端活塞防尘罩；

② 从泵体两端取出活塞和密封圈；

③ 从泵体内取出弹簧；

④ 取下放气螺栓防尘罩，拆下放气螺栓。

2) 后轮制动器的装复

(1) 组装制动分泵，步骤如下：

① 清洁各分泵零件；

② 将弹簧装入泵体内；

③ 给活塞和皮圈涂上制动液；

④ 分别从两端依次装上密封圈、活塞和防尘罩；

⑤ 装上放气螺栓和放气螺栓防尘罩。

(2) 将制动分泵按规定力矩紧固于制动底板上。

(3) 装上回位弹簧，并将制动蹄与推杆连接好，如图 5-40 所示。

(4) 装上楔形调整块，凸出一边朝向制动底板。

(5) 将另一带有驻车制动杆的制动蹄装到推杆上，如图 5-41 所示。

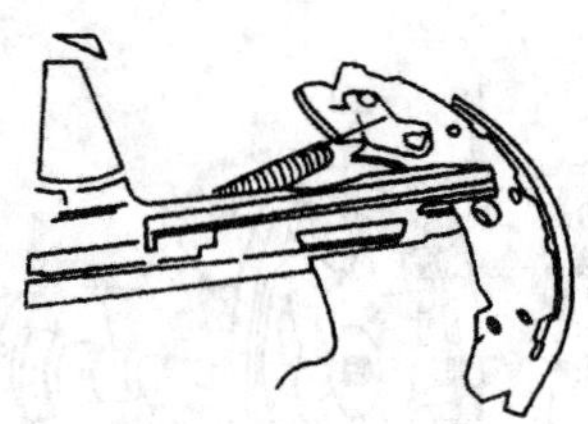
图 5-40　安装回位弹簧

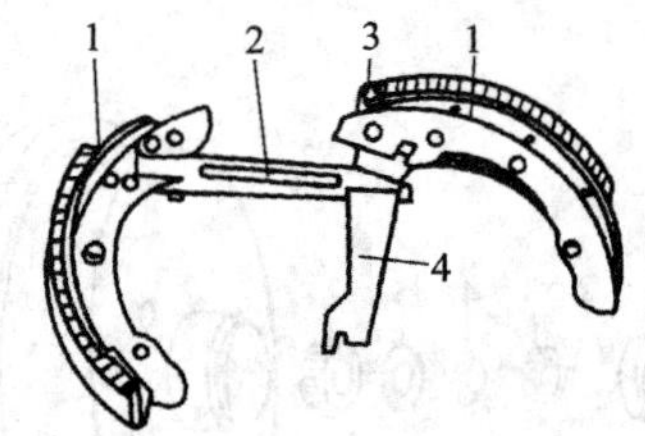

图 5-41　将制动蹄装到推杆上

1—制动蹄；2—推杆；3—轴销；4—驻车制动杆

(6) 装入上回位弹簧，将驻车制动拉索装在驻车制动杆上。

(7) 将制动蹄装上制动底板，靠住制动分泵。

(8) 装入下回位弹簧，提起制动蹄，将制动蹄装到下面的支架中。

(9) 装上楔形件的回位弹簧、制动蹄保持弹簧和弹簧座。

(10) 使制动蹄回位。

(11) 装上制动鼓以及后轮轴承和螺母，然后调整好后轮轴承预紧度。

(12) 用力踩制动踏板一次，使制动蹄能正确就位，以自动调整制动蹄与制动毂的间隙。

3) 驻车制动器自由行程的调整

(1) 松开驻车制动器。

(2) 用力踩制动踏板一次。

(3) 将驻车制动器手柄拉紧 2 齿。

(4) 调整拉杆上的调整螺母，直到用手不能转动两个被制动的后轮为止。

(5) 松开驻车制动拉杆，两个后轮应能转动自如。

3. 真空助力器与制动总泵的拆装

1) 真空助力器与制动总泵的拆卸

真空助力器与制动泵如图5-42所示。

(1) 拆下制动踏板与真空助力器压杆连接叉的锁片和销。

(2) 拆下制动总泵上的四根油管。

(3) 拧松真空管的卡箍，取下真空管。

(4) 拆下真空助力器安装支架的固定螺栓。

(5) 将真空助力器和制动总泵一起从车上卸下。

(6) 拆下制动总泵与真空助力器的两个紧固螺母，使总泵与真空助力器分离。制动总泵的分解图如图5-43所示。注意：桑塔纳汽车制动总泵不允许分解和修理。

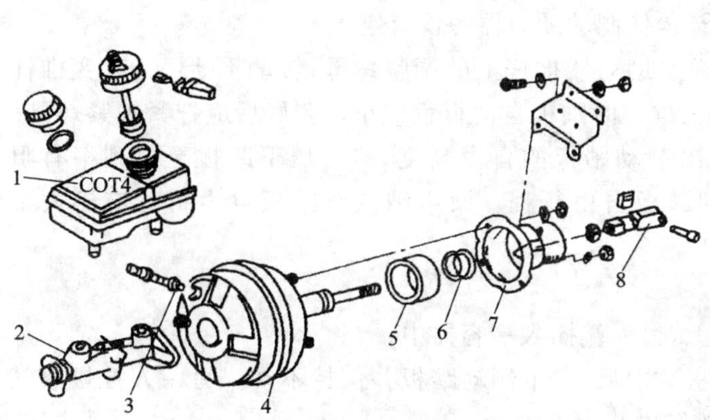

图5-42 真空助力器与制动总泵

1—储液罐；2—制动总泵；3—真空单向阀；4—真空助力器；
5—密封垫圈；6—支架密封圈；7—支架；8—连接叉

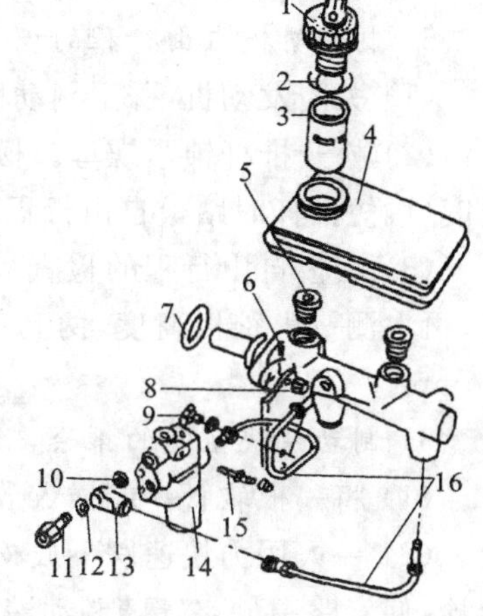

图5-43 制动总泵的分解图

1—盖；2、7—密封圈；3—滤网；4—储液罐；
5—密封塞；6—制动总泵；8—支架；9—螺栓；
10、12—密封垫；11—接头螺栓；13—油管接头；
14—制动力分配阀；15—放气螺栓；16—油管

2) 真空助力器的分解

(1) 把助力器夹在专用工具中，并在前、后壳体上做上定位记号，将前、后壳体相对转动。

(2) 将前、后壳体分开，然后取出膜片弹簧和推杆。

(3) 从后壳体上拆下防尘罩。

(4) 从后壳体上拆下膜片总成。

(5) 从后壳体上拆下密封圈。

(6) 将专用工具夹在台虎钳上，把膜片放在专用工具上进行旋转，使阀体与活塞分开。从助力器活塞上拆下膜片。

(7) 把操作杆推入阀体，拆下定位键，拔出操作杆。

(8) 从阀体上拆下橡胶块。

3) 真空助力器的装复

(1) 把操作杆插入阀体，装上定位键。

(2) 把橡胶块装入阀体。

(3) 把膜片装入助力器活塞,再把阀体插入助力器活塞中。

(4) 把泵体密封圈装入泵体,再把膜片装入泵体。

(5) 把毛毡空气滤芯、海绵状滤芯、防尘罩依次装入泵体。

(6) 把弹簧和推杆放入前壳体,用专用工具把弹簧压入前、后壳体之间,然后旋转前、后壳体,直至前、后壳体的装配标记对准。

(7) 装上真空管和空气管。

4) 总成装复

(1) 合上总泵与真空助力器,以 20 N·m 的力矩拧紧制动总泵与真空助力器的两个紧固螺母。

(2) 将真空助力器和制动总泵一起装在车上。以 20 N·m 的力矩拧紧真空助力器与安装支架的连接螺栓。

(3) 装上真空管,拧紧真空管的卡箍。

(4) 装上制动踏板与真空助力器推杆连接叉的锁片和销。

(5) 装上储液罐,加制动液,液位应在 MAX 与 MIN 标记之间。

5) 制动踏板自由行程的调整

(1) 关闭发动机,踩下制动踏板若干次,使制动助力器中没有空气。

(2) 松开推杆锁紧螺母。松开制动总泵助力器推杆上的调整螺母;转动 U 形叉,改变推杆长度,调短推杆时踏板自由行程增大,调长推杆时踏板自由行程减小。调好后应拧紧锁紧螺母。

(3) 踏板自由行程的检查。先测量出制动踏板的自由高度,然后压下踏板至感到稍有阻力,再次测量出踏板高度,两高度之差即踏板自由行程。桑塔纳汽车踏板自由行程应不大于 45 mm。

6) 制动系统空气的排除

(1) 将一根软管一端插入放气螺栓上,另一端插入一容器中。

(2) 一人用力快速踩下放松制动踏板数次后,踩下制动踏板并保持不动。另一人拧松放气螺栓,使管路中的空气随制动液一起从软管中流出。

(3) 重复上述步骤多次,直至流到容器中的制动液无气泡。

(4) 取下软管,拧紧放气螺栓,装上防尘罩。

(5) 观察储液灌制动液液面高度,看是否需要添加制动液。

五、液压制动系统的故障诊断与排除

1. 制动失效的诊断与排除

1) 故障现象

汽车行驶中,迅速将制动踏板踩到底时,无制动效果。

2) 故障原因

(1) 制动液不足或没有制动液。

(2) 制动主缸或轮缸密封圈磨损严重或破损。

(3) 制动管路破裂或接头松脱,系统中有空气。

3) 故障诊断与排除

(1) 检查储液罐是否缺少制动液,并及时补充。

(2) 检查有无漏油现象,各油管是否松动等。

(3) 踩制动踏板,检查放气螺栓的出油情况:出油时有气泡,应放气;出油无力或不出油,表明主缸工作不良；出油急促、有力，表明故障在制动轮缸。

2. 制动不良的诊断与排除

1）故障现象

踩下制动踏板时，不能产生足够的制动力，致使车辆制动距离过长。

2）故障原因

(1) 制动踏板自由行程过大，系统堵塞、漏油或有空气。

(2) 制动蹄与制动鼓或制动盘贴合不良，制动间隙过大。

(3) 摩擦片沾有油污、磨损严重、铆钉外露等。

(4) 制动液变质、真空助力器工作不良或失效。

3）故障诊断与排除

(1) 检查储液罐中制动液数量和质量，检查、调整踏板自由行程。

(2) 踩下踏板时有弹性感，说明制动系统中混有空气，应放气。

(3) 踩下制动踏板时，感觉较硬，制动仍然无力，可检查放气螺栓出油情况。出油无力，表明制动管路有堵塞现象或主缸活塞有卡滞现象；出油急促、有力，表明轮缸活塞卡滞、制动蹄与制动鼓或制动盘贴合不良或其表面沾有油污等。

(4) 连续踩动几次制动踏板，使踏板高度升高后，用力将其踩住。若制动踏板有缓慢或迅速下降现象，则说明制动管路有渗漏部位或轮缸密封圈损坏。

(5) 连续踩动几次制动踏板，仍感觉踏板低且软，应检查主缸进油孔及储液罐空气孔有无堵塞。

(6) 若踩动制动踏板时出现金属撞击声，则为主缸密封圈损坏，或主缸活塞回位弹簧弹力过小等，应更换制动主缸。

(7) 制动踏板沉重，表明真空助力器失效，应对助力器总成及真空管路进行检修。

3. 制动拖滞的诊断与排除

1）故障现象

制动后抬起制动踏板时，车辆行驶无力，起步困难，制动鼓或制动钳发热。

2）故障原因

(1) 制动踏板自由行程、制动间隙、主缸活塞与推杆间隙过小，踏板回位不良等。

(2) 制动主缸或轮缸活塞卡滞、主缸补偿孔或管路堵塞、活塞回位弹簧弹力减小。

(3) 制动蹄回位弹簧弹力减小、制动钳支架或制动底板松动、制动盘翘曲变形。

(4) 真空助力器内部卡滞。

(5) 驻车制动装置调整不当或拉索卡滞。

3）故障诊断与排除

(1) 检查、调整制动踏板自由行程。

(2) 停车后检查各车轮制动鼓（制动钳）是否过热，或将车辆支起后检查各车轮转动情况。各车轮均过热或转动不灵活，应检查制动主缸及真空助力器。

(3) 个别车轮存在转动不灵活及过热现象，故障一般在该轮制动器及制动轮缸，应检查车轮制动器及其制动轮缸的工作性能。

4. 制动跑偏的诊断与排除

1）故障现象

制动时，左、右轮制动效能不同，致使车辆向一侧偏斜。

2）故障原因

制动跑偏由两侧车轮受力不等或制动生效时间不一致导致。

（1）两侧轮胎气压不同、磨损程度不一致。

（2）一侧制动轮缸工作不良、一侧管路漏油或存在空气。

（3）一侧制动蹄或制动钳摩擦片沾有油污、制动鼓或制动盘变形、制动底板或制动钳松动。

（4）两侧车轮制动器制动间隙、摩擦片磨损程度不一致。

（5）压力调节器调整不当或制动压力分配阀失效。

（6）两侧轮毂轴承预紧度调整不一致。

（7）前轮定位失准，车轮外倾角不一致、前束不正确、悬架固定件松动等。

3）故障诊断与排除

（1）制动时车辆向一侧偏斜，说明另一侧车轮制动迟缓或制动力不足，应检查该侧制动管路有无凹陷及漏油现象。

（2）若上述情况良好，则可对该轮轮缸进行排气，并检查轮胎气压及其磨损程度。

（3）检查制动底板或制动钳支架是否松动，并检查、调整轮毂轴承预紧度。

（4）拆检制动器，检查摩擦片是否有油污，同时应检查制动蹄、制动鼓或制动钳、制动盘是否变形严重，制动轮缸是否工作不良等。

（5）检查压力调节器或制动压力分配阀。

（6）检查、调整前轮定位参数。

5. 制动器异响的诊断与排除

1）故障现象

车辆行驶或制动时，制动器发出不正常的响声。

2）故障原因

（1）摩擦片磨损严重、硬化或破裂、铆钉外露。

（2）制动鼓、制动盘变形或磨损起槽。

（3）制动底板或制动钳支架松动，造成制动鼓与制动底板或制动钳与制动盘相碰擦。

3）故障诊断与排除

（1）车辆未制动时，制动器即发出不正常的响声，应检查制动底板或制动钳支架是否松动，制动底板是否明显翘曲变形，制动蹄定位弹簧是否损坏等。

（2）车辆制动时制动器发响，应检查制动蹄片的损伤程度，制动鼓、制动蹄及制动盘有无明显变形，制动器各运动副润滑是否良好等。

六、液压制动系统的维护

1. 液压制动控制机构的检查与调整

1）制动液液面的检查和添加

制动液储液室位于制动主缸的上方，在其上面有制动液液面最高（MAX）和最低（MIN）标记，正常情况下，制动液液面处于 MAX 与 MIN 标记之间。

（1）制动液的液面高度可以反映制动蹄摩擦片的磨损程度，汽车行驶一段时间后，制动液液面会有较小的下降。

（2）若制动液液面已降到 MIN 标记处，且制动蹄摩擦片已到磨损极限，则暂不必加油。

（3）若制动液液面降到 MIN 标记以下，则应添加制动液。但在加入之前，要检查制动系统有无异常。

2）制动液的更换与制动系统的排气

（1）制动液的更换。

制动液一般具有腐蚀性，所以在更换时切不可与油漆相接触。而且它还具有较强的吸湿性，能吸收周围空气中的水分，时间久了会使制动液的效能降低。因此，应每两年更换一次制动液。在更换制动液时，将软管一头接在打开的放气螺塞上，另一头插到一个容器中，然后用力踩制动踏板，从各制动轮缸中放出全部制动液，再按规定在制动液储液室中充加新的制动液。

（2）制动系统的排气。

① 启动发动机，使其处于怠速运转。

② 将软管一头接在放气螺塞上，另一头插在一个盛有部分制动液的容器中。

③ 用力踩下制动踏板，并保持住压力，然后拧松放气螺塞，如此重复，直到制动液中无空气为止。

④ 排气顺序为：右后轮—左后轮—右前轮—左前轮。

注意：要时刻观察制动液储液室内的制动液液面，随时添加制动液直至制动系统中的空气放净为止。

3）制动踏板自由行程的检查与调整

（1）制动踏板自由行程的检查。

① 对于装有真空助力器的车辆，应先将发动机熄火，踩制动踏板数次，直到助力器中不存在真空为止。

② 踩制动踏板，直到感觉到稍有阻力时为止，测量其自由行程。

（2）制动踏板自由行程的调整。

① 拆下制动踏板与制动主缸推杆的连接销。

② 松开锁紧螺母。

③ 转动U形夹，使调整孔中心至底板面的距离为230.0 mm±0.5 mm，旋出U形夹，制动踏板自由行程减小；反之则增大。

④ 拧紧锁紧螺母，装上连接销。

4）制动主缸及制动管路的检查

（1）制动主缸不应有渗漏或损坏，否则应更换新件。

（2）检查软管是否磨损、有孔或老化，若存在问题，则应立即更换。

（3）制动管路不能扭曲、凹瘪，否则应进行校直或更换。

5）真空助力器的检查

（1）将发动机熄火，然后用力踩制动踏板数次，以消除真空助力器内的真空。

（2）用中等压力踩下制动踏板，并保持在一定的位置，然后启动发动机。

（3）若感觉制动踏板的位置有所下降，则真空助力器功能正常；否则应检查真空管路。若真空助力器损坏，则应整个予以更换。

6）制动报警灯的检查

制动报警灯安装在隔板上，当驻车制动器拉杆拉紧时，报警灯应发亮，而拉杆回位后灯应熄灭（点火开关接通时）。检查报警灯电路，释放驻车制动器，应注意使灯熄灭。打开一轮缸放气螺塞，踩下制动踏板时灯应发亮。

7）制动灯开关的调整

松开锁紧螺母，转动制动灯开关，直至柱塞端部与开关座相距2.2～2.5 mm为止，拧紧锁紧螺母，检查开关工作情况。

8）制动压力调节器的检查与调整

（1）制动压力调节器的检查。

检查时，用力踩下制动踏板，并迅速地松开，调节杠杆应该移动，否则需要进行调整。

（2）制动压力调节器的调整。

① 将汽车前轮吊起，让负载完全牵引后桥。

② 用制动压力调节器上的杠杆压住靠着汽车背面的挡块。

③ 拧松弹簧一端的螺母，固定弹簧并使之不留下任何间隙。

④ 用 25 N·m 的力矩拧紧螺母。

制动压力调节器有渗漏现象时，必须更换。

2. 液压制动器的检查与调整

1）盘式车轮制动器的检查与调整

（1）检查。

① 支起车轮，拆下制动钳，取下制动衬块。

② 制动盘的工作表面应无明显沟槽，否则需进行光磨。

③ 检查制动盘的厚度。奥迪 100 型轿车的制动盘厚度为 22 mm，磨损极限为 20 mm；桑塔纳 2000 轿车的制动盘厚度为 12 mm，磨损极限为 10 mm，当超出极限时应更换制动盘。

④ 用百分表检查制动盘的端面跳动。其值应不大于 0.06 mm，否则应更换制动盘。

⑤ 测量制动衬块的厚度。奥迪 100 型轿车的制动衬块厚度为 14 mm（不包括底板），磨损极限为 7 mm（包括底板）；桑塔纳 2000 轿车的制动衬块厚度为 14 mm（不包括底板），磨损极限为 7 mm（包括底板），若超出极限，则应更换制动衬块。

（2）调整。

由于盘式制动器的制动轮缸中装有弹性密封圈用以自调间隙，因此在装配过程结束后，用力将制动踏板踩几次，使制动蹄在它的正常位置，制动器间隙自动调整。

2）鼓式车轮制动器的检查与调整

（1）检查。

① 制动鼓应无裂纹、破损，否则应更换。

② 用游标卡尺测量制动鼓内径尺寸。若磨损超出规定值，则应更换制动鼓。

③ 检查制动蹄摩擦片，应无破损，并测量其厚度。若磨损超出极限，则应更换制动蹄总成。

④ 制动轮缸应无泄漏，防尘罩应完好。

⑤ 制动蹄回位弹簧应无折断和弹力减小，否则应更换。

（2）调整。

由于鼓式车轮制动器中装有楔形调节块用以自调制动器间隙，因此在使用过程中或装配工作结束后，无须对制动器间隙进行调整。

3）驻车制动器的检查与调整

（1）检查。

同前述驻车制动器的检查。

（2）调整。

① 松开驻车制动器。

② 尽量拧松调整螺母。

③ 用力踩下制动踏板一次。

④ 将驻车制动器操纵杆拉过三个棘齿(三响)。

⑤ 拧紧调整螺母,直到两个后轮刚好可以用手转动为止。

⑥ 松开驻车制动器,两个后轮应能自由转动。

【实训活动】

实训条件:多媒体教学设备和课件、网络教学资源、维修资料、实训车、举升机、千斤顶、汽车维修基本工具。

实训车状态:一辆使用不到一年的别克凯越轿车在行驶中制动力不足,踏下制动踏板不能减速,有时连续踏几次制动踏板,制动效果也不好,该车辆上个月因左后轮漏油曾经换过制动轮缸皮碗,经检测确定为液压制动系统故障。

1. 实训准备

(1) 实训车:别克凯越轿车。

(2) 实训工具及器材:组合工具、百分表、V形块、螺旋测微器、制动液、测隙规、游标卡尺等。

(3) 掌握本次实训课所用仪器及设备的使用方法。

(4) 牢记实训中的安全注意事项。

2. 实训流程

常见的液压制动系统故障包括制动失效、制动不灵、制动跑偏、制动拖滞等。实训教师可根据实训条件对汽车制动系统进行检测,然后设置一些制动系统常见故障。在实训教师的监督下,学生独立完成故障的诊断与排除。最后由实训教师充当客户模拟一个或几个故障场景,让学生分别扮演维修工向客户说明故障诊断结果。

(1) 学生分析并说出检查步骤和方法。

① 制动液油质和油量的检查。

② 制动管路检查。

③ 制动系统排气方法。

④ 制动总泵、制动分泵检查方法。

(2) 学生思考下列问题,并向教师陈述答案。

① 根据检查情况,分析出可能导致上述故障的原因。

② 如何确定上述故障?

③ 对检查结果进行理论分析。

3. 实训记录

(1) 回答教师的现场提问,接受教师的技能考核。

(2) 完成实训任务后,对实训过程进行自我评价和小组互评,听取教师的点评。

(3) 清洁实训场所,清点、维护工具及设备,完成任务交接。

学习任务4 气压制动系统的结构与检修

一、气压制动传动装置

气压制动传动将压缩空气的压力转变为机械推力,实现制动。驾驶员只需按不同的制动要求控制踏板的行程，释放出不同量的压缩空气，便可调整气体压力的大小来获得所需的制动力。

气压制动传动装置的特点是踏板行程较短、操纵轻便、制动力较大、消耗发动机的动力、结构复杂、制动不如液力式的柔和，所以它一般用于中型、重型汽车。下面简单介绍双管路气压制动传动装置。

1. 双管路气压制动传动装置

图 5-44 所示为双管路气压制动传动装置示意图，由气源和控制装置等组成。气源部分包括空气压缩机、气压调节阀、双针气压表、前后桥储气筒、低压报警器、放水阀和取气阀等部件；控制装置包括驻车制动阀、并列双腔式制动阀等。

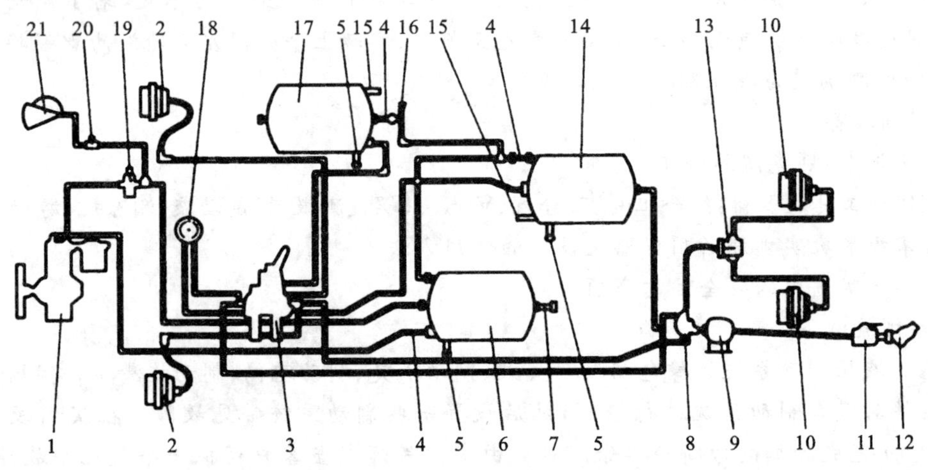

图 5-44　双管路气压制动传动装置示意图

1—空气压缩机；2—前制动气室；3—并列双腔式制动阀；4—双通单向阀；5—放水阀；6—湿储气筒；7—安全阀；8—梭阀；9—驻车制动阀；10—后制动气室；11—挂车分离开关；12—连接头；13—快放阀；14—前桥储气筒；15—低压报警器；16—取气阀；17—后桥储气筒；18—双针气压表；19—气压调节阀；20—气喇叭开关；21—气喇叭调节阀

空气压缩机产生的压缩空气经气压调节阀先进入湿储气筒进行清洁、干燥，然后分别进入相互独立的前、后桥储气筒。前桥储气筒与并列双腔式制动阀的右腔室相连以控制前轮制动；后桥储气筒与并列双腔式制动阀的左腔室相连以控制后轮制动，并通过管路与气压表及气压调节阀相连。后桥制动回路装有快放阀，可使后桥制动器迅速解除制动。双指针气压表白针指示后桥储气筒气压，红针指示后桥制动管路中的气压。

踩下制动踏板，拉杆拉动并列双腔式制动阀使之工作，前、后桥储气筒的压缩空气便通过并列双腔式制动阀的右腔和左腔进入前、后制动气室，使前、后轮制动。与此同时，通过前、后制动回路之间并联的双通单向阀接挂车制动阀，将湿储气筒与通向挂车的通路切断，使挂车进行排气制动。

2. 气压制动传动装置的主要部件

1）空气压缩机

空气压缩机的作用是产生压缩空气，是整个气压制动传动装置的动力源。在汽车上使用较多的是空气冷却往复式空气压缩机，其发动机的结构与往复活塞式的相似。

空气压缩机按气缸的数量分为单缸和双缸两种。

(1) 单缸空气压缩机　单缸空气压缩机主要由缸体、曲轴箱、曲轴、活塞、连杆、气缸阀盖总成、空气滤清器等组成。发动机运转时，空气压缩机即随之运转。当活塞下行时，吸开进气阀门，外界空气经空气滤清器、进气阀进入气缸。活塞上行时，进气阀在弹簧作用下关闭，气缸内空气被压缩并顶开出气阀门，压缩空气经出气口和气管送到湿储气筒。当储气筒内的压力达到700～740 kPa时，卸荷柱塞顶开进气阀，使空气压缩机气缸与大气相通不再泵气，卸掉活塞上的载荷，减少发动机的功率损失。

(2) 双缸空气压缩机 双缸空气压缩机与单缸空气压缩机基本相同，不同之处主要是双气缸交替不断地向储气筒充气，供气压力稳定且泵气效率较高。

2) 气压调节阀

气压调节阀的功用是使储气筒保持在规定的气压范围内，并在超过规定气压后，使空气压缩机卸荷空转，以减少发动机的功率消耗。气压调节阀在回路中的连接方法有两种：一是气压调节阀与空气压缩机和储气筒并联，当系统内的压力达到规定值时，气压调节阀使空气压缩机的进气阀开启，卸荷空转；二是将气压调节阀串联在空气压缩机和储气筒之间，当系统内的空气压力达到规定值时，气压调节阀将多余的压缩空气直接排入大气，使空气压缩机卸荷空转。

3) 制动阀

制动阀的作用是控制从储气筒充入制动气室和挂车制动控制阀的压缩空气量，从而控制制动气室中的工作气压，并有逐渐变化的随动作用，即保证制动气室的气压与踏板力或踏板行程有一定的比例关系。

4) 快放阀

储气筒和制动气室两者一般是通过制动阀管路连接的。这样，储气筒向制动气室充气以及制动气室内压缩空气排入大气，都必须迂回流经制动阀。在储气筒、制动气室都与制动阀相距较远的情况下，这种迂回充气、排气将导致制动和解除制动的滞后时间过长，不利于汽车的及时制动和制动后的及时加速。

在制动控制阀到制动气室的管路上靠近制动气室处设置快放阀，可以保证解除制动时制动气室迅速排气。

5) 制动气室

制动气室的作用是将输入的空气压力转变为制动凸轮轴转动的机械力，以实现车轮制动。

二、气压制动系统的拆装

下面以解放CA1092型汽车为例，介绍气压制动系统的拆装。

1. 车轮制动器的拆装

1) 车轮制动器的分解

图5-45所示为制动器的分解图。

(1) 拆下半轴，用专用套筒拆下轮毂轴承锁紧螺母，依次取出锁紧垫圈、外油封用油封外壳。

(2) 拆下轮毂调整螺母，取下轴承，卸下轮毂总成。

(3) 用专用弹簧拉钩拆下回位弹簧。

(4) 从蹄片轴上拆下两个开口销，取下垫板和两个制动蹄片总成。

(5) 拆下蹄片轴紧固螺母，取下弹簧垫圈、蹄片轴。

(6) 拆下制动气室推杆与调整臂之间的开口销，取下连接销。

(7) 拆下制动气管与制动气室。

(8) 从凸轮轴上拆下调整臂开口销及垫圈，取下调整臂总成。

(9) 抽出制动凸轮及制动凸轮支承垫圈。

(10) 拆下制动气室凸轮支架或凸轮支撑座和凸轮支架(后轮制动器)。

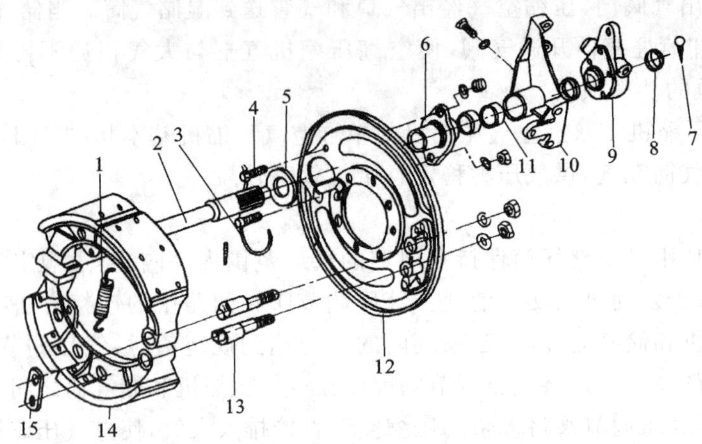

图 5-45 制动器的分解图(后轮)

1—回位弹簧；2—制动凸轮轴；3—钢丝锁线；4—螺栓；5—支撑垫圈；
6—支承座；7—开口销；8—垫圈；9—调整臂总成；10—支架；11—衬套；
12—制动底板；13—蹄片轴；14—制动蹄；15—垫板

(11) 拆下制动底板紧固螺栓，卸下制动底板(后轮制动器由铆钉连接，如无松动不需要分解)。

(12) 从轮毂上拆下制动鼓。

2) 车轮制动器的装复

(1) 装上制动底板，交叉拧紧底板紧固螺栓。

(2) 装上蹄片轴，使蹄片轴偏心朝向另一蹄片轴，套上弹簧垫圈，拧紧蹄片轴紧固螺母。

(3) 装上制动凸轮支承座及螺栓、弹簧垫圈和螺母，穿上钢丝锁线，再将螺母拧紧。

(4) 分别在支承座和支架的承孔中压入衬套。

(5) 在后桥壳上装上制动凸轮支架。

(6) 将支承垫圈套在制动凸轮上，并将制动凸轮花键端穿过制动底板支承座及支架，再装上调整垫片、调整臂总成和垫圈，锁好开口销。注意：制动凸轮左右不能装反。

(7) 将制动气室总成装在支架上，再把制动气室推杆与调整臂用连接销连接，然后锁好开口销。

(8) 按原标记装上制动蹄片，用弹簧拉钩将回位弹簧装上。

(9) 装上蹄片轴垫板，并装好开口销。

(10) 将制动鼓与轮毂装复。

(11) 装上轮毂内油封和内轴承。

(12) 装上轮毂总成，再装上轮毂外轴承和调整螺母。调整轴承预紧度。

(13) 依次装上油封外壳、外油封、锁紧垫圈和锁紧螺母。注意：油封外壳及锁紧垫圈上的孔必须对准调整螺母的定位销，再按规定力矩拧紧锁紧螺母。

3) 车轮制动器的调整

(1) 调整轮毂轴承的预紧度。

顺时针转动调整螺母，拧紧后退出 1/6～1/4 圈，轴向拉动轮毂无松旷感觉，轮毂能灵活转动为宜。

(2) 调整制动鼓与制动蹄片的间隙。

① 顺时针转动制动调整臂蜗杆，前车轮制动器的蹄毂间隙变小；逆时针转动制动调整臂蜗

杆，前轮制动器蹄毂间隙变大。注意：后车轮制动器调整臂蜗杆与前车轮制动器调整臂蜗杆的调整转动方向相反。

② 将蹄片轴偏心的一侧向外转动，蹄片轴端间隙变小，凸轮轴端间隙变大；反之，蹄片轴端间隙变大，凸轮轴端间隙变小。调好后，将蹄片轴螺母拧紧，再用塞尺从制动鼓监视孔检测间隙。

2. 气阀式空气压缩机的拆装

1）气阀式空气压缩机的分解

(1) 分解缸体与缸盖。

① 拆下缸盖螺栓，将缸盖卸下。

② 用专用工具拆卸进气阀导向座和排气阀座，取出气阀弹簧、阀片、进气阀座、气阀导向座及密封垫等。

③ 拆卸松压阀盖、卡簧和松压阀体，取出松压阀杆。

④ 拆下曲轴箱底盖，把要拆的活塞曲柄连杆轴颈转至下部。

(2) 分解曲柄连杆机构。

① 从底部拆下开口销，拧下螺母，取下螺栓、连杆盖及垫片。注意连杆盖记号，以便与连杆装配。

② 用木棒将连杆及活塞从缸体中顶出。

③ 拆下活塞环。用同样的方法拆下另一缸活塞连杆组。

④ 拆下带轮。

⑤ 拆下曲轴箱上前后盖和前后球轴承，取出曲轴。

2）气阀式空气压缩机的装复

(1) 安装曲轴。

① 将曲轴装入曲轴箱，然后在曲轴两端装上轴承，并卡上卡簧。注意曲轴安装的方向。

② 将后盖油堵及弹簧装入曲轴后端，装上后盖及密封垫，拧紧后盖紧固螺栓。

③ 装上前盖及密封垫，拧紧紧固螺栓。

④ 装上带轮，拧紧带轮紧固螺母，装上开口销。

(2) 安装活塞连杆。

① 将活塞环装在活塞上，活塞环内切口朝上，活塞环端口互成90°。

② 转动曲轴，使曲轴轴颈处于下止点位置。

③ 将活塞连杆总成从气缸上部装入，再装上垫片及连杆盖，并以14.7～16.6 N·m的力矩拧紧连杆螺栓，最后装上开口销。

(3) 安装缸盖。

① 按拆卸的相反次序安装进、排气阀等零件；将弹簧与阀片装入进、排气阀导向座并正确定位后，分别拧紧进气阀导向座和排气阀导向座。

② 缸盖六个螺栓按规定次序分两次拧紧，最后的拧紧力矩为11.76～16.66 N·m。

3. 制动气室的拆装

1）制动气室的分解

(1) 从制动气室上旋下制动气管。

(2) 拆下推杆与调整臂的连接销。

(3) 拆下外壳与支架的紧固螺栓，取下制动气室。

(4) 拆下制动气室卡箍上的螺栓和螺母，打开制动气室盖，取下膜片。

(5) 拆下连接叉，取下推杆和回位弹簧。

2) 制动气室的装复

按与拆卸时相反的顺序装复，装复时应注意：卡箍外壳、盖及卡箍螺栓的方向必须与原来保持一致。

4. 串列双腔活塞式制动阀的拆装

1) 串列双腔活塞式制动阀的分解

(1) 拆下制动阀与气管的连接螺母。

(2) 拆掉制动灯开关上的导线，拆下制动阀与车架的连接螺栓、螺母，卸下制动阀。

(3) 从上盖的耳架上拆下拉臂、挺杆及防尘罩，拆下上盖连接螺栓，取下上盖。

(4) 取下平衡弹簧座、平衡弹簧及上活塞，取出回位弹簧，拆下上壳体。

(5) 拆下中壳体与下壳体连接螺栓，取出中壳体的回位弹簧、小活塞、继动活塞。

(6) 拆下中壳体的两个卡簧，并依次取出上阀门座、上阀门总成及回位弹簧。

(7) 拆下下壳体下部的卡簧，取出排气阀、排气阀座，取出下阀门座，取出回位弹簧、弹簧座及下阀门总成。

2) 串列双腔活塞式制动阀的装复

(1) 将下阀门总成、下阀门弹簧座、下阀门回位弹簧、下阀门座依次装入下壳体下部，用卡簧将下阀门总成锁住，装上排气阀及阀座，用卡簧将排气阀锁在下壳体内。

(2) 在上阀门总成上装上弹簧座、弹簧、上阀门垫圈、密封圈，并将卡簧固定在上阀门总成上。

(3) 将下活塞回位弹簧、下活塞、继动活塞装入下壳体下部，将上阀门座、阀门座密封圈用卡簧固定在下活塞上。

(4) 将下壳体与中壳体连接。

(5) 将平衡弹簧、平衡弹簧座放在活塞上部，并将平垫圈、弹簧垫圈用螺栓连接。

(6) 将上活塞回位弹簧及上活塞总成依次放入上壳体内，装上上盖，拧紧上盖与上壳体的连接螺栓。

(7) 将大衬套、挺杆装入上盖的孔内，装上防尘罩，将滚轮用连接销装在拉臂上，并锁好开口销，再将拉臂用连接销装在上盖上，并装上小衬套及开口销。

(8) 装上调整螺钉，并调整上阀门的排气间隙。

三、气压制动系统的故障诊断与排除

1. 气压制动失效的诊断与排除

1) 观察气压表

首先观察气压表有无气压指示，检查储气筒内有无压缩空气。

(1) 气压表指示为零，储气筒内无压缩空气。

① 检查压气机皮带的状况，若皮带断裂，则应更换；若皮带打滑，则应调整其松紧度。

② 拆下压气机出气管，启动发动机，检查压气状况。若压气机不压气，则说明压气机气阀密封不良或弹簧折断及松压阀失效，应更换；若压气机压气良好，则检查其与储气筒之间的管路是否漏气，若气管接头松动而漏气，则应紧固，若气管破裂，则应焊修或更换。

(2) 气压表指示为零，储气筒内有压缩空气，说明储气筒至制动阀的管路漏气，应检修。

(3) 气压表指示正常,储气筒内有压缩空气,说明故障在制动控制装置。

2) 检查制动踏板

当上述检查结果均正常时,应进一步检查制动踏板与制动阀拉臂是否脱节,若脱节,则应装复。

3) 观察气压表读数

踩下制动踏板试验,观察气压表读数。

(1) 气压表读数不下降或下降很小。

① 检查制动踏板自由行程,若自由行程过大,则说明制动阀的进气阀打不开,应调整。

② 检查制动阀拉臂的活动情况,若拉臂不动,则说明制动阀推杆卡死,应拆检、修理。

(2) 气压表读数不断下降,且有漏气声。

① 检查制动阀是否漏气,若漏气,则说明制动阀膜片破裂,应更换。

② 检查制动阀至制动气室管路是否漏气,若漏气,则说明某处破裂或管路接头松动,应焊修或紧固。

③ 检查制动气室是否漏气,若漏气,则说明制动气室膜片破裂,应更换。

4) 抬起制动踏板

抬起制动踏板,检查制动阀是否漏气,若漏气,则说明制动阀进气阀座密封不严或发卡,应更换。

5) 踩下制动踏板

经上述检查均正常,踩下制动踏板,若气压表读数下降正常,则应拆检车轮制动器。检查制动器间隙是否过大,制动蹄支承销有无锈蚀等情况,根据拆检情况调整或维修。

2. 气压制动不良的诊断与排除

1) 启动发动机,观察气压表指示值

启动发动机,使其中速运转 4 min,观察气压表读数是否能达到规定值。

(1) 若气压表读数较小,且在发动机停转后气压下降不明显,则说明压气机压气慢,应检查。

① 检查压气机皮带是否过松或有油污而打滑,若皮带过松,则应调整;若皮带有油污,则应清洗。

② 检查压气机至储气筒管路是否破裂、漏气,若漏气,则应焊修或更换。

③ 拆下压气机出气管及调压阀管路,用手堵住压气机出气口试验,检查其压气状况。

若压气机压力低,则说明压气机有故障,应解体检查进气阀门是否密封不严或弹簧折断,压气机活塞、活塞环与气缸是否磨损过甚等,根据检查情况,更换相应的零件;若压气机压力正常,则说明调压阀调整不当或弹簧弹力过小,应调整或更换。

(2) 若气压表指示正常,在发动机停转后气压不断下降,则说明制动阀漏气或储气筒至制动阀的管路漏气。将发动机熄火,未踩制动踏板,听是否有漏气声。

① 若制动阀漏气,则说明制动阀进气阀座密封不严或发卡,应修理或更换。

② 若储气筒至制动阀之间的管路漏气,则应焊修或更换。

2) 在气压表指示值符合要求的情况下,听漏气声

(1) 将制动踏板踩到底后气压不断下降,通过听声音找出漏气位置。

① 若气压管路漏气,则应焊修或更换。

② 若制动气室漏气,则说明制动气室膜片破裂,应更换。

③ 若制动阀漏气，则说明制动阀膜片破裂，应更换。

(2) 在踩下制动踏板后，没有漏气声。

① 检查制动踏板自由行程是否符合要求，若自由行程过大，则应调整。

② 检查制动阀的最大输出气压是否符合要求，若最大输出气压过低，则应调整。

③ 检查制动器的制动鼓与制动蹄摩擦片之间的间隙是否符合要求，若间隙过大，则应调整。

3) *支起车轮，拆检车轮制动器*

(1) 检查制动凸轮轴与支架是否松旷或运动受阻，若松旷或运动受阻，则应维修。

(2) 检查制动蹄摩擦片的状况，若有油污，则应清洗；若有破裂或磨损过甚，则应更换。

(3) 检查制动蹄在支承销轴上转动是否灵活，若有运动受阻现象，则应润滑。

(4) 检查制动鼓的内圆面，若有严重沟槽或圆度误差过大，则应镗削。

3. 气压制动跑偏的诊断与排除

1) *各车轮的拖印基本一致*

在良好的路面上，对车辆进行紧急制动试验，若各车轮的拖印基本一致，则检查如下情况。

(1) 检查左右车轮的轮胎气压、花纹和磨损程度，若轮胎气压不一致，则应按规定给轮胎充气；若轮胎花纹不一致或某侧轮胎磨损严重，则应更换。

(2) 检查前悬架弹簧的状况，若有折断或弹力不相等，则应更换。

(3) 检查前后桥的轴距，若前后桥不平行，则说明悬架弹簧折断错位或紧固螺栓松动，应更换或紧固。

(4) 检查车架是否变形，若有变形，则应校正。

2) *左右两轮的拖印不一致*

试验时各轮胎拖印，特别是左右两轮的拖印不一致。当发现某一车轮制动不灵或拖印较短，可一人踩动制动踏板，另一人检查该轮制动气室和制动器状况。

(1) 检查有无漏气现象，若漏气，则说明制动气室膜片破裂，气管或接头漏气。

(2) 检查制动气室推杆的伸缩情况，若推杆弯曲或发卡，则应修理。

(3) 支起车轮，拆下制动器检视孔盖观察，若制动器间隙过大，则应调整；若制动蹄摩擦片上有油污，则应清洗。

(4) 拆检制动器，检查摩擦片状况，若摩擦片磨损过甚、硬化或铆钉外露，则应更换；检查制动蹄回位弹簧状况，若有折断或弹力减小，则应更换；测量制动鼓的圆度和圆柱度，根据情况应进行镗削等；检查制动臂和制动蹄的转动是否灵活，若有发卡现象，则应润滑。

3) *忽而向左跑偏，忽而又向右跑偏*

(1) 检查测量前轮前束，若前束不符合规定，则应调整。

(2) 检查转向横拉杆、直拉杆球头销是否松旷。若松旷，则说明球头销调整过松或磨损过甚，应调整或更换。

4. 气压制动拖滞的诊断与排除

1) *检查各车轮制动鼓的温度*

对车辆进行路试，路试中要有意使用制动器，行驶一定里程后，停车检查各车轮制动鼓的温度。若发现个别制动鼓发热，则说明该轮制动拖滞；若发现全部制动鼓发热，则说明全车制动拖滞。

2) *个别制动鼓发热*

若发现个别制动鼓发热，可由一人在驾驶室内连续踏下、抬起制动踏板，另一人在该车轮处观察制动气室推杆的动作情况。

（1）若推杆回位缓慢或不回位，则拆下该轮制动调整臂。

① 若此时推杆回位慢，则说明推杆弯曲、发卡或制动气室弹簧折断，制动气室内油污严重，应修理或清洗。

② 若此时推杆回位正常，则说明制动臂凸轮轴润滑不良，应加注润滑脂。

（2）若推杆回位正常，则支起车轮。

① 检查制动器间隙，若间隙过小，则应调整。

② 轴向推拉车轮试验，若感觉松旷，则说明该轮轮毂轴承松旷，应调整轴承预紧度。

③ 检查制动蹄回位情况，若制动蹄回位慢或不回位，则说明制动蹄回位弹簧折断或弹力减小，制动蹄与支承销轴润滑不良，应更换或润滑。

四、气压制动系统的维护

1. 气压制动控制机构的检查与调整

1）检查

（1）压气机皮带松紧度的检查。汽车每行驶 3 000 km 时，应检查压气机的皮带松紧度，以 30～50 N 的力按下皮带中间，检查其挠度。

（2）压气机充气性能的检查。

（3）压气机缸盖的检查。汽车每行驶 48 000 km 时，应拆下压气机缸盖进行检查。

① 压气机缸盖上的进、排气阀座不应有松动现象。

② 进、排气阀座上的弹簧不应折断、失效，阀片不应有严重的磨损或烧蚀。

（4）压气机空气滤清器滤芯的清洗与更换。

① 汽车每行驶 12 000 km 时，应清洗滤芯。

② 汽车每行驶 36 000 km 时，应更换滤芯。

2）调整

（1）压气机皮带松紧度的调整，步骤如下：

① 松开压气机底座支架上的紧固螺栓；

② 将调整螺栓顺时针拧动，皮带张紧；反之，则松弛；

③ 调整合适后，将紧固螺栓拧紧。

（2）气压调节阀的调整，步骤如下：

① 松开锁紧螺母，如图 5-46 所示；

② 拧动调整螺钉，调整气压；

③ 调整合适后，拧紧锁紧螺母。

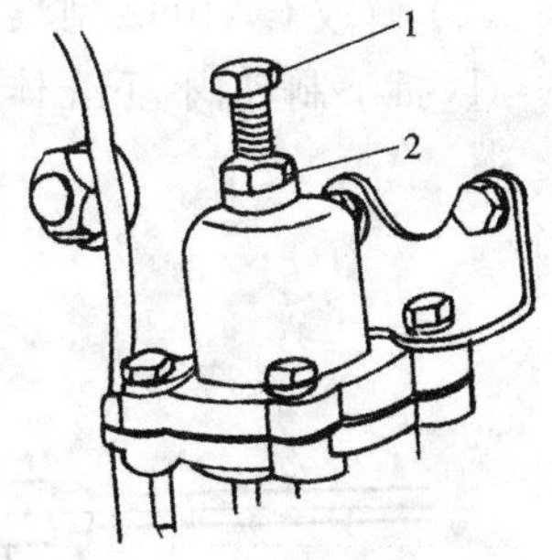

图 5-46　松开锁紧螺母

1—调整螺钉；2—锁紧螺母

2. 储气筒单向阀及管路的检查

1）储气筒单向阀的检查

汽车每行驶 48 000 km 时，应拆下单向阀进行清洗和检查，如图 5-47 所示。若发现阀门有阻滞、破损或密封不严等现象，则应修理或更换。

2）管路的外部检查

（1）管路不能有凹瘪及破损。

（2）各接头连接牢固、可靠。

（3）整车管路密封性的检查。在气压为 0.8 MPa 的情况下，将制动踏板踩到底，待气压稳定后，观察 3 min，气压降低值应不超过 0.02 MPa；检查漏气位置时，可用听声音法，也可用在各接头处涂肥皂水的方法检查。

3. 制动踏板自由行程的检查与调整

1）检查

用脚轻踩制动踏板至刚有阻力时为止，踏板下端所移动的距离即为自由行程，如图 5-48 所示。

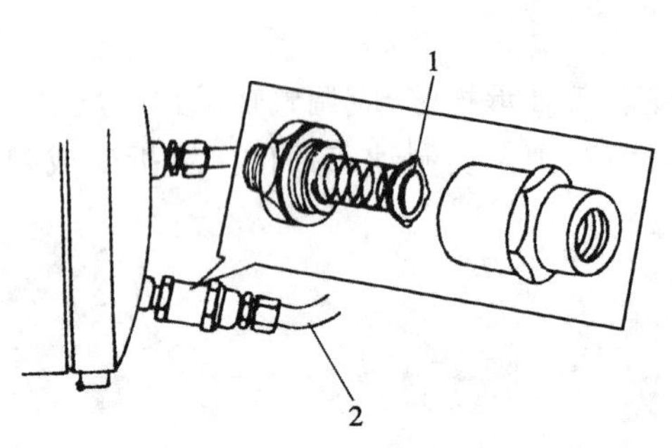

图 5-47 拆下单向阀

1—单向阀阀门；2—气管

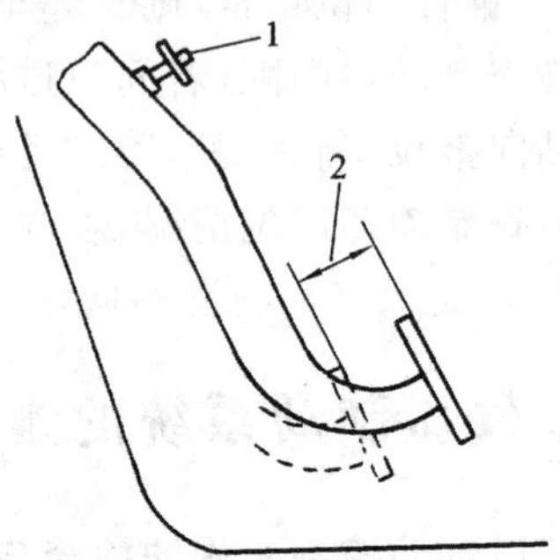

图 5-48 制动踏板的自由行程

1—限位螺钉；2—自由行程

2）调整

（1）东风 EQ1092 型汽车制动踏板自由行程的调整，如图 5-49 所示。

① 拆下制动阀前、后腔柱塞座总成及制动阀拉臂与制动踏板拉杆的连接销。

② 拧松调整螺钉锁紧螺母，拧动调整螺钉，消除制动阀拉臂与平衡弹簧上座之间的间隙，使两腔的排气间隙达到1.5～1.8 mm。

③ 旋入调整螺钉，排气间隙减小，则制动踏板自由行程缩小；反之，则增大。

④ 调整合适后，拧紧调整螺钉锁紧螺母。

（2）解放 CA1092 型汽车制动踏板自由行程的调整，如图 5-50 所示。

① 拆下制动阀，下壳体及制动阀拉臂与制动踏板拉杆的连接销。

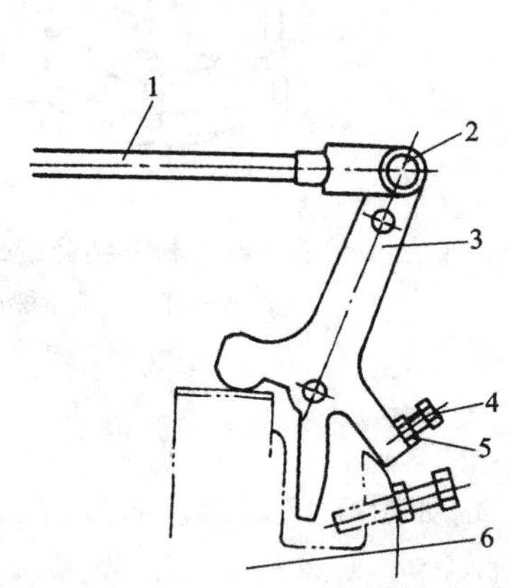

图 5-49 东风 EQ1092 型汽车制动踏板自由行程的调整

1—制动踏板拉杆；2—连接销；3—制动阀；4—调整螺钉；5—锁紧螺母；6—阀体

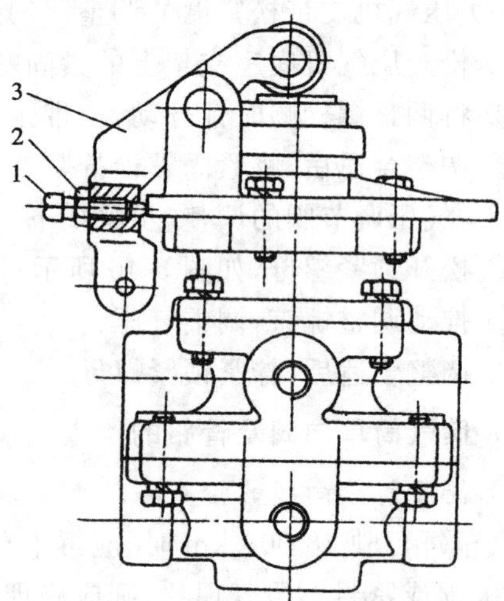

图 5-50 解放 CA1092 型汽车制动踏板自由行程的调整

1—拉臂；2—锁紧螺母；3—调整螺钉

② 松开调整螺钉锁紧螺母。

③ 用调整螺钉来调整上阀门排气间隙。

④ 旋入调整螺钉，排气间隙减小，则制动踏板自由行程缩小；反之，则增大。

⑤ 调整合适后，拧紧调整螺钉锁紧螺母。

4. 制动阀的检查与调整

1）制动阀的检查

汽车每行驶 80 000 km 时，应对制动阀进行解体检查。

(1) 检查平衡弹簧的弹力是否减小。

(2) 检查两腔的膜片有无老化、破损。

(3) 检查阀门的表面是否生锈、有无磨损等，阀门的小孔是否畅通。

2）制动阀的调整

(1) 排气间隙的调整(同自由行程调整中的部分)。

(2) 最大制动输出气压的调整，步骤如下：

① 将制动踏板踩到底；

② 转动调整螺钉，使最大制动输出气压为 550～580 kPa，这时调整螺钉与拉臂的限位块接触；

③ 重新将制动踏板踩到底，在制动输出气压仍为 550～580 kPa 后，拧紧锁紧螺母。

3）两腔气压差的调整

在制动阀后腔有一推杆，用它来调整两腔的气压差。

(1) 拆下后腔塑料罩，松开锁紧螺母。

(2) 踩下制动踏板到任一位置。

(3) 转动调整螺母(拧进则后腔输出气压降低，拧出则增高)，使后腔的输出气压较前腔低 9.8～39.2 kPa。

(4) 松开制动踏板，再踩下任一位置，两腔气压差仍为 9.8～39.2 kPa 后，拧紧锁紧螺母，装好防尘罩。

5. 气压制动器的检查与调整

1）车轮制动器的检查

(1) 用游标卡尺检查制动鼓的内径磨损尺寸。

(2) 用弓形内径规测量制动鼓的圆度和圆柱度。

(3) 制动蹄摩擦片应无裂损及老化，铆钉不应松动，摩擦片应不小于最小厚度。

(4) 制动蹄应无裂纹、变形，制动蹄轴座孔与制动蹄轴的配合间隙应为 0.30 mm，且转动灵活无卡滞。

(5) 检查制动蹄摩擦片与制动鼓的接触情况，其接触面积应在 75%以上，并保证两端首先接触。

(6) 用弹簧拉压试验仪检查制动蹄回位弹簧，技术参数如表 5-1 所示。

表 5-1 制动蹄回位弹簧的技术参数

车型	自由长度/mm	拉伸试验	
		拉伸长度/mm	拉力/N
东风 EQ1092	130	179	784～882
解放 CA1092	138	179	1029～1225

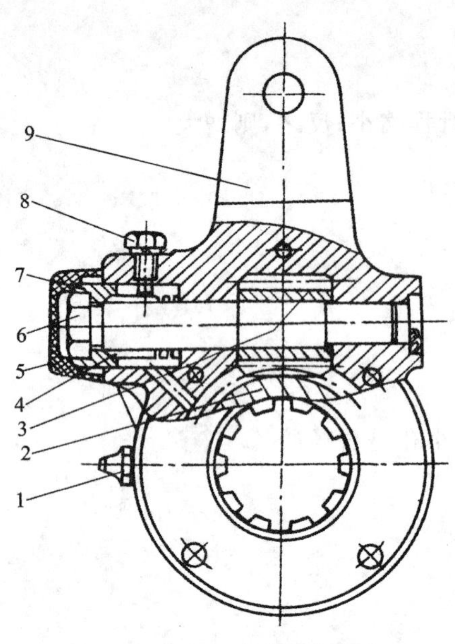

图 5-51　车轮制动器的局部调整

1—黄油嘴；2—蜗轮；3—蜗杆；4—弹簧；5—防尘罩；6—蜗杆轴；7—锁止套；8—锁紧螺钉；9—制动臂

(7) 检查制动凸轮轴与座的配合间隙。

2) 车轮制动器的局部调整

(1) 支起需要调整的车轮。

(2) 拆下制动鼓上的检视孔盖。

(3) 取下调整臂上的防尘罩，拧动调整臂蜗杆轴上的六方头，如图 5-51 所示，使制动气室推杆往外推，直至拧不动为止。

(4) 再往回退 3～4 响(1/3～1/2 转)，车轮转动应灵活无摩擦声。

注意：对前轮顺时针拧动蜗杆，制动器间隙减小，反之则增大；而对后轮逆时针拧动蜗杆，制动器间隙减小，反之则增大。

3) 车轮制动器的全面调整

(1) 支起需要调整的车轮，拆下制动鼓上的检视孔盖。

(2) 拧松制动蹄轴的紧固螺母和制动凸轮轴支架紧固螺栓的螺母，转动制动蹄轴，使偏心标记相互靠近，如图 5-52 所示。

(3) 反复拧动制动蹄轴和调整臂蜗杆，使制动蹄摩擦片与制动鼓完全贴合，同时将凸轮轴支架和制动蹄轴的紧固螺母拧紧。

(4) 将调整臂蜗杆拧松 3～4 响，同时用塞尺检查制动器间隙。

(5) 踩下制动踏板，制动气室的推杆行程应在 25±5 mm 范围内，如图 5-53 所示。

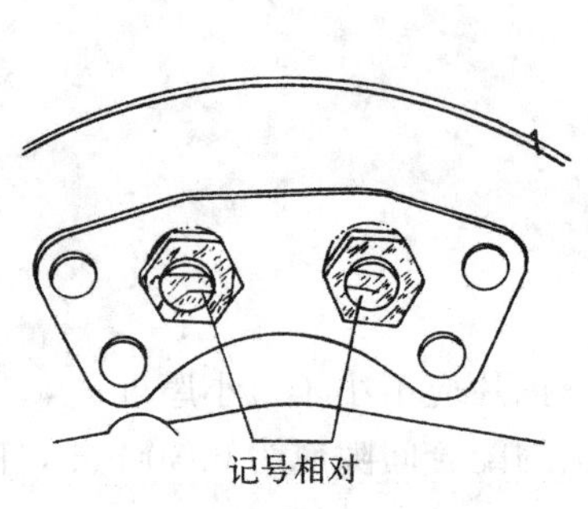

图 5-52　转动制动蹄轴

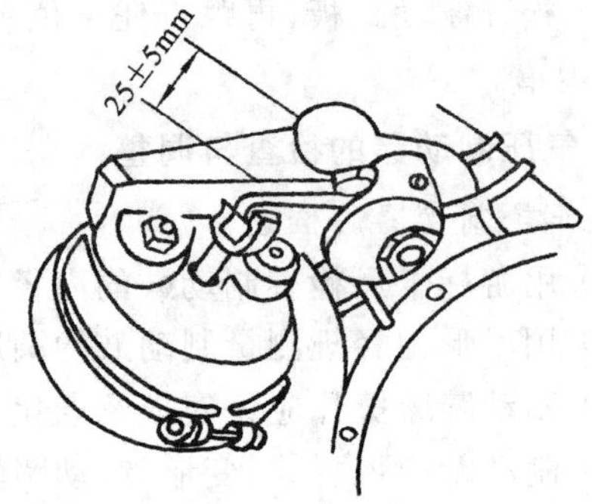

图 5-53　检查制动气室的推杆行程

4) 驻车制动器的检查

汽车每行驶 12 000 km 时，应检查驻车制动器的性能。

(1) 检查连接机构有无变形、松旷。

(2) 拉紧驻车制动器，空车平地用二挡应不能起步。

(3) 在 20°的坡道上停车，汽车不应滑溜。

(4) 检查驻车制动器操纵杆的行程，其工作行程不能超过全行程的 3/4。

(5) 放松手制动操纵杆，变速器处于空挡，支起一个驱动轮，制动鼓应能用手转动且无摩擦声。

5) 驻车制动器的调整

(1) 驻车制动器行程的调整，步骤如下：

① 将汽车停放在平坦的地面上，并用三角木塞住车轮；

② 将驻车制动器操纵杆放至最低位置，拧动软轴调整螺母，使摇臂与地面成15°的夹角，再用锁紧螺母锁紧，如图5-54所示；

③ 将操纵杆拉紧7～9响，拧紧驻车制动拉杆的调整螺母，使驻车制动器处于完全抱死状态；

④ 检查驻车制动器效能是否达到要求，然后拧紧锁紧螺母(空行程为两响)。

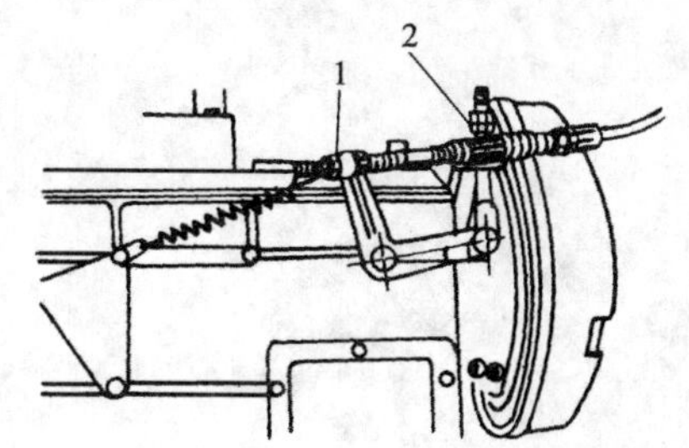

图5-54 驻车制动器的调整

1—软轴调整螺母；2—制动拉杆调整螺母

(2) 驻车制动器的全面调整(参照车轮制动器的全面调整方法进行)。

【实训活动】

实训条件：多媒体教学设备和课件、网络教学资源、维修资料、实训车、举升机、千斤顶、汽车维修基本工具。

实训车状态：一辆气压制动型汽车在行驶中制动力不足，制动距离明显加长，确定为制动系统故障。

1. 实训准备

(1) 实训车：气压制动型汽车。

(2) 实训工具及器材：组合工具、百分表、V形块、螺旋测微器、气压表、测隙规、游标卡尺等。

(3) 掌握本次实训课所用仪器及设备的使用方法。

(4) 牢记实训中的安全注意事项。

2. 实训流程

汽车气压制动系统常见的故障主要有：制动不灵、制动失效、制动跑偏、制动拖滞(发咬)等。实训教师可根据实训条件对汽车制动系统进行检测，然后设置一些制动系统常见故障。在实训教师的监督下，学生独立完成故障的诊断与排除。最后由实训教师充当客户模拟一个或几个故障场景，让学生分别扮演维修工向客户说明故障诊断结果。

(1) 学生分析并说出检查步骤和方法。

① 气压检测。

② 制动系统元件的检测与更换。

(2) 学生思考下列问题，并向教师陈述答案。

① 根据检查情况，分析出可能导致上述故障的原因。

② 如何确定上述故障?

③ 对检查结果进行理论分析。

3. 实训记录

(1) 回答教师的现场提问，接受教师的技能考核。

(2) 完成实训任务后，对实训过程进行自我评价和小组互评，听取教师的点评。

(3) 清洁实训场所，清点、维护工具及设备，完成任务交接。

参考文献 CANKAOWENXIAN

[1] 沈沉. 汽车底盘机械系统原理与检修一体化教程[M]. 北京:机械工业出版社,2014.
[2] 张芳玲,王清娟. 汽车底盘构造与维修[M]. 哈尔滨:哈尔滨工业大学出版社,2013.
[3] 梁学军,惠金芹. 汽车底盘构造与维修[M]. 南京:东南大学出版社,2011.
[4] 汪俊. 汽车底盘构造与维修[M]. 北京:北京邮电大学出版社,2012.
[5] 吉林大学汽车工程系. 汽车构造[M]. 5 版. 北京:人民交通出版社,2006.
[6] 范继春,王海峰. 汽车底盘构造与维修[M]. 北京:北京理工大学出版社,2012.
[7] 梁家生,谭鹏程. 汽车底盘构造与维修理实一体化教材[M]. 北京:人民交通出版社,2012.
[8] 蒲永峰. 汽车底盘构造与维修[M]. 北京:清华大学出版社,2012.
[9] 陈建军. 汽车底盘构造与维修学习指导与练习[M]. 北京:高等教育出版社,2007.
[10] 涂潭生. 汽车底盘构造与维修[M]. 北京:机械工业出版社,2011.
[11] 张宝生,邵林波. 汽车底盘构造与维修[M]. 北京:冶金工业出版社,2009.
[12] 张青松. 汽车底盘构造与维修[M]. 济南:山东大学出版社,2011.
[13] 贺大松. 汽车底盘构造与维修[M]. 北京:机械工业出版社,2009.
[14] 张浩. 汽车底盘构造与维修[M]. 北京:中国劳动社会保障出版社,2009.
[15] 谭锦金,何晶. 汽车底盘构造与维修[M]. 大连:大连理工大学出版社,2009.
[16] 金加龙. 汽车底盘构造与维修[M]. 北京:电子工业出版社,2008.
[17] 冷传广. 汽车底盘构造与维修[M]. 北京:中国劳动社会保障出版社,2008.
[18] 彭德豹,张树峰. 汽车底盘原理与检修[M]. 武汉:华中科技大学出版社,2014.